MINGUO LAOHUABAO
ZHONG DE
REN WU ZHI SHANG

民国老画报中的
人物之殇

周利成/著

团结出版社

图书在版编目（CIP）数据

民国老画报中的人物之殇 / 周利成著 . 一北京：团结出版社，2023.3

ISBN 978-7-5126-9865-9

Ⅰ . ①民… Ⅱ . ①周… Ⅲ . 人物 - 列传 - 中国 - 民国 Ⅳ . ① K820.6

中国版本图书馆 CIP 数据核字 (2022) 第 216820 号

出　版：团结出版社

（北京市东城区东皇城根南街 84 号　邮编：100006）

电　话：（010）65228880　65244790（出版社）

（010）65238766　85113874　65133603（发行部）

（010）65133603（邮购）

网　址：http：//www.tjpress.com

E-mail：zb65244790@vip.163.com

tjcbsfxb@163.com（发行部邮购）

经　销：全国新华书店

印　装：三河市东方印刷有限公司

开　本：170mm×240mm　16 开

印　张：24.25

字　数：357 千字

版　次：2023 年 3 月　第 1 版

印　次：2023 年 3 月　第 1 次印刷

书　号：978-7-5126-9865-9

定　价：78.00 元

序

司马迁在《史记·报任安书》中留“人固有一死，或重于泰山，或轻于鸿毛”之言；文天祥在《过零丁洋》中有“人生自古谁无死，留取丹心照汗青”之句。死，对于每个人来说，都是别无选择的终极归宿，赤条条地来，赤条条地走。但因了生时选择的道路不同，死的意义也便迥异。为国家、为民族献身者，为民主、为自由牺牲者，为真理、为光明赴死者，人民不会忘怀，历史必将铭记；为苟且生存而出卖国家者，为荣华富贵而贪赃枉法者，为个人私欲而作奸犯科者，终被世人唾弃，牢牢地钉在历史的耻辱柱上。正如诗人臧克家诗中所云：“有的人活着他已经死了，有的人死了他还活着。”

民国是一个乱世，军阀混战，民不聊生，外侮入侵，内战频仍。同处于这一时代中的人们，由于出生、成长、生存的家庭环境和社会环境的不同，接受思想教育和教育程度的不同，感知事物、认识世界的视野、维度不同，造成了他们的世界观、人生观、价值观的不同，甚至大相径庭。因此，就出现了救国者与卖国贼、爱国者与汉奸，革命者与叛徒，奋斗者与颓废者并存的现象，构成了一个生动、形象、立体、鲜活的近代中国社会。俗话说，“乱世出英雄”，面对纲纪毁坏、国之将倾的政局，邹韬奋、史量才、俞颂华、羊枣、刘髯公等爱国报人，舍身取义、坚守正义、捍卫真理；闻一多、李公朴、夏丏尊、陶行知等教育家，揭露黑暗、抨击时弊、舍身为国；刘和珍、魏士毅、东北流亡学生等热血青年，忧国忧民、直面人生、为民请命；他们的死重于泰山，名垂青史。与此同时，也有贪污肥己、徇私枉法的刘乃沂、王春哲，与人民为敌的洪述祖、金壁辉、张敬尧，他们的死轻于鸿毛，永留污名。也有一些为情所困、为名所累的明星艾霞、名伶筱丹桂，青年人刘景桂、陶思瑾、刘梦莹等，他们虚幻了征途，丢掉了自我，迷失了方向，最终酿成自己人生的悲剧，令人唏嘘。

我是一个档案人，开发档案资源、挖掘历史资料，探索历史真相，还原历史本真，是职责所在。近20年来，收集清末、民国时期画报资料850种20余万页，此是一个尚待开发的丰富宝藏。当年留存下来的档案、报纸、文献，多属官样文章，站在统治者的立场上，板着面孔、中规中矩地记录历史事件和历史人物。老画报则更注重大事件背后的小花絮，大人物背后的小故事，是官样文章不予记载或忽视记录的部分。如果把官样文章比作一个人的躯干、筋骨，那么，老画报则是一个人的血和肉，二者的有机结合，才让一个人丰满而鲜活起来。有图有真相的老画报才让历史更加生动、形象、立体、精彩。《民国老画报中的人物之殇》一书，正是以老画报为基础资料，与当年的报纸、档案、文献，以及走访知情人的口述档案，相互印证，去粗取精，去伪存真，编写而成。这本书通过记述40余社会各界人士的牺牲、遇害、罹难、自杀、病故、死刑的故事，为读者开辟一条了解民国时代的新渠道。该书与我之前出版的《老画报里的婚恋故事》为姊妹篇，二者皆是通过讲述若干个喜中有悲、悲中有喜、悲欢离合的历史故事，折射出了民国时期每个人物生与死、成与败的人生命运转折，资料翔实，内容丰富，情节跌宕，人物鲜活，另配有70余幅版面完整、图像清晰的老画报，既有史料价值，又具可读性、趣味性。

目录
Contents

辑一 出师未捷身先死

小说家李涵秋生前死后

他国学湛深，早年立馆收徒，弟子盈门；他多才多艺，小说、诗歌、书法、绘画无所不能；他逍遥闲适，放浪不羁，好色吸毒，英年早逝；他就是曾撰写了《广陵潮》《战地莺花录》等数十部小说，被誉为民国第一小说大家的鸳鸯蝴蝶派小说名家李涵秋。

李涵秋（1873—1923），字应漳，号韵花馆主、沁香阁主人，20岁中秀才，29岁至48岁，先后到安庆、武昌等地做家庭教师。1901年返回扬州，任两淮高等小学文史地教员，后兼任江苏省立第五师范学校国文教师，曾任《半月》主编。1921年，应朋友赴上海，主编《小时报》，兼为《小说时报》及《快活林》等报刊撰写小说。次年秋，辞职返扬州。1923年5月突发脑溢血病逝。一生著作颇多，发表作品超千万字，其代表作《广陵潮》，以扬州社会为背景，以恋爱故事为线索，反映自中法战争到五四运动这一阶段的社会百态，布局巧妙，通俗幽默，深得当时文艺界推崇。

李涵秋去世后，同乡兼好友张丹斧曾撰挽联："小说三大家，北存林畏庐，南存包天笑；平生两知己，前有钱芥尘，后有余大雄。"其弟子张碧梧在1923年《半月》二卷二十号撰写《记李涵秋先生轶事》、习苦斋主在1935年2月28日的《北洋画报》上发表《李涵秋之生前死后》等文章追思怀念。

李涵秋描写社会怪现状，至为深刻，名扬四海。但他一生更是风流倜傥，少年时尤喜近色，到了晚年嗜吸鸦片更深。其弟子习苦斋主回忆说，因为李涵秋曾在我家做家庭教师，故而他的生活起居，我非常了解。李涵秋虽不第秀才，但国学湛深，一生中写了许多的香艳诗话。早年曾立馆收徒，聊以糊口。及至新闻纸报刊风行海内后，即开始以撰写文章维持生计，其代表作《广陵潮》尤其轰动社会。他每天上午10时起床，稍微吃些茶食后，就要赶到烟馆抽大烟，至正午后方还家料理午膳。午后2时，便到烟业会馆开始他的小说创作。在这里有他独用的一间小屋，环境极为清静，窗外种竹数竿，并养莳卉多种。他到了这里并不急着提笔写作，而是先在屋内嘴含水烟往来踱步数十回，以

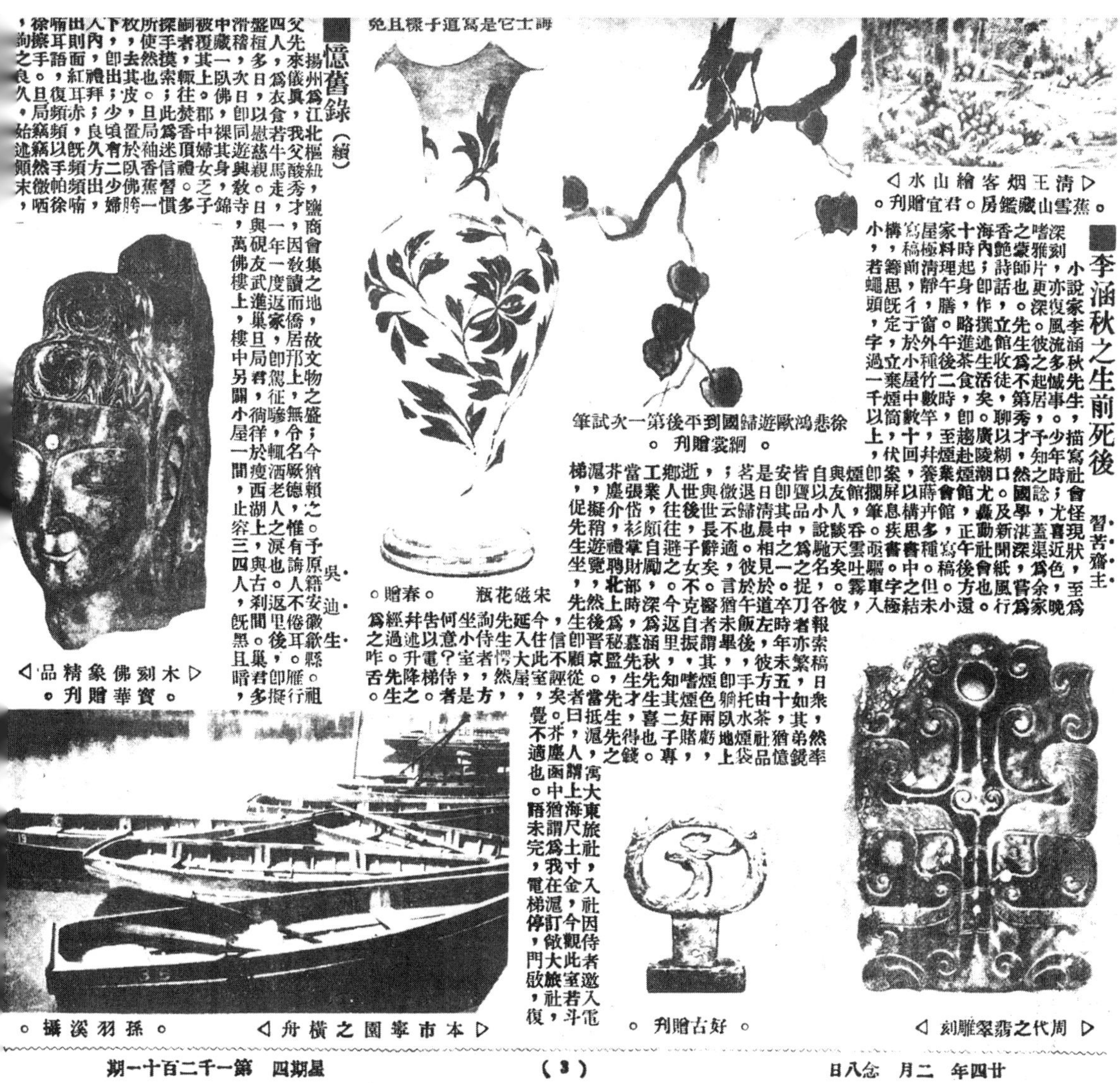

憶舊錄（續）

李涵秋之生前死後

習苦齋主

◁清王烟客繪山水▷

蕉雪山房鑑藏，君宜贈刊。

徐悲鴻歐遊歸國到平後第一次試筆

網裳贈刊。

宋磁花瓶

春贈。

◁木刻佛象精品▷

寶華贈刊。

◁本市寧園之橫舟▷

孫羽溪攝。

好古贈刊。

◁周代之翡翠雕刻▷

星期四　第一千二百二十一期　（3）　廿四年二月念八日

《北洋画报》上发表的《李涵秋之生前死后》一文

张弧夫妇（坐者）和家人在一起

构思故事情节。待筹思既定，立弃烟筒，伏案屏息疾书，千余字的文章一挥而就。他写的字极小，若蝇头，而且每次只要写字超过一千，即刻搁笔。随即驱车再赴烟馆，一边吞云吐雾，一边与友人谈天说地。自从他的小说驰名国内后，当年的报纸都以登载他的小说为荣，时人甚至有“无郑不补白，无李不开张”之谚。一时间，各报索稿日众，简直让他应接不暇，有时实在忙不过来了，他就只好请人捉刀代写，其弟李镜安即为其中刀笔之一，因此他发表的署名文章中也有不少是赝品。

1921 年，时任财政部次长的张弧（字岱杉）偶尔购得《广陵潮》，读后大感兴趣，极为赏识李涵秋的才华，遂经过《小说时报》主任钱芥尘从中牵线，礼聘李涵秋北上为秘监。李涵秋随即来京赴职。他先到了上海，打算在上海稍作游览后再乘火车晋京。抵达上海后按照钱芥尘的安排，他来到了大东旅社，进得门来，侍者请其乘坐电梯上楼，他一时不知何意，站在电梯门口迟疑片刻，但在侍者的再三催促下，他只得走了进来。但他却颇为狐疑地对同行人说：“人说上海是尺土寸金之地，我还不大相信，今天见到此室若斗，我才相信此话不假啊！芥尘在函中还说为我在上海预订了敞大的旅社，今天却让我居此斗室，实在让我感到不舒服！”话音未落，电梯停住，门启，侍者请其进入旅社敞大的客房。李涵秋一阵愕然，疑惑地问侍者，方才我们乘坐那间小室，是何意啊？当侍者告诉他刚才那个叫电梯，是为了方便客人上下楼而设的升降机时，李涵秋顿时恍然大悟，连连为之咋舌。

但因为当时北方发生洪灾，津浦铁路被大水冲毁，李涵秋未能到京赴职。钱芥尘遂邀他在上海参与《小说时报》的编辑事务。李涵秋抵达文人云集报馆时，同仁皆欲一睹大文豪的风采，分列走道两侧竞相观看，这让李涵秋感到全身不自在，他觉得自己就像关在笼子里的怪物，供游人观赏取乐。这个不祥的开始也就预示着不幸的结局。李涵秋过惯了安适逍遥的生活，与大上海阛阓喧嚣、灯红酒绿的生活格格不入。于是，第二年他便辞职回乡了。

李涵秋去世那天，刁苦斋主曾与之相见。是日清晨，他二人在路上相遇，李涵秋当时刚由茶社品茗而归。吃过午饭后，李涵秋手托水烟袋正在抽烟，刚对身边的人说了句有些身体不适，言犹未毕，即躺卧地上。家人急忙请来医生，但为时已晚，人已气厥身亡。据当时的医生称，他是因烟、色两亏而亡。后据分析，他当时应是突发脑溢血。

李涵秋去世后，胞弟李镜安不忍兄长见于诸报的杂文散失，遂多方搜求，朝夕撮录，共搜集杂文百篇，精取其中六十篇、两万余言，结集成册，将版权让与震亚图书局主人朱崇芳（字挹芳），由寿州李警众校订，名儒谭泽闿题签，于1927年正式出版发行。李涵秋的子女大多嗜烟好赌，不克自振，靠典当借贷度日，扬州的乡人唯恐避之不及。1935年，同为扬州人的习苦斋主返乡，得知他的二儿子从事工业，颇为自励，小有成就，深为老师李涵秋高兴，相信李涵秋先生在九泉之下也可得到些许安慰。

黎元洪在津大出殡

1928年6月3日，曾为民国大总统的黎元洪在津因病去世。4日，着大总统衣冠、身佩指挥刀、胸前佩总统金牌而入殓。7月16日至18日在黎宅公祭三日，19日举行了前所未有的大出殡，轰动一时。当时的《大公报》《益世报》《北洋画报》《天津商报画刊》等报刊连续报道了他的病因，及公祭、出殡、移送武昌安葬的过程。

民国大总统黎元洪

1927年初，黎元洪突然患病，一时甚为危险。有人说他是中风，有人说他是在赛马场骑马时摔下来的，更有人说他已经半疯了。同年2月9日《北洋画报》上的《记黄陂得病原委》一文称，黎元洪病愈后自己对外宣布了病因。白普仁喇嘛曾医好了他儿子的病，并且来津在他宅中做过几次功德。黎元洪甚是

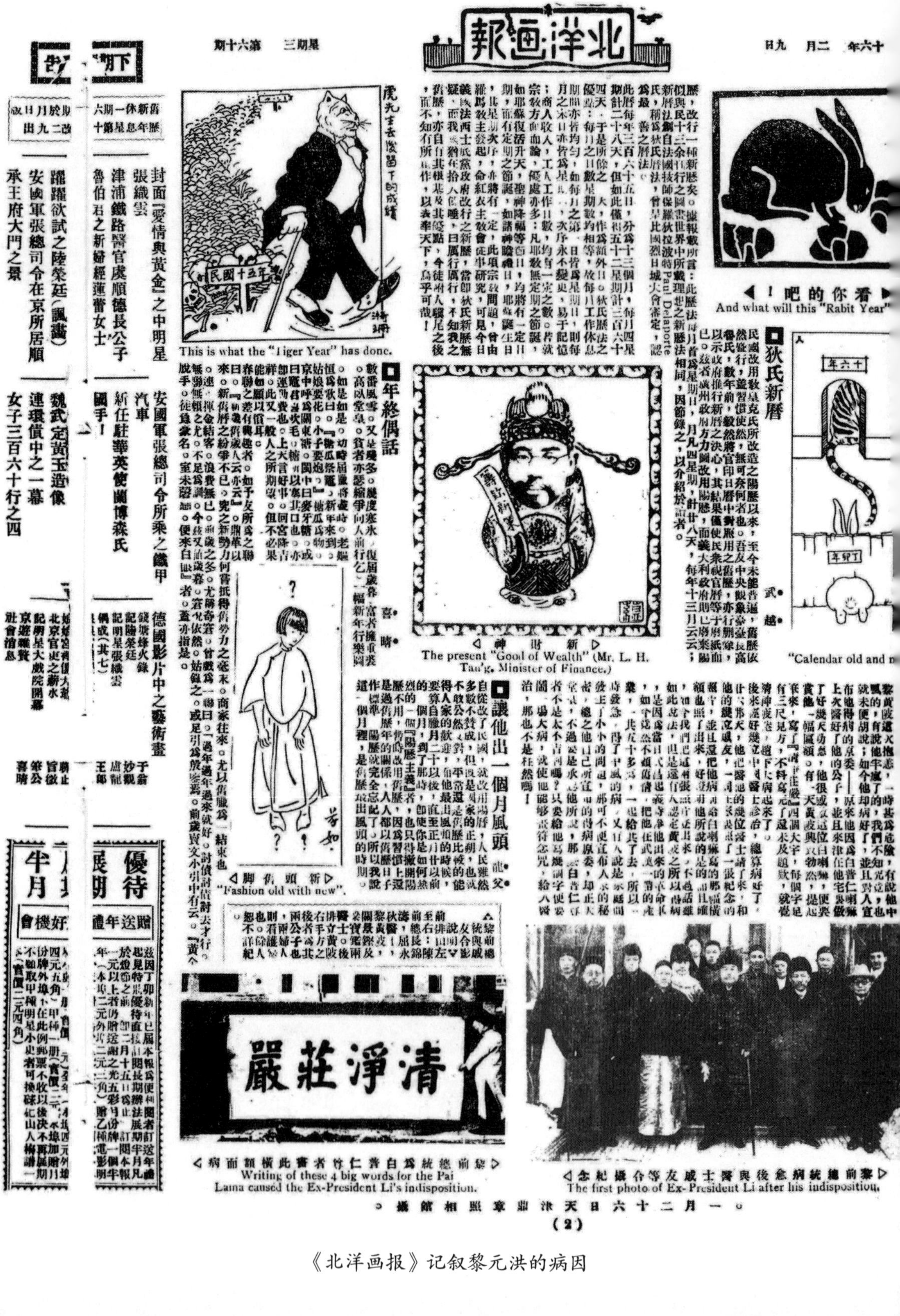

十六年二月九日　北洋畫報　星期三　第六十期

下期

舊歷新年休息一星期第六十 期改於二月九日出版

封面『愛情與黃金』之中明星張織雲
津浦鐵路醫官虞順德長公子魯伯君之新婦經蓮蕾女士
躍躍欲試之陸榮廷（諷畫）
安國軍張總司令在京所居順承王府大門之景
安國軍張總司令所乘之鐵甲汽車
新任駐華英使蘭博森氏
國手！
魏武定黃玉造像
連環債中之一幕
女子三百六十行之四
德國影片中之藝術畫

看你的吧！
And what will this "Rabit Year"

狄氏新曆

武越

民國改用格里克氏所改造之陽歷以來，至今未能普遍，舊歷依然盛行，蓋習慣使然，無可奈何者也。吾友中央觀象臺長高魯氏，數年前，毅然將官印日曆中對照用之舊歷，亦行刪除，以示政府推行新曆之決心，其結果僅使民衆視官曆等于廢紙而已。茲者廣州政府方力圖改用陽歷，而義大利政府則已廢棄陽歷，改行一種新歷矣。據報載所言：此歷法每月首爲星期日，月凡四星期，計廿八天，每年十三月云云；似與民十三余往行之國際世界中所載理想之新歷法相同，因節錄之，以介紹於讀者。

新曆法創自法國技師保羅狄拉波特Paul Delaporte氏，稱爲狄氏曆法，曾呈比國烈日城大會審定，認爲最善之曆法。

此曆每年三百六十五日，分爲十三個月，每月四星期，計二十八天，但如此僅得五十二星期，計三百六十四天。於是所餘之一天，作爲額外日。狄氏曆法之優點：每月之日數星期數均相等，故每月工作休息期間亦皆均勻，如每月之第一日皆爲星期日，則每月之末日亦皆爲星期六，次序永不變更，易于記憶。商人收入，工人工作日數，均有一定之數。若就宗教方面而論，優處亦多：凡耶教無定期之節誕，如耶穌復活升天，聖神降福等節日，均將有一定日期，而有定期之節誕，如諸神瞻禮日，耶穌誕生日，其星期次序，亦將有一定，此項宗教問題，曾由羅馬教主發起，命紅衣主教會徒研究，可見今日義、法、西士亦贊成改行之新歷，當即狄氏新歷無疑。而我國猶在十八年前，曰屬行屬行，不知我之舊歷，亦自有其根基及其優點，今徒附人驥尾之後，而不知有所振作，以表率天下，爲乎可哉！

虎先生去後留下的成績

民國十五年

This is what the "Tiger Year" has done.

十六年　丁卯年

"Calendar old and n

新財神

The present "Good of Wealth" (Mr. L. H. Tan'g, Minister of Finance.)

年終偶話

喜晴

數番風雪。又是幾多。幾度寒冰。復屆歲暮。富者擁重裘。高臥堂皇。貧者亦瑟縮爭向人前行乞。一幅新年行樂圖。如是如是。幼時屆歲將盡時。老媼恒爲我歌曰。『糖瓜祭竈。新年來到。姑娘要花。小子要炮。』糖瓜爲物。京中呼爲關東糖。閩中曰麥牙糖。或曰竈君糖。以其糖以塞其口也。亦卽運此物費也。上天言好事。回宮降吉祥。此又一般人之所期望。但不必果能如願以償耳。春聯之有興趣者。如予友所爲之聯曰。『新舊歲人云亦云』。鼎革以來。新舊曆之紛爭不已。究之新勢力何嘗抵得舊勢力之毫末。商家往來。尤以舊曆爲一結束也。連年揮金結客。浪費無已。前歲之冬。尤爲奇窘。曾戲爲一聯曰。『過年過年過來就好。討債討債討去才行。』無賴之尤。不足爲訓。今茲又值歲暮。窘况依然。姑錄之。或足引爲殷鑒焉。前歲寶文小引中有云。『黃金室未諳滋味。便來白眼』者。蓋亦指是。脫手。徒負虛名。

新頭舊脚

"Fashion old with new".

讓他出一個月風頭

龍父

自從改了民國，就改用陽曆，人民雖然多數不贊成，但是國家的正朔，也就不敢公然反對，平常還是舊曆比較的能得人家的歡迎，而他最出風頭的時候，要算臘月二十以後，直至正月廿以前的一個月，到了那時候，即使你是如何熱烈的一個『陽歷主義』者，也只得撒開陽歷不用，因爲習慣上還是過舊年的關係，人人都以舊曆日子作標準，陽歷就完全忘記了，所以我說這一個月裡，是舊曆最出風頭的時期。

黎黃陂這次抱恙，一時甚爲危險，有說他中瘋的，有說他半癱了的，我們不知究竟，也就未便胡說；如今他却病好了，並且對人宣布他得病的原委——原來他因爲白普仁喇嘛上次醫好了他的公子，並且來津在他宅裏做了好幾天功德，他很感激這位白喇嘛，便要賞他一幅匾額。有一天，黃陂興致勃勃，提起筆來，寫了『清淨莊嚴』四個大字，每個字足有三尺見方，不料寫完了，還未及題款，就覺着精神疲倦，倒下床去，病起來了。後來延了好幾位中西醫士診治，總算病好了，廿六那天，他把醫過他病的幾位醫士請了來，和他的幾位親友，一同跟他拍了一張紀念的照片，並且還把他病前給白喇嘛寫的那幅橫額也照了出來，好證明他所說的的確。如今我們把這兩張照片登出來，不過話雖如此說法，但是還有人認定黃陂之所以得病，是因爲當日寫了這四個字，犯了忌諱的，如今竟然不顧，把他在武漢首義的革命元勳，一共有十多字，一寫給了去，所以一時發急，得了中風的病，又有人說是天機祕密，發上了小小的問題，那可不便宣布人家的秘密，總之他自己所宣的得病原委，却正大堂皇，不過是承認他所說，那喇嘛白普仁師者不是太不吉利嗎？只要給他寫幾個字便要鬧一場大病，就使他能夠畫符念咒，給人醫治，那也不是枉然嗎！

黎前總統與威友合影 [illegible]

清淨莊嚴

◁黎前總統爲白普仁者書此橫額而病▷

Writing of these 4 big words for the Pai Lama caused the Ex-President Li's indisposition.

◁黎前總統病愈後與醫士威友等合攝紀念▷

The first photo of Ex-President Li after his indisposition.

一月二十六日天津鼎章照相館攝

《北洋画报》记叙黎元洪的病因

感激这位白喇嘛，便有意要赏他一通匾额。一天，黎元洪兴致勃然，提笔写了“清净庄严”四个大字，每字足有三尺见方。不料写完后还未及题款，顿觉精神疲倦，当即躺倒在地。后经多位中国医士登门救治，才算转危为安。1 月 26 日，黎元洪把几位医士请到家中聚餐答谢，并与几位亲友一起在家里照了一张纪念照。为证明自己所言不虚，还特意给那通横额拍摄照片赠送画报，刊于《北洋画报》。不过，人们认为他写几个字就能得场大病的说法仍显牵强。有人认定他真正的病因，是因为当年武昌起义时曾追随他的革命军，前不久不顾旧情，竟然将他武昌的产业一律充公。因此，一时发急，患上中风。也有人猜测是因为家庭中发生了问题。

1928 年 6 月 9 日《北洋画报》的《黎前大总统“薨”》一文对黎元洪治丧委员会发布讣告中的“薨”字产生了置疑，认为“薨”字之用未免草率。既为元首，则以“崩”字又有何嫌？如果自诩平民，则以“死”字又有何讳？独“薨”字则显进退失据，不伦不类。

同年 7 月 18 日，《报界公祭黎黄陂之见闻》和 21 日《吊黎记》两文详细介绍了黎宅公祭的场景。

16 日至 18 日，在英租界茂盛道（今河北路）黎宅举行三日公祭。公祭形式由该楼的德国设计师筹划一切，因而极具西方色彩。表门搭设穹坊，饰以丧徽，而非传统素彩牌楼。院中有“海陆军大元帅”旗帜，停放灵车。

来宾入门递上名帖，仆人各以九角肖像纪念章及缠臂青纱相贻，再由导者引至西楼，即黎宅戏台。灵堂正中悬挂巨幅黎元洪戎装像，绕以花圈，宝星剑佩置其下，复以花圈相围。堂内电灯均以黑布笼罩，西式祭坛，银花黑幕，备极庄严。迎面悬“国民政府代表天津特别市市长南桂馨”挽联，左右是阎锡山、傅作义挽联，门前有“辛亥首义鄂军旧部”之联，文曰：“难忘辛亥二字，共推黄陂一人”。

来宾三鞠躬时，黎元洪的大公子黎绍基循旧叩首谢客。因灵前余地甚狭，略显局促，竟有人不得已而立于门外行礼。前来公祭者络绎不绝，以所着服装不同而可分为四类：一马褂长袍，二袍而不褂，三中山装，四西装。从不同的着装，大致可以了解来宾的身份和主张。

参加公祭活动的各个团体均有固定时间和区域。平津报界的公祭活动

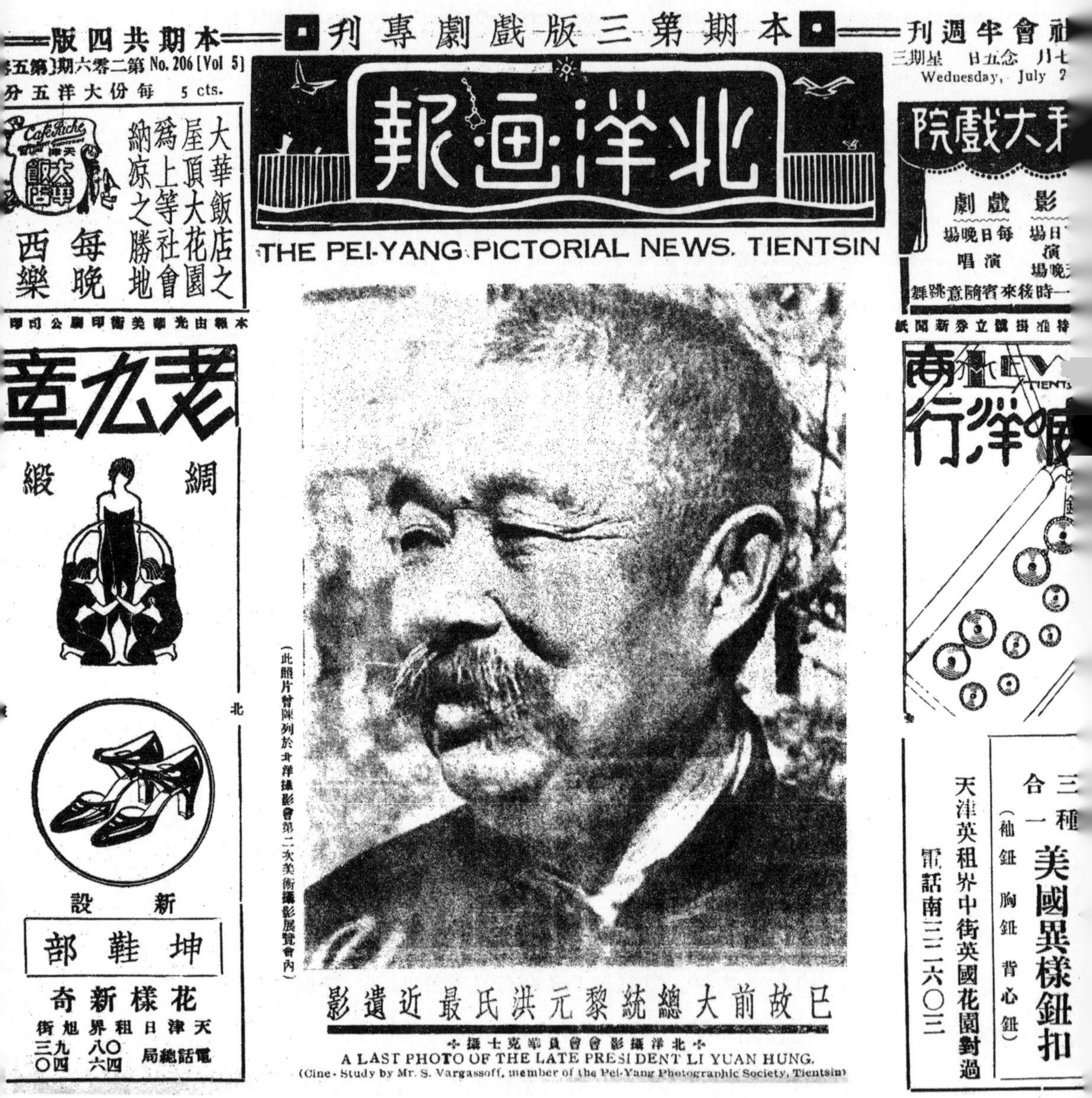

本期共四版

本期第三版戲劇專刊

社會半週刊

[第五卷]第二零六期 No. 206 [Vol 5]

每份大洋五分 5 cts.

七月念五日 星期三

Wednesday, July 2

北洋畫報

THE PEI-YANG PICTORIAL NEWS. TIENTSIN

Cafe Riche 天津大華飯店

大華飯店之屋頂大花園為上等社會納涼之勝地

每晚西樂

本報由光華美術印刷公司承印

…大戲院

影戲劇

每日晚場演唱

一時後來客隨意跳舞

特准掛號立券新聞紙

老九章

綢緞

新設

坤鞋部

花樣新奇

天津日租界旭街

電話總局 八〇六四 三九〇四

…洋行

三種合一

美國異樣鈕扣

（袖鈕 胸鈕 背心鈕）

天津英租界中街英國花園對過

電話南三三六〇三

（此照片曾陳列於北洋攝影會第二次美術攝影展覽會內）

已故前大總統黎元洪氏最近遺影

北洋攝影會會員華克士攝

A LAST PHOTO OF THE LATE PRESIDENT LI YUAN HUNG.

(Cine-Study by Mr. S. Vargassoff, member of the Pei-Yang Photographic Society, Tientsin)

黎元洪遗像

前大總統黎元洪氏移靈攝影

七月十九日北洋攝影會會員張建文、傅靈台、周瑟夫、馮武越等分攝于天津

黎公子紹基泣送其父靈柩出宅
EDWARD S. C. LI LEADING HIS FATHER'S COFFIN OUT OF THEIR HOME.

黎氏靈柩舁登靈輿之時光景
THE LATE PRESIDENT'S COFFIN MOUNTING THE SPECIALLY PREPARED CARRIAGE.

護送黎前總統靈柩之中國兵士武裝開入英界黎宅
THE FUNERAL ESCORT OF 200 ARMED INFANTRYMEN.

靈輿由黎氏舊屬八十餘人鞠躬敬輓
OVER 80 INTIMATE FRIENDS OF THE LATE PRESIDENT PALLED THE CARRIAGE.

七月十九日黎前總統移靈・國旗軍樂軍警為之前導
THE NEW NATIONAL FLAG AND A BAND LED THE FUNERAL RPOCESSION.

靈輿上所紮步槍之刺刀
THE RIFLE-MADE RAILING OF THE CARRIAGE.

黎氏子孫跪送靈柩登輿時之景況
THE DESCENDENTS OE THE LATE PRESIDENT LI KNEELING BEFORE THE CARRIAGE WHILE MOUNTING THE COFFIN.

舊總統府之乘馬校衛
THE OLD MOUNTED ESCORT FOR THE PRESIDENT.

黎氏生前所御之陸海軍大元帥制服
THE UNIFORM WORN BY THE LATE PRESIDENT LI AS THE COMMANDER-IN-CHIEF OF ARMY AND NAVY.

昔日陸海軍大元帥旗及大總統所用大禮輿
THE ORIGINAL FLAG OF THE COMMANDER-IN-CHIEF OF ARMY AND NAVY, AND THE PRESIDENTAL CARRIAGE.

天津特一區黎氏之容安別墅中新建之西式墳墓
THE ROMAN STYLE VAULT ERECTED IN THE LATE PRESIDENT LI'S SUMMER HOME AT 1ST S.B.A. WHERE HIS REMAIN IS NOW MAKING ITS TEMPORARY REST.

THE FUNERAL OF THE LATE WELL BELOVED REVOLUTIONIST AND PRESIDENT LI-YUEN HUNG. (19, JULY 1928)

黎氏靈柩載在特製之靈輿上
A FULL VIEW OF THE CARRIAGE CARRYING THE COFFIN.

記黎殯

記者

黎宋卿故大總統，於本月十九日出其大殯，誠天津亘古以來，無可再大之殯也。天津出大殯者固多矣；而總統出殯，却為天津『出殯界』之破天荒。而且歷來闊人出殯之儀式，殆莫不『滿漢合璧』，『今古雜揉』；今黎氏之殯，完全為『真正的民國式』，其能打破全國出殯之紀錄，實足稱焉。又况且黎殯所經之路，多為各租界向不許出殯通過之要隘。英日法各租界之中街，尤搭有路祭棚多座，實為前所未有。且有若干武裝同志往參殯儀，著全副武裝，徜徉租界之內，非黎氏出殯，吾人何能觀此佳况，斯倘亦廢除不平等條約之先聲歟？

黎殯計分十二組，可謂『組組有條』，是則該殯之全體，未嘗不可謂之『大組合』也。第一組為青天白日旗兩面，津中出殯者，至今多沿五色旗之舊，用青天白日旗者，當以此為嚆矢。其實凡屬國旗，似必總統出殯，方能用之無幟，小官半民，當無濫用之理由也。殯中之最有歷史色彩者：一為由北平特遣而來之舊總統府校衛馬步隊，此輩近年已投置閒散久矣，既不得伺候活的總統，今猶得此機會，以伺候故去的總統，當不勝其今昔之感，是無怪其於途中馬上，大喲其余，以供和悲劉之『涕淚』焉。一為由北平特運而來之大禮車，此車創造於前清西太后時代，當時約為御輦之類，入民國乃成大總之車，不意於遞送國書以外，又足供總統殯儀之用，想亦廢物利用之一道，惟『昔年總統半凋零』，此車日後之用途亦漸駢矣。該車原為以四馬，今則兩馬，是豈『前以四馬而今以兩馬駛』？靈柩車上，以步槍多枝，植而為欄，以資警衛遺骸，非常肅壯。『殿殯』之衛生車，居然大得其用，曾建救活數人之奇功。殯中之最足令人感動者，為送殯之小學學生，最少者僅七八歲，亦於烈日之下，揮汗馳驅，雖具悼念偉人之一片血誠，但恐故總統泉下為之不安也。

黎元洪大出殯

由《京津泰晤士报》社发起，时间是在先于大规模公祭活动的 7 月 13 日下午 5 时半，祭文之首列名者有报社、通讯社共 36 家，但因当天下雨之故，到场者约有 20 家。报界公祭活动是在灵前区域，戏台对面楼上为报界的招待区，祭毕至此有西餐招待，食品甚为整洁。

赞礼员衣长袍马褂，头顶西瓜皮礼帽，大有当年议员风味。席间起立言："今日为总统去世六七之期，请诸君饭后送库。"来宾均无异议，就地等候。餐毕，夕阳一现，旋又微雨纷纷。送库时，由纸人先导，五六十名和尚喇嘛奏乐吹号鱼贯而出，家属、亲友、来宾依次相随。送至海河岸边，队伍立定，纸人、纸库焚化后，众人各自散去。

7 月 18 日，《北洋画报》代表冯武越、王小隐和摄影记者张建文前往吊唁，赠挽联曰："十七年风雨飘摇，缔造忆艰难，应回首大泽蛰龙，中原逐鹿；廿二省山河肃壮，老成悲廖落，遽伤心缑山跨鹤，辽海骑鲸。"正值警备司令傅作义前来，只见他身着中山式布军服，卫从极简，因与冯武越为旧识，遂寒暄数语，极为伉爽和蔼。行前又与《大公报》主笔张季鸾相遇，一起合影后始去。

7 月 25 日，《北洋画报》中的《殡黎记》一文记录了大出殡的场景。出殡日为 7 月 19 日。仪式未用旧式依仗执事，而采用了"平民式总统"仪式。出殡时，将灵榇置于特制灵车上，黎元洪子女及亲朋故旧披麻戴孝，挽灵而行。灵车由警备队 3 个连，保安队、骑巡队、手枪队各一连护送，所有参与执事、鼓乐、僧众、送殡执绋者近 1 万人。

天津历史上出大殡的很多，而总统仪式大都不过为"满汉合璧""今古杂揉"。而黎氏之殡完全为"真正的民国式"，其能打破全国出殡之纪录，实足称焉。况且黎殡所经之路，多为各租界不许华人出殡通过的要隘。沿途还于英、日、法各租界最繁华的之街上搭设若干祭棚，实为前所未有。且有若干全副武装士兵，持枪荷弹，徜徉于租界内，如果不是黎氏大殡，在国中之国的租界是完全不可能的。难怪记者见此情景，竟产生了此为"废除不平等条约之先声"的想法。

殡仪由国旗军乐军警在前开道，灵榇载于特制灵车之上。所有人员计分 12 组，可谓组组有条，分而有致，对于该殡之全体又可称为一个"大组合"。

津城出殡者多沿五色旗的旧例，黎殡第一组所用青天白日旗帜当为津城殡仪嚆矢。殡中最有历史色彩者，一为由北平特邀而来的旧总统府校卫马步队，此支队伍已闲置多年，既不得伺候活的总统，今日得此机会为已故总统服务，总算有了用武之地，因此，个个情绪激动而格外卖力。一为由北平特运而来的大礼车，此车造于前清西太后时代，时为御辇之类，进入民国后才废物利用，用于外交之递送国书，但“昔年总统半凋零”，此车渐成大礼之车，岂料今日竟于总统殡仪上派上用途。只是该车原驾四马，殡仪时改为两马。灵榇车上以步枪多支，植而为栏，以资警卫遗骸，肃穆庄严。“殿殡”的卫生车居然也大得其用，曾建救活数人之奇功。因场面宏大，人员众多，又值酷暑，期间有多人中途中暑昏倒。殡仪中最少者仅七八岁，亦于烈日之下，挥汗驰驱，“虽其悼念伟人之一片血诚，但恐故总统泉下为之不安也”。

殡仪至终点德租界容安别墅。此为黎元洪旧居，新建西式坟墓，极其闳壮，由德国工程师所设计。黎氏灵榇停厝中间小室内，曰“寝宫”。

黎元洪旧居“容安别墅”

1933年4月11日《天津商报画刊》中的《黎故总统灵柩回籍记》一文，简略介绍了黎元洪灵柩从天津运至武昌老家时的情况。

前大總統黎宋卿先生夫婦靈柩回籍安葬津寓移靈留影

◇黎公靈車◇

前大總統黎元洪，於民國十七年夏逝世，其夫人亦於前年病歿，靈柩均暫厝津門，本月八日下午二時，黎宅乃運靈回鄂安葬，由特一區本宅出發，靈車用八匹駿馬牽引，不用舊式之杠房，儀仗亦備有軍樂隊，花圈隊，及海陸軍隊，童子軍隊，亦絕無舊式氣派，而益見莊嚴肅穆。經英法兩租界中街，過萬國橋，至東車站，由北寧路局，備專車運漢，本市中外各當局，及各界代表，多往恭送，當經過市衢之際，民衆夾道立觀，非常擁擠，尤以法租界中街，至萬國橋一段，爲最多。黎氏男女公子及其他親屬，均在靈車後隨行。吾人廻憶黎元洪氏，在總統任內，從政之暇，常開步公署，涉足劇場，毫無隨從軍警，或斷絕交通之舉，歷任總統，有平民化之精神者，當以黎公爲最，猶記某年，在北平開明院觀梅蘭芳演劇，包廂中黎公及其夫人並坐，狀至閑適，直至劇終始去，當時情景，歷歷在目，今則黎公夫婦，靈車兩乘，返鄂卒安，人生朝露，可爲感愴。且黎公爲武昌起義，手造民國之偉人，今東北淪亡，熱河棄守，感勢岌岌，不可終日，黎公地下有知，不知作何感想，此尤可爲歎息者也。

康熙年間台灣之文風

亦吾

近偶讀長樂林謙光（芝楣）著「台灣紀畧」云「台灣歸順後，天子思磨鈍振聵，乃設歲科二試以鼓鬮之，每試府學入泮二十名，補餼五名，至三十名，餼額滿止，增如之，縣學入泮十二名，補餼三名，至十名，餼額滿止，增亦如之，自康熙丁卯年始，其慶增全額，侯人文盛日，具題照內地例補足。提督軍務侯張公雲翼，念海島文教不可不鼓舞以開功名之路，特疏題准，自丁卯年起，于福建鄉試正額外，另廣一名，以待臺灣之士，俟九年學成日，始與內地棘闈同較，故蘇峨得登丁卯榜，邑星燦得登庚午榜，林逢秋得登庚午武榜，文明先聲，庶其在兹，今道府設立社學教誨番童，漸有彬彬文學之風矣」。觀此可見當時清室對於台灣之教化，以及台灣之文風。自被日本併吞以後，遂有風流頓盡之嘆、今東北三省，又淪異域，各校教科書，已易日文，倘不努力收復，數十年後，寧非台灣之續耶，悲夫。

◇黎氏後裔◇

武漢婦女界慰勞抗日將士遊藝大會（舒少南君攝刊）

◇收票組 副正組長 費衡甫夫人 張䀹娟女士◇

◇販賣組 正副組長 周起伯 施家驊夫人 江靜波 董幹六女士◇

◇贈品組 正副組長 黃伯和夫人 陳淑貞 淑平女士◇

◇移靈儀仗◇

◇跳舞組 正副組長 何愷臣 黃仲任夫人 何寄梅 黃淑貞女士◇

◇遊藝組 正副組長 黃紹徽 王攀雲夫人 勝華 周靈鈞女士◇

▲『失戀』一片，張織雲說廣東話，清脆動聽，新新院開演時，廣東人往捧者不少。

憶暉記

止觀

民十九，不佞在瀋主亞畫筆政，會黎錦暉先生指導下之明月歌舞團抵遂，出演滬陽電影院，亞畫特爲出一版專刊；並在宴會席上，欣觀黎君豐采，翩翩四十歲老少年也。更抵瀋陽影院聆明月佳奏，則黎君親撫鋼琴，其音調爐火純青，彌饒織樂塗味。錦暉平生製譜製歌多矣，或踊舞，或獨唱，莫不纏綿悱惻，天眞瀾漫，中華有此音樂人材，景眞如星慶雲，鳳毛麟角之足貴，洵是人生群台上節一解人！錦暉自別愛女明暉後，賴有徐來女士，弱執箕帶，閨房畫眉，[illegible]慰寂寞矣。瀋水一別，倏又數年，桑梓非我有，徒勞夢寐，不佞且蒙塵出奔，飄流津滬，今雖匿居沽上，稍定喘息，然大難之來，且恐無已，莽莽天涯，眞無家可歸也！春雨籬纖，苦憶舊人，苔岑之雅，匆匆一面，如黎君，猶覺不能去懷。閱近期本畫，連收錦暉新製之飛燕曲等新譜，披讀之下，如晤故人，噫！「一葉浮萍歸大海，人生何地不相逢，」他日如重抵滬濱，當急謀與君把晤也。更憶及張恨水先生所著之「銀漢變星」，純以明暉小凡爲主角，特影射其名爲月英，錦暉之名，影射爲旭東，文人成猶，未免唐突，至所敘述之薄倖男子楊倚雲，則未詳專指伊誰也？「帶一分愁使有情，依人小鳥可憐生；何期轉作三秋扇，也向西風訴不平！」此張恨水君爲李月英詠也。居然不曾爲黎明暉小妹妹情塲公案，作一預言，不知如錦暉身爲阿父者，心中當作何感想？「女大不由爺，愛情大過爹，」慈母嚴親又能柰兒女何哉？

▲荀慧生在北洋，原定演唱四日，刻又續演四日。

◇海軍陸戰隊在移靈前休息◇

《天津商报画刊》中的报道《黎故总统灵柩回籍记》一文

◇投筆從戎◇ 一湖南中學生

古物出土有關國運

•止觀•

中華為古物最多之國，足相炫於世界者，僅此一點國粹耳！頃因燕邊鼙鼓，亘地而起，長城天險，難禦倭奴，為萬一之備，故宮古物，悉數南遷，足徵當局謀國之誠，煞費苦心，古物有知，亦當感激？詎年來各省之地下古物，亦紛紛出土，金石珠寶玉器之類，層出不絕，如四川之張飛金印，如沔陽陳友諒女墓，及袁天罡墓地等，所獲之寶，不可數計。最近滕縣於掘獲鐘致後，又發現漢代石室，得書石千方，其他珍品亦不少。夫古物之發現，裨益考古，補助歷史所不及，有功文化，固屬非淺；但地蘊悉宜，使黃泉下無餘物，開掘之下，殃及屍骨，亦非佳事！凡此種種，均為不吉之徵，殆屬國運衰頹現象，不佞每閱報讀此消息，則為之撫案三嘆！以寶殉身，漫藏誨盜，千百年後，仍難免開掘慘劇，可見天道忌盈，久藏之書，必燬於火，久藏之畫，佝劫於盜，收藏家鑑此前例，寧不寒心！所望於古物出土後，當局宜督促民衆，妥予收藏，勿容其輾轉出鬻，使國粹淪入異邦，對私啟古墓者，處以刑罰，俾免無知鄉民，互相效尤。即探確古物所在，亦宜由官方開掘，貢所得於政府，斯庶足以杜流弊而

◇雖死猶榮◇ 陣亡將士墓地

◇軍民合作◇ 石門鎮之工事

◇南開國難團員◇ 喂傷兵食

湯玉麟家庭穢史

•天津老斗•

湯賊玉麟，禍國殃民之罪，天下共曉，惟其家庭穢史，知者尚鮮，昨晤熱河歸客，得聞「聞所未聞」之奇談，不敢自秘，拉雜書之，以投商書，咸使聞知。湯氏不但「寡人好貨」，而且「寡人好色」，年前在平，見某妓頗有姿色，大悅，卽納之，寵擅專房，湯之長子大少帥，「熱河政界呼湯弟曰二帥，湯長子曰大少帥，二子二少帥，」家學淵源，好色尤甚乃翁，羨其庶母之艷，不甘令其「父帥」「專美於前」，乃效「代折代行」之例蒸焉。事聞於湯，只氣得上吐下瀉，腦䕺迸裂，縛其情敵，「卽好夫大公子」推出轅門就要問斬，一時滿城文武，全體向老湯下跪求情，且問犯罪之由，老湯忿怒之下，對衆文武曰：「這王八羔子，」絕妙稱呼，」罪該萬死，無論犯什麼天大的罪，本帥全能恕饒，他：：：他不該他：：：他不該：：：」連說十餘次「他：：：他不該」，始終還是不能將其罪狀宜布，至是諸人雖已盡知老帥說不出之「苦」，然亦無法明言，只得齊向老湯說道：「父母愛子，無所不至，大少帥千不是，萬不是，只可以赦，不可以斬，還要請老帥，將他饒恕才是。」究竟「舐犢私情不可磨滅」，老湯羞怒之餘，對衆人道：「看在諸君面上，我糊裏糊塗的，赦了這小子就是，可是異使宜了這個王八口的」。熱河棄守前數月，湯二子二少帥者，見其兄長一味在外選色獵艷，致其嫂獨守空韓，時興怨女之嘆，認為天賜良機，遂與其嫂私，又開於老湯，怒召二子，痛責其非，曰：「有的是錢，什麼娘們玩不了，憑什麼單同你大舒過不去，實在太不象話。」老二聽了老頭之言，不但不認不是，且很得意的回答老湯言道：「鬱老別生氣，我辯的這碼事，完全是為您老報仇雪恨」

▲名小說家張恨水，近作滿江紅，亦經明星公司改編為電影，刻已開始拍攝。▲著名之坤班同德社，自濟南演畢，刻已應本

崇功報德

四月十二日，漢口各界，恭迎前大總統黎宋卿氏，暨吳夫人，靈櫬回鄂，典禮極其隆重，下方所刊之照，一為黎公靈車甫出大智門車站，一為開路之公安局中巡隊。

◇◇黎公靈車◇◇

◇◇維善漫畫之三◇◇

◇南開慰勞隊員◇ 替兵作書

▲名票王秋舫，前在開濼俱樂部，演慰勞傷兵義劇「九龍山」，係抱病登場，且大賣力氣，足見王君對傷兵愛護之熱忱云。▲津市各銀行，本月十四十五，放春假兩日。又各洋行及各外國學校，近數日亦均放假，卽所謂外國清明節，比數日內，津市中西人士赴北平游覽者頗多。▲本市直言報社長，王夢青君之愛子「大純」，「年十一歲，」日前因患瘟疹病逝，王君祇此一子，故悲慟異常。

黎元洪大出殯

黎元洪病逝后，他的夫人也于1931年病殁，灵柩均暂厝津门。4月8日下午2时，其二人灵柩一并运回鄂省安葬。运灵队伍由特一区容安别墅出发，灵车用八匹骏马牵引，而不用旧式杠房，仪仗仅军乐队、花圈队及海陆军队，童子军队也绝无旧式气派，但更显庄严肃穆。经英、法两租界中街，过万国桥至东车站，由北宁路局备专车运抵武汉。津城中外各当局及各界代表多往恭送。仪仗经过市衢繁华地区时，民众夹道立观，甚是拥挤，尤以法租界中街至万国桥一段为观者最多。黎元洪的男女公子及其亲属均在灵车后随行。

当时因东北沦陷，时值国难，国人多沉浸于悲伤之中，因而作者不禁感慨道："黎公为武昌起义之伟人，今东北沦亡，热河弃守，国势岌岌，不可终日。黎公地下有知，不知作何感想，此犹可谓叹息者也。"

叶星海父子在津病逝

叶星海白手起家，从宁波来津创办利济贸易公司、打包公司，成为天津著名买办。叶星海之子叶庸方，虽继承父业成为永兴洋行买办，但却无心经商，痴迷于西皮二簧，创办天津三大票房之一的永兴票房，与当红名伶结成朋友；创办《天津商报》《天津商报画刊》《风月画报》，广交文化名流。

叶星海，名炳奎，字星海，以字行，1870年生于浙江镇海。早年因家世清寒而失学，但却艰苦自励，不以窘迫隳其志，曾就邻家塾师请业，久而通文辞能翰礼。先在上海轮船招商局任书记员职，事业发轫，造端于此。后因结识德国商人吉伯利而转至上海美隆洋行，并于1887年随吉伯利到天津，在吉伯利创办的兴隆洋行任买办。这期间，叶星海开阔了眼界，广泛结交各地客商，积累了经验和财富。在第一次世界大战期间，他与宁波在津商人严蕉铭等人合伙盘下英商兴茂公司下属的机器打包厂，成立了天津第一家华资打包公司。1918年，叶星海出资，与李组绅、李组才、曹汝霖、陆宗舆等合伙创办了天津最早的华商对外贸易商行——利济贸易公司，叶星海任董事长。1923年，叶星海离开兴隆洋行至法商永兴洋行任买办。因

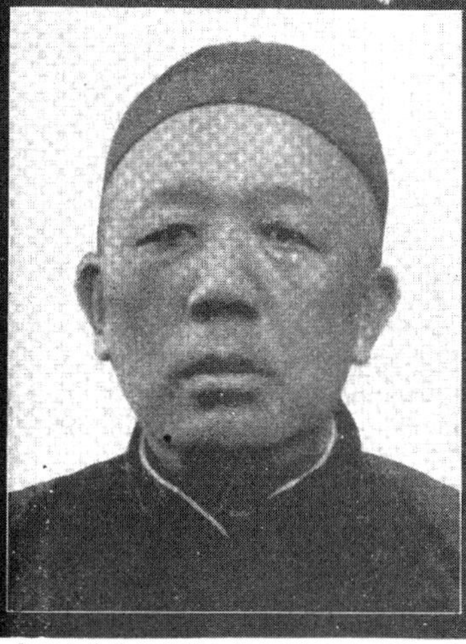

廿九移靈之旅津名商鎮海葉星海先生之遺象

Late Mr. P.K. Yehsinghai, prominent local merchant, whose funeral takes place on the 29th. instant.

■今日移靈浙江義園之葉星海先生

夢天

先生名炳奎，浙之鎮海人。幼以家世清貧，失學習賈，堅苦自勵，不以窘迫墮其志。餘暇就隣家塾師請業，久而通文辭能翰札。乃就招商局書記職，事業發軔，造端於是。夫豪傑之士，恒自艱苦中來，世多垂於述著，播爲美談，如先生之奮跡闤闠，卓然自立，寧非青年之楷模歟！斯吾之所宜言也。

先生服賈津門，以誠信爲西商所敬服，正直不苟，爲人所憚，十餘年不易其地，而事業賴以發展，雖自致素封，而對外貿易所擘畫者，尤著宏效。今日商業上之道德，每見低落，觀於先生之立身行事，足以樹風規而正趨向者如此，斯又吾之所宜言也。

先生非尋常市廛人也，於興學校（任解南學校董事，浙江公學創辦人），解糾紛（任商學會會長，爲商界仲裁機關，排難解紛，成全甚衆），謀公益（熱心賑濟，不易悉數，於故鄉鑿井泉以濟煩渴，設工廠以養貧民，尤爲犖犖大者），拔人材（津門商界重要人物，得其提攜以獲成立），莫不聲施爛然。即如浙江義園之成立，得先生主持者獨多，今茲遺柩暫安，而素車白馬往還於其間，能不念先生之半生哉？斯固吾之所宜言也。吾於先生之喪，舉以告當世者如此。誠不足以盡先生，而世固莫不知先生者，初不以吾言爲重輕也。

『花底迷藏』（張絪女士攝於青島四方公園）◦桐蔭寄刊◦

The society star Miss Chang Yin, taken at the Szu Fang Park, Tsingtao.

■曲綫新聞

貌似程玉霜之旅津名閩周女士，前星期隨其尊人往游北平。愛慕女士之某公子適於是時亦作故都之行，周君以事外出，則托某公子伴其女公子同游。于是津門乃傳說某公子有周氏東牀之望。

名鬚生吳鐵菴已應聘重入中原，因於念六日在鴻賓樓張筵宴請報界，到者甚衆。

北平名伶十七人公送已故名商葉星海先生『德隆望重』匾額一方，列名者爲王長林，龔雲甫，錢金福，程繼仙，陳德霖，王瑤卿，楊小樓，松介眉，王鳳卿，高慶奎，郝壽臣，梅蘭芳，程艷秋，尙小雲，楊寶忠，郭仲衡，張榮奎。四大名旦中只荀慧生缺；『楊梅余』三人中亦只余叔岩缺而已。匾由王幼卿賫津。

明日念九葉星海君移靈，報界友人在商報館門首舉行路祭。并聞有百代公司沿途拍照電影。

天津萬國體育賽馬會，于今明二日假南開中國馬塲舉行開幕賽。

中原公司大減價期已過，每星期六之非常賤賣又已恢復。男女理髮，兼刮臉洗頭，僅共收六角。

▷青島四方公園中之四舞星◁ ◦桐蔭贈刊◦

〔自右至左：張紅•張絪•Miss Gray•陳鳳娟•Miss Valla〕

Chinese and foreign society ladies taken at the Szu-Fang Park, Tsingtao.

■雲山零語（一）

秋塵

借凌影來碧雲寺下小住，已近十日。覺山中可供抒寫者甚多，恨筆不如人意耳。可自成段落者，作入山集，寄吾師小隱先生，刋商報。復以零碎寄實北畫，名之曰雲山零語，非敢有所短長，篇幅限之也。

開窗一望，覺近樹遠山、隱約櫻閣，無處不是畫圖，如條幅，手卷，是我坐臥畫圖中矣。好好一幅山水，添上我這麼一個久居城市俗人，這畫又値什麼錢

凌影最愛山泉，尤愛山泉流過之石子，每出必汲泉盆石而歸。我以爲白費，泉到盂中失其聲，石栽盆裹失其勢。石非泉不潤，泉非石不清，要飽享泉石之娛，便應永坐在泉石深處。

臥佛寺本有有臥佛，失其一』旌能歸來，語凌影曰：山中詎止一臥佛，并我等而三之矣。入山而後，飽則臥，醒則食，眠食之外無他事，書亦愛於枕畔讀之，山在眼前，可臥而旋，非一雙臥佛而何？爲之失笑』

空谷回聲，別有幽趣，深夜聽山中犬吠，一犬如兩犬，兩犬如四犬，四犬如八犬，雙聲疊韻，格外熱閙，羣狗亂吠，則反兩羣如一羣，不復辨回聲矣。

……山中無俗音，即夜半驢嘶，薄暮村婦喚猪歸圈，亦富有詩意。只有香山學生練步號，『達達達的，達達的達達』的，令人不願卒聽。不知誰家小兒，兩日來薄暮輒奏鑼鼓爲戲，冬沓冬沓，震人欲眩欲嘔，眞使山靈蹙額矣。（待續）

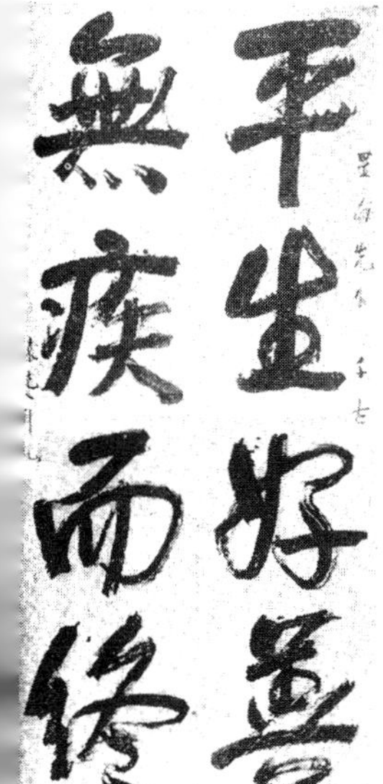
平生好善
無疾而終
星海先生千古

▷袁克文君挽葉星海先生聯◁

Words of elogy for the late Mr. Yehsinghai by the famous scholar Yuan Ke-Wen.

五月三日
蔣中正

濟南中山公園中蔣介石手書之『五月三日』國恥紀念碑

◦濟南中國像傳通信社寄◦

May 3rd. Humiliation Tablet bearing the handwriting of Gen. Chiang Kai-Shih, at Tsinanfu.

曹錕夫人陳寒蕊女士 ◦周杏貞女士贈◦

Chen Han-Jui, wife of Ex-President Tsao Kun.

濟南日人將小車輪挖空私販白丸毒品

（此爲在曼清縣被搜出時情形）

◦濟南中國像傳通信社寄◦

Japanese narcotic smugglers at Tsinanfu cleverly made up of the car wheels.

唐山郭謝莊所產之奇貓 ◦邱鏽生孱寄◦

（兩頭並生•其一頭之口鼻皆與狗同•四足亦以狗足形）

A cat, recently borns in Tangshan, having an extra head of a dog.

《北洋画报》报道叶星海病逝消息

他工作出色，业绩突出，洋行豁免了他的保证金，这在当时华人买办中是绝无仅有的。

叶星海非寻常市廛人。在事业成功的同时，他更热心兴学，创办浙江公学，任解南学校董事。为人正直，主持公道，担任天津商会商学会会长，该学会为商界仲裁机构，他任职期间为商界排难开纷。乐善好施，热心公益，每遇天津各方有事，慷慨赈济，不易悉数，有“断井泉以济烦渴，设工厂以养贫民”之义举。为人大度，提携后生，稍晚来津的宁波商人大多得到过他的鼎力支持。天津浙江义园成立后，他曾一度主持园务。

1929 年 7 月 26 日是叶星海的甲子寿辰日。叶家借用黎元洪家里的厅堂祝寿，大宴宾客，宾客多达 500 余人，还请来了劝业场全班杂耍演员，盛极一时，花费极大。不料两个月后，叶星海竟突然因病去世。同年 9 月 28 日《北洋画报》曾以图文报道了叶星海病逝的消息。

署名“梦天”的作者在《今日移灵浙江义园之叶星海先生》一文中，记述了叶星海的生平事略。《曲线新闻》则报道了袁世凯之子袁克文挽联“平生好善　无疾而终”。时在北平的王长林、龚云甫、钱金福、程继仙、陈德霖、王瑶卿、杨小楼、松介眉、王凤卿、高庆奎、郝寿臣、梅兰芳、程砚秋、尚小云、杨宝忠、郭仲衡、张荣奎等 17 位当红名伶，公送“德隆望重”匾额一方。四大名旦中只少荀慧生，须生独缺余叔岩。匾由王幼卿亲自赍送津城。

9 月 29 日移灵当日，叶宅大殡，仪仗队巡游于英、法租界，素车白马往还其间，锣鼓僧乐不绝于耳。报界友人在《商报》报馆门前举行路祭，百代公司沿途全程录像。排场奢华，轰动津门。

叶庸方，字畏夏，斋号朝歌斋主，是宁波商人叶星海的独生子，1903 年生于天津。父亲去世后，接任永兴洋行买办，但他却不善经商，酷爱西皮二簧，喜欢结交报界文人。曾接办意商回力球场，投资创办《天津商报》《天津商报画刊》《风月画报》等。这些报刊为研究近代中国留下了非常珍贵的图文资料。他还是著名票友，专攻生行，出资将永兴洋行的国剧票房扩大，在法租界嘉乐里租妥独门独院三楼三底楼房一所，每星期六晚彩排，取名永兴国剧社。该社与开滦国剧社、群贤留韵社呈鼎足之势，并称三大票房。20 世纪 30 年代，特约北平名老生孟小茹、武二花韩富信、昆曲名

☆畏夏與馬氏小妹妹合影☆

國難中幾個問題（明）

☆陳德霖與梅蘭芳師生合影☆

爐上閒話（八）（完）

☆馬連良舞影☆

歌場感舊（一）

☆夏山樓主令愛之戲裝☆

☆夏山樓主之愛女與愛子☆

小消息

『打架』老伶工陝山後張榮奎與名票葉畏夏合影

《天津商报画刊》中叶庸方与马氏小妹妹的合影

口上海智仁勇女校抗日救國會宣傳部，籌募救國基金，於十二月二十二日，假座寧波同鄉會公演話劇『狂風暴雨』，票價收入，達二千金，全數捐助馬占山將軍花餉，精，右圖爲全體演員留影其中有×者爲導演應雲衛君○

口政海一勺（三）

▲葡萄會

馮氏某日在張垣開葡萄會，徧邀在張屬僚，屬僚既至，馮曰，羣英畢至，盛會難爲，今日兄弟破戒，先吸紙烟，然後叫局，未識諸君身邊有此物否，更未識諸君在座中有情人否，若其有之，烟不妨拿出來，人不妨叫來，作竟日之歡，下不爲例，衆人聞言，皆面面相覷，無敢作答者，須臾，馮氏又曰·諸君若無其物，更無其人，兄弟將喚情人來，以示諸君矣，話尚未畢，果見武弁扶一人至，衆人審視之，乃梅毒點點開天窗之狂嫖少年也，衆睹其人，不禁啞然，約五分鐘，張之江，亦挾一人至，與馮氏之人相類，衆乃恍悟○二少年去後，馮氏忽曰，今日車站站長來乎，站長張君日珊起立言曰，巳到，馮氏曰，今後天氣漸寒，爾我坐立室中，倘豐寒氣襲人，兒彼等人力車夫乎，足下既係車務站長，理常彙顯，不宜偏重一方，張會其意，歸站後，即會工程處，起蓋玻璃房三間於站旁，爲人力車夫休息之用云○

馮玉祥抵張後數月，欲試驗手下自兵軍官，是否灣從法令，某日，獨自徵行至武城街，乘人力車回督辦署，人力車夫固不識此鹵莽人漢，即爲西北督辦也，途間，詢問人力車夫云，馮玉祥何詒人也，車夫聞馮玉祥三字，即破口大罵，因問汝因何故如此痛恨馮玉祥，車夫曰，自彼偷來此做督辦，通令上下僚屬，不准坐人力車，吾輩持此爲生活者，曷由千百人，今如此，吾甕非餓死不止，馮氏聞言暗自喜悅不當，車至督署，馮氏曰，吾進此衛中有事，汝可在此候我，車夫唯唯，馮氏進內使武弁出對車夫曰，適才進內者即係馮督辦也，車夫聞言，大駭欲逃，武弁喝曰，督辦不准爾走去，車夫戰戰競競，不知有何因事之至也，正趙超間，馮氏自內復出，笑容可掬，信步走至車夫前曰，老兄，爾之賣買戲損者，皆係馮某個人之罪，今奉鈔票五元，權作賠償，車夫大喜過望，連聲稱謝不巳○

朝歌齋主與峪雲山人及其男女公子暨義女雪艷琴合影

『狂風暴雨』中之一幕

☆土肥原☆

▲法租界近日對於私娼及烟土，搜捕甚嚴，福壽里一帶，均巳肅清，現均移至日租界秋山街等處○

▲荀慧生，現令其子荀令杏拜程艷秋爲師，即將舉行拜師大典，將來程荀兩家，或將易子而數云○

『狂風暴雨』中又一幕

停止賀年（三星）

今年天災人禍，民不聊生，加以強鄰壓境，疆土失陷，國難嚴重，爲二十年來所未見，明年究當能否舉國上下，一德同心，奮起禦侮，挽此危局，還我河山，此時實在渺茫，未敢臆斷之時，瞻念前途，實深憂懼，決無慶賀之可言○本市銀行公會，本年特發出停止賀年之通啟，有『載道流亡，豈本勝迎春之日，彌天烽燧，非椒警獻歲之時』等語，洶爲切要，茲於歲除，特申此義，處此時艱，更應警惕，賀年之舉，一律能免，或以簡單之賀柬代之，則比之無聊賀柬，於互相存問之中，實告戒之意也○

口晚徐志摩聯

詩人徐志摩，自飛機中身死，時人均擬以李太沉江崎騾，一時作聯語之者甚衆，姚虞琴一聯『高處不勝寒，碧落御遠志，迷途其未遠，青月葬詩魂』，又王長着云，『四大竟皆空，下寰蓋翁狗，浮生員若夢窮碧落即黃泉』，均榁○

『頭上工作』○顏鹿裳贈刊○

口小消息

▲本津富紳廣某之兒媳王女士，向其夫提出離婚後，雙方均請律師訴諸法庭，女方之律師爲平津名手萬某，閒與女之胞兄仵美同學，故受委託，法庭因此係人事案件，非當事人出席不可，日前開庭，旁聽衆多，以囊夫人爲平津交際之花，必能善於實靜，殊料該女士上堂後，月蹬否結，稿不中肯，幸得名律師之助，否則險遺失敗，聽者均謂評診女士徒角外相，而無內觀，不過繙花枕頭之流耳，該王女士求於男者，離婚贍養，男允離而不贍，閒男郎所持強者，因手中擬有其妻與人來往情書七封，二封係少年嚴某之手筆，五封係其妻致其友劉某者，并與劉某己成陳跡，嚴某正是當行云

☆李萬春之『猴孫』☆

『脚下工作』○顏鹿裳贈刊○

叶庸方与雪艳琴合影

□大悲劇中之獨脚戲（南人）

暴日對於我們中國步步逼緊，蠻橫到無理可說，全國朝野上下，痛心疾首，都恨不得立刻報仇雪恥，收復失地，還我河山，然而自從遼吉失陷以後，在外交上，我們只看施肇基一個人在國聯方面說話，外交當局除了抗議以外，沒有看見一些作爲，聽見一些方針，再從國防上說，我們也只看見馬占山一個人，在黑龍江總算是拚命自衛，竭力抵抗，軍事當局，除了發電嘉勉以外，也沒有看見一些動靜，聽見一些計畫，這樣的滔天大禍，而對外郤只看見一個人，唱獨脚戲，力量這樣孤單，聲勢這樣薄弱，他們兩人的失敗，自然決不是他們兩人的責任，而是全國朝野上下所應共同負責的了，現在時機越來越緊迫了，政府和民衆，趕快決定應付方針，一致努力，同赴國難，作他們兩人的後援，或者還可補救，也未可知，如果仍然無辦法，無抵抗，無團結，不要說他們兩位獨脚戲唱不成，全國同胞，都要走頭無路了。

☆別來無恙之葉提夏☆

□空城計之演變（春生）

劇場中所常演各戲，有以時異勢遷，其中詞句穿插，畧有變更者，即如最通俗之空城計，其「我本是臥龍岡」一段西皮慢板，幾於家絃戶誦，婦孺耳熟能詳，然考此劇之老本子，於此一段西皮慢板之前一場上，尙有一段西皮慢板，此則非盡人能知矣。據梨園中老輩言，今之空城計，諸葛亮之「兵紮郿山地要擒司馬懿」一場，從前並無此二語，蓋一上場，即唱西皮慢板，其詞句開頭，勞掮爲「先帝爺白帝城龍歸海境」等語，當年老四喜班之王九齡，唱空城計，即以西皮慢板上場，後有張勝奎者，以爲兩場皆同一腔調，嫌其重複，始將前場之慢板刪去，而以兩句引子上，至今遂相沿不替矣。

梅晚華樂九可李輝贊秋岳仕紹玉軒台影。頤園主人贈刊。

自嘆不如了，怪不得台下看客，好聲鴉……多數人，拚命應聲，這更是曲藝界的怪……一身蟠龍金繡的旗袍，更惹起座客的注意，上兩期本刊上，曾登着小黑對人說，她是前清黃帶子，當此復辟呼聲若隱若現的時候，小黑忽然穿上一件龍袍，自不免要引人注目了。（大白）

□（接第二版）絕食

墨運勸故不能爲最後犧牲也，至王梟諸氏，身分既異，事勢亦有不同，其爲社會注意又自不凡，然若詳考絕食運動之首事，則交河諸生之犧牲精神，實不可沒，躔事者不能謂非受其影響而然也，未知今日袞袞桓桓者，其良心人格，又覩張見庵爲何如耳，嗚呼，國苟幸存，享厚祿，躡高位，跳裸舞，玩婦人者，仍諸公得其樂，絕食又何與焉。

□聞張發奎請纓感言

馬占山孤抗日軍，爲中國人爭回人格不少。頃見報載張發奎請纓電中警句云：「誓與爲國效命之軍人同亡，不與無抵抗偷生之軍人同存。」嘻，此何聲也，其殆探春堂之嗣響乎，不知黃善保家，作何感想也。（海棠舊主）

▲日租界幾家大商店之夥友，均已移法租界，閒曾有人勸其仍行遷間，該商店等表示，須有外人担保日界安全，始能移回云。

□徐賓（右）黎明暉（中）王人樂

摩登　繁多　出衆

盛錫福時帽莊
式樣新穎真正國貨價格最廉
買一元有得五百元之希望贈獎
券一張陽曆十二月萬國儲蓄會
法租界天增里南　電話三一六一

交通銀行

譚富英華慧麟之『殺家』○元可寄○

☆女伶鑽生瑞逍春之寶蓮燈☆

□小消息

▲本報駐京滬記者葉提夏君，在申與滬上諸聞人創立長城唱片公司，現已組織成功，於日昨偕同德國灌音技師來津，留宿一宵，於昨晨赴平開始工作。▲北洋院之尙小雲王又宸等，本擬繼續出台，仍以津變中止，小寔等亦均返平，但俟津局大定後，仍當來津續演。▲北洋院新近所演影片中，有梅蘭芳在美及尙小雲在滬所攝之新聞片，頗爲座客歡迎。▲勸業場六樓之西餐廳，下月可以開幕，將來擬從上海聘請最有名之滑稽歌曲，及蘇灘中灘等，成一純粹之南方游藝班。

劇畫　第二十期

梅蘭芳劉連榮合攝『春秋配』○元可攝○

王少樓與馬福祿之『問樵』

《天津商报画刊》中病后初愈的叶庸方

宿益友、丑角王华甫等任教。该社昆曲、皮簧剧目甚多，每次义演总以武戏做大轴，为了练私功，叶庸方亲自到北京请来文、武老生名演员张荣奎，为他说戏、拉身段、打把子。他先后学会了《南阳关》《武昭关》《战太平》《下河东》等唱、做繁重的几出靠把老生戏。叶庸方待人真诚，轻财重义，广交社会名流，与名伶杨小楼、余叔岩、梅兰芳、程砚秋、尚小云、荀慧生、李桂芳、孟小冬、周信芳等均为朋友。这些名角每次来津，不论是商演、义演或堂会，必是先到叶府拜会叶庸方。叶更是热情接待，家中备有客房数间，专配中西名厨掌勺，美酒佳果盛宴招待。同乡周信芳到津更是亲切，必聚两三日始离去。1930 年 10 月，梅兰芳与孟小冬的关系几近破裂之时，叶庸方精心安排、多次劝解，使他二人暂时达成和解。1932 年 1 月，程砚秋赴欧考察，他亲到北平接程来津，在忠兴楼设宴饯行，直到将其送上塘沽港口赴欧日轮，并请来北平玉亭电影商行全程录像。

叶庸方后与坤伶马艳云结为伉俪。婚后，夫妻和睦，叶庸方诸事收敛，很少外出游荡，同以往判若两人。20 世纪 30 年代末，叶氏家境衰落，入不敷出，每况愈下。加之叶庸方吸食鸦片中毒过深，身体日渐衰颓，终至一病不起，于 1944 年未及不惑之年就溘然长逝。

伍朝枢在香港火葬

1934 年 1 月 2 日，时任国民党中央执行委员的伍朝枢突然在香港病逝，年仅 47 岁。国民政府唁电伍夫人明令抚恤，孙科、叶恭绰等组成追悼筹备会，社会各界人士赠送花圈、联幛不计其数。当时的《申报》《益世报》《天津商报画刊》连续报道了伍朝枢在香港的葬礼和在上海、广东的追悼会，以及骨灰运抵广东安葬的经过。披露了他突然病逝原因和最后时刻，揭示了他摒弃土葬采用火葬的真相。

功名显赫

1934 年 1 月 5 日《申报》载，国民政府于 4 日唁电伍朝枢夫人：“顷闻伍梯云先生溘逝，曷胜震骇，今值邦国多难，遽丧耆英，中央同人，同深哀悼。敬电致唁，即希鉴察。”同时刊登了伍朝枢的生平和遗照。

伍朝枢（1887—1934），字梯云，广东新会人，生于天津，外交家伍廷芳之子。1897 年随父赴美国，就读于美国阿特兰第城中学，17 岁升入大西洋城高等学校。1905 年毕业返国，任广东劳工局及农工实业局委员。1908 年又以官费派送英国留学，入伦敦大学攻读法律专业。1911 年以全校第一名的成绩毕业，获法学学士位，考得英国大律师，再次名列第一名。

伍朝枢与夫人

归国后，伍朝枢 1912 年任湖北外交司司长、外交部条约委员会主任。1913 年被选为全国第一届国会众议院议员，任宪法起草委员。1915 年任国务院参议暨外交部参事、留学生甄别考试监试官。1922 年，北京政府派他充任中国列席华盛顿会议全权代表，因故并未到职。1918 年任广州军政府外交部长。1925 年国民政府在广州成立，任委员之一，同时任军事委员会委员、广州市市长。1926 年，被选为国民党第二届中央执行委员，1927 年任国民政府外交部长，1928年奉派赴美国任修订条约债权代表，后任驻美全权公使，1931年8月辞职，回国后任广东国民政府委员、广东省政府主席。

伍朝枢为人老成，做事干练，被称为“稳健的政治家”。他曾在上海英租界戈登路一所洋房居住，取名“观渡庐”。该宅壮丽精致，设施奢华，有一处巨大舞厅，前英国驻华特使蓝博森常借此宴请宾客。伍朝枢与罗文干少年时代即同负笈伦敦，交谊素笃。一日，罗文干来访“观渡庐”，门房见其衣裳朴素，拒而不纳。罗文干只得自报姓名，始得延入。闻听故友光临，伍朝枢急忙跑出惶恐谢罪，作揖鞠躬。由此，既可见其起居之豪华，又可见其胸襟与谦抑。

1933年中旬，伍朝枢从上海来到香港，寓居于九龙启德滨私邸，不问政事，日以读书自遣，甚少出外。1933年底，始迁至西营盘兴汉道3号三楼。该楼原为其子女便于在香港学校读书所买。岂料，入住未几，竟因病突然辞世。

去世原因

1934年1月5日《申报》载，2日晨10时，正在香港九龙启德滨兴汉道3号居住的伍朝枢，起床时忽觉头痛甚剧，遂令其身为西医的女婿马惠文到寓诊治。经注射止痛针无效后，延请香港大学内科教授祖律博士前来。经检验血管，诊断为脑冲血症，但未及救治，伍朝枢已然昏迷，终至午后1时半停止了呼吸。

而同年1月9日《申报》中的《伍朝枢逝世记》一文则称，伍朝枢平素体魄强壮，且少疾病，但在2日上午10时半，忽头痛甚剧，急忙呼其家人取来阿司匹林服用，但毫无效果。至11时，疼痛加剧，旋即晕厥，不省人事。其夫人才急请香港大学医科主任芝烈、老西医郭省德及其女婿马惠文医生诊视，当时群医诊断为脑贫血及大血管爆裂。拟采用换血之法，注射他人鲜血，但尚未及着手进行，伍朝枢竟于下午1时半溘然长逝了。

1934年1月23日《天津商报画刊》署名“风”的《伍朝枢逝世后所闻》一文，对伍朝枢去世原因则有了新的说法。

去世前，伍朝枢体质强健，且极为注意个人卫生。据各报载，其病状为脑冲血，中医称之为中风，自感觉头痛以后，旋即昏厥，终至不起，以

中華民國貳拾叁年壹月伍日 （申報） 星期伍 （三）

今日本報要目
國內 浙邊閩軍退入壽寧 日機飛察東擲彈 伍朝樞遺骸火化 黔江儀隴均告收復
國外 美國會開幕 西門會見墨索里尼 法將軍縮覆文送交希特勒
上海 市府遷入新廈後開始辦公 婦女國貨年元日盛況 本市新年瑞雪

泰順閩軍擊退
壽寧部隊複雜 慶元地方安謐
建甌延平間戰事仍激烈

察東日機投彈
赤城永寧龍門一帶 適當張允榮部防地 炸毀房舍傷及人畜 軍分會向日方交涉

古北口馬蘭峪 最近可望接收
［殷汝耕談稱］

劉桂堂部 向魯豫境潰竄
大小湯山高麗營牛欄山均被騷擾 現經安次沿運河向靜海滄縣南竄 沿途刦掠運縣城外各莊受殃尤甚 軍事當局已令各地駐軍分頭堵截

孫科昨抵廣州
與各委交換時局意見

伍朝樞遺骸昨日火化
將運省安葬

閩海與泉 兩偽省府成立

國民政府訓令著於本年一月一日起所屬各機關對於公文標點辦法一體採用
上海法學編譯社亦於一月一日出版
標點公文程式
內容切合實用 可稱第一善本

劉湘電告 克復黔江縣城
田頌堯亦告克儀隴

蔣電何鍵 乘勝速取永新

武漢昨日閱兵

偽國方面組織 偽國策委員會

平政整會 第二次全體會
宋哲元于學忠均到出席

周大文等 南下迎張學良

柴山自滬返平

班禪準備晉京

丸祗一種功效十
天喜堂老婢調經丸

1934 年 1 月 5 日《申报》对伍朝枢病的报道

致众多名医也不及措手。也有人说伍朝枢因牙根腐烂，曾赴医院治疗，医生以手术拔去腐牙。但拔牙后，竟致病菌侵入，出院未逾10小时，随即去世。这种说法虽不能确定，但之前的卢永祥和前交通部司长吴佩璜，也都因拔牙而丧命，那么今天伍朝枢的病逝，如果说是因拔牙而起，也是颇为可信的。

火葬出殡

伍朝枢病逝后，其夫人、子女和在港亲友均极哀悼，在其寓所设治丧处并电报各方亲友。其遗体于3日正午举行大殓。殓时，伍夫人及其三子五女悲痛欲绝，经亲友劝慰，犹哀号不已。时胡汉民、孙科等亲临致奠，胡氏见状亦不禁老泪纵横。西南政务会则派罗翼群来港代表致祭，其余还有五省外交视察员甘介侯、胡汉民女公子木兰、邓召荫、邹殿邦、罗雪甫、港绅曹善允、马永灿等，计数百人。

4日下午2时出殡，仪式极为简单，葬礼采用火葬。在出殡之前一个小时，中外亲友陆续齐集伍府，一时兴汉道为之堵塞。钟鸣二响后，各送殡者依次向灵柩行三鞠躬礼致祭。祭毕，殡车启行，车上缀以鲜花，颇为壮丽。伍夫人及其三子五女均麻衣草履，恸哭随行，备极凄伤。殡车从兴汉道始，过般含道，出花园口，经大道东而至跑马地的印度坟场。素车白马，绵亘数百丈，沿途观者犹不计其数。

坟场设立治丧处，预先在广场搭盖棚厂，以为辞灵之用。该棚纵横十余丈，中为礼堂，左为来宾招待所，右为钟声、孔圣、振声、银乐队。礼堂正中高悬伍朝枢遗像，绕以鲜花，上为唐绍仪所题“精神不死”横额，两侧是胡汉民的挽联：“逝者如斯，为今党国损失；和而不流，有古大臣遗风。”美国政府代表驻港美总领事曾健恩、美国外交部东方副股长辞美络敦、西南政务委员会代表罗翼群、司法部长罗文干等，以及香港绅商、亲朋好友等千余人前往执绋。西南政务委员会和各方要人林森、汪精卫、蒋介石、何应钦、孔祥熙、宋子文、朱培德、陈肇英、张继、陈济棠、李济深、吴铁城等送来花圈数百具。

殡车抵达后，仵工将灵柩舁置礼堂。灵柩为西式，上覆青天白日旗。各送殡者依次辞灵而散。下午5时，伍朝枢的子女和亲属扶灵柩进入火场，举行火葬。先由印度牧师向尸祈祷，然后将尸体移出，放入火场焚烧。是时，伍夫人与子女哀号欲绝，亲友见状亦多泪下。尸体焚烧数小时，直至晚上7时始全部化为灰烬。

伍朝枢为伍廷芳独子庶出，嫡母何氏时年87岁，生母叶氏时年60岁。她二人均寓香港九龙启德滨飞机场旁，听到伍朝枢去世的消息，几乎一恸而绝。伍朝枢所遗三子五女：长名竞仁、次名庆基、三名继先，女五为艳庄、丽琼、丽瑜、丽琨、丽瑛。伍朝枢的父母、妻子均为基督徒，但他本人却不是，故而死后并未采用宗教仪式。在土葬盛行的当年，伍朝枢选择火葬实属罕见。据知情者透露，当年其父伍廷芳去世时即行火葬礼。当时伍朝枢曾对家人说，自己百年之后亦愿如此，故其家属此举实为遵行其嘱。

身后哀荣

1934年1月4日，国民党中央唁电伍朝枢夫人称："顷闻伍梯云先生溘逝，曷胜震骇。今值邦国多难，遽丧耆英，中央同人，同深哀悼。敬电致唁，即希鉴察。"

6日，国民政府明令抚恤伍朝枢："国民政府委员伍朝枢，性行忠亮，器识开通。民国以来，迭膺外交重任，周旋坛坫，翊赞中枢，勋劳昭宣，党国倚重，方冀频抒伟略，共济时艰。遽闻溘逝，轸悼良深。伍朝枢着给治丧费5000元，并派司法行政部部长罗文干前往代表致祭。生前事迹，存备宣付使馆，用示国家笃念忠勋之至意。此令。"

民国政府主席林森、上海市商会主席王晓籁和伍朝枢在上海的故旧分别向夫人致唁电，深表慰问和痛惜。

同年2月6日，立法院长孙科和中山文化教育馆常务理事兼总干事叶恭绰，发起筹备伍朝枢追悼会，他二人还联名分函各机关团体，征求加入，共同进行。3月10日下午2时，追悼会筹备委员会在中山文化教育馆召开筹备会，蔡元培、褚民谊、吴铁城（李大超代）、叶恭绰、李烈钧（张宓公代）、黄炎培、陈策（黄仲榆代）、杨虎（买伯涛代）、柳亚子、张知本、薛笃弼、张惠长、黎照寰、孙科（张惠长代），以及上海市政府代表李大超，交通部代表唐宝书、温毓庆，上海市通志馆代表朱少屏，上海市党部代表

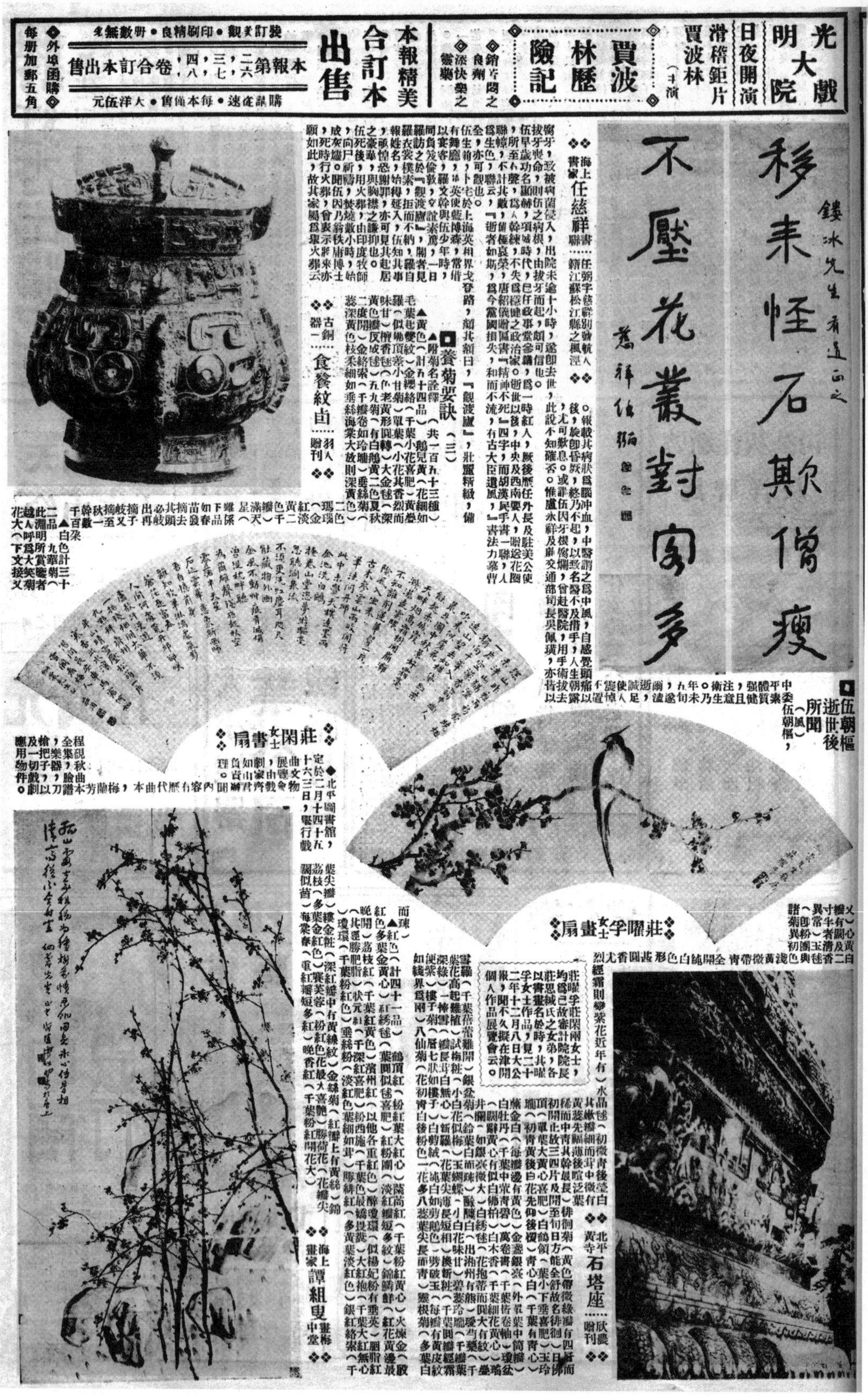

光明大戲院 日夜開演 滑稽鉅片 賈波林（主演）

賈波林歷險記

銷苦悶之良劑 添快樂之靈藥

本報精美合訂本出售

本報第二，三，四，六，七，八，卷合訂本出售

裝訂美觀●印刷精良●冊數無多

購請從速●每本僅售●大洋伍元

外埠函購 每冊加郵五角

海上書家任慈祥聯書……任弼字慈祥別號航人籍江蘇松江縣之楓涇

伍朝樞逝世後所聞

（風）

中委伍朝樞，平素體質強健，且注意衛生。乃年未九旬，遂爾遽逝，誠足使人震悼千惜。報載其病狀爲腦冲血，中醫謂之爲中風，自感覺頭痛以後，旋即昏厥，終乃不起，以致名醫不及措手，人生朝露，尤可歎息。或謂伍因牙根腐爛，曾赴醫院，用手術拔去腐牙，致被病菌侵入，出院未逾十小時，遂即去世，此說不知確否。惟盧永祥及前交通部司長吳佩璜，亦皆以拔牙喪命，則伍之病根，由拔牙而起，頗可信也。伍早歲功名，顯赫一時，項城時代，已任政事堂參議，爲一時紅人，厥後歷任外長及駐美公使，所至有聲，爲人幹練，不失爲穩健之政治家。逝世以後，中央及西南要人，贈送花圈聯幛，不計其數，備極哀榮，唐紹儀贈匾書「精神不死」四字，而胡漢民手書一聯，人爲生色，聯云，「逝者如斯，爲今黨國損失，和而不流，有古大臣遺風，」書法力摹曹全，亦可觀也。伍生前，卜宅於上海英租界戈登路，顏其額曰，「觀渡廬」，壯麗精緻，備有舞廳，如英使藍博森，常借以宴客，羅文幹與伍少年時，同負笈倫敦，交誼素篤，一日羅訪之於「觀渡廬」，閽者見羅衣裝樸素，拒而不納，羅自報姓名，始得延入，伍知其事，頗惶恐謝罪，亦可見其起居之豪華，與胸襟之謙抑也。伍死後，用火葬，由印度牧師，向尸祈禱，焚燒數小時，始成灰燼。聞伍因乃翁秩庸博士，死時行火葬，曾表示將來亦願如此，故其家屬爲舉火葬云。

養菊要訣（三）

▲附菊名詮釋（共一百九十三種）

古銅器一 食餐紋卣……羽人贈刊

莊閑女士書扇

程硯秋全集，樂器，臉譜，曲本，梅蘭芳本譜以刀劇。

莊曜孚女士畫扇

北平黃寺石塔座……欣農贈刊

海上畫家譚組叟畫梅中堂

1934年1月23日《天津商报画刊》刊登的《伍朝枢逝世后所闻》一文

林美衍等出席。推举叶恭绰为主席，叶誉虎、吴铁城、王晓籁、薛笃弼、傅秉常、黎照寰、劳敬修等七人为常务委员会委员。会议确定在京、津、沪、粤等地报纸刊登消息，征求伍朝枢生平事迹，由陶履谦负责整理撰写，制定了在上海召开的追悼会仪式和经费等事宜。

同年2月28日，全国社会各界、各机关、团体以及个人，赴上海在福熙路803号召开会议，筹商追悼会办法、仪式等。薛笃弼、叶恭绰、黎照寰、吴铁城（李大超代）等出席，确定追悼会召开时间和地点。4月8日，在上海贵州路湖社，隆重召开伍朝枢追悼会，社会各界数千余人参加。

伍朝枢火葬后，家属取回遗灰，盛于铜缸，暂厝于广东银行保管库。3月10日，骨灰经东安乘坐轮船运回广东。14日，广东省各界人士在省教育会召开公祭大会，邹鲁、邓泽如、林云陔等2000余人参加，邹鲁致辞，各机关团体均有祭文。

此后，伍朝枢家人将他与其父伍廷芳合葬于先烈东路一望岗。1988年，因建设需要，伍氏父子墓一起移葬于越秀公园。伍廷芳墓亭内立有孙文撰《伍廷芳墓表》碑，伍朝枢的墓亭内墓碑则为其子女所立，碑文简单："显考讳朝枢号梯云伍公墓"。

天津文人痛悼严智怡

严智怡（1882—1935），字慈约、次约、持约，天津市人，中国近代著名教育家严修（字范孙）次子。1903年留学日本，1907年毕业于东京高等工业学校。1916年组织筹备天津博物院，1922年任该院院长兼天津公园董事会会长。1925年任天津广智馆董事长。1928年天津博物院改组为河北第一博物院，仍任院长，有"中国近代博物馆事业开拓人"之誉。1935年3月21日在津突然病逝，年仅53岁。31日下午3时，在南开学校瑞廷礼堂举行了严持约追悼大会。其亲属、旧友和南开学校师生千余人参加。礼堂正中高悬严持约遗像，上方书写"遗爱千秋"四个大字，遗像下堆满鲜花、花篮、花圈，两侧是百余副挽联。曾任天津县县长、城南诗社社员陈中岳

The Tientsin Shangpao Illustrated Review

天津商報畫刊

內政部登記證警字第壹捌零叁號

第十四卷第二期 民國廿四年六月六日星期六

嚴持約先生遺像 城南詩社贈刊

本畫報每週出二次星期二四六刊行

甲種 商報畫報 用白報紙印刷 單獨發行每份售銅元六分 定閱 本埠每月銀一元訂二十期 外埠每月銀一元訂十八期 外埠批發十份起碼批價四分

乙種 商報畫報 用厚報紙印刷 隨天津商報附送不另售 本外埠一律

本館 館址特三區二緯路三號 電話營業部四〇一五七

好萊塢攝影部

照相一份加贈四倍放大一張 一年一次 一月一日起

傷風牙痛腰痛風濕等病的治療方法終不出拜耳阿司匹靈藥餅的範圍

預告

法租界光明影院旁同陞和帽店 新添售男女時鞋 現在籌備之中 不日即行登場

抵羊牌國產毛線

國人值得提倡之第一聲國產出品

織製柔軟 彈力富強 顏色不落 禦寒力大 編織應用 得心應手 花樣齊備 定價特廉 選擇舶品 無美不臻

註冊商標

天津東亞毛呢紡織有限公司出品

佳址法租界五馬路西口

電話二一五四〇四四五 電報掛號三〇三一

結婚大禮服出租

驚人好消息？

式樣適體完全新做 與衆不同定價低廉

自運歐美呢絨 專做西服大衣

上海春興西服莊

法租界廿六號路中原公司傍

海王牙膏新出品

注意久大

特點 絕對不含肥皂 絕無含硬性粉粒 配合消毒良劑 濃度調和適宜 保持經久不變

久大精鹽公司副產部謹識

為提倡用戶興趣起見 每盒內附有精美贈券

天津物華樓金銀珠寶店

珠寶鑽石 貨眞價廉 金銀首飾 成色十足 器皿禮品 式樣新奇

總店：日界旭街新明戲院對過 電話：二局〇九二九號

分店：法租界泰和大戲院右首 電話：二局三一三七號

勒吐精代乳粉 老牌

育嬰珍品

LACTOGEN

严智怡先生遗像

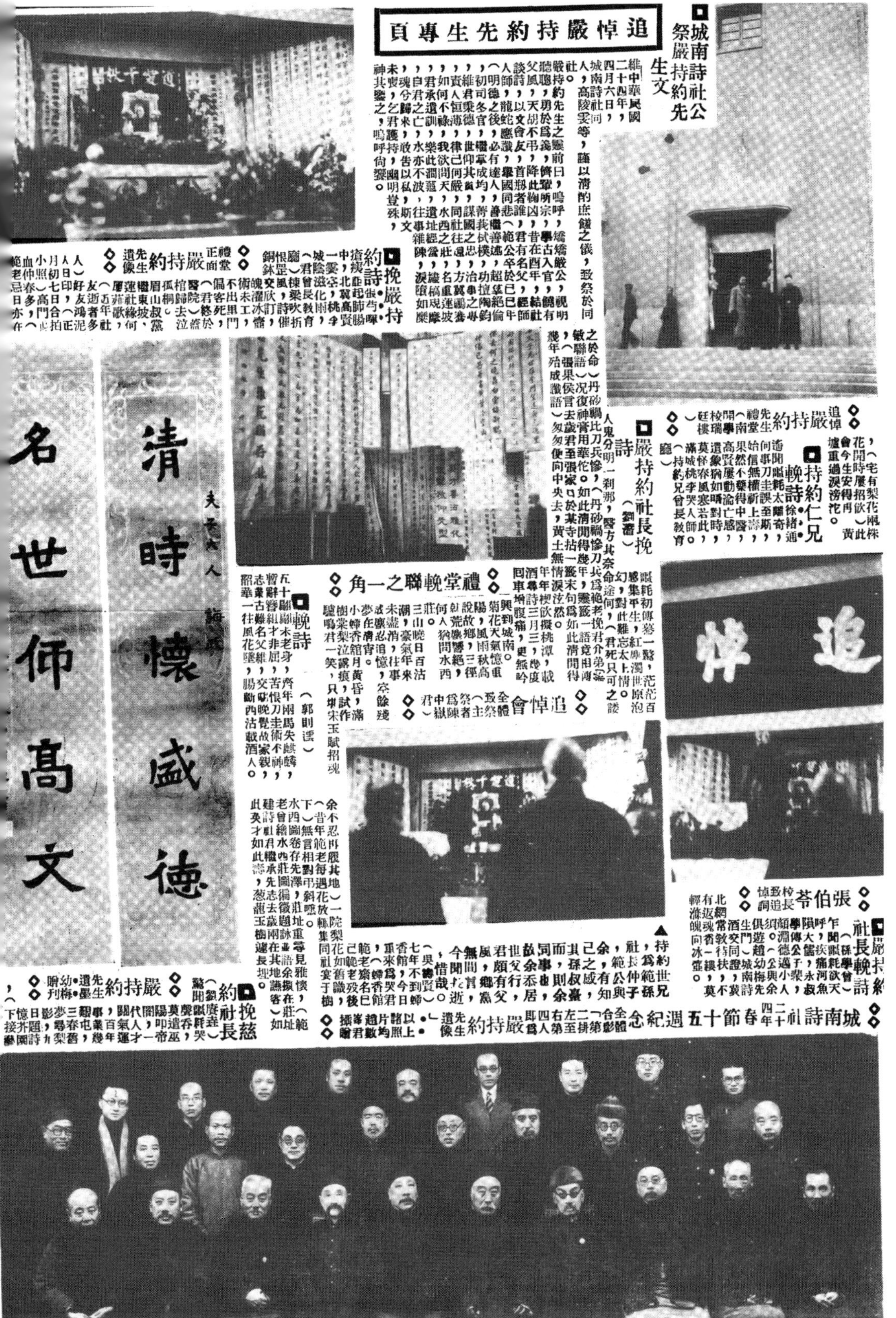

1935 年 4 月 6 日《天津商报画刊》的“追悼严持约先生专页”

主祭，南开学校校长张伯苓致悼词。同年4月6日《天津商报画刊》刊发“追悼严持约先生专页”，十数位天津文人撰写挽诗、挽联。

严智怡是城南诗社社员，以津门名士高凌雯为首的全体社员撰写祭文：“严持约先生之灵前曰：呜呼，矫矫严公，视明听聪；勇于为义，侪辈所宗。学古入官，饶有父风；天胡不吊，降此鞠凶？昔在酉年，结社谈诗；以文会友，首韧者谁？君有名父，经师人师；龙蛇应谶，举国同悲（范孙老卒于己巳年）。明德之后，必有达人；善继善述，超群绝伦。初司冬官，继掌成均；菁莪棫朴，功擅陶钧。维君秉德，世仰其责；谋国之忠，治事之专。责人恒薄，律己何严；同社往还，方冀鹏骞；如何不禄，我欲问天。水西之庄，名重莲坡；君承遗训，乐此涧薖。遗址经营，烬稿规摩；自君之亡，水亦不波。往事杂陈，泪坠如麻；魂兮归来，敢告以私。斯文未丧，乞君护持；幽明岂殊，神其鉴之。呜呼尚飨。”

女活动家刘清扬之兄、著名报人刘孟扬做挽诗：“先一日方共闲谈，笑语如常，讵料当时成永诀；我二人最称莫逆，尘缘顿隔，更从何处觅知音。”

城南诗社社员张芍晖的挽诗记述与严持约的友情和失友之痛：“疮痍讵起肺肠中，北冀高贤一霎空；桃李城阴滋化雨（严曾在教育厅任职），栋梁吹折恨罡风；诗催铜钵交欣订，魄濯冰壶术未工；不出里门偏客死（严病逝于医院），盖棺归去泣孤桐。眉山叔党继东坡，莲社缘何屡薤歌（当时城南诗社社友逝者多人）；好友鸿泥入日印（就在当年正月初七日还曾一起合拍小照），高门啼血仲春多（严范孙的忌日也在二月）；一樽竹叶香飞酒，两树梨花艳到柯（严宅有梨花两株，花开之时屡次招饮）。此会今生安得再，黄墟重过泪滂沱。”

少帅张学良的三弟张学曾挽诗云：“乍闻噩耗欲天呼，疾痛河鱼陨大儒；永叔学传公子棐，颜渊德迈小人须（他与严均曾在赵幼梅门下）。城南诗酒交同证，冀北纲常教待扶；不有返魂香一缕，莫轻涤魄向冰壶。”

教育家、城南诗社社员刘潜（字芸生）挽诗曰：“噩耗初传蓦一惊，茫茫百感集平生；红尘浊世原泡幻，对此难忘太上清。人鬼分明一刹那，医方其奈命途何；丹砂祸比刀兵惨，况复神膏用华佗。如此清闲得几年，灵签一语竟相传；匆匆便向中央去，黄土无情泪泫然。年年禊饮拟桃潭，载酒寻诗三月三；几度回车增腹痛，更无吟兴到城南。菊花天气忆重阳，风雨秋高说故乡；三径就荒尘音绝，何人犹问水西庄。三山晓日百沽潮，豪气年来未尽消；往事成尘忍追忆，空余残梦在清宵。小蟫香馆月黄昏，满树棠梨泣露痕；试作驴鸣君一笑，只堪宋玉赋招魂。”

城南诗社社员吴寿贤挽诗称，他已经7年没有到严宅了，没想到今日前来竟是与好友诀别：“七年不到蟫香馆，今日重来为哭君；一院梨花如旧识，无言相对吊斜曛。水西图卷存先泽，庄址重寻见雅怀（严范孙先生曾绘水西庄图，遍征题咏，并语余拟在庄址建诗社，君继承先志，去岁两次在此宴客）；如此英才如此寿，葱茏玉树遽长埋。”

金石收藏家方若挽联深为严持约壮志未酬身先去而遗憾：“理有难明，岂是热肠肠竟断；学期致用，如何宏愿愿成虚。”

著名教育家、曾任广智馆馆长李金藻挽联为：“辛苦为谁忙，正当哀乐中年，拂意事多如意少；死生诚命定，痛忆凄凉病馆，热肠人到断肠时。”

著名书法家、诗人赵幼梅与严修交往甚密，长严持约14岁，亦师亦友，感情甚笃。21日晨，突然接到严持约病故之讯，赵幼梅不禁“心惊手颤，热泪夺眶而出”。回想起3月16日下午，严持约还曾到自己寓所做客，二人相谈良久。如今屈指算来，仅过5日，竟是幽明相隔！当晚，赵幼梅在灯下拈笔撰写《闻持约病逝》一文，追思了严智怡的人生履历和他二人的多年交谊，感慨万千。

严持约为严范孙侍郎第二子，光绪壬午十二月生人，其伯父严香孙部郎名之曰连中。持约原名益智，赵幼梅曾为他取字曰损之，范孙先生认为甚佳，但因复于先辈讳，乃改为慈约，后又有次约、茈玥，复更字为智怡。在他去世前数月，刚刚自改字为持约。在持约髫龄之时，就深得赵幼梅喜爱。甲午年（1894）严范孙督学贵州时，曾命持约拜赵幼梅为师，并且开玩笑说：“令其受业，且托孤也。”言罢，二人相对大笑。庚子年（1900），赵幼梅赴严馆师从张伯苓，学习之余，教授严范孙先生的子侄们书法、诗书，名为学习，“乃实受业矣”。转瞬间，此事已经过去40余年，但此情此景，犹在眼前。

1933年，赵幼梅曾致函严持约，大意是，如今你的精力甚强，又有父执辈数人的扶植，可努力刊印尊翁遗著。流光易逝，且勿因循而荒废。严持约得函后乃退出政坛，专心着手整理先父旧稿，岂料未竟全功而溘然已

◇沽上金石名家彭侶黃治印·傾白攝刊◇

◇清錢南園山水·吳迪生寄◇

□輓聯（劉孟揚）

先一日方共閑談，笑語如常，詎料當時成永訣。我二人最稱莫逆，塵緣頓隔，更從何處覓知音。

◆又聯（方若）

理有難明，豈是熱腸腸竟斷。學期致用，如何宏願願成虛。

◆又聯（李吟秋）

是實業家，是政治家，是教育家，繼述有淵源，北學之中，咸推先覺。入貨殖傳，入循吏傳，入儒林傳，名舉在桑梓，庠通而後，又失完人。

◆又聯（李金藻）

辛苦為誰忙，正當哀樂中年，拂意事多如意少。死生誠命定，痛憶淒涼病館，熱腸人到斷腸時。

◆又聯（姚彤章）

心數千百年此後更誰能益我。目十二萬里方今何可少斯人。

◆又聯（劉濬）

丕歲負盛名，公子世家游俠傳。故鄉有遺慕，城南詩社水西莊。

◆又聯（蕭稟原）

憂國感時，幾年作客依嚴武。憐才薦士，四海何人是孔融。

◆又聯（魏鑑）

劍南負幹濟之才，幽明異死生，惜謀國未終，憂時並作唐衢哭。冀北為安危所繫，世事增棖觸，問招魂何處，擷藻空懷宋玉悲。

◆又聯（趙元禮）

締交累葉，聞學當年，感舊劇憐成短夢。國難方殷，家聲持振，弔喪無計慰孤嫠。

◆又聯

旬日歸來驚噩耗。五年契合仰高風。

◆又聯（王金鰲）

教澤桃李舍，弓冶相傳；喬木世家推，冀北。

◆又聯（劉賡垚）

節過花朝，刀圭妄奏；蓮花詩社冷城南。

背躡武定侯之廣廈，誰肯急難，似夫子。止無門，儀見先侍郎於天上，為括考。

◆又聯（王伯龍）

是名父令子，為濁世清流，美譽長延，公命非短。由宦海回航，來詩壇拔幟，斯人不祿，我勞如何。

◇樊樊山真蹟直幅·迪生攝刊◇

□聞持約病逝（幼梅）

今晨陡聞嚴持約病故之訊，心驚手顫，熱淚奪眶而出，有感於中，不自覺其悲也。持約為名父之子，頗能繼志，對於故舊親友，情誼尤為殷摯，從政多年，毫無宦習，自脫離政界後，有志讀書，予告以須從正經正史入手，並為之選擇數十種，欣然承受，偶為小詩，亦有思致，經予刪潤，亦能領解，數年師弟，講學時多，文字之樂，猶似光緒庚子年間，寓久談殊，難屈指，為懷矣，月十六日下午來寓，拈筆記此，幽明遂隔，三月二十一日燈下。

智約，予字之曰損之，絕孫以為佳，以復先慈約，又次約，又文此玥，其後改名為智，怡改字曰持約，已絕係故，後繼志述事，年來國事家事已譏脞實多，力任仔肩，遞以病逝，能不愴然。二年前，予致函持約，函尚有數大意，謂及今天下未大亂，精力甚強，予又持父執尚有數人云云，可努力刊印彙言，為翁既不遺，流光易逝，勿因循也云云，得函後以予言為然，不意未竟全功，而遽為已逝，洵出人意外，退此後，今春在萬泉之關帝祠曾求一籤，第四句為如此清閒更幾年，其時不注意，至今思之，亦近於詩讖也。

括，乃實受業矣，此事距今四十餘年，如在目前也，持約原名益鑒，諱改為，最近自鄉里賢之從容不迫，其詳著弟。

持約之不甚能詩，而酷嗜之，倘能致力，數年後當有可觀，前年繼絕老之後，亦入城南詩社，予喜贈一律，項聯云，杜陵詩派傳宗武，蘇過文名繼子瞻，蓋屬望之深也，此後詩社釀飲會，及水西莊宴集，皆有詩，予重九滕潤，其院中梨花初開時，又李君琴佑之詩，予為刪潤，皆送舊例，由故都貽遨客，亦援絕老見其賞，其兩句云，歸詩今年，師頌親切有味點，香火緣，而今已矣，賞眞滕吟其，三年春祀，文字高緣望。

□挽嚴生持約（趙元禮）

髫齡已見列門牆，冊載辛勞漸老蒼。失詡一朝成死別，更難舊學與商量。

考工壯歲歷東瀛，從政中年見老成。國家憂勞心力瘁，可憐無器待昇平。

傷哉中壽恰離塵，位業何由証夙因。最是七旬餘老母，猶含酸淚慰家人。

風流文酒溯時康，勝躅夷為茂草塲。嚴志從今留憾事，歸魂應繞水西莊。

◆又

……飛雪，……青林黑塞忍招魂。

◇五松圖·苦齋精品·攝刊◇

□嚴持約先生象贊

教育實業，蔚為一家，功在桑梓，其澤無涯，一朝遽露，室邇人遐，共瞻遺像，太息咨嗟。

劉潛敬題

恭公等事，方干陸游，吾鄉先輩梅樹君諸先生楊先生……

嚴持約為範孫侍郎第二子，光緒壬午十二月生，其伯父哲孫部郎名之曰連中；以是年範孫捷於鄉也，又督學貴州，行命其拜予門牆，且戲曰，予極愛之，甲午託孤也，學彼此大笑，庚子予館嚴宅，範孫子姪數人，從受業，且學帖。

◇清何子貞手書眞跡·醒愚贈刊◇

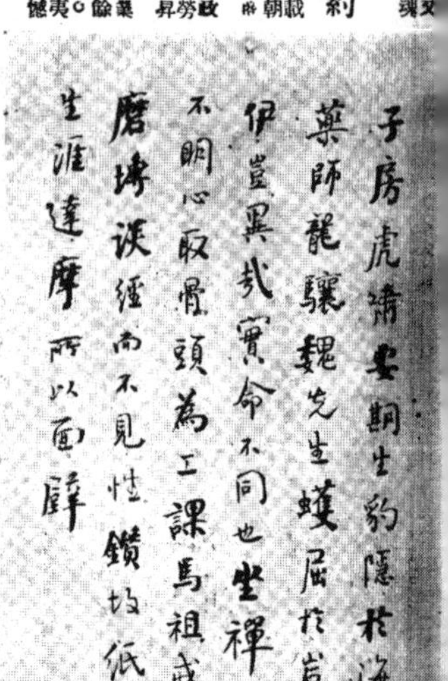

□持約先生遺著

甲戌重九前二日，城南社友集水西莊，分韻得交字。

七日例休沐，城南具酒肴，少長井一人，師友彙親交，春約秋始踐，連袂如尋披句，觴詠地，賓主喧啾，躔踐，桑梓翻光，敬其賀詩日……

（維楨有例，設位以祀，徐渭詩云云，仿其例，為杏蓮采敬……）

◇石鼓硯·拓本之七·影香攝刊◇

天津众多文人撰写挽联、挽诗

逝！据说，1935 年春节后，严持约曾赴山西万泉的关帝祠求得一签，第四句为“如此清闲更几年”。当时并没有引起注意，后来众人思之，竟成了他生前的一句谶语。

严持约不甚能诗，但酷嗜作诗，乐此不疲，持之以恒，1933 年加入城南诗社。当时，赵幼梅曾赠律诗一首，其中有“杜陵诗派传宗武，苏过文名继子瞻”之句，表达了他对严持约寄予的厚望。此后，在城南诗社醵饮和水西庄雅集之时，严持约皆有诗作，初稿完成，即送交赵幼梅修改润色。严宅院中有两株梨树，严范孙先生在世时，每值梨花盛开之时，即邀客吟赏。1935 年春，严持约也援先父旧例，邀约诗社社员到严宅。他特意从故都北京购得蜂糕见贻。雅集之时，严持约诗性大发，作诗三首，其中“故都糕点饶真味，归奉高望更馈师”之句，颇为亲切有味。孤灯下的赵幼梅，想起与严持约多年的文字缘、诗文乐，竟在今日戛然而止，不禁潸然泪下。

徐世昌的胞侄徐绪通（字一达）、书法家郭则云、城南诗社社员刘赓垚等均作挽联或挽诗。

成舍我笔下的戈公振

1935 年 10 月 22 日，著名报人戈公振突然病逝于上海虹桥疗养院，时年仅 45 岁。中国新闻界一颗巨星殒落，数十位社会各界名流撰文追思，言辞真切，令人动容。同年 11 月 5 日，《大上海人》特别出版了“追思戈公振特辑”，时任《立报》主编的成舍我在特辑中发表《一个真正的报人》一文，总结了戈公振极普通而又难能可贵的三大特点，通过追忆他们七年交往的若干片段，展现了一个为人谦和、做事认真、待人热诚的中国老报人形象。

1927 年时的戈公振

谦谦君子 虚怀若谷

1939 年 6 月，时任国立北平大学秘书长、新闻系主任的成舍我，受北平研究院委托赴英、法、德、美等国，接洽学术文化交流和考察西方新闻事业、新闻教育。行前，戈公振曾将新著《中国报学史》送给他，并很郑重地说："因为这种东西在中国还是初见，我大胆尝试，一定有不少错误，希望朋友们能尽量替我校正。你此行的海上旅程，是最好替我校书的机会，希望你能细细地看一遍。"成舍我深知，公振的这本书在中国新闻尚属首创，堪称中国新闻史学的开山之作，一经出版，便已誉满全国。成舍我虽然觉得自己不配为他校正，但在船上却很细心地一页页地通读了一遍。把几处觉得有疑问的地方圈了出来，预备日后写信或当面供给他一点意见。比如"英国的报纸真能民众说话，如果一个人为着公共利益的事件，投函到报馆，一连三次，报馆仍不登载，那么，这个投稿的人是可以向法庭控诉的"等语句，在全书中虽然并不重要，但却觉得十分奇怪。成舍我心想：英国如果真能有这样的法律，那真不愧为舆论机关！

到伦敦后，成舍我一直记挂着这几句话，时时想设法得到求证，但问了好多人，都说不知道。有一次，一位伦敦大学的教授约程沧波和他到家里参加茶会，同座的就有几位英国著名记者。于是，成舍我便询问了一位《泰晤士报》编辑。那位编辑听后连忙摇头说："没有，没有，假若英国有这种规定，我们报馆只好天天打官司了，因为即就《泰晤士报》而言，每天登出来的致记者函，总不过占投函总额的百分之二三，大多数来函都是掷在字纸篓的。"

回国后，戈公振为成舍我接风设宴。成首先把这件事告诉公振，同时还提出一些别的意见。成说完后便觉得太过草率、唐突了。不料公振竟很坦白地说："是，这本书错误和应该补充的地方太多了，我正在准备认真修正。"这是怎样的诚恳而光明呀！在欧洲时，成也曾见到了许多公振的朋友，他们告诉他，戈公振几乎每个月都有信给他们，指出一些可以搜集中国报史材料的地方或书籍，请他们代为抄写或购买。于是，成舍我不禁叹道："像这样求真实的态度，试问现在一般东抄西抹自命学者的人们，哪里能比上他的毫末？"

1937 年元旦时成舍我与妻、子合影

办事责任心特别强

1927 年 8 月，应国际联盟之邀，戈公振参加了日内瓦国际新闻专家会议。会后，他转赴伦敦，连续一年在大英博物馆查阅报学资料，报学理论水平再上一个台阶。

1929 年回国后，戈公振受邀到《申报》馆总管理处任整理参考部材料的职务。在欧美国家，参考部恒为报馆的灵魂，但在当时的中国，其重要性却还没有被一般报馆主人和编辑们所认识。因此，《申报》馆虽然添设了这一部门，但实际上却是形同虚设。然而，戈公振却并不因别人不重视而放弃自己的责任。成每次从北方到上海时都要拜访公振，在报馆的参考部里总是看见他在像片和剪报堆中埋头工作的身影。成笑着问他：“你这不是劳而无功吗？”他则叹气答道：“有功无功在人，肯劳不肯劳在我，只要我肯劳，就不管有功无功了！”戈公振做事认真、勇于负责的精神，大抵类此！

在北方的成舍我曾收到数封公振介绍青年人到报馆寻求工作的信函。当时这种事情很多，通常替人写介绍信总是当面写好一封信，让被介绍者拿去，就算人情做到了。但戈公振却是每次都要在推荐信外另外附上几封更详尽的私信，说明这个人在哪些方面有长处，哪几点上是短处，因为这人的长处多于短处，所以才敢介绍给你，请给他一个练习的机会。这种认真负责的态度对于双方可算诚恳到了极点，一方面说明公振对被介绍人做了必要的了解，另一方面对用人方选才用人提供了可供参考的资料。因此，戈公振推荐的人被任用的机会也更大。

待人诚恳

1935 年 10 月 15 日，戈公振从苏联乘船回到上海时，成舍我恰巧旅居在沪。就在公振病逝的前三天，即 10 月 19 日，戈公振还写了一封信给成舍我和严谔声。信里记述了一位医生被诬的事件，他首先表明自己与这位医生的友谊关系，随后声明不是要成和严偏袒这位医生，只要他们认真调查据实记载即可。写这封信那天，公振已住进医院，病况已很严重，但他还能够扶病写信，一方面回复朋友的请托，一方面也不愿意让朋友因为友谊而牺牲了“报纸应该忠实”的天职。他待人诚恳的态度赢得了所有认识他的人的尊重和敬佩。

成舍我最后感慨地写道：“我所知道的戈公振先生仅此而已：不自满能尽责和待人诚恳。老实说来，这只是每个人应该具备的三个条件，本只是人生大道的起点，很平常而并不特别，但就是这样平常的起码标准，恐怕举世滔滔，尤其我们贵行同业，没有好多可以像公振那样地做到。我们不必过分恭维公振是超人，我们只很忠实地说：活了 45 岁的戈公振先生，他现在死了，我们可以盖棺定论，上他一个等号，他是做了 45 岁的‘人’，尤其是在这乱七八糟的报人社会中，做了几十年一个真正的‘报人’！这就是我献给公振先生的一个最后的敬礼！”

我跟戈先生雖然不是什麼深處，但卽使僅僅在數面之緣中也畢竟留着一個極溫文但又極熱烈的前輩先生的印象使我至今還感覺到一些不甚親切的親切。

如今戈先生是逝去了，望着中國的荒蕪的新聞事業之園地，我們不能不慟傷着這一損失的無可彌補。

後起者將如何地努力呵！我們做新聞記者的人應該大家自己勉勵着。戈先生雖然死了，但中國的新聞事業是永生的呵！

天曉得

時報　滕樹穀

我和戈先生只見過一面，二十四年十月十七號晚上，他在時報館作驚鴻之一瞥。但我個人對於他的認識是很久很久，覺得我們中國新聞界的人才像他這樣孜孜於事業的並不很多。這一次他「走」得太匆忙了，我覺得很希奇，相當的難過，中國現在很需要他，他也曉得，但是爲什麼壯志未酬身先死了呢？那就天曉得了。

我所認識的戈公振

時事新報　薛農山

一九三二年二月間，正當淞滬血戰炮火連天的時候，在海格路一所中學校（好像是現代中學的）的樓上，上海的著作者，那時爲了要盡一點挽救中華民族於危亡的責任，曾在那裏舉行中國著作者協會會議，戈先生是發起人之一，於是大會中間我便開始認識了戈先生。

當時戈先生曾經提出了不少積極的主張，尤其是關於著作者本身所應努力的途徑，有極其深刻的說明；雖然，他的意見，爲嘈雜的空氣所掩蓋，而沒有能夠喚起到會人們更大的注意，可是從現在的遠東情勢看來，戈先生的意見，實在是復興中華民族的警鐘！

以後，國際形勢急轉直下，戈先生爲了肩負報人的使命，遠適異國，但我在戈先生姪兒寶權那裏仍不時看到他的來信，并且從一鱗半爪的通訊中；看出戈先生精神生活的輪廓。最近，戈先生由俄回國了，他的腦袋裏，他的行篋中，誰都可以想像到是裝滿了近代報人的智識，與夫復興中華民族參考的資料；因此，不但我們的同業對他此番歐遊歸來是張開兩臂來歡迎，甚至連整個的社會，都是熱烈的期待他的貢獻！

在戈先生訪問番公稠先生之餘，我從時事新報的樓梯口，偶然遇到了渴別數年的戈先生，當時除了相互問好以外，戈先生說他卽去南京，待南京囘來以後，再作暢談；不幸得很，誰都想不到那靄然可親的戈先生竟然以微疾而死於刀圭，從此一瞑不視啊！

人生如朝露，誰都不能忌憚一死，然而該死的漢奸國賊，都偏不死，而不應卽死的戈先生，反而先漢奸國賊而死，假使有上帝的話，那麼，這顯然是上帝的不公！現在，戈先生的形體是死了，而他終身努力於新事業的精神，實是永垂不朽；所以，我於戈先生的死，并不流淚，我認爲祇有踏着戈先生的遺跡，從魚龍雜處的記者羣中，不受利誘，不怕威脅，努力於新聞事業的改造，那才是追悼戈先生的正軌！

一個眞正的報人

立報　成舍我

我所知道的戈公振先生，只是一些片段的回憶。因爲從認識到他的死亡、雖然至少在七年以上，但我們有着見面談話的機會，恐怕至多還不到二十次。

他并不是一個三頭六臂的超人，我們正不必因他死了，而去過分的恭維。過分的恭維，只足使虛僑狂妄的活人，聽着高興，在道德水準，達到相當程度的人們，活時聽着，固然要感覺肉麻，死後有知，鱷魂也會要不安的。我們同時代同職業的朋友們，在他生前，或者既很誠懇的不忍，或者很吝惜而別有懷抱的不肯讓他肉麻，那麼，當他死後，我們又何苦反要使他，或許要增加靈魂上的不安，所以，在我理性的認識中，無論生死公振只是一個平常人物，不過，正因爲他平常，才可以顯出他許多地方，值得我們的敬佩，和追憶！

現在就我所能浮起的一些片段記憶，寫在下面：

第一，公振是一個很謙和而不自滿的人。記得民國十八年，我出國的時候，他曾將新著的中國報學史，送我一部，并很鄭重的當說，因爲這種東西，在中國還是初見，我大胆嘗試，一定有不少錯誤，希望朋友們能儘量替我校正，三十五天的海上旅程，是最好替我校書的機會，希望你能細細的看一遍。公振這本書，在中國確是創作，一經出版，早已譽滿天下，而他還這樣不肯自滿。我雖然不配替他校正，但我却很細心的在船上一頁一頁的讀過，有幾處地方

—— 11 ——

1935 年第 2 期《大上海人》中成舍我的《一个真正的报人》一文

出师未捷身先死——一代军事学家蒋百里病逝前后

他是军事教育家，曾任保定陆军军官学校校长、陆军大学代校长，为中国培养了一批高级军官；他是军事理论家，毕生致力国防研究，其《国防论》是中国国防史上的开山之作，时有“中国克劳塞维茨（《战争论》的作者）”“现代孙武”之誉；他是最了解日本人的中国人，对抗战局势发展洞若观火，其抗战理论回答了“中国怎样能打赢日本”的问题，《国防论》《日本人》是中国军队在第二次世界大战中的战略指导依据；他是一名儒将，在外交、经济、文学、历史、书法、佛教等诸多领域颇有建树，梁启超、冯玉祥、黄炎培、鲁迅、胡适、徐志摩都是他的朋友。他就是与蔡锷、张孝准并称“中国三杰”的蒋百里将军。2018 年 11 月 4 日，是他逝世 80 周年，谨以此文作为纪念。

军事教育家、理论家

蒋百里，名方震，1882 年出生，浙江海宁人。8 岁（一说 13 岁）时，父亲病殁，母子无依，得族人接济。他自幼喜读历史、小说。16 岁考中秀才，18 岁应同邑桥镇孙氏之请，聘为塾师，嗣入杭州求是书院深造。1901 年，在林迪臣等人的资助下，东渡日本留学，经成城（初级军事学堂）而进日本陆军士官学校。1903 年，创办《浙江潮》，鲁迅早期的文章即发表于该刊。1905 年，以士官学校步科第十三期第一名的成绩毕业。时值浙江方练新军，邀其回浙，未允。1906 年，再赴德国留学。学成归国后，曾任国民军第七军团见习连长，后调往奉天任总参议，在乡友的帮助下得以逃过张作霖的追杀回到浙江。先任浙江都督府总参议，徐世昌奉省督幕后的 1912 年，出任保定陆军军官学校校长，时蒋介石即为该校学生。

自任校长后，蒋百里日夜筹划学校的改革扩充，拟写军校应兴应革的呈文，报送袁世凯总统府。岂料，袁世凯并未见到此文，中途被袁手下的

（上）余總司令檢閱廣東全省救護隊。（呂偉剛攝）

(above) General Yu Han-mow, Pacification Commissioner of Kwangtung, reviewing the Ambulance Corps of Kwangtung. (*Photo by W. K. Lu*)

（上）由歐返漢報告國際情形的蔣百里將軍。

(above) General Chiang Pei-li, recently arrived in Hankow from Europe, reporting international conditions to the central authorities.

（上）第四戰區政治部正副主任就職後與第四路軍總副司令合影：（自左至右）一，副主任李煦寰將軍；二，總司令余漢謀將軍；三，副司令香翰屏將軍；四，正主任蔡勁軍將軍。（余紹慈攝）

(above) A group picture taken after the inauguration of the Political Department of the Fourth War District: (*from left to right*) 1, General Li Shu-kuan, Deputy Chief of the Political Department; 2, General Yu Han-mow, Commander-in-chief of the Fourth Route Army; 3, General Hsiang Han-ping, Vice Commander of the Fourth Route Army; General Tsai Ching-chun, Chief of the Political Department. (*Photo by Mr. C. Y. Yu*)

（上）七月九日——北伐誓師紀念節——武漢各團體於蔣委員長銅像前致敬。（中央社攝）

(above) On July 9, the twelfth anniversary of the Northern Expedition, delegates of various organizations paying respect to the statue of Generalissimo Chiang Kai-sek in Hankow. (*Photo by the Central News Agency*)

教育部部長陳立夫氏在歡送出席世界學生會代表席上致詞。（全民社攝）

Mr. Chen Li-fu(*standing*), Minister of Education, delivering a speech at a farewell party given to the Chinese delegates who are going to attend the World Students' Federation in U. S. A. (*Photo by People's News Agency*)

1938 年第 1 卷第 6 期《东方画刊》上刊登从欧洲考察回国时的蒋百里将军

军政司司长魏忠瀚批斥发还。蒋得悉后，大骂当局糊涂，并于 1913 年 6 月 18 日凌晨，召集全校两千余名师生紧急训话。言毕，拔枪自戕。学校教官及时将他送至北京协和医院救治，看护他的是一位日本护士，名叫佐藤屋登。她悉心侍奉，朝夕相伴，两人之间种下了爱情的种子。伤愈出院后，蒋即娶其为继室，佐藤更名蒋佐梅。

伤愈后，蒋百里不复任事，政府处以闲职，蛰居故乡。1919 年五四运动爆发时，他与梁启超等共赴欧洲考察，次年春回国，即成为梁之最得力助手。蒋自此开始著书立说，成为新文化运动的战将。1923 年后，先后任吴佩孚、孙传芳军事参谋，皆因未用其长而一无所成。1933 年赴日考察后，他认为中日大战不可避免，遂拟订多种国防计划，呼吁国民政府备战。1935 年任军事委员会高等顾问。1936 年赴欧美考察后倡议中国发展空军。1937 年初，他的军事论著集《国防论》出版，蒋介石阅后赞不绝口，通令全国各大学作为必修课本，而该书扉页的题词“万语千言，只是告诉大家一句话，中国是有办法的”，更是坚定了全国人民抗战必胜的决心和信心。同年 9 月，他以蒋介石特使的身份出访意、德等国。1938 年 4 月，他从欧洲归来后途经香港，居于九龙酒店，宋美龄、宋子文、孔祥熙等政要多次来访，听取他对中国国防、经济的意见。他发表的《日本人》《抗战一年的前因果》等文章，断言日本必败，中国必胜！同年 8 月，蒋百里奉令代理陆军大学校长。

病逝宜山

接到任命时，蒋百里正在武汉，居于德明饭店。当时，他连续在汉口《大公报》发表多篇军政及国际外交的宏论，影响很大。加之拜任陆军大学校长，一时间，成为武汉的一位焦点人物，拜访者、求教者、邀请者，接踵而至，络绎不绝。蒋百里老当益壮，春风得意，终日忙碌，不以为苦。

当时国民政府朝野贤豪，皆对蒋百里寄予厚望，以为他昔日改革保定军官军校的志向，今日终于得偿。蒋介石也曾亲自致函该校学生称，有了这样一位名师来指导你们，我很放心，很高兴，你们服从他的训示，如同服从我的一样。

評介蔣百里先生著「國防論」

朱季武

著者　蔣方震
定價　壹元
代售　大公報代辦處

蔣方震先生是中國第一流的軍事專家，只要留神軍事學的人，沒有不知道他的。所以他的歷史，無庸我來介紹。他這本有名的「國防論」，在中國已經是廣泛的流行着。他完全是根據着各國的經驗，配合着中國的需要寫出來的，可以說是「最中國的」了。他的觀點，我們並不祈求全國人士的完全贊同，在祖國危迫的今日，希望大家能由此而熱烈的來討論我們的國防問題，有效的實行國防建設，這是唯一的期望。我覺得蔣先生最值得我們佩服的，是他那高度的民族感情，他的「國防論」在字裏行間，到處流露着這種熱忱。他開始便說：「萬語千言，只是告訴大家一句話：中國是有辦法的」。

他的結尾，也是同樣的指出：

『鍛練個性以服從羣衆，努力現在以開拓將來。』

蔣先生這幾句話，我希望中國的青年，中國的軍人，永遠記住。　編者

國防論，這偉大的書，我重讀它已經有三次了。還在兩年以前，我第一次看到它。我被那警鐘般的字句吸住了，那時正是全國惶惶的時候，可是本書的第一　便是：『萬語千言，只是告訴大家一句話；「中國是有辦法的」！』我們可以想像到本書的作者蔣百里先生，是怎樣的大聲疾呼地喚醒我們啊！接着他更警告我們：『世界的火，已經燒起來了——逃是逃不了的——，不過三四年罷！』果然，在他說後的兩三年，世界的一烽火，遍地燃燒起來了。我[illegible]把導，那時國家統一還沒有徹底告成，許多人對領袖的信仰還未確立，而百里先生卻也告訴我們：『各國的陸海空軍，都望着統一聯合的路上走，但是有一種困難，就是找不到一個眞正能夠統一的人，如同日本，名義上當然是皇帝，但是實際辦事，陸軍參謀長同海軍軍令部長，就立於對立的地位，彼此不相下，因爲尋出一個能夠統御全的人物，不是一時所能做得到，而在歷史上看來，幾百年不容易尋出一個來，現在英美法德都感着十二分的困難，我們應當歡喜，我們應當小心，我們現在有了天然造成的陸空唯一的領袖，譬如大金鋼鑽石，幾百年才發見一個的。我們應當如何的保重他。』這是多麼偉大而且警惕啊！

我第二次讀它是在抗戰開始以後，我更驚異作者何以這樣料事如神，而且如此精明地指示給我們抗戰的大道，『未來的戰爭』作者告訴我們：『不是「軍隊打仗」而是「國民拚命」；不是一定短時間內的彼此衝突，而是長時間永久的彼此競走。』作者又告訴我們：『今日之中國亦處於有人有物而組織不健全的一種』，他更指出怎樣地來啟發自發的情神」，……現在所走的路，不全是幾年前百里先生所說的嗎？

在最近，我又作了第三次的重讀。因爲他那遠大的目光，卓越的指導，使我對戰事，對國際，對抗戰，對建國，更感覺到清醒，堅定，興奮，我發見到國防論好像大海裏的一座燈塔時常照耀着我們前進，指示給我們正確的路程。

在這種使人清醒，警覺，堅定，興奮，百讀不厭的價值，並不是偶然的，實在是由於作者在政治上，軍事上，偉大的天才，對古今中外詳細的研究，精細的分析，卓越的判斷，和堅定的主張的結果。我相信不但是第一次，二次，三次的讀它是感覺到其味益深，就是第四次，第五次，………的重讀也必然更感覺到他們的遠大和精確，不但是我一個人讀到是如此感想，就是千人萬人，讀完也一定是如此的。

因此，在這國難日深的時候，我很誠懇地把這本偉大的書，介紹給大家。第一、這本書可以就是一個抗戰的國策，他指示給我們：

一、持久戰的戰略作『國民的拚命』，『長時間永久的競走』。怎樣動員「全國一切的量。」

二、消耗戰的戰略「國防佈著，是自給自足是在乎持久；而作戰的精神，卻在乎速決。」以及如何作「武的經濟的使出。」

三、運動戰和游擊戰的戰略「生活條件與戰門條件的一致。」是作者再三的喚醒我們的。他又告訴我們「鄉士的觀念是富於防守性的，……要練成一種取攻勢的軍隊。」

四、他告訴我們如何能以弱敵強，他指出了拿破崙率領了一班七長八短的民兵，打退了全歐洲的祕訣。那是我們今日所應學習的。

五、他指示出我們如何會愈戰愈勇的原因，如何激發內在的愛國心，使政治的認識透入了每一個弟兄，在這裏，他指示出過去我們治兵的一個很大的缺點，和此後改進的大道。

第二、這本書，可以說是建國的南針，遠在二十年前，作者已經天才地指出如何在危亡窮國裏，建立一個堅實的國家，在今天，他更告訴我們如何「溫故」來「知新」，如何在艱苦的情形下，作「無米之炊」。

第三、這本書樹立了軍隊精神教育的基礎，來創造我們軍隊的傳統精神，他告訴我們如何來統一生活與戰爭。如何「寓兵於農」，他闡發了我們祖宗遺留給我們的兵書的最高原理，他更指示出一種新的人生觀。「鍛練個性以服務羣衆；努力現在以開拓將來。」

第四、在這本書裏，我們看出了一種新的讀書的方法。他告訴我們同外國人研究應怎樣注意，兵學的着眼點在那裏，讀歷史要注意的什麼，過去許多奇事的訣發。處處可以看出他的獨到的眼光，一個偉大的成就，的確並非偶然的事啊！更看伯盧麥將軍曾對本書的作者說：『拿破崙有言，百年後，東方將有極大之兵略家出，子好爲之矣』。我們可以看出這位附當世的兵學家，對本書的作者是多麼的欽企啊！最近聽說百里先生已經回國了。對國家，他必定會有更偉大的貢獻，我們以萬分的熱忱，希望他給我們更多的指示。

1938 年第 11 期《今天》刊发的《国防论》书评

1938年10月下旬，蒋百里携妻儿一家五口乘坐一辆汽车，由渝经桂入黔赴任。11月3日离开桂林时，曾对桂林市政筹备处长庄仲文发表了他对当前国事的十点意见，旋即由桂林乘汽车赴贵州北部遵义。由于连续旅途劳顿，途经广西北部宜山县时，蒋百里身体出现不适，身出冷汗。坚持到宜山县城，住进广西省政府的旅馆乐群社，但地处穷乡僻壤，一时难觅好药良医，更无医治设施，医生只是给他打吗啡止痛。翌日，蒋百里身体稍有恢复，接待了不少来访者，又到浙江大学与校长竺可桢先生见面会谈。是日晚间，蒋百里忽觉胸口憋闷，咳喘剧烈，救治不及，溘然长逝。后经医生确诊为突发心脏病，时年仅56岁。因事出仓促，蒋百里未得留下遗言，他在桂林发表的十点意见，遂成其最后的遗言。其主要内容为：1. 兵力当求集合合作，而训练新兵仍袭曾文正办法；2. 各省公路崎岖颠簸，致车辆消耗损坏严重，故可雇用民工增强修路队；3. 为增强军事通信畅通、避免延误，应取缔某人履新时的各地贺电；4. 因汽车不敷应用，各地应以其他交通工具如马车、骡车、人力车、挑夫队等分站担任运输之责；5. 我国部队的武器并非完全不如敌军锐利，应虚心研求新式武器；6. 不必好高骛远，应脚踏实地将现有物力运用到抗战之中；7. 应提倡科学，集中人力、物力于一门研究；8. 军无辎重，轻装上阵，即攻地而能克，则士兵之弹药已尽，必不能再事追击而收战果；9. 我国近年建设，因无统筹规划、顾全各方，往往因局部之利而成全局之害，故各项建设之始必先研究历史与地理，方免恶果；10. 袁世凯练兵未尝使兵有战志，造成20余年内战，今后抗战期间，我国部队应当确定军队战志，更求战志之坚定。

这十点意见，准确表达了蒋百里对抗战时局、战略战术和实施方略的最后认识。可惜，天不假年，竟至出师未捷身先死。

蒋百里去世后，其妻蒋佐梅遂于当地买棺成殓，暂搭浮厝，寄于宜山的一所寺院里，后葬于宜山的鹤岭。墓在半山，可俯瞰宜山全城，碑文为“陆军上将、陆军大学代校长蒋方震之墓”。

蒋百里的原配夫人查品珍闻此噩耗，痛不欲生，在上海白云寺设奠成服。翌年亦悄然离世。

病逝原因

蒋百里突发心脏病逝世后，社会各界在叹惋的同时，也分析了其患病的原因。

1942年第4卷第6期《政治月刊》刊发的黄征夫《蒋百里先生回忆录》一文认为，蒋百里先生的身体原就不大壮健，其致病的远因，还是当年在保定军校大操场前激昂慷慨的那一粒子弹。这件事，保定第一期同学都有终生不忘的一个深刻印象。其自杀是因与袁世凯对于国家军事教育政策意见的相左，袁世凯希望蒋百里代他训练一批私人的党羽做爪牙，而蒋百里却希望为国家造成有用的军人。蒋百里甚至不惜以死来拥护他的主张。他的主张不曾实现，可是几十年来，他的身体健康却因那粒贯腹而穿的子弹而衰弱多病。其致病的近因，则是杯中物害了他。自1938年春间，他从欧洲回国后，就到了汉口，不久便拜受陆军大学之命。与此同时，他的国防思想及其论著，得到朝野政要的重视，尤其是那篇《日本人——一个外国人的研究》发表后，得到举国人士不论识与不识、甚至左倾分子的一致尊崇，可说是声名远播、炙手可热。蒋百里先生晚年得此殊荣，自然稍足欣慰，因此遇有宴会，便开怀畅饮。他虽是海量，但座中宾客，非得意学生即知友，他们个个非敬老师不可，如其中一个叫马二的先生就曾执弟子礼，在席间敬了不少酒。唐生明自称，当蒋百里先生将要离开长沙之时，他特地要每一家饭馆做一样拿手的好菜，为先生饯行。那天，先生也喝了不少酒。酒对于心脏衰弱，可说是一个闪电的攻势，我想，这便是先生致死的近因吧。

冯玉祥先生在追思文章中也曾提到了蒋百里先生在桂林过量饮酒之事：我们最后的会面是在桂林，他对我说，广州、武汉虽然沦陷了，并不能阻止我们坚持抗战争取最后的胜利，不过现在对爱惜物力，还做得很不够，譬如在收割稻麦的时候，很多的谷粒留在地上；公路凹凸不平，损坏车辆，应该花钱修路；让老百姓得点工资，不应等到轮胎坏了，让外国人赚我们的钱。至于军事方面，不爱惜物力的事情就更多了。请我于顺便的时候，把这意见带给委员长和各省军政长官。当天晚上，同学们邀其聚餐，初时，我和百里先生与很少的几个人在一桌，他于是喊着，请最年轻的同学过来三位。席间，同学们敬他的酒，他都是一杯杯地喝下去。我当时就很担心会影响到他的健康。这些事都历历在目前，谁知道还不到一个月，他已经离开这世界了。

1938 年第 6 期《文画周刊》中陶静庵曾在《忆蒋百里先生》一文中说，他是一个勇于负责的人，在保定军官学校校长时代，他曾因计划不能实现而用手枪自杀过。后在医院邂逅一位日本护士，殷勤为他治疗，因此由恋爱而结婚。后来，政府之所以不直接给他军权，他娶了一位日本夫人是一个原因吧!

当然，还有冯玉祥先生曾有文章说，蒋百里先生是被他的夫人蒋佐梅用毒针杀害的，因为她曾说过“你爱你的祖国，我爱我的祖国”。之后的史料和事实否定了这一说法。

笔者认为，蒋介石虽很器重蒋百里，但从不授予他兵权。眼见得日寇横行、国土沦丧，作为一名军事家的蒋百里，既不能带兵冲锋陷阵，自己的军事思想理论又不能得到实践应用，其苦闷之情可想而知。他病逝前，一是受命陆军大学校长，二是自己的论著得到全国各界的认可。这对于将近 60 岁的老将军，压抑已久的情绪终于得到释放，情绪激动当在情理之中。因此说，他情绪上的剧烈波动，由渝经桂入黔赴任的一路鞍马劳顿，积劳成疾和兴奋之余的过量饮酒，这三方面的原因诱发了他的心脏病。

亲友追思

蒋百里病逝后，黄炎培、冯玉祥、张一麐、甘介侯、陈立夫、叶恭绰、章士钊、陈孝威、曹聚仁、刘建绪、黄绍竑、张又惺、宁海生等同僚、知友和学生，多撰文纪念，寄托哀思。这些文章多为发自肺腑，而非一般的应酬文字。

1938 年《玄妙观》创刊号中未署名的《刚毅文雅的儒将蒋百里先生》一文，介绍了蒋介石当年对蒋百里先生的尊重。

蒋百里曾任保定军官学校第一任校长，那时，蒋介石还在那里读书。

德國的齊格非防線

——蔣百里氏一席談——

劍心

法蘭西東部有一道「馬奇諾防線」，德意志西部也有一道「齊格非防綫」。這兩道防線，就是目前第二次歐戰波德兩軍對壘的地方；也就是雙方陸軍的主要陣地。同樣地堅強險要！同樣地名著世界！

馬奇諾防線，在本刊第二期，已經有過一篇約略的報告了；現在再來談談齊格非防線。

中國已故軍事專家蔣方震（百里）氏，有一次回到他的故鄉（浙江海甯縣硤石鎮）。他的親戚朋友，設宴接風，個人也叨陪末座。同座的人，因爲蔣先生精擊軍學，遍遊各國；談論所及，就提起了馬奇諾和齊格非。

「蔣先生！馬奇諾和齊格非兩道防線，你有到過麼」？由這句話上，打開了蔣先生的話箱；「海客談瀛」，當然可以博得全座同人的歡迎；何況所談的又是世界聞名的「今蹟」——不是古蹟？所以大家都很注意！到如今，雖已事隔數年，而我仍然能够記得清清楚楚！以下就是蔣先生所講的話：

「到是都到過的；可是我們外國人，絕對不能明瞭牠的內容。我就講講齊格非罷。前三年，我到德國去遊歷，住在「德里爾」的鄉村裏。有一次，我和我國參贊廖先生，和胡先生，坐着一艘小艇去閒遊，廖君帶着一枝獵槍和一排子彈。到了船埠，上岸步行，不到半里路，此看見一帶綠林叢中，嵌着間紅磚的老屋。這時我袋裏沒有了紙煙，就要想找找這幾間紅屋之中，有沒有賣紙煙的小店。走近去一看，有一家店鋪，明明掛着「出賣煙草」的招牌，而招牌下面却寫着「店中有事，暫停五分鐘」。我覺得納罕！何以有事而只要暫停五分鐘？既然只要五分鐘，何必要揭貼告人呢？正在遲疑的時候，店裏却出來五六名戎裝的兵士。由一位首領模樣的人，過來問我們要護照；廖君就將領事館證章給他看。他就對廖君道：「你大約初到敝國罷！但是貴國領事館，當然有人告訴你你這裏是不准任何人遊歷的。幸而還好！再向西五里，那就很危險了！請恕我！我得將你們幾位身上檢查一番」。說着，就指揮兵士，將我們每人的衣袋裏仔細地檢查一過；又把廖君的獵槍，扳開槍膛，看看有沒有發過彈？連我們的手錶，他都卸下來，翻開錶蓋，看而又看。他們檢査的周密、就可想而知了！最後他拿出他身邊的日記本，叫我各自簽個名；隨即說「請回去罷」！

「此事突如其來！我們只得回船，大家面面相覷，半晌說不出話來！胡先生猛然想起道：「是了，這地方恐怕是在齊格非防線的區域之內了！廖先生！你比我早來好幾年，何以還不知道呢」？廖先生道：「是了！是了！這是齊格非防線南段「德里爾區」最外一層防禦哨。怪我糊塗！今天來碰這個大釘子！我們將來回到柏林，大家注意，不可提起這回事」！

要塞入口

「歸途之上，我們就把齊格非做談話的中

1939年第1卷第3期《总汇报每旬增刊》中的《德国的资格非防线：蒋百里氏一席谈》一文

蒋介石很重师道，见面辄称百里先生，我曾见蒋介石亲笔写给他的一封信，措辞也极恭谨。看过蒋介石的《西安事变回忆录》的人，应该注意到全文称呼“先生”的只有蒋百里一人。他能讲一口流利的德语，机警而风度儒雅，他对待下属很和蔼，办事不拘小节，不紧要的地方比任何人还糊涂，重要的地方没有人比他更精细。

刊于1945年第14卷第6期《杂志》上黄征夫的《蒋百里论》一文，最为详尽地介绍了蒋百里先生的生平、人格、思想和军事理论。

在我所见到的人物中，蒋先生是伟大而永远使人记忆、敬仰的一个。他的伟大不在事业，更不在什么一时权威地位与财富的威力，而在他那渊博深邃的文学、历史、军事、国防等伟大的思想与学识，以及一种伟大的精神。至于其他，正像他死后各方面所看到的一样，他的太太说他是世界上最难得的丈夫，他的女儿说他是世界上最和蔼慈祥的父亲，他所有的学生特别是受过他亲身教育的保定第一期和晚年陆大学生，没有一个不说他是世界上最好的老师，他的朋友都说他是世界上最好的朋友，甚至他的佣人也说他是世界上最好的主人。

甘介侯赞赏蒋百里先生的渊博学识，他之死，是我学术界一大损失，更是建国过程中的一大不幸。百里先生不仅为中国唯一的军事学者，还具有矫矫不凡的政治天才及文学天才，他浑身都很聪明，都是学问，脑子里装着的东西委实太丰满了。

1939年第18–21期《合作与民众》刊发的《我国军事学家蒋百里先生临终一句话》一文，充分肯定了他对抗日战争的远见。

“中国这一回和日本抗战，胜也好，败也好，最要紧的就是千万不要讲和。”以上这句话是蒋百里先生，他在生命的最后时刻讲的。他晓得日本的一切情形。在他眼中，我国这次抗战只要能长期坚持打到最后，是有一百成可以得到胜利的。不过一讲和就是等于失败，而且这失败就是失败透底，几千万年中国人是不能翻身的。各位请你们想想看，他的话对不对?

黄兴中称他是一个真正懂得自己民族，同时又真正了解别人国家的人，他不只是知己知彼百战不殆的战略家，更是知人则哲、自知则明的

蔣百里論

〔人物，及其思想，理論的體系〕

黃征夫

這樣的人物——平凡而偉大

海寧蔣百里（方震）先生，也許在這個角落裏，並不怎樣普遍地的爲人們所認識周知，但在廣大的中國領域中，由於蔣百里論文集之銷行極廣，蔣先生早已成萬衆景仰懷念的人物。這裏主要的目的，很想介紹先生的思想學術，但對於先生的生平，也很覺有附帶簡單介紹的必要。

蔣先生的自傳，由張君禾草筆錄，可惜祇記先生幼年短時間的經過，無足取範，比較上記蔣先生一生最詳盡的要算張宗祥先生所寫『述蔣君百里』的一篇，節錄如下：

『百里之父，澤久先生，墮地無左臂，……幼慧，潛心內典之外，兼習岐黃，以醫濟人……後娶海鹽楊太夫人，生百里。百里八歲，澤久先生病歿，母子煢煢無所依……遍謁族人，謀所以生活者……族人附義，得田三十餘畝，得小屋兩楹，母子相依其中……。

在甲午之前，百里與予習八比試帖外，喜觀歷史及小說……然百里此後政治，哲學，外交，美術，靡不研討，不徒以兵學擅長，則少年時已基之矣。……百里入泮宮……入杭州求是書院讀書……林先生迪臣守杭州，林先生伯穎知海寧，命留學日本，入成城，畢業士官，試第一。時與蔣君尊簋（百器），並重於世……浙江方練新軍，邀百里回浙，百里不允……遂決赴德留學，任第七軍團見習連長，興登堡爲之師，歸國後……鐵良以禁衛軍管帶強百里……趙爾巽任東督，奏調往奉天任總參議。辛亥革命，百里入督署，方與幕中諸浙人談，宜獨立以應時機，而張作霖等四統領，已率兵在外，聲言百里之挾異謀圖叛清，必欲得之正法典……各友罄所挾資資百里，命急自旁門行，乃得脫。

黃征夫刊1945年第14卷第6期《杂志》上追思文章较为全面地记叙了蒋百里的一生

思想家。

冯玉祥追思道，百里先生的文章，总有很多卓越的意见，说明抗战必然终于胜利之理，让人读了，更加增强胜利信心，并从而晓得很多争取胜利的方法……如今百里先生长眠了，可以想象到他最后呼吸的时候，还怀念着我们军政各方面的进步和民族国家的自由解放。他的怀念，正是我们全国人民要努力求其实现的事情。百里先生，请安息吧！建国虽然艰难，可是前途非常光明，为着伟大的革命事业，我们一定加倍努力！

陈立夫在《血路》中《悼蒋百里先生》一文中写道，先生老虑忠纯，国之耆宿，诲人不倦，治学精勤。其所著述，皆指陈大计，洞中机宜，谋国之忠，道途无间……先生学兼中外，著述等身，考察所至，殆遍全球。其《国防论》扉页书“万语千言只是大家一句话：中国是有办法的！”《日本人》的结论是：“成败利钝，一事至要，曰：不可与之讲和。”内审国情，外冲敌力，先生往矣，而其至理名言，犹仿佛大声疾呼以昭告于国人也！

当时身在欧洲留学的蒋百里的女儿蒋英，也写了一篇名为《哭亡父蒋公百里》的追思文章，发表于 1939 年第 5 卷第 7 期的《内外什志》上，表达了对父亲的深深怀念之情，回忆了诸多生活的点滴。其中一段记叙大姐病故的文字，让读者见到了一位慈父蒋百里。

病魔插足到我们那乐园的门槛了，一向多愁的大姐被它侵袭了，一个月，两个月，终不见起色。于是，一家都慌张起来，最慌张的还是你，什么中国郎中、外国医生全部请到了。你急得连客也不会了，门亦不出了，整天闷在屋里看书。最后，还为了想随大姐的心愿，一家都搬到北平去，为她养病。哪知三个月后，我们重踏津浦时，大姐已经一病不起地长眠了。你那时颊上两行流不尽的泪，真是表示出天下最伟大的父爱啊！

在蒋百里逝世四周年时，郑素明在 1942 年《宇宙风》上发表的《悼念蒋百里先生》中说，他的眼光深刻远到，他的性情光澹豁达，他的学问广博精深，他的生平可歌可泣。1938 年 9 月，他在汉口《大公报》上发表了

時事寫真

(右)最近至南洋籌款以增進東北游擊隊的實力趙老太太及其公子。

(*right*) Madame Chao, mother of guerrillas, sailing for Malay Archipelago with his son to raise funds for further guerrilla activities in Manchuria.

CURRENT EVENTS

(上)重慶及江巴各界開會紀念民族復興節。

(*above*) Various organizations of Chungking and Kiangpeh commemorating the National Revival Day.

(上)朝鮮女革命家鄭文球女士抵西安。

(*above*) Miss Cheng Wen-chu, Korean revolutionist, arriving at Sian.

(上)重慶開會追悼蔣百里將軍。

(*above*) Chungking holding a memorial meeting for General Chiang Pei-li, the late Acting President of the Staff College.

1939 年第 1 卷第 11 期《东方画刊》图文报道了重庆蒋百里先生追悼会

《抗战一年的前因后果》的文章，不久又写了《余意》一文，应该是他最后的绝笔了。这篇文章提出一个中国历史的观点，叫我们对于抗战最后胜利的信念，得到历史的根据，增强国民的自信力，而对于今日的中国青年，给予很大的鼓舞，寄予无穷的希望。语重心长，更值得我们仔细地去研读，笃实地去履行，勿负这位不朽的导师的期望。

身后哀荣

当时的《申报》《大公报》和1939年第224期《天文台》中陈孝威的《蒋百里先生之哀荣》一文，记叙了1938年12月28日在重庆召开的蒋百里追悼大会始末。同年的《东方画刊》则以图文的形式再现了追悼会的场景。

追悼仪式隆重中不失肃穆，祭文挽幛，数不胜数。黄炎培的挽联，上联肯定了蒋百里的文武全才，下联赞扬了他的《日本人》一文，是剖析日本形势的杰作，发挥了激励国人、让敌人胆寒的威力：“天生兵学家，亦是天生文学家。嗟君历尽尘海风波，其才略至战时始显；一个中国人，来写一篇日本人。留此最后结晶文字，有光芒使敌胆为寒。”邵力子联则选取蒋百里先生最具代表性的两句名言，切合当时抗战的时事，更坚定国人持久抗战的信心：“合万语为一言：信中国必有办法；打败仗也还可，对日本切勿讲和。”

民国政府最高领导蒋介石亲临主祭并诵读祭文，此文情文并茂，哀感动人，是蒋百里先生一生的总评。开头便为“蒋中正谨以香花清酒之奠，致祭于蒋百里先生之灵曰”，文中给予蒋百里极高评价，并对他的“中道折冲”深表哀悼。追悼会后，国民政府明令褒扬，追赠蒋百里为陆军上将。

此后，不时有友人的追思诗刊发于各种报刊。梁寒操诗云：“甚才名三十载，本从儒服易戎衣；功无赫赫缘天厄，言总炎炎为世师。绛帐马融风庶近，白头李广数何奇？湘垣谈宴成长诀，风雨宜山入梦思。”张贞用的《吊蒋百里将军》诗为：“庞士元非百里才，早应功业尽云台；弹珠自击悲何极，热血盈怀老不灰；战史万言摇笔底，国防一论出心裁；子文死后留青骨，遗恨未能杀敌来。”

一些旧友常至广西拜谒蒋百里墓，即兴写诗，抒发思念之情。刊发于 1940 年第 6 期《星期评论》的郑晓沧《展谒蒋百里先生墓》写道：“环峰列戟江罗带，一代才人卧此间；迁客诗魂今有伴，宗臣鹤梦未还山。角声动地思筹策，星影沉天惜羽纶；同滞瘴乡来一拜，寒曛空照白云湾。”1941 年第 148 期《西南公路》的未署名《过蒋百里先生墓》诗云：“阴风吹断返魂车，铁卷功名劫火畲；难得英雄甘市骨，可怜名士恸焚书。山河有泪怀翁仲，剑气吟寒照阖庐；满目蒿莱归不得，墓门烟里听鹤居。”

1939 年第 1 卷第 3 期《浙江战时教育文化》消息称，蒋百里先生病逝后，遗著散佚，学者惜之。金华新阵地图书社特约张禾草、黄萍荪广为搜集，费时半载，得其游历欧洲归来后在国内报刊上发表的有关军事、政治、外交诸方面的论著 20 余篇及自传遗稿、遗像、手迹，并附刊其随员日记暨各方友好如张一麐、冯玉祥、陈立夫、胡健中、叶恭绰等的追思文章数十篇，结集成书，名为《蒋百里抗战言论集》。

1946 年第 3 期《大沪周报》载，蒋百里在考察欧洲南洋时，曾有不少遗物留在国外，尤其赠人字联尤多，其书法精湛，文极清秀，弥足珍贵。为此，保定军官学校同学会正在动员国外华侨，收集其遗物、遗作，以为出版蒋百里全集之需。同年第 6 期《文饭》中的《蒋百里之妾》一文称，蒋佐梅恪尽妇道，把蒋先生遗下的四位小姐抚养成人，两位时已出嫁，两位赴美国留学。抗战胜利后，她从重庆回到上海极司斐尔路的私宅居住，筹备把蒋百里的灵柩运回上海安葬。民国政府念及蒋百里先生有功于国家，对其家属格外优待。因蒋佐梅原为日本人，恐有人滋扰，特在蒋宅大门贴了一张政府布告，写明“此间系军人家属住宅，任何人不得滋扰”字样。蒋百里先生虽任要职，但一生两袖清风，此处住宅为其学生唐生智送给老师的礼物。

据史料记载，1948 年 11 月，蒋百里遗骸迁葬浙江杭州万松岭，新中国成立后，再迁杭州凤凰山下的南山公墓。

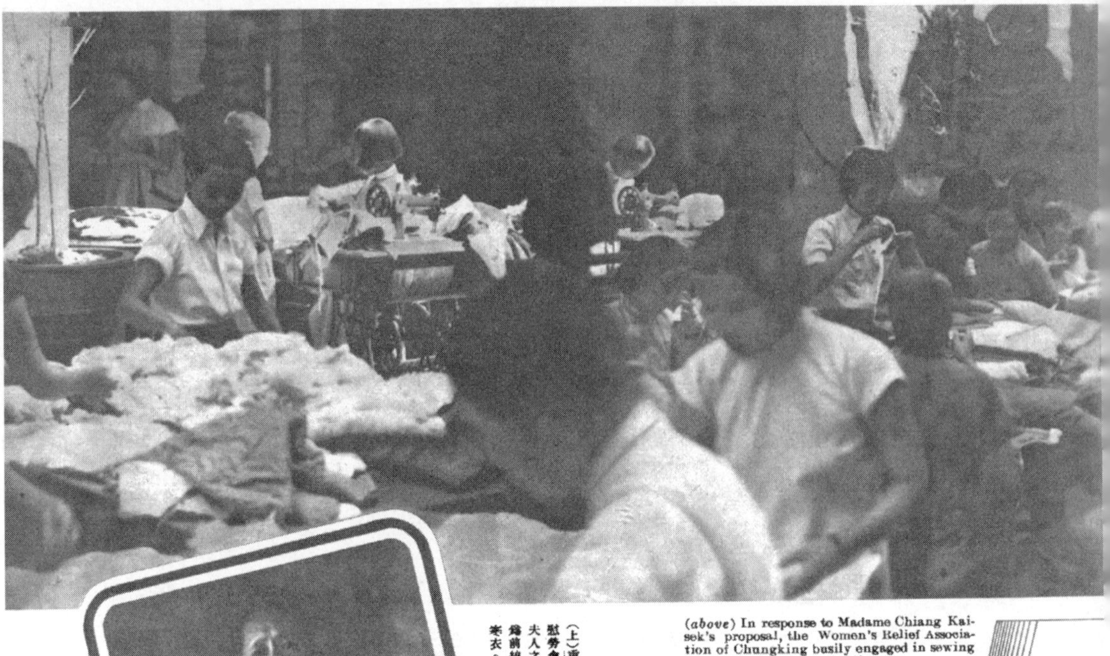

（上）重慶婦女慰勞會響應蔣夫人之建議，爲前綫將士縫寒衣。

(*above*) In response to Madame Chiang Kai-sek's proposal, the Women's Relief Association of Chungking busily engaged in sewing winter clothes for our soldiers.

（右）最近逝世的陸軍大學代理校長蔣百里氏。（全民社攝）

(*right*) General Chiang Pei-li, acting President of the Staff College, who died recently. (*By the People's News Agency*)

（左）又一文化機關爲倭略圖空軍所炸毀：被毀的昆明昆華師範學校。

(*left*) Cultural institutions always being the target of Japanese bombers: Kun Hua Normal School of Kunming destroyed by Japanese bombs in a recent raid.

（上）雙十節在重慶：保育院全體兒童，沿街歌詠。（中央電影場攝）

(*above*) The Chinese National Day in Chungking: boys of the National Association for the Care of War Orphans singing along a street. (*By News Photo Service*)

（上）國慶日的桂林：學生出發徵募寒衣。（廣西攝影通訊社攝）

(*above*) Double Tenth Anniversary in Kweilin: students marching out to collect winter clothes for our soldiers at the front. (*By Kwangsi Photo News Service*)

1938 年第 1 卷第 9 期《东方画刊》上的蒋百里先生

平津两地痛悼江寄萍

1942年11月9日下午4时，民国著名小品文作家江寄萍在天津突然病逝，年仅35岁。《立言画刊》《新民报半月刊》《新北京报》等报刊纷纷开辟“追悼江寄萍”专刊或特刊，京津两地文人不断撰文追悼他、惋惜他。《银线画报》则于1942年11月16日推出“追悼江寄萍先生专刊”，闻人金息侯、王伯龙、吴秋尘、宋昆、左右等或撰文或写挽联追思老友。

北京求学 天津办报

江寄萍，生于1907年，祖籍安徽旌德，早年在北京求学，毕业后留京办报。吴秋尘在《哀寄萍》一文中写道：“余与寄萍，以文字相交在15年前北京办报时，与寄萍相识在10年前天津办报时。”从1935年2月18日江寄萍在《申报·自由谈》上刊发的《北平的风趣》一文中，提到的“我离开北平竟有六七年了”，可以判断他来天津的时间应该在1928年至1929年之间。在津居住时，一次送访友出门，“一开门，邻人的狗叫了几声，正赶上胡同内的灯也熄了，只是可以望见马路外边的一盏昏黄的灯，而胡同内却是异常的黑暗。这时我忽然想到北平的胡同，假使这地方再能听得见一声梆子响，我就会忘记我是在天津的”。从这段文字中可以推测，他在北京、天津的居住环境差不多，都是普通胡同里巷内的小平房。

王伯龙在《悼寄萍》一文中回忆了二人的交往：“我初次与寄萍兄晤面，是在8年前（1934年）一个新秋的下午，国历七月七日7时，地点在大华饭店屋顶，不是现在的大华饭店。《北洋画报》第八年纪念，由社长谭北林和总编左小遽两兄做主人。是日得识文艺名流甚多，寄萍亦其中之一。经主人介绍，互道倾慕之诚，始悉寄萍在《北洋画报》任特约撰述，此后时常会面。”此时江寄萍已在《北洋画报》任特约撰稿人。也就是在这一阶段，他的小品文开始崭露头角。除署名“江寄萍”外，常用黄薏、蒙钰、看云楼主、丽霜庵等笔名，在平津冀沪等地多种报刊上发表札记、随笔。

追悼江寄萍先生專刊

上海王揖唐敬題

江寄萍遺影

悼寄萍

俏飛

[illegible]

哀寄萍

秋塵

[illegible]

寄萍之死

（宋昆）

[illegible]

[illegible]

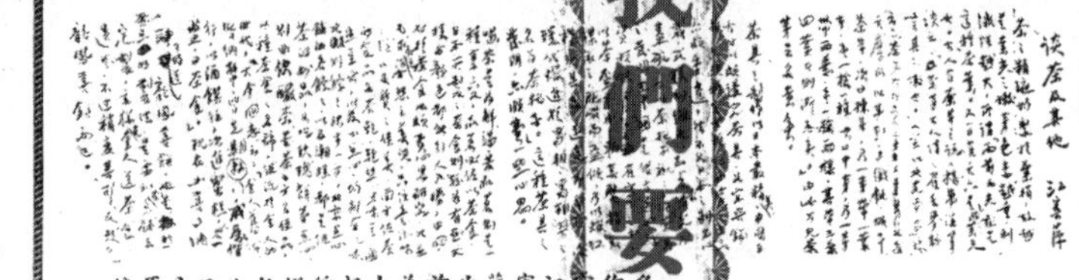

名作家江寄萍生前爲本報所撰之小品文原稿

悼寄萍

左右

哀聯

[illegible]

「中旅」第三部名作
『香箋淚』恐怖驚人
全劇孕於哀怨氣氛之中

玫娜

[illegible]

出演中國之吳素秋

未題

王朱

[illegible]

寄萍令兄千古

[illegible]

悼江寄萍

（黃飄）

[illegible]

少保金息侯悼詩

[illegible]

江寄萍

荷衣

江寄萍遺墨——署名

我們要確實減低物價！

抗战爆发后，天津许多报刊被停刊，天津名士张圭颖的《银线画报》也在其列。同年 9 月，《银线画报》复刊，江寄萍即成为该画报的特约撰稿人。虽然王伯龙称“张圭颖兄主办《银线画报》，（与寄萍）晤面机会较前益密”，但查阅 1942 年该画报的职员录中并没有江寄萍的名字：社长张圭颖，编辑委员冯贯一、宋昆、李木，采访阎朋鸟。

王伯龙的“（寄萍）自主持《庸报》编务后，辑务日繁，近作较少”文字，说明江寄萍同时还在《庸报》任编辑。吴秋尘在《哀寄萍》一文中的“七八年前与寄萍同事，在《益世报》凡三载，最后一面则在最近白云剧团宴会，尚未匝月也”，证明江寄萍也曾在《益世报》任职。

小品文斫轮老手

江寄萍的小品文在当年得到社会各界的普遍认可，尤其是他去世后，众多文人给予了很高的评价。

1942 年第 222 期《立言画刊》中黄峰的《岁暮闲话　武侠小说年》一文中写道：“假若说起文坛来，江寄萍之死，说得算是一个损失，损失也不太小。在华北肯努力写小品文的本来很少，现在又弱了一个。”

王伯龙在《悼寄萍》一文中极为推崇江寄萍的小品文：“寄萍爱写小品文字，尤以关于时序节令之描写。每综合古人之作，汇集成篇，加以点染，生动流丽，令人不忍释手。曾撰《看云楼笔记》，散见于近数年之京津刊物。别署看云楼主或丽霜庵，繇此可窥知寄萍文心，空灵要渺异常，于其想象中，构成超人生之美的境界。此固古今慧业文人之常有表现，远有屈原、宋玉，以迄近代词人可联系为一家言。其感人处，别具一种飘暗缠绵之感。凡读华北文艺副刊者，每观丽霜、寄萍署名，无不覃心玩索其独特风趣者……本市各报仍偶尔可见寄萍抒情杂写，轻松曼情，如凭晚烟，倚新月，舒长啸，发微吟，刺人于不知不觉间。所谓公瑾醇醪人自陶醉，当此霜露乍零；木叶初脱，西沽送客，东阁怀人，细细清宵，耿耿不寐，一盏秋灯，四壁虫语。读寄萍短札，仿佛六朝烟雨迷离，莺华骀宕。其人恰如抹陵逸客，南宋遗民，乌帽残衫，板桥疎柳，浑似张绪当年，不减汉南丰度。”

吴秋尘认为江寄萍为津门小品文的斫轮老手：“其文冲淡清雅，有知堂老人风味，名驰大江南北，津门之作小品文者，寄萍确是斫轮老手，而从此远矣。”

为人谦和　生活贫困

各报刊上的悼念文章，多为追思逝者的为人、性情和当年与作者的交谊。从中可以看出江寄萍是一个为人谦和、少言寡语的人。

王伯龙笔下的江寄萍“默察其人，寡言笑，不喜交际，与其文字，一派高华古典作风，极为相近”。吴秋尘眼中的江寄萍则是“貌清癯，体不健……从事所业忠实廉介，天性谦和，与人无忤，其文冲淡清雅，有知堂老人风味，名驰大江南北，津门之作小品文者，寄萍确是斵轮老手”。十多年同事的左右对江寄萍的了解更加细腻清晰，“本来他的性情像止水一样地宁静，不会使人一见就留下强烈的印象。后来，渐渐地相熟了并且同事两次，才知道他虽然像止水一样地宁静，但偶一流动，就生出美妙的波纹来。正像他的文章在平淡中流露着闲适而曼妙的情趣。他的日常生活似乎很平淡，也很规律，像钟表一样无所谓地运行着……在一般朋友中，我见到他，有进入幽静的禅院之感，最能使我心平气和，精神宁静”。

曾是同事的王朱在《未题》中告诉读者，江寄萍是一个笑脸待人的人：“平时（江寄萍）总是满脸和气。他写出轻俏的小品文，他时常地指导我们。从此这一张笑脸，是到地下长眠去了。”

众人在谈及江寄萍的死因时，不约而同地说到了他的贫困。

江寄萍在当年是写作最勤、成果最丰、社会影响力较大的作家之一。他的多产，在当时是出了名的。为什么他要多产，因为他穷，他有老娘、娇妻和幼子，一家三代都要靠他的微薄稿酬过生活。1940 年重阳节后，在《一个凄冷的秋夜》一文中，江寄萍回忆起十几年前在北京西山养病、父亲因失业抑郁而亡的苦痛。自此，养家的重任就落在了他的肩上：“我不愿意我的少年豪迈之气随着时代和年龄而消沉下去，我要使这人生的长途旅行含有正大的意识，但恐怕一切都不能如人所预期的，那是真无有奈何的事！”

“据天津某报刊载，江寄萍生前曾一度厌恶写小品，而要写武侠小说。

因为他穷急了，看着武侠小说比小品销路好。写武侠小说不致发财，也还不致饿死的。那么由死者的心理证明，今年文坛是武侠小说活跃年！”黄峰这段文字是穷苦民国文人痛苦挣扎的真实写照。

吴秋尘认为江寄萍再勤奋再多产也改变不了穷困的现状：“（寄萍的）笔耕收入无多，又不善治生，文章穷而后工，而文章又真不能解决生活。凡操笔为业者，皆有同感。不独寄萍为然。而寄萍之天夺其年，身后萧条，自意中事也。”王朱说江寄萍“上有老母，下有妻子，他的死无疑是负担过重，工作过多所致，就这白白地糟塌了身子”。

北平作家萧菱在悼念文章中说：“他的多产，我想多一半还是为的多得一点稿酬，这是没法否认的事。用文字求生活的人，不多写一点怎么办呢？江先生几年来谈了许多问题，他说理能达意，叙事至亲切，抒情更可以从文字窥出素朴的美丽。其实江先生虽然故去，但是他的灵魂却用一种完美的文字形式被永久保留。朴素的小品文，几年来，唯有江先生始终在这一方面下功夫。”

小病送命　死后哀荣

《银线画报》编辑宋昆在《寄萍之死》一文中，记叙了时乖命蹇的江寄萍的最后时刻：“多日以来，就不曾看见寄萍一次，据说是他病了。7 日晚，突接子英兄的电话，匆匆忙忙地说寄萍不但是病了，而且转成了伤寒症，希望我能立刻把上次我患伤寒时医治得法的刘杜厂先生陪去。症状的危急到何等程度，可以从子英兄的呼吸的急促听得出来。但当晚刘先生不凑巧正出门，我未能找到他。第二天早晨 10 点钟，才把他陪了去。可是寄萍脉跳 135（次），体温近 42 度，即使华佗再生也无能为力了！完了！一切全完了！青年有为的寄萍兄终于 9 日下午抛弃老母、娇妻、爱子，独自到另外的世界而去！”

在谈及江寄萍的死因时，大家虽然列举了若干项，但归结到一点就是穷困的生活。

宋昆分析江寄萍的死因有三：“一死于环境，二死于自己不小心，三则死于庸医。男儿死不足惜，但我们要诅咒那杀人不用刀的庸医，我们要为文人身后的萧条一洒同情之泪。”

黄马风在《悼寄萍》一文说：“小品文作家江寄萍死了，他不再写看云楼小品了。他是病死的，但不是善终，因为有病没有钱治老死的。小品文解不了穷，更治不了病，也就防不了死亡。他的死，死在许许多多的错误上：他不该自己乱吃药、乱吃东西，他不该带着病上班，他不该太老实。他毕生的大错是最初他喜欢写文章，他读了误尽一生的书。”

左右则把他的死直指当时黑暗的社会：“但社会龌龊的污垢，使他像钟表积满了油泥，所以他近年的生活越迟钝无生气了。我以为：以后他的环境能改善些，像把钟表上的油泥擦一擦，他的生活仍会复原的。但不料因小病而错服了药，油泥未擦，发条突然崩折，于是他静止了。”

江寄萍的英年早逝，引起天津文艺界的一片叹息，撰写了许多悼文、挽联，尤以赵仙舟的联句最为动人：“忆文字麻将，诗酒相酬，看云楼中称盛事；慨才华遭忌，音容顿杳，丽霜庵外寄萍踪。”清朝遗老金息侯先生题诗《江寄萍追悼专刊》：“为儿沽上小名家，小品文章第一夸；可惜秋风吹落叶，江郎妙笔不生花。”

1942 年 11 月 12 日，江寄萍举殡，葬于极乐园。同月 15 日下午 2 时，天津文化圈在法租界明湖春举行了追悼会，江寄萍生前友好悉数到场哀悼，状极沉痛。

众人在追悼逝者的同时，不禁想起他的老母和妻儿。随即决定此次追悼会，一是追悼亡者，二是为遗族募捐，三是筹备印行《江寄萍全集》。“这样，或可减少自己一点悲痛，而安慰自己吧。”为筹募捐款救济江氏遗属，平津两地还举办了戏剧义演和书画义卖活动，画家慕凌飞也将几幅近作赠予江氏后人折卖为生。

王朱在追悼会后联想起自己，联想起当年的如江寄萍一样的文人们，感慨万千：“记得曾问过朋弟兄，如果没法维持自己生活的人，他是要怎样？他回答说，恐怕一点点都淘汰而死掉了。所以，寄萍的死并不足为奇，他只是文人被淘汰的开端。现在我们开追悼会，将来我们也是被追悼的人，他只是先走了一步。如果黄泉道上是好走的话，也许他还在等伴儿。所以，也没什么可悲哀，将来也许追悼会开不过来呢！”

人民音乐家冼星海

1945 年 10 月 30 日，以创作《黄河大合唱》而闻名世界的人民音乐家冼星海在苏联病逝，年仅 40 岁。延安各界为他举行了追悼会，毛泽东亲笔题词“为人民的音乐家冼星海致哀”。惊闻噩耗，郭沫若、茅盾、何其芳、马思聪、未光然、桂涛声、孙慎等 20 余位其生前好友撰文，追思与他的过往和友情，痛惜他的英年早逝，肯定了他对中国音乐的贡献。

马思聪在法国出手相助

冼星海（1905—1945），广东番禺人，出生在澳门一个贫苦渔民家庭，幼时随母侨居马来亚，1918 年回国，先后入岭南大学附中和岭南大学读书。酷爱音乐，1926 年入北京大学音乐传习所，1928 年进上海国立音专学习小提琴和钢琴。为了实现音乐家的梦想，1929 年赴法国巴黎勤工俭学。

初到巴黎的冼星海，身无长物。为了生存，他做过船上的煤炭夫、浴室的堂倌、餐馆的跑堂、理发店的杂役、养牛的工人等各种苦差事，命运的转机是在遇到中国第一代作曲家马思聪后。1946 年第 17 期《文萃》中马思聪的《忆冼星海》一文，记叙了他对冼星海的帮助。

大约在 1928 年或 1929 年初夏的一个下午，马思聪从马德里街的巴黎音乐学院出来，一个穿着破旧大衣的广东人招呼他。他说他叫冼星海，从中国一路上靠在轮船上做苦工来的，音乐是他毕生的大志，他要在法国深造提琴，请求马思聪介绍他的提琴老师。他们谈着，穿过几条大街，天黑下来，巴黎显得很热闹，到处灯火辉煌。他们在一家门店前停了下来，一股热气从门缝里钻了出来，这便是当时冼星海工作的地方，一家兼修指甲的浴室，他是这里的堂倌。冼进去一会儿出来告诉马说，我得开始工作了，只得明天再谈。第二天的早晨，冼领着马来到住处。他住在一所大厦的顶楼，高度仅及成人的身高，宽度仅容一张床和一张桌子。桌子上是一面叫作“牛眼”的开向天空的玻璃窗，练琴的时候，他就站在那张破旧不堪的桌子上，上半身探出屋外，向着辽阔的天空，面对着大自然，对着上帝练习音阶。冼激励自己说：“天不怕，地不怕，只怕星海不努力。”

通过交往，马思聪了解到，冼星海经常从早上 5 点一直忙到深夜 12 点。有一次，他实在太疲倦了，在一家华侨餐馆端菜上楼时，忽然眼前一黑跌倒在地，老板教训他一通后将其开除。这对冼来说习以为常了，失业、饥饿、寒冷无时无刻不在困扰着他。他曾在一家咖啡馆拉小提琴，然后脱了帽子，鞠躬向客人讨钱。当走到一名中国留学生面前时，那人突然扬手打了他一记耳光，并喝斥他丢了中国人的脸。他未做任何反抗，低头默默地离开了。

马思聪深为冼星海的苦干耐劳和坚定的毅力所打动，遂介绍自己的老师奥别多菲尔（Paul Oberdoeffer）给他，并免去了他的学费。马说，对于一个像冼星海一样的人，以不可想象的苦干精神去学习，还有什么可以阻止他的成功呢?

报考巴黎音乐学院时，因为看到冼星海的西装袖子过长，又是中国人，门警不让进门。他解释说，自己是来报考高级作曲班的。门警更加不信。正在这时，普罗・刁客教授从此经过，走上前来热情地攀着冼星海的肩一同进去了。果然，他顺利过关，而且还考到了个荣誉奖！校方送他物质奖励，问他要什么。他脱口而出“要饭票”！

冼星海的住处门窗都破旧，巴黎的冬天比中国南方寒冷。一夜，狂风大作，他没有棉被，冻得睡不着，只得点灯写作，他安装不起电灯。一阵大风掠进，煤油灯被吹灭，点了又灭。他伤心极了。风穿过门窗，敲打着墙壁，猛烈地嘶吼，他的心也随之撼动，来巴黎后一切的苦难与不幸全都浮现在他的脑海，一种强烈的冲动让他不能自已，借风述怀，一挥而就，处女作《风》就这样诞生了。第二天，他把《风》交给教授，教授将《风》拿到巴黎音乐学院新作品演奏会上，博得巴黎著名音乐家们的一致好评。以后他又陆续写下了《游子吟》《中国古诗》等怀念祖国的作品。

冼星海以工人的身份参加巴黎的国际工会，工会时常放映中国题材的新闻片。他看到内战给人民的残害，同胞的饥饿流离，底层百姓的苦难生

憶冼星海

馬思聰

大約是一九二八年或是一九二九年的初夏的一個下午，我從馬德里街的巴黎音樂院的課室出來，有一位穿着破爛大衣的廣東人向我招呼，那是我第一次遇見冼星海。他告訴我，他不容易來到法國，他在輪船上做苦工來的，音樂是他畢生的大志，提琴作曲他一定刻苦地去學習。他要我介紹他提琴老師，我們一面談着，穿過了幾條大街。天黑下來，巴黎更顯得熱鬧！燈火輝煌，四方八面的天邊，像大火焚燒般的一片通紅，我們在一個玻璃門的店子面前停下來。一股熱的水蒸氣從門縫攢出來，那是星海工作的地方，是一家浴室兼修指甲的，星海在當堂倌，他苦幹耐勞堅定的精神令我吃驚，令我敬佩。

星海進去一會兒出來告訴我，他沒空陪我，約次日找我談。明期的早晨，他領我到他住的地方！是一座巨大的大廈的第八層或第九層的頂樓。一切狹小的所謂房子僅有一個成人的高度，一張床緊貼着一張檯子，檯子的一面是叫做「牛眼」的向天空的玻璃窗。星海練習提琴時就得站上檯子上，上半身伸出窗頂，伸向天空，對着上帝練習他的音階。

還是又別緻又好玩，我不想對於一個像星海一樣，以不可想像的苦幹精神去學習，還有什麼可以阻止他的成功？他可以不辭叢躍到餐館去拉提琴，然後脫了帽子向客人討幾個佛郎，他代人養鷄，喂牛，做各種各式的苦工，只要他能夠有機會學習。

除了向外來的境遇奮鬥之外，星海還得向自已的資質，自已的年齡奮鬥。他并不具有聽敏的耳朵與靈活的手指，要從事音樂的學習，他的年齡是稍嫌過遲的，但星海不顧一切，眞是做到「不怕天，不怕地，只怕自已不努力」的地步，日以繼夜，不斷學習。一個朋友嘲笑他：「星海，算了吧，就算上帝特別優待你，給你一天四十八個鐘點，你還是學不好的。」

然而星海什麼都不怕，他是連學不好也不怕的。他要學，學，學，學，學，學，他跟了我的老師Oer Joerter學小提琴，他窮，老師不收他學費。

以後，我有好久沒有見着他，爲了生活，他也許遷那「牛眼」窗的房子也住不起了。我回到中國來。

一九三四還是一九三五年夏天在廣州，天氣悶熱，突然星海出現在面前，他穿着冬天很厚的衣服。他剛從法國回來，所以沒有帶夏天的衣物。他攜着兩本大書本。其一是他歷年所紀載的事紀，另外一本是他所作的樂曲。

他的事紀是一連串的苦門；他做過保姆，做過茶房，做過廚師，做過乞丐，做過輪船燒炭夫，他什麼都做過。他從這些苦工換得來什麼呢？就是疊在這本事紀底下的一本樂曲了。這里面有鋼琴與提琴的奏鳴曲，有「風」有獨唱曲，有弦樂四重奏。我覺得他很受Cesat Franck的影響，他鋼琴的曲子很不順手，沒有鋼琴的效果，他雖然不懂得鋼琴的技巧。可是他有氣魄，有粗野的力，有誠意的眞情。這一次見面之後，他匆匆乘輪船往上海去，也是我最後一次見到他了。

而這十多年以來，星海發揮了他的力量。他向人民學習，人民滋養了他的靈魂，於是，他謳歌了人民的苦痛，希望與光榮。在中國樂壇上沒有人與他表現得更淋漓盡致的。

而他還是要學，他到蘇聯。我相信他的努力的方向是要把中國音樂更向上提高的。他可能在準備或者已經寫就些更偉大的作品，給中國新音樂散播下更堅實的果種。

然而他已經鞠躬盡瘁，他支持不下那數十年來的勞苦所積累起來的身體的總崩潰，他倒下去了。他死在異鄉，沒有親人看他合上眼睛，該是可能的吧！我相信蘇聯朋友的友情還是給他溫暖地離開他底艱幸的生命。

在我們，還有我們的子孫都跟隨你所示範給我們的榜樣，我們將從你學習得必勝的祕訣，那就是你所具有的所向無敵的堅韌。（渝「文聯社」）

的壯大，革命的基礎的，萬千男女們的實際生活，呼吸和感情，他却沒有抓到。而且作爲他的特色的那些短句，事實上也絕對不是人民大衆的語言，牠不過是播揉過了的，智識份子的語言。這些短句，只適合於紀錄下一些斷想和印象，絕不適合於深厚的抒情。

何其芳的詩，人家都說是很美的，但是自從改變作風以來，舊的長處是被拋棄，而新的風格則又還沒有形成，從他最近發表的詩看來，勸喻的，教條的意義多過於他的眞的詩的情感。

然而，正如我上面所說，人們改變了，環境，經過了八年的抗戰，新的一代已經從新的環境中生長出來了。所以正當前一代的詩人摸索着想向人民學習的時候，而新的詩人却大踏步從民間出來。

他們不是喝過洋水的洋博士，不是什麼大學生，他們是在這大時代的風砂中所鍛鍊出來的青年，他們不是躲在小房子裏自命不凡的文士，他們是勞手動足的極平凡的百姓。他們曾經面對着現實戰鬥過，他們並沒有自以爲比儕輩更高的優越感。他的詩不是吞吞吐吐的言辭，而是張開喉嚨宏亮的歌唱，他的詩不出裝飾和雕琢，而自有着樸質的美麗。牠們並不是個人的微小的抒情，而是在爲大衆而歌唱，牠們沒有無聊的感傷和無可奈何的情緒。牠們年輕，健康，渾身都帶着原野和野草的香氣。

我們這些舊的一代的詩人們之自我改造是如何地急不容緩。如果我們不進步，歷史一定會無情地把我們拋得遠遠的。

（廣州「中國詩壇」新一期）

1946年第17期《文萃》中马思聪《忆冼星海》一文

活。他对祖国的怀念一天比一天深切，常为祖国的多难而偷偷地哭泣。他说："在困苦生活的时日，祖国的消息和对祖国的怀念也催迫着我的努力。我要把我对祖国的那些感触用音乐写下来，像我把生活中的痛楚用音乐写下来一样。"

作曲家孙慎曾是他的学生

1935 年春在巴黎音乐学院毕业后，冼星海急于回国报效祖国。他拒绝了一名女青年作曲家的一再挽留，同年初夏做了一次欧洲旅行后便匆匆乘船而归。

回国后，冼星海立即投入到抗战歌曲创作和救亡音乐活动之中，创作了大量群众喜闻乐见的歌曲，并为进步电影和话剧谱曲。全面抗战爆发后，国共两党放下成见，联合抗日。他又参加剧作家洪深领导的上海救亡演剧二队，进行抗日文艺宣传。同年 10 月，转移到武汉，与张曙一起负责开展救亡歌咏运动，后加入了郭沫若等领导的国民政府军事委员会政治部第三厅，主持抗战音乐工作。

1946 年光复版第 2 期《文艺生活》中作曲家孙慎的《忆冼星海》一文，记录了作者与冼星海的深情厚谊。抗战爆发前，上海曾有一个业余合唱团，电通影片公司创办，吕骥任领队。电通公司停业后，合唱队人员有所变动，孙慎就是在这时加入的。一次，为赈灾筹款合唱队在北四川路精武体育会举行首场公开音乐会。节目进行将近一半时，有人到后台通报说，从法国回来的冼星海先生也在楼上听音乐会呢！大家听后非常激动，也许是因为过分紧张，接下来的一首四部合唱的《青年战歌》唱得很糟糕，各个声部也都错了，大家都因为在冼星海面前丢丑了而感到遗憾。那次，孙慎虽没能与冼星海见面，但他觉得冼星海没有学院派的架子，肯屈尊来听他们的音乐会，在心中一下子与冼星海拉近了距离。

此后，在吕骥的住所，孙慎听了冼星海的《救国进行曲》《运动会歌》等唱片，节奏活泼跳动，旋律独特，明显带有很浓的法国风。孙慎猜想，冼星海一定是个很活泼，很爱说笑的人。

孙慎接到歌曲作者协会的通知，说晚上要到冼星海家里开会。歌曲作者协会由几个词曲作者组成，时在上海的施谊，许幸之、塞克、周钢鸣、吕骥、贺绿汀、沙梅、任光等都是会员。每月举办一次集会，研讨近期创作的歌曲。冼星海是后来才加入的。晚上，孙匆匆赶到法租界福履理路——冼星海的住所。这是一幢普通一上一下的住宅，客厅陈设简单，两边几张椅子，中间一张小桌，右首角落里放着一架钢琴。这是他们的第一次会面，孙既紧张又兴奋。冼从房间走出来与大家打招呼，只见他个子很高，身材魁梧，黑黑的皮肤，脸上的颧骨微微隆起，一个典型广东人的面孔。生活的磨难，在他脸上划下几道深深的皱纹，那时他不过二十四五岁，但看上去却有些苍老。说起话来，语句很短，一听便知他是一个不善讲话的人。脸上虽表情严肃，但却透着诚恳。这与之前孙想象那个爱说爱笑的形象大相径庭。

此后，他们时常见面，当冼完成一首新歌时，便叫孙到冼家来。他们一齐高唱新歌，试验它的效果，觉得不好的地方即做修改。冼写歌很快，自以为豪。接触多了，孙觉得冼很虚心，譬如唱了他的《热血歌》后，孙觉得中间一句处理得不大妥当，提议将“任敌人的火焰”中的四分音符做一些改动。冼认为很有道理，毫无异议地接受了。还有一次，他们试唱《青年歌》，有人觉得有一句有点情绪低落，经过一番讨论，冼也做了修改。正是他的虚心，肯与广大人民群众接触，其作品才有一个极大的转变和进步，如《救国军歌》等作品已不再是法国风，其节奏和旋律已经适合人民大众的需要，是明朗、有力，易于为人民接受的有血有肉的歌曲。这也说明他已深刻地体验到了当时人民的感情和需求。

后来，孙慎拜冼星海为师学习指挥。白天他们两个工作都很忙，孙时常在晚上跑到冼家。在冼家的客厅里，孙的面前放着一个谱架，手里拿着指挥棒，对着冼挥动起来，那阵势，仿佛眼前正有一支庞大的合唱队哩！冼从不在中间打断孙的情绪，遇有姿势不佳或节奏不妥之处，他总在指挥终了，总结性地说上几点，并亲自示范给孙看，直到孙彻底领悟。

八一三抗战爆发后，冼星海随救亡演剧第二队出发，孙慎也参加了军队的政治工作，他二人暂时分开。1938 年，孙随队到了汉口，冼也正和张曙在政治部第三厅负责音乐工作，他们曾在昙华林匆匆见了一面。这时正

「詩論」拾遺

艾青

1

再沒有比那些噐滿的詩篇充滿整個詩壇這現象，更使我們寒心的了。

他們還要是人家寫的是標語口號，而他們自已却永遠在那樣惡俗的感覺——早已被善良的人們擲棄掉的自私而又虛僞的感覺裏，寫着自瀆的東西。

2

有的人以排得整齊去眩迷讀者，他們而且排列得很勉强——常不得不加進一些完全是浪費的字，才算被他們拼成方形了，再沒有比這樣的人更低能的了。

3

在詩人寫出他獨特的詩歌之前，他必須有獨特的生活——沒有一個人的悲歡的經歷會是同於另一個人的，故沒有一個人的詩應該同於另一個詩人的。

4

正直，誠懇，熱情，不應該存在於我們心中嗎？我們不應該祗由它們所激勵而歌唱麼？

5

好的詩篇，常是產生于我們被新鮮的意象

憶冼星海

孫慎

是「一二，一」大流血發生前幾星期的一個晚上，昆明青年會的小禮堂中擁滿了一群音樂界的男女朋友，「昆明市音樂界協會」正熱列的在那裡舉行成立大會。

有一個朋友悄悄地過來跟我說，有人聽到無綫電廣播：冼星海先生病死了！這是多麼難以令人置信啊，我的頭腦裡不禁立刻浮起一個身影來：黑黑的面孔，高高的個子，魁偉的體格，病死，怎麼會有可能呢？

當時我們决定暫時不在會中宣佈這個消息，因爲一方面，我們希望這個消息是不確的，或者是聽錯的；另一方面，恐怕會因此影响會塲的空氣，但是後來田漢先生的演講裡，還是把它提了一下。

幾天以後，接到重慶朋友的信，附來了一張報紙上剪下來的消息：

「中國人民的歌手，洗星海同志病逝！」

不幸的消息終于變成事實，從此新音樂的陣營裡，缺少一個有才能，有修養和有豐富創作經驗的作曲家和領導者。這是音樂界的一個無比的大損失，也是中華民族不可補償的一個大損失！

洗星海先生是廣東人，自幼貧苦求學。在國內學習音樂有好些年，後來感到國內學音樂有很多不方便，很想到法國去。這時湊巧得到馬思聰先生的幫忙，介紹了他在巴黎的先生奥別多菲爾，於是就在一九二九年出國。

到了巴黎，找到一個餐館跑堂的工作後，就開始跟這位世界名提琴家奥別多菲爾學提琴。後來又跟巴黎音樂院名教授路愛日、加隆學和聲對位，賦格。跟國民學派士苛藍浩、多隆姆唱歌學校的作曲教授丹地學作曲。以後又跟里昂、古特學作曲，跟拉卑學指揮。這些教授本來每月總要收二百法郎的學費。教他的時候，因爲知道他是做工的，所以都不收他的學費。

在這些日子裡，他的生活非常窮困刻苦。曾經做過各式各樣的下役，像餐館跑堂，理髮店雜役，和西崽，也做過看守電話的用人和其他被人看作下賤的跑腿。

但是工作不是常常有的，所以他也失過十幾次業，有一次失了業，餓得快死，沒法只好提了提琴到咖啡館，大餐館去拉奏討錢，忍着羞辱拉了整天，得不到多少錢。回到寓所不覺痛哭起來，把錢扒到地下，但又不得不拾起，因爲門外房東正在敲門索取房金呢。也有一次討錢的時候，一個濶氣的留學生把他的碟子一把摔碎，還掌他的頰，說是丟中國人的醜。他當時不能反抗，悲憤得說不出話來。在巴黎的中國留學生很不喜歡他，他們都很有錢，有的還是政府給津貼的，無

1946 年第 17 期《文萃》中孙慎《忆冼星海》一文

是抗战宣传的高潮，冼工作很忙，作品很多。冼到延安后还给孙来了一封信，叙说在延安愉快的生活和紧张的工作，同时要孙把新写的歌曲也寄去，他们可用五线谱印出来。

与词作家桂涛声成为好搭档

当年在武汉广为传唱的抗日救亡歌曲《送棉衣》《在太行山上》，是词作家桂涛声与冼星海合作的成果。桂涛声曾在 1946 年第 26 期《民主》中的《悼冼星海》一文，讲述了他们做搭档时的日子。

抗战初期，八路军取得平型关大捷后，全国上下群情激奋，倍受鼓舞，武汉文化界准备募捐 10 万套棉衣慰问八路军。桂涛声写了一首小诗《送棉衣》，刊登在胡绳主编的《救中国》杂志封面上。冼星海见了，激起了他的音乐热情，谱成了曲子，在南方广为传唱。后来，在胡绳的引荐下，他二人见了面。冼兴奋地说：“《送棉衣》写得好，我只谱了两个小时！”并问桂有什么意见。桂连声说：“你谱得又快又好，通俗流畅，唱起来又有韵味，太好了！”从此，他二人常来常往。桂对冼的歌大为赞赏，在前线冲锋陷阵的战士是抗日的有形力量，冼的歌曲则是抗战的动员令，让人听了非去杀死几个日本鬼子不可！

冼领导了一个话剧团，桂除为《战斗旬刊》与《救中国》写稿外，还负责编辑武汉三镇文化界抗敌壁报三日刊。各以事牵，他们的见面多半是在下午。但时间不长，桂便去了太行山。1938 年夏，桂重回到汉口，冼时在第三厅，同时还领导着自己创办的海星歌咏队。这支队伍有男女队员一百二三十人，每天下午，冼必由武昌赶到汉口来指挥歌咏队。

有天下午，他们又在武昌见面。久别重逢，冼紧紧地握住桂的双手，非要请他到昙华林去吃小馆子。后桂时因工作关系常到武昌，见面的机会便多了，他们常在一起工作、谈艺术、吃小吃、聊天，假若三两天不见面，他们心中便会若有所失，不是冼来找桂，便是桂去找冼。

就这样，他们成为了很好的搭档，桂对冼的工作有了进一步的了解。冼每天到第三厅去上班，不是搞音乐创作，便是看书学习，还要指挥歌咏队，工作节奏很快，但他从未叫过苦，也没有说过一声生活无聊。在桂的心目中，冼那不屈不挠的毅力、锲而不舍的精神和对人对事的真诚和热情，不仅是当代音乐家们的好榜样，也是当年一代新青年们的好模范。

1938 年 8 月，因日寇的疯狂进攻，桂不得不离开汉口。临别的前两天，冼邀请桂写一部歌剧，他来谱曲，计划在读书生活出版社出版。冼告诉桂说，他当时正与钱亦石先生的女儿钱韵玲谈恋爱，已到谈婚论嫁的阶段，他准备拿这部书的稿费来结婚。后来，桂加入北上抗日的阵营，不但歌剧没有写成，而且多年也未听到冼的消息，他结婚了没有就更不知道了。直到 1945 年才听到冼星海在苏联病逝的噩耗。

延安的邻居何其芳

1938 年武汉失守后，国内形势大变，国民政府对音乐方面的审查、改削、限制更为严苛。在这种恶劣的环境下，冼星海创作的《到敌人后方去》《空军歌》等歌曲被禁唱，他的地位受到排挤，与他有关的民间歌咏团体也被解散，而代之而兴的官方歌咏团体却将他拒之门外，他的情绪一下子低落起来。在周恩来的安排下，冼星海收到了延安鲁迅艺术学院全体师生发来的电报，邀请他到鲁艺担任音乐系教授。同年 9 月，他怀着试探的心情，与夫人钱韵玲从西安启程来到延安。1946 年第 19 期《周报》中何其芳的《记冼星海先生》一文，生动地描写了作者与冼星海做邻居时的情景。

何其芳与冼星海同住一排窑洞，那是鲁艺的教员区，叫东山。两家相隔不过十来个窑洞，差不多站在门口就能互相看得见，叫得应，算是近邻了。然而，他们之间的接触却不多。在何看来，冼是一个比较木讷的人，不善于吹谈，也不大和人吹谈。从冼的窑洞经过，见他不是一个人曲身坐在窑洞里挥笔作曲，就是和同学们在一起谈论着创作的新唱。冼当时是鲁艺音乐系的主任，何则是同校文学系的主任。何认为，文学系的教员喜欢旁若无人地高谈阔论，而冼却是一个埋头用功的人，新的歌曲、合唱不断诞生。

延安很重视冼星海，也很优待，专给他一个创作间。他的窑洞里生着火，火盆四周经常有朋友们围着，安静地看书取暖，他们都是不习惯北方寒冷的广东人，由于家里缺乏这种设备而来的。冼静静地伏案工作。他喜欢许

為人民的音樂家冼星海同志致哀

毛澤東

手蹟說明：這是冼星海同志在莫斯科的學習札記之一，是紀錄「第二交響曲」（神聖之戰）的創作過程。一九四一年六月二十二日侵襲蘇聯領土時，他就決心寫一個作品反抗德國法西斯，寫了一半，不滿意，撕掉了。一九四三年一月二日重新起草，同年十月十九日正午才將樂隊總譜全部完成。原定名爲「殲滅」，後改題爲「神聖之戰」。

手蹟中「我在清晨四時被他們呼醒去聽莫洛托夫同志的報告」漏一「告」字。

—編　者—

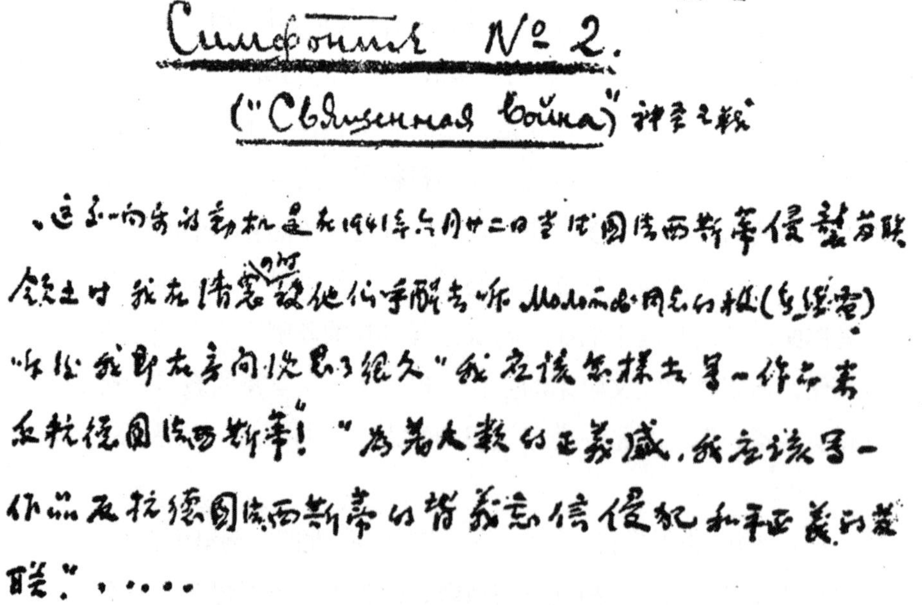

多朋友到家里来，从不怕人多扰乱他的思路，他需要朋友们给他增加热气。何其芳也曾几次在那里与大家聊天。冼星海说，来延安之前，他以为窑洞又脏又局促，空气不好，光线不够，就像城市贫民的地窖。但当走进自己的窑洞时，他觉得这里空气充足、光线很够，很像个小洋房，不同的是天花板为穹形的。此后，他更知道了窑洞冬暖夏凉的好处。初时他吃杂着壳的小米饭，感到很粗糙，还有一种怪味道，吃了一碗就吃不下去了，后来慢慢才吃惯了。

1938 年冬，冼星海与塞克合作，创作了他的第一首大型歌曲《生产大合唱》。他和锄地开荒的劳动人民一样，在音乐的园地里辛勤地耕耘，开辟了自己新的领域。有一天，何其芳到冼家来时，冼正在谱写《民族交响乐》。他把写成的部分搬出来给何看，那时已是厚厚的几大本子手稿了。他对何说："我已经写坏了好几支派克笔了。"何想，这不仅说明他创作的丰富多产，更可以想象他创作激情的饱满与奔放，仿佛五线谱成了他的键盘，钢尖笔成了他的手指，在全身心投入的情景下，他已经忘却手中的笔是容易磨损的金属了。他的这份激情，正是文学系同事们都羡慕的。他们认为，一个真正的艺术家就应该像冼一样，创作的灵感似喷泉似的，不断奔起、迸出。

在一个晴朗的日子里，他俩一起进城，蓝色的天空，太阳放射着灿烂的光芒。为着预防敌机来袭，他们没有走那条经过机场的平坦大道，而是选择了后山的一条小路，还要爬过一座小山。途中，冼说读过何在《中国文化》上发表的《一个泥水匠的故事》，很喜欢诗里歌咏的那个农民，我们的作品就应该反映工农。他还打算把它谱曲后收录到他的《民族交响乐》里去。何问，这有办法写到音乐里去吗？冼答，音乐是什么都可以描写的。

那是一段长长的路程，他们零零碎碎地还谈了很多。时过境迁，何其芳大多已经记不得了，但是那段对话却深深地印在他的记忆里。当时，冼强调反映工农的主张并未引起何的注意，何听后只是淡淡地笑笑，觉得不过是一种普通的说法而已，而且在下意识里还有些轻视这种观点，认为只是一种教条主义、公式主义的说法。到后来，何才认识到这个观点的重要性。

記冼星海先生

何其芳

冼星海先生來延安的時候，正當我將要動身到前方去。在這短短的時間內，記不起和他有過什麼個人接觸。但是，他那熱情地在羣衆中指揮着歌唱的景象還鮮明地留在我的記憶里。他一到延安就是很活躍的。到處去教唱歌。在魯藝，似乎首先是教唱「青年進行曲」。因為這個歌的後一部分他略有改動，與已經流傳開的唱法有點不同，所以他一到魯藝就教大家唱這個歌。那時魯藝還在延安城北門外，還是草創時期。沒有大的教室，也沒有禮堂，他就在運動場上站着教大家唱。場子外面，就是一片長着草的墳地。想起這些，抗戰初期的延安那種艱苦簡陋然而生氣蓬勃的景象就完全回到了我心里。冼星海先生一來到延安，他的活動與作風就和這種空氣很和諧。

一九三九年七月，在前方跑了九個月之後，我回到了延安。我聽了冼星海先生的「黃河大合唱」。那是一個驚心動魄的有力的作品。雖說對于音樂我幾乎近似聾子，連聽音樂的訓練我都缺乏，這個大合唱却震懾住了我。也許有的人會認為冼星海先生的這個大合唱和其他作品還難免常[illegible]，正像黃河一樣，泥沙不但不妨害它成為黃河，或許甚至于還是它構成波濤洶湧的壯觀的特點之一。這當然是我今天的藝術見解，在當時，我是還沒有足够的認識與勇氣來這樣承認冼星海先生的作品的。聽了「黃河大合唱」，雖說的確也震懾于它的氣魄，但我當時却並沒有熱烈地向作者或向旁的朋友表示讚揚。這不是于我對音樂完全無知而來的謙遜，而是由于我當時的藝術見解的限制。那種藝術見解是那樣可憐，對于已經在廣大羣衆中證明了它的成功的，甚至於在自己的心上也引起了震動的藝術，却仍然矜持地帶着保留態度冷淡它。所以後來有一個朋友向我非薄冼星海的作品，說是拚命用聲音征服人，我也沒有表示反對。依我今天的看法，冼星海先生並不是僅僅為了獵取某種效果而假藉强烈的聲音，乃是由于他有那種內容才自然地表現為那種形式。

就在我離開延安的短短幾個月中，冼星海先生不但產生了許多作品，並且組成了，訓練了一個很大的合唱團。除了音樂系的同學，這個合唱團還吸收了他系的同學，學校職員，以至勤務員。有一個叫劉明的小鬼就是冼星海先生選拔了出來，參加了合唱團，而且為他所喜愛的。在「黃河大合唱」的表演里，就有他。我離開延安前，這是一個很頑皮的脾氣不好的小鬼。現在，他在音樂方面有了表現。冼星海先生的這種作法正是一種樸素的羣衆路線。

那年九月，魯藝就搬到橋兒溝去了。冼星海先生和我就住在一排窰洞。那是魯藝的教員區，叫東山。相隔不過十來個窰洞，差不多站在門口就能够互相看得見，叫得應。可以算是很鄰近了，然而我和他之間的個人接觸也仍然並不多。

他是一個比較木訥的人，不善于吹談，也不大和人吹談。他不是一個人曲身坐在窰洞里揮筆作曲，就是和同學們在一起忙什麼。他那時是音樂系系主任。這是他那一方面。在我，則那時我們文學系的幾個比較接近的教員有一種不好的作風，喜歡我們自己在一起高談闊論，旁若無人。現在想來，其實我們並沒有什麼可以自負的地方。我們幾個在文學上都還沒有什麼成就。但是，人有時候就是這樣可笑，有了成就可以成為「包袱」（驕傲），沒有成就也可以成為「包袱」，因為他可以滿足于他幻想中的未來的成就。他系的教員已有對于我們這種作風表示不滿的了，然而我們並不引以為戒。我們無形中自以為我們從事文學的人思想性强一些，而高談闊論正是我們思想性强的表現。事實證明了這種自負的悲慘：文學系的教育我們沒有辦好，我們自己也沒有寫出什麼有價值的作品來。

冼星海先生却是一個埋頭用功的人。新的歌子，合唱不斷地產生。他寫一個大合唱總是緊張地寫七八天即完成。有時我們到他窰洞里去，他把他正在寫着的「民族交響樂」的寫成部分搬出來給我們看。那已是厚厚的好幾大本了。他向我說，他已經寫壞了好幾隻派克筆。這，我想不僅說明他的創作的豐富，還可以想像他創作時的情緒的飽滿與奔放，彷彿五線譜成了他的鍵盤，鋼筆尖成了他的手指，他完全忘却它是容易磨損的金屬了。這一點倒是我們文學系的幾個同事所共

1946 年第 19 期《周报》上何其芳《记冼星海先生》一文

冼当时虽不是一个对艺术理论很有研究的人，也并没有一套完满的理论支撑他的观点，但由于他经历过贫苦的生活，对工农大众的解放事业怀抱着热忱，因此，更能够认识这个真理，并且在创作中付诸实践。

1940年5月，因工作关系，冼星海飞往苏联。他走后，延安曾有一度歌声消歇，直到新秧歌运动起来后才又到处充满了歌声。却一直没有冼的消息。苏联战争爆发后，何只是听说冼在列宁格勒围城中，详细的情形并不知道。有时，在路上碰到冼的夫人钱韵玲，何问："最近得到星海先生的消息吗？"她总是笑着回答我："没有。"她一边抚养她的小女儿妮娜，一边也参加音乐系的集体的政治学习与生产，一边盼望着丈夫的早日归来。

1945年10月30日，冼星海因患肺病医治无效，病逝于莫斯科的医院，李立三夫妇与苏方将其安葬于莫斯科郊外的一个公墓中。消息传来，曾与其并肩作战的郭沫若撰写了《吊星海》一文，遗憾在冼星海去世前，他到苏联时，因故未能与老朋友见上最后一面。他写道："号手又死了一个，但人民的声音是永远不会沉没的！"

教育家夏丏尊的最后拷问

他幼入私塾、考取书院、留学日本，却因生活贫困，一生没有获得过任何学籍的毕业文凭；他坚守清贫、甘愿平淡、远离官场，倡导爱的教育，虽未能担任过任何一所大学的教授，却受到教育界的一致尊崇；他爱憎分明、铁骨铮铮，一生辛勤笔耕，著述20余部，却在沦陷时期坚拒伪职、辍笔罢书；他热爱祖国、祈盼和平，向往国泰民安，却一次次遭受残酷现实的重创，在"到底是啥人胜利"的拷问中绝望死去。他就是民国时期著名的教育家夏丏尊先生。

远离官场 投身教育

夏丏尊（1886—1946），名铸，字勉旃，后改字丏尊，号闷庵，1886年

夏丏尊先生

夏丏尊先生（一八八六——一九四六），本誌的創刊人之一。也是開明書店的創辦人之一。他沒有進過大學，但他有的是學問。他不滿現代的學校教育，卻是一位實際的教育家。

刊登在《中学生》杂志上的夏丏尊遗像

生于浙江省上虞县。幼时入私塾学作八股文，1901年考取秀才，1902年接受新式教育考入上海中西书院（东华大学前身），一年后转学绍兴府学堂，但因生活困难，一学期后退学。1905年借款赴日本留学，先入东京弘文学院普通科，毕业前夕考取东京高等工业学校，不及一年又因申请不到官费而于1907年辍学回国。

1908年，夏丏尊担任浙江两级师范学堂通译助教、国文教员。1909年，因与该校新任监督观念不同，而与同校教师鲁迅、许寿裳等一起罢教，迫使监督辞职。1912年，李叔同来校任教，二人结下深厚友谊。1913年，该校改组为浙江省立第一师范学校，夏丏尊当选校友会文艺部长，开始在《校友会志》上发表诗文。在教学上，他提倡人格教育和爱的教育，对学生既严格要求又关怀备至，被学生称为“妈妈的爱”；在写作上，他提倡白话文，是中国最早提倡语文教学革新的人之一。1919年，他积极响应五四新文化运动，推行革新语文教育，与陈望道、刘大白、李次九并称为第一师范的“四大金刚”。当时，他的声望很高，有人提名他充任省议员。他遂将“勉旃”改为“丏尊”，目的是让大家在投票时，将“丏”字误写成“丐”而成为废票。

1920年，他因受到反动当局和守旧派的攻击而离开第一师范学校。同年秋，应聘至湖南第一师范学校任教，曾与毛泽东短暂共事。1921年，应邀赴家乡上虞春晖中学任教，同年加入文学研究会。1923年，他翻译的《爱的教育》在上海《东方杂志》连载，1924年在开明书店续集出版。同年，因该校发生学潮后，他与匡互生、丰子恺、朱光潜等教师愤然离校。

1925年，夏丏尊来到上海，参与创办立达中学，兼任开明书店编辑，1929年任该书店编辑所所长。1930年创办《中学生》杂志。他因对学生诚恳、对教务认真而赢得了学生的信任，因先后翻译创作了《绵被》《文章作法》《平屋杂文》等20余部著作而赢得教育界同仁的认可。

决不附逆　被捕患病

夏丏尊心无旁骛，毕生献给教育事业；他性格倔强，只要自己认定的事，

悼念夏丏尊先生

夏丏尊先生傳略：

夏丏尊先生浙江上虞人。早歲留學日本，學陶磁工業。歸國後，歷任浙江兩級師範學堂——辛亥革命後改組為浙江省立第一師範學校舍監及國文教師十餘年。五四運動時，第一師範為東南新文化運動主要堡壘，校長經子淵先生終受反動派攻擊去職，丏尊先生同時離校。其後歷任湖南省立第一師範，浙江春暉中學等校國文教師，與匡互生、劉薰宇、豐子愷諸氏在上海創辦立達學園，兼任暨南大學國文教授。十五年起，專任開明書店編譯所主任，先後創辦「一般」及「中學生」雜誌。「八一三」全面抗戰後，留居上海，物質生活極為貧困，文化漢奸及其日本友人，常相糾纏，先生堅貞自守，絲毫不為所動。民國卅二年冬，一度被日憲兵所捕，羈囚十日。去年夏季患肋炎，臥病數月。從此體力愈益衰弱。今年一月下半月起，病勢轉劇，診治無效，至四月二十三日晚九時四十五分逝世，享年六十一歲。夏先生譯著有「文藝論ABC」（世界書局出版），「平屋雜文」，「愛的教育」，「續愛的教育」，「近代戀愛觀」，「文章作法」（與劉薰宇合著），「文心」，「文章講話」（上兩書與葉聖陶合著）（以上各書均開明書店出版）「棉被」（商務印書館出版）等十餘種。未完成著作有開明小辭典。

從此不再聽見他的聲音

葉聖陶

四月二十二日上午，去看丏翁。他朝裏側睡，連聲呻吟。醫生還沒來，昨日醫生說他心臟轉弱，開了強心劑給他服下，又吩咐預備葡萄糖，將給他注射。

過了一小時光景，他作勢要坐起來。聽文把他扶起。他搖搖晃晃的，似乎坐不穩。給他把枕頭被袱墊在背後，他不要，只搖着摺扇。坐了一會兒，又睡下了，出了一身汗。經過二十分鐘，又想坐起來，大家勸阻他，免得又出汗，他不聽。坐了起來仍然搖搖晃晃的，指着床的另一頭，似乎要調頭睡。給他移過枕頭來，他又示意，不是那個意思。最後才知道他要橫睡，把枕頭靠北牆安放，他就倒下了。

將近十一點，我要走了，朝他說明天再來。他望我一眼，勉力說出以下的話：「勝利，到底啥人勝利——無從說起！」雖然舌頭有些木強，聲音還聽得清楚。那悽苦的眼神帶着他平生的悲憫，使我永不能忘。

我心裏難過，沒有回答他什麼，我走了。從此不再聽見他的聲音。二十三日午後又去看他，他已經閉了眼睛，只賸抽氣了。就在那天下午九時四十五分，他離開了我們的世界。

記夏丏尊先生

傅彬然

夏丏尊先生「平屋雜文」裏所收的第一篇文章是「怯弱者」，裏面對主人公的性格這樣描寫着：「自恨自己怯弱，沒有直視苦難的能力，卻又具有着對於苦難的敏感」。「記到自己幼時，逢大雷雨躲入牀內，得知家裏要殺鷄，就立刻逃避，看戲時遇到翠屏山殺嫂等戲要當場出彩，預先俯下頭去，以及妻每次產時，不敢走入產房，只在別室中悶悶地聽着妻的呻吟聲，默禱她安全的光景……」這些話都是丏尊先生的自白。這只是丏尊先生的性格的一面，他的性格的另一面，也可以用他自己的文字來說明：「變法幾十年了，成效在哪裏？革命以前與革命以後，除一部份的男子剪去髮辮，把一面黃龍旗換了面五色旗以外，有什麼大分別？遷就復遷就，調和復調和，新的不成，舊的不成，即使過多少的年月，恐也不能顯著地改易這老大國家的面目吧！」「社會一般的心理，都認執拗不化的人為癡呆，以模棱兩可不為已甚的人為聰明。中國人實在比一切別國的人來得聰明，同是聖人，中國底孔子，比印度棄國出家的釋迦聰明得多，比猶太底為門徒所賣身受磔刑的耶穌也聰明得多哩！……」「我希望中國有癡呆的人出

1946 年第 28 期《文萃》中的追思文章

从不妥协、从不让步；他多愁善感，忧国忧民，因而患上了肺病。他曾评价自己称，自恨自己怯弱，没有直视苦难的能力，却又具有对于苦难的敏感。

1937 年全面抗战爆发后，开明书店被日军的炮火所毁，同仁们大多迁往后方，而他却因患病而留在上海。他的好友叶圣陶一家也要迁走。夏陶两家多年的交谊，夏的女儿与叶的公子更是两小无猜，正处热恋之中。此一别不知何年何月才得再见，大人们又怎么忍心将他二人拆散呢？为了儿女的幸福，夏丏尊毅然让女儿阿满随叶家而行，当时就做主给他二人订了婚。夏、叶二人合著《文心》，以为儿女新婚贺礼。此情此景，与当年郑板桥嫁女的佳话别无二致，传为美谈。

抗战期间，上海的文化人一部分辗转到了内地，一部分滞留上海被隔绝的沦陷区。身处孤岛的文人中，一些意志不坚的屈膝降敌、失去了节操，一些则矢志不渝、立场坚定地守住做人的底线。当年，为了笼络人心，敌伪政府不遗余力地收买文化人，凡投降的文人皆予以“重用”。夏丏尊是著名的作家，又曾留学日本，因此，许多“日本朋友”登门拜访，称只要他肯写文章，钞票要多少给多少。但他甘愿忍受饥寒冻馁，决不附逆屈服。抗战八年中，他未曾发表过片言只字！

1941 年 12 月太平洋战争爆发后，夏丏尊被认为是激进的“危险分子”而被日本宪兵队逮捕。日敌审讯他：“你有见到郑振铎吗？”他回答：“已经好久好久没有见到他了。”其实，被捕前，他们几乎天天在一起。为了掩护朋友，从不说谎的他向敌人毫不犹豫地撒了谎。接下来，他便与日敌大讲佛经。就这样，他在狱中与日敌巧妙周旋。半个月后，日敌在他身上找不出什么证据，在友人内山完造的保释下得以出狱。在狱中，他虽没有被上电刑、灌辣椒水，但却睡在水门汀上，整天吃着冷饭，精神和肉体上遭受了严重的摧残。不久，他便因肺病加重而病倒了。

抗战胜利后，当听到上海城内经久不息的鞭炮声时，夏丏尊兴奋得彻夜未眠。他不停地对家人、对友人、对陌生说着：“好了！好了！”极其激动地写了几篇文章，对时局提出了自己的正面主张。但当看到国民党政府官员比比皆是的贪污、腐败时，他非常激愤地写了一篇文章，以犀利的

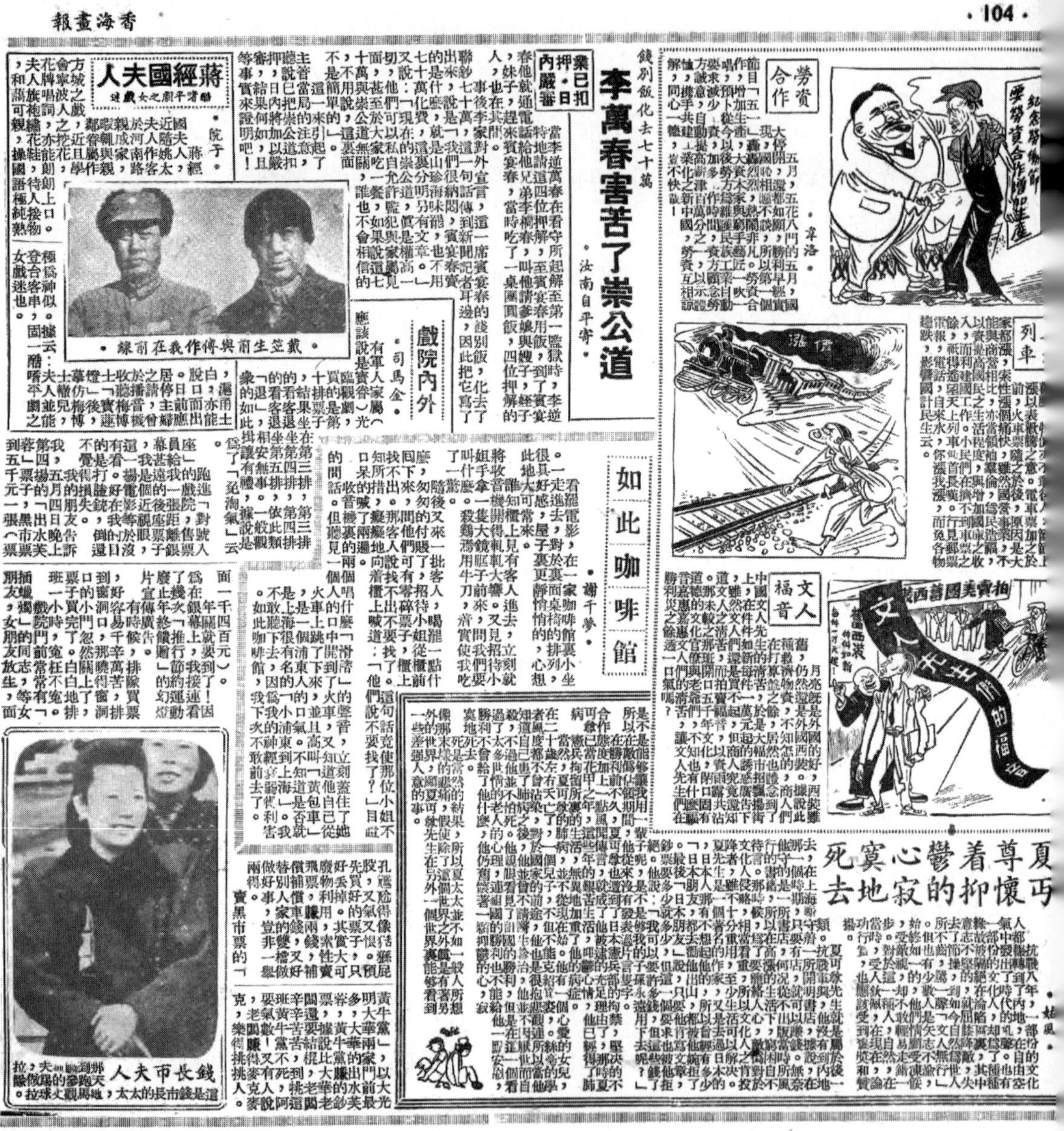

1946 年第 9 期《香海画报》对夏丏尊病逝的报道

記夏丏尊先生

朱光潛

我認識丏尊先生，遠在二十年餘以前。那時江浙戰爭剛起，我所任教的吳淞中國公學陷於停頓，正準備應留學覆試，丏尊先生替上虞春暉中學在上海找英文教員，由中國公學朋友的介紹，便找到我，我便隨他到白馬湖住了三個月，這三個月對於我的影響很大，頭一層是白馬湖的寧靜的生活與樸厚的人情至今在我腦裏還印着很深的印像。從那時起我纔眞正愛好鄉居的風味。其次，我因丏尊先生結識了一些文藝方面的朋友，像朱佩弦豐子愷葉聖陶幾位都是丏尊先生至好，也就變成了我的至好。但是最重要的還是丏尊先生自己。他比我長十幾歲，雖是同學，我心裏總是把他當作一位老師看待。他教的是國文，會談時他嘗談到文藝的問題，他的見解給我很多的啓發，我對於新文學的興趣可以說是由他引起來的，他所譯的日本小說在當時是我最愛好的讀品。他鼓勵我練習寫作。我的第一篇處女作——「無言之美」——得到他的贊許，我纔敢拿去發表。後來我到英國去了，丏尊先生和一班朋友們創辦開明書店，他常寄新出版的文學書籍給我，要我寫書評，我雖然沒有寫多少書評，卻因此時常得到國內的新書看。開明書店出版的「一般」和「中學生」都是丏尊先生主編的，他以爲我還能寫一點通俗文字，便要我寫了一些給青年的信。那些信相當受歡迎，他慫恿我把它們印成一個單行的小册子，並且替我作了一篇序。接着他又勸我把「文藝心理學」撮要寫成一部「談美」，爲的是文字淺顯些，纔可以普及多數讀者。一般讀者知道我，到現在還是大半靠將近二十年前的那些通俗的書信；而我的寫作風格一直到現在還是在淸醒流暢上做工夫。想做到「深入淺出」四個字。囘想起來，我之所以爲我，丏尊先生的力量眞是很大。

最令我不能忘懷的是丏尊先生的爲人。他的身材在中國人中還算是高的，圓臉，面皮像有些浮腫，幾莖稀疏的髭鬚，老是穿着一件灰布袍，不太愛整潔。歎氣的時候多，遇到愜意的事也偶然發笑，笑起來兩眼合縫。在白馬湖的時候他住着幾間日本式的平屋，陳設簡樸而靜雅，檯上供着一塊雷峯塔磚。他愛喝酒，朋友們能喝酒的常在他那裏聚會。酒好，菜卻很簡單，朋友們在他家裏和他的妻子兒女一樣，自在無拘束。他對人不作世故周旋，而和他來往的人都覺得他和靄可親，他處處顯得自然本色，絲毫沒有做作。記得我囘國時一下船就去看他，他從容地告訴我：「尊大人最近去世了」不露一點激動的聲色，也不說一句安慰話。他表面像很冷靜，卻是一位深於情的人，所以他的憂鬱的時候比較多，從他的微噓短歎中我們可以看出他有許多理想與希望歸於幻滅。這些年來他困在上海，苦當然是受夠了，我默祝他的靈魂永遠安息。

发表在 1946 年第 1 卷第 5–6 期《生活与学习》上朱光潜先生的《记夏丏尊先生》一文

语言抨击高级大员们的言行不符。他的稿子虽然刊登了，只是被他点名的几位大员均改作了“×××”。此后，他又写了几篇文章，发表在《大公报》的“星期论文”专栏，但仍不见国民政府有丝毫改变。很快，他又陷入了愁闷之中，由哀叹变成了沉默，终至一病不起。

最后时刻　拷问社会

抗战胜利后，叶圣陶一家迁回了上海。女儿马上来家里来看望父亲。已是病入膏肓的夏丏尊，见到久别重逢的女儿，看到他们夫妻二人幸福美满，内心得到极大慰藉，稍稍好了些。但很快，他的病情即急转直下。

1946年4月21日上午，友人于在春前来看望他。走进卧室，看见他平躺在床上，露在被子外面的右手频频地抬动着，像是与人招呼又像是手臂痉挛。正当不确定时，又有一位徐先生走进来，他照样把右手抬动几下。很显然，手的抬动是与来人打招呼，同时也表明他神智尚算清醒。走近床边时，听见他用含混的发音说话，但已听不甚清了。夏太太赶来床边时，他指点颈边的衣领，仿佛要表达什么东西让他的颈部不舒服。夏太太替他把衣领卷倒，一面说明那东西是衣领，没有什么。只听他说“扯落”这两个音相当清楚。夏太太劝说，既嫌这件衣服衣领不舒服，明天早起就帮你换一件。他表示同意。一会儿，又见他的左手在摸索着什么，嘴里还发出呓语，已是完全听不分明了。夏太太拿出他的肺部X光片，左肺已经溃烂得几乎完全损坏。她说，他持续高烧多天，已处于时而清醒时而昏迷的状态，新近请来一位美国医生，用了最新的药水给他注射，今天的热度退了一些，真希望能够有办法挽救他啊！

在夏丏尊的最后时刻，叶圣陶每天都来看望他。4月22日上午，叶来时，他朝里侧睡，连声呻吟。夏太太说，今天医生还没来，昨日医生说他心脏转弱，开了强心剂给他服下，又吩咐预备葡萄糖今天给他注射。

听见叶来了，他表示要坐起来，他的公子文龙将他扶起，他摇摇晃晃地，似乎坐不稳。给他把枕头、被袱垫在背后，他不要，出了一身大汗，有气无力地摇着折扇。坐了一会儿，又昏睡过去。20分钟后醒来，又想坐起来，大家劝阻他，免得又出汗，他不听。坐起后，指着床的另一头，似乎要掉

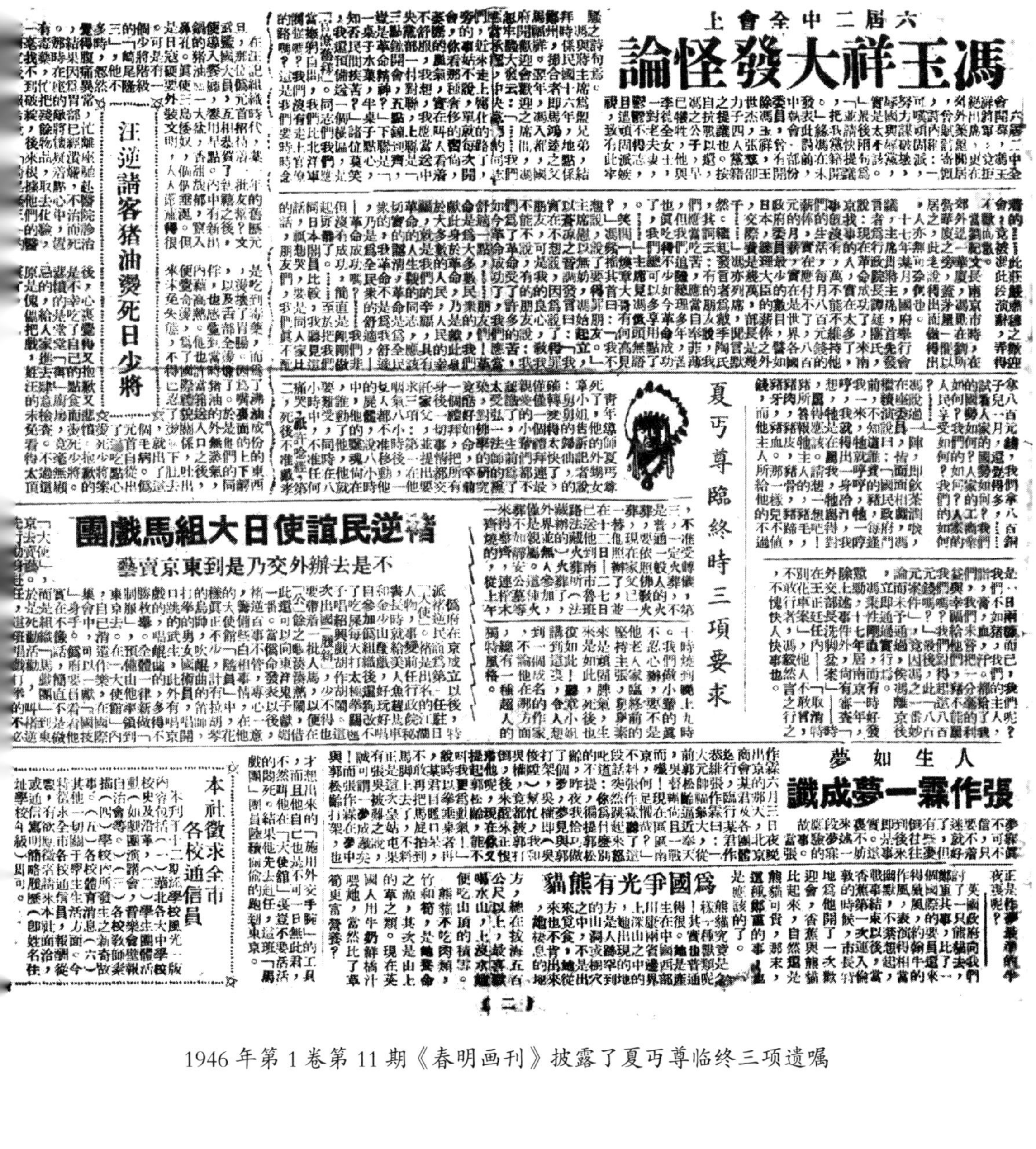

六屆二中全會上

馮玉祥大發怪論

汪逆請客猪油燙死日少將

夏丏尊臨終時三項要求

褚逆民誼使日大組馬戲團

不是去辦外交乃是到東京賣藝

人生如夢

張作霖一夢成讖

本社徵求全市各校通信員

爲國爭光有熊貓

（二）

1946 年第 1 卷第 11 期《春明画刊》披露了夏丏尊临终三项遗嘱

头睡。给他移过枕头来，他又示意不是那个意思。最后才知道他要横过来睡，把枕头靠北墙安放，他就倒下了。将近11点，叶要走了，向他说明天再来。他突然大声问道："胜利，到底啥人胜利？无从说起！"虽然他的舌头有些僵硬，但词句尚能听得清楚。望着他那凄苦的眼神，想起他平生的悲悯，叶心里十分难过，没有回答什么就走了。从此，夏丏尊再也没有说过话。23日午后，叶再来时，他已经闭了眼睛，只剩下抽气了。当天下午9时45分，夏丏尊永远地离开了这个给他带来无限痛苦和忧伤的世界。

夏丏尊去世后，他的外甥女章小姐曾向《春明画刊》的记者介绍说，"舅舅的归仙，的确转变得太快了，仅仅一个礼拜，连最亲爱的小辈们都不认识了。他生前因受弘一法师的熏染，对佛学的研究如痴如命，卒前一个礼拜就已将身后的一切交托给了家父，并提出三项要求：第一，在自己咽气8小时后，一切人都不准移动他的遗体。他说，8小时中自己的灵魂尚在，谁动了他，他就让谁难受。同时8小时中，不准任何人痛哭，只许念经。第二，自己死后家人不准戴孝、不准受赙仪。第三，遗体要依照佛教礼仪实行火葬。"

友人追思　回答拷问

得到夏丏尊去世的消息后，生前友人纷纷在《大公报》《申报》《中学生》《海星》《海风》《文萃》《七日谈》等报刊上发表悼念文章，追思夏丏尊的为人、做事、忧国和苦痛，回忆了与他的交往，分析了他去世的原因。

丰子恺在《悼念夏丏尊先生》一文中回忆称，熟悉他的人没有一个不知道他的"多忧善愁"。朋友病了，他就皱着眉头叹气，有人吵架了、吃醉了，甚至朋友的太太要生产了、小孩子跌跤了……他都要皱着眉头，替他们担忧、叹气。学校的问题、公司的问题，别人当作例行公事，他却当作自家的事而忧愁；社会的事、国际的事，别人当作历史小说看看，他也当作切身的问题而认真地操心。抗战八年间的上海生活，不知给他增添了几千万斛的忧愁。他不但先天下之忧而忧，更是代天下之忧而忧，古语云"忧能伤人"。夏先生之死，是日本侵略者所促成的，是供给忧愁材料的社会所致使的！

並不是很安全的。

馬歇爾第二次從美國來，態度比以前稍有不同了，以前還似乎是一個公正的調解人，這次來他壓迫中共停止關內的衝突，幫助中央從九龍運軍隊到東北，出動美軍保護北甯鐵路，以便中央的軍運，顯然在偏護中央。馬歇爾的態度就代表着美國的態度。美國的所以肯幫中央，目的當然在防蘇聯。蘇聯當然也清楚這些，中央軍越走越近蘇聯的邊境。蘇聯當然不能漠視這反蘇的勢力逐漸接近，一定會干涉的。因爲這樣國共兩方面都既不能戰，又不能和，只有拖。要拖到四國外長會議之後，美蘇的關係明朗化了，國共才能決定到底戰還是和。

可是拖下去，吃虧的是我們人民，人民都要餓死了，四川江西江蘇還再度的徵糧，人民不能讓他們這樣拖下去，爲了自己，人民應該站起來說話。

這一次是最嚴肅最緊張的演講會，因爲兩位先生講的都關係着中國人民的命運。

夏丏尊先生追悼會

學文

夏丏尊先生追悼會是六月二號在玉佛寺舉行的。會場在大殿左首的大廳上。朝外的牆壁上掛着六幅夏先生的遺像。遺像下的長檯上放着夏先生的遺物，有他常攜在身邊的小刀和印章，每天喝酒用的燙壺跟酒碗，常常穿的一件舊藍褂子跟一雙舊鞋，還有寫稿用的「派克」水筆，還有許多舊手稿。遺物旁邊放着他一生的譯著，一共二十來冊。左邊牆上掛着夏先生的遺墨，有對聯，有小軸，夏先生生前不常給人寫字，這些都是非常難得的。右邊牆上掛着他最近幾年的稿件，有他做小字典的計劃和原稿，有他未發表的稿件「從觀世音到彌陀佛」，有他給豐子愷先生的信。會場裏輓聯極少，因爲大家遵守夏先生遺言，沒有送輓聯來。

開會時間雖定在下午兩點鐘，可是不到一點鐘，會場上已經擠滿了人，大家看了夏先生的遺物、遺墨、遺稿，都不勝唏噓。開明書店贈送到會的人每人一本中學生第一七六期，這上面有七篇紀念夏先生的文字，看了這些充滿了感情的辭句，教人更明瞭夏先生的爲人了。

兩點半鐘，主席馬敘倫先生宣佈開會，全場的人都站了起來，靜聽他致開會辭。馬先生說：自己跟夏先生已經有三十多年的友情了，夏先生之死，實在是死於憂患國是。又說，一般中國人到了夏先生這年紀便落伍了，甚至成爲進步的障礙，可是夏先生卻一直在求進步，夏先生一生沒有做過大學教授，老說自己夠不上，按說他資歷學識沒有那件夠不上，這種謙虛認眞的態度，眞教一般大學教授感到慚愧。

馬先生說完了，大家對夏先生遺像行三鞠躬禮，隨後就坐，接着由章育文先生報告夏先生的生平大略。他說夏先生少年時代求學如何的堅苦，中年時代從事教育又到處奔波，晚年時代逢到上海淪陷了，環境是如何的不如意。夏先生似乎終日在憂慮中，其實並不爲自身，隨便哪個的事，他都會代人家担心。最後他又把夏先生沖淡的生活習慣，說給大家聽。

接着是來賓致詞，姜丹書先生第一個說話。他說民國八九年間夏先生在杭州第一師範教書時跟他是同事，夏先生當時就主張發表自由，因爲允許學生施復亮發表了一篇「非孝」，引起了當局的不滿，把夏先生看做洪水猛獸，可是現在看看，夏先生到底是怎樣一個人物。

第二位是許廣平先生，許先生說夏先生篤信佛教，本着佛教有着犧牲自我普救衆生的偉大精神。因此臨終還關心大衆，問勝利到底是誰的。

1946 年《中学生》报道了夏丏尊追悼会

朱光潜先生在《生活与学习》中的《记夏丏尊先生》一文，勾勒出夏丏尊的清晰形象，记述对他人生的巨大影响。

夏先生的身材在中国人中还算是高的，圆脸，面皮像有些浮肿，几茎稀疏的胡须。老是穿着一件灰皮袍，不太爱整洁。叹气的时候多，遇到惬意的事也偶然发笑，笑起来两眼合缝……朋友在他家里和他的妻子儿女一样，自在无拘束。他对人从不做世故周旋，而和他来往的人都觉得他和蔼可亲，他处处显得自然本色，丝毫没有做作。他比我长十几岁，虽是同学，我心里总是把他当作一位老师看待。他教的是国文，会谈时他常谈到文艺的问题，他的见解给我很多的启发，我对于新文学的兴趣，可以说就是由他引起来的。他所译的日本小说在当时是我最爱的读品。他鼓励我练习写作，我的处女作《无言之美》得到他的赞许，我才敢拿去发表。

刊发于 1946 年第 12 期《海星》中的《夏丏尊将行火葬》则披露了他尚有一项未完成的事业。夏先生有一部未完成的遗作，是耗费了他十几年心血犹未全部完竣的夏氏小字典。据说，这本小字典是依词类分述每一单字的诠释，既别出心裁，又切合实用。在他弥留之际，殷殷拜托叶圣陶代续，因为叶先生在当时也是此字典贡献最多之一人，只有他能够继续夏氏的遗志。查阅史料未见这本小字典的出版发行。

夏丏尊在生命最后时刻向叶圣陶发出的拷问，当时，叶没有做出回答，夏丏尊是带着遗憾和疑问走的。为此，叶特在《周报》上发表了《答丏翁》一文，以做迟来的回答。

听到夏先生的问话时，我心里难过，没有回答什么。现在事后回想，当时没有说几句话好好安慰他，实在不应该。明知他已经在弥留之际，事实上说这话之后 34 小时半就去世了。不给他个回答，使他抱着一腔悲愤长此终古，我对他不起。现在我想补赎我的过失，给他一个回答：胜利，当然属于爱自由爱和平的人民！这不是一个空洞的概念，不是一句说烂了的口号，是势所必然。人民要生活，要好好的生活，要物质上、精神上都够得上标准的生活，非胜利不可，胜利不到手，非争取不可，争取复争取，最后胜利属于人民……待你五年祭十年祭的时候，我们将告诉你，老百姓已经得到了胜利的消息！

夏丏尊先生火葬記

徐調孚

夏丏尊先生臨終時，遺命要火葬，並且指定請芝峯法師舉火。他過世後，家族往法藏寺接洽。當然，一切都很順利，柩暫厝法藏寺的化身窰，依照佛教向例，須過兩星期後，方可舉火。於是家族擇定五月十二日——夏先生逝世後第二十日舉行。

芝峯法師今年在鎭江焦山定慧寺所辦的佛學院主持教務，治喪會特爲去函請他來滬舉火。法藏寺都監亦幻法師也是夏先生遺命請他辦理火葬事務的一人，近來適在寧波，治喪會也去函通知他。二日前，兩位法師迢迢地從鎭江寧波趕來了，他們的道義，眞使人感動！

十二日侵晨，天濛濛地下着細雨。我冒了雨，向化身窰前往。是在魯班路直向南去，走過了相當長的一段泥濘的煤屑路，然後看見一條比較整齊的石子橫在面前，這是康衢路。向東一轉灣，一座破舊的屋子孤另另地在那康衢路上，白牆上寫着阿彌陀佛四字，門楣上有法藏寺化身窰的題額。就在這裏，這位語文學家又是教育者的遺體，今天要舉行火化。

八點過後，夏先生的親屬和開明書店幹部諸公陸續地都到了，做法事的僧人和佛教界幾位居士也來了。於是亦幻法師忙着布置、招呼，等到星期日九點鐘的汽笛響過後，和尙們開始念經，芝峯法師穿了美麗莊嚴的法衣站在窰前（這時靈柩已經放進窰裏）一同念着。同時，送葬者一個一個地拈香行禮。一部「彌陀經」念畢後，法師朗讀他的法語，念到了最後一句偈語「活火光中絕去來」時，親手點着一個豆萁的火把，由執事僧遞進到窰裏，熊熊的火燄便在窰裏發生着。儀式就這樣的完成了。昂起頭來，我們看見一個高高的煙囪裏不斷地吐着黑煙。我們望着這煙，拖着沉重的脚步，在淒苦的風雨中離開這屋子。

承亦幻法師的邀請，我們幾個人再到吉安路的法藏寺去。在寺裏，我問芝峯法師，夏先生幾時請他舉火的。法師笑了笑答道：

「那是兩年以前了。一天，我爲趙××居士舉火回來，晤見夏先生。他問我從那裏來，我告訴了他。他便笑着向我道：「我將來死後，也要請你舉火呢！」我說：「那很難說，究竟不知我們兩個誰先死呀！」他又說：「我是俗家人，你先死，不能替你舉火的。如果我先死，你才好替我舉火。」當時原是一句戲言，現在，我在鎭江，從報紙上得知了夏先生去世的消息，我回想到了這句戲言，正在遲疑着，究竟眞的需要我舉火嗎。不料治喪會的信來了，我於是便立刻趕來上海。」

亦幻法師又把芝峯法師的舉火法語交給我們，要我們發表，現在我就抄在這裏，供大家閱讀。

爲丏尊居士舉火法語

芝峯

昔香嚴禪師有云：「去年窮，非爲窮，尙有卓椎之地；今年窮，方爲窮，卓椎也無。」見出古人怎樣於生死堅牢大地，拔除情根，斬斷葛籐處，顯露一物無依底本地風光來。

夏居士丏尊，六十一年來，於生死岸頭，雖未顯出怎樣出格伎倆，但自家一段風光，常躍然在目。豎起撑天脊骨，脚踏實地，本着己靈，刊落浮華，露堂堂地，驀直行去。貧於身而不諂富，雄於智而不傲物，信仰古佛而非佞佛，緬懷出世而非厭世，絕去虛僞，全無迂曲。使强暴者失其威，奸貪者有以愧，怯者立，愚者智，不唯風規今日之人世，實默契乎上乘之教法。雖然如是，這仍落在第二門頭邊事。今者於末後關頭，更進逼一步，在無言說無表示中，向諸有緣眷屬親友說法。恐諸人祇貪天上月，失却掌中珠，特囑山僧代爲拈出，完成這則公案。但山僧到了者般田地，如何舉揚呢？

莫道丏翁寒骨硬，
今朝硬骨也成灰，
涅槃生死兩無着，
活火光中絶去來。

1946 年第 37 期《周报》记录了夏丏尊火葬经过

遵嘱火葬　社会追悼

1946年5月12日上午，亦幻法师主持，芝峰法师举火，夏丏尊的遗体在上海南市鲁班路法藏寺火葬。仪式全取宗教仪式，二僧均为夏先生生前好友，专程从外埠赶来。芝峰法师回忆说，两年前，我为居士赵某某举火回来，晤见夏先生，他问我从何而来，我告诉了他。他便笑着向我道，我将来死后，也要请你举火呢！我说，那很难说，究竟不知我们两个谁先死呀！他又说，我是俗家人，你先死，不能替你举火；如果我先死，你才好替我举火。当时的一句戏言，谁知竟然一语成谶。

同年6月2日，全国教育、文化、宗教等各界人士1000余人齐聚上海玉佛寺，隆重举行了夏丏尊先生追悼会。会场设在大殿左首的大厅，墙壁上挂着6幅夏丏尊的遗像，遗像下的长桌上放着他的遗物，有他常携在身边的小刀、印章，平素喝酒用的烫壶、酒碗，日常穿的一件旧蓝褂、一双旧鞋，伴他写作的派克水笔，还有一些旧手稿。遗物旁边放着他一生的译著，共20余册。左边墙上挂着夏丏尊的遗墨——对联和小轴，因他生前不常给人写字，这便尤为珍贵。右边墙上挂着他近几年的手稿，有小字典的编写计划和原稿，有尚未发表的稿件《从观世音到弥陀佛》，还有给丰子恺的信。来宾遵从他的遗言，故而会场上的挽联极少。

开会时间定在下午两点钟，但不到一点钟，会场上已经挤满了人。大家看了他的遗物、遗墨、遗稿，唏嘘不已。开明书店赠送到会的来宾每人一册第76期《中学生》，上面有七篇追思夏丏尊的文章，看了这些充满感情的词句，使人更加明了他的为人。

时针指向两点半，主席马叙伦宣布开会。全体起立，静听致辞。他说，我与夏先生已经有30多年的友情了，夏先生的死，实在是死于忧患国是。一般中国人到了他这个年纪便落伍了，甚至成为进步的障碍，可是他却一直在求进步。他一生没有做过大学教授，老说自己够不上。但是，他的资历、学识，没有哪件够不上的。这种谦虚认真的态度，真叫一般的大学教授感到惭愧啊！

致辞毕，来宾向遗像行三鞠躬礼后就坐。章育文报告了死者的生平事迹。他最后说，夏先生少年时代求学如何艰苦，中年时代从事教育到处奔波，晚年时代逢到上海沦陷，环境是如何地不如意。夏先生似乎终日在忧虑中，其实并非为自身，随便哪个的事，他都会代人家担心。

姜丹书第一个代表来宾发言。他说，民国八、九年间，夏先生在杭州第一师范教书时，我跟他是同事。夏先生当时就主张发表自由，因为允许学生施复亮发表了一篇《非孝》的文章，引起了当局的不满，把夏先生看作洪水猛兽。可是，现在看看，夏先生到底是怎样一个人物！第二位发言的是鲁迅先生的夫人许广平。她说，夏先生笃信佛教，本着佛教，有着牺牲自我普救众生的伟大精神。因此，临终还关心大众，问胜利到底是谁的。随后，茅盾先生说，听到夏先生故世的消息，我非常难过。在这争取民主的时代，我们正缺少他这种认真的态度，我们应该效学夏先生。接着，大愿法师说，我的出家是夏先生与李先生（弘一法师）感化的结果。这次得知召开夏先生的追悼会，我是特地从杭州赶来。夏先生临终前曾对我说“弘一法师来看我了”，可见，夏先生故世的时候心情很平静，这应该是受了佛教的安慰。继之，徐蔚南感伤地说，夏先生生前在举行弘一法师追悼会后，曾对我说“追悼是件很寂寞的事，这种寂寞的事，只有我们寂寞的人来做”，今天我要说，我也很寂寞。最后，叶圣陶在吟诵了陶潜的自挽诗后说，死是件很寂寞的事，这首诗实在写的是死人的心境。人已经死了，已经没有了，追悼他，他也不知道了，因为追悼会实际上是活着的人纪念死者而自己寻求安慰……胜利本该是人民的，现在那些不应该得着胜利的人虽然把胜利抢去了、偷去了，不久，终归要失败，最后的胜利一定属于人民！

夏文龙代表家属在致谢词时说，记得有一回父亲凭吊一个朋友，因为到场的人很少，为此，他不爽快了好几天，说“什么朋友，两块银钿”！今天来了这么多人，相信父亲一定不会觉得寂寞了。

夏丏尊先生因贫穷、因忧虑、因不附逆而患病，因无钱治病、因国民政府对知识分子的苦痛置若罔闻、因爱国不成对政府彻底绝望而死去。他在抗战胜利消息传来的那一夜，兴奋得彻夜未眠。但在8个月后，在他逝世的前一天，却用尽最后一丝气力，挣扎着呐喊“胜利，到底啥人胜利”？

可见，数月来，残酷的现实给他带来的伤痛之深！在那样一个时代，夏丏尊的伤痛绝不是他一个人的，而是全国人民共有的。人们耳闻目睹了国民政府的腐败糜烂，亲身经历着战乱频仍、民不聊生，谁不伤痛，谁不想像他一样拷问一声，谁不盼望人民早一天取得最后的胜利呢？叶圣陶先生说“待他五年祭十年祭的时候”，向他报告人民胜利的消息。相信得知三年后新中国成立的消息，夏先生也应含笑九泉了！

上海陶行知追悼会纪实

上海《联合画报》封面

陶行知是中国人民教育家、思想家，伟大的民主主义战士、中国人民救国会和中国民主同盟的主要领导人之一。历任南京高等师范学校、国立东南大学教授、教务主任等职。1926 年发表了《中华教育改进社改造全国乡村教育宣言》，1935 年在中国共产党“八一宣言”的感召下投身抗日救亡运动。1945 年当选中国民主同盟中央常委兼教育委员会主任委员，兼教育委员会主任委员。1946 年 7 月 25 日，因劳累过度在上海病逝，年仅 55 岁。延安、上海、重庆、南京、香港等地以及美国、新加坡等国家的相关部门，先后举行追悼会。1946 年 11 月 16 日出版的《联合画报》以图文的形式，纪实报道了上海陶行知追悼会始末。

1946年10月27日清晨9时，上海陶行知追悼会在震旦大学礼堂内举行。礼堂内外聚集了约 4000 余人。礼堂东侧的角落上，一群引颈远望的孩子们給他。不特此也，等到順治帝親政之後，中國土地大部份在他實力控制之下，覺得這批下流文人已沒有再利用的必要，就扳起面孔，抓住機會隨時給他們點苦頭吃吃，直到錢謙益死了都不放鬆，還把他的名字宣付國史館列入貳臣傳，就連幾本文集也列爲禁書，眞是糟塌得淋漓盡致。

大衆的眼睛是雪亮的，儘管錢謙益到晚年，也曾忸怩作態，在詩文裏表露一點故國之思，想掩飾一下過去的醜行，然而又騙得了誰呢？不要說死了，就在他活着的時候，一般人對他的冷嘲熱諷，口誅筆伐也就從沒有停止過。最爲人傳誦的是蘇州虎丘石上的題詩：「入洛紛紜興太濃，蓴鱸此日又相逢；黑頭已是羞江總，青史何曾用蔡邕；昔去幸寬沉白馬，今歸應悔賣盧龍；最憐攀折章台柳，撩亂秋風問阿儂。」更有趣的是竟連他一生傾倒，終身依之的小妾柳如是，也不時用「雅謔」來揭露他的無恥嘴臉，至於在朝堂上被人公然駡爲「兩朝領袖」，那更是一般人所熟知的事了。

不過「笑駡由他笑駡，好官我自爲之，」錢謙益到底是「成功」的。「身後毀譽誰管得，」前人不是早就說了嗎？至於今之錢謙益者流，當然更用不着愁無先例可援了！

陶行知駡人

·禾秦·

陶行知是被郭沫若譽爲：「一位偉大的人民詩人」的，「主要的原因：就是他的人民意識覺醒得快而且澈底」而且，他的「詩體」，是「解放」了的「詩體」，現在且舉他的：「該駡不?」一詩爲例：

△

不做事，
要吃飯；
什麽人？
是混蛋！

△

做壞事，
吃好飯；
什麽人？
忘八蛋！

《人物杂志》刊登的《陶行知骂人》轶事

民主之魂・教育之光

大教育家 陶行知追悼會

中國大教育家陶行知逝世，上海各教育團體在震旦大學舉行追悼會。（康正平攝）

Mr. Tao Hsin-chih, Chinese great educator, died recently in Shanghai. Memorial service was held by Shanghai educational organization and democratic groups.

十月廿七日清晨九時，震旦大學禮堂內外，緊緊的匯集了四千多人。東邊角落上，一羣引頸遠眺的小孩頭，帶着一色的童軍帽，靠牆是一羣小姑娘，有的辮子上紮着一朵白花，有的踏着白鞋，中間有一堆穿着草鞋和藍布上身的鄉下人，還有是陶氏生前好友，社會名流，他們來自城市和鄉村，遠從重慶從南京趕來參與這個莊嚴的追悼會，表達他們對於這位教育慈母的敬意和哀思。

台上正立着藝協繪製的陶先生的巨像，像前燃着幾碟新鮮的水菓，竪着兩枝大臘燭。台口橫掛着藍底金字：「民主之魂，教育之光」，兩旁掛有「天下爲公，文化爲公，和「滿腔熱血爲民主，千秋自有定論，畢世功勛在育才萬代長出新苗」的對聯，晚秋的晨風從台頂上輕輕吹下，像片在浮動，燭光在燜爍，燭下花影輕拂，花前立着主祭人，陪祭人，幕後送來一陣如泣如訴的哀樂，脫下帽子，肅靜地摒着氣息。

主祭沈鈞儒獻上鮮花和香茗，輓歌掩蓋着纏綿悱惻的哀樂。田漢讀祭文：「你，和平民主的堅貞鬥士，你地獄裡的中國兒童的救主，你，多災多難的中國人民的導師：你去了三個月，你的學生像失去了牧人的羊羣，你的事業像散了箍的木桶，……時局是這樣的使人悵惘，祗有你的精神始終像溫暖的秋陽，我們不能以眼淚來追悼聖者，卻得莊嚴地，勇敢地走向民主戰場」。

主席陳鶴琴致辭：「……陶先生是近百年來的大教育家……他認識「人」有無窮力量，所以發動學生兒童來推行教育。他創造的平民教育，鄉村教育，普及教育，國難教育，戰時教育，以至去年提倡的『民主教育』，他不僅是屬於中國的，也是屬於世界的，他是萬世導師。」

史學家翦伯贊報告陶氏生平：「在清光緒十七年九月十六日，生於安徽歙縣西鄉王墩源村，原名文濬，嗣因信任王陽明知行合一之說，易名知行，後發現『行是知之始，知是行之成』的道理，乃再易名行知，家境清貧，借債赴美留學，先後入伊利諾大學，哥倫比亞大學，爲名教育家杜威所器重。」

演說開始了，很少參加此類追悼會的孔祥熙，認爲「追悼會還是消極的意思，要用積極的事業來完成陶先生遺留的事業」。

兩個外國朋友，畢萊士女士說：「他歡喜年青人，年青人也歡喜他……他是國際主義者，他實在是國際上偉大的人物。……他希望全世界人民……他所提倡的教育，就是是中國明日應有的教育。」

與他共事五年的美國友人艾德甫先生登台指着陶先生而掛着的「民主魂」一字用中國話說，那已經代表了陶先生的精神。紀念他，我們要聯結起來，爲他所生活的，所努力的，所死的教育事業而奮鬥。」

約模有三分鐘的熱烈掌聲，歡迎郭沫若的演講：「陶先生是眞美善的完人，他是以什麼精神來完成他的人格呢？他把自已佔有欲盡量減少，把創造欲無限擴展（大鼓掌）。那般大強盜們『大英雄們』佔有欲強的人是：你的是我的，我的還是我的，於是一切都是我的。創造欲強的人，你的是你的，我的還是你的，創造了好的，還要創造更好的。他在創造社的宣言上說過：處處是創造之地，天天是創造之時，人人是創造之主。……他創造些什麼，決不是要你會升官發財，肥私利已，是要人類共同來創造一個政治，自由，經濟平等的大樂園。他的創造方法，第一學習，第二學習，第三還是學習。他向大自然學習，向老百姓學習，向小孩子學習。他給我的印象是，他一輩子都在誠誠懇懇的做一個小學生。」

一位山海工學團的農民孟根根講述：「我們得到陶先生的好處是實實在在的，我們叫他做老先生，他叫我們做老朋友。他首先叫我們一面讀書，一面做工，後來，不行啦，因農友不做事就無銅鈿。後來陶先生想出了小先生制，每個小先生要回去教三人或四人。所以山海工學團以後發展得很快，不久就有生產工學團，畜牧工學團，直到敵人來了，我們又組織戰地服務隊。——」

後來一個十五歲的女孩嗚咽地說：……「陶先生天天出去募捐，來維持學校，人家說：你算了，你關了門吧。還不是抱着石頭在游泳，他說：不，我是抱着愛人在游泳，愈游愈有希望，愈游愈有辦法，——我們起初吃了三個月稀飯，到現在已經支持九年了。」

往後有李熙謀，朱經農，沈鈞儒和梁漱溟的演說，一致認爲陶行知，是偉大的人民教育家，我們要向他學習。

端納逝世

前任張學良顧問，後又任蔣主席私人顧問，在西安事變時担任折衝者之一的澳人端納，於本月九日逝世於上海宏恩醫院。端納於太平洋事變時適在菲律賓，當時爲日人所羈，幸未被發現係端納。日本投降後，端納恢復自由返澳，但因年事已高（七十歲），屢有病痛，本年二月應蔣主席之囑，來滬養病，半年以來，病勢日見沉重，蔣夫人特於八日晨乘專機來滬探視。七十高齡之端納，七日以來，即呼吸短促，神智昏迷，全藉人工氧氣延續生命，至九日晨一時十五分卒病死於宏恩醫院。

端納死後由勵志社主持殯儀，於九日上午移送萬國殯儀館，下午二時大殮，由英國教堂屈禮脫牧師主持宗教禮，後送虹橋萬國公墓安葬，蔣夫人，孔祥熙，吳國楨，陳納德等均往悼唁送葬，至三時，此中國友人，乃於寂靜中安眠地下。

蔣主席私人顧問端納，於九日逝世於上海宏恩醫院。上爲蔣夫人與孔祥熙（中）在萬國公墓送葬情形。（章虎臣）

Mr. William Henry Donald, personal advisor of Generalissimo Chiang Kai-shek, died in Shanghai on Nov. 9, 1946. Madame Chiang and Dr. H. H. Kung present at burial service at Hung-Chiao International Public Grave.

端納最後遺容（中國社）

Late Mr. W. H. Donald laid in the coffin

《联合画报》刊登的《大教育家陶行知追悼会》图文

头戴清一色的童军帽；靠墙站着的一群小姑娘，有的辫子上系着一朵白花，有的踏着白鞋；礼堂中间是一群足蹬草鞋、身着蓝布衣的乡下人，他们神情凝重、面露哀伤；还有一些是陶先生的生前好友、社会名流和几位美国友人。他们分别从上海、北平、重庆、南京等不同地方赶来参加这个庄严的追悼会，表达他们对于这位教育家的敬意和哀思。

台上正中安放的是艺协绘制的陶先生巨幅画像，画像前放置着几碟新鲜水果，两侧竖着两支大蜡烛。台口横向悬挂着蓝底金字匾额，上书“民主之魂，教育之光”，两旁挂有“天下为公，文化为公”和“满腔热血为民主千秋自有定论，毕世功勋在育才万代长出新苗”的挽联。晚秋的晨风从台顶上轻轻吹下，画像在颤动，烛光在闪烁，空气在凝固，烛下花影轻拂，花前站着的是主祭人和陪祭人。

追悼会开始，幕后送来一阵如泣如诉的哀乐，来宾脱帽，宓静地摒住气息，向陶先生默哀致敬。主祭人沈钧儒献上鲜花和香茗，挽歌衬托着缠绵悱恻的哀乐，来宾无不为之动容而潸然泪下。田汉宣读的祭文铿锵有力：“你，和平民主的坚贞斗士；你，地狱里的中国儿童的救主；你，多灾多难的中国人民的导师；你，去了三个月。你的学生像失去了牧人的羊群，你的事业像散了箍的木桶……时局是这样的使人怅惘，只有你的精神始终像温暖的秋阳。我们不能以眼泪来追悼圣者，却得庄严地、勇敢地走向民主的战场！”

大会主席陈鹤琴的致辞给予陶先生很高的评价：“……陶先生是近百年来的大教育家……他认识‘人’有无穷力量，所以，发动学生儿童来推行教育。他创造的平民教育、乡村教育、普及教育、国难教育、战时教育，以至去年提倡的‘民主教育’。他不仅是属于中国的，也是属于世界的，他是万世导师。”

史学家翦伯赞以平和的语气报告了陶行知的生平：“在清光绪十七年九月十六日，生于安徽歙县西乡王墩源村。原名文濬，嗣因信任王阳明知行合一，后发现‘行是知之始，知是行之成’的道理，乃再易名行知。家境清贫，借债赴美留学，先后入伊利诺大学、哥伦比亚大学，为名教育家杜威所器重。”

接下来的演说开始了。很少参加此类追悼会的孔祥熙也来了，他认为“追悼会还是消极的意思，要用积极的事业来完成陶先生遗留的事业”。

陶先生的两个外国朋友也激动地发表演讲。毕莱女士说：“他欢喜年青人，年青人也欢喜他……他是国际主义者，他实在是国际上伟大的人物……他希望全世界人民……他所提倡的教育，就是中国明日应有的教育。”与陶先生共事五年的美国友人艾德甫先生，登台指着前面挂着的“民主魂”三个字用中国话说，那已经代表了陶先生的精神。纪念他，我们要联结起来，为他所生活的、所努力的、所死的教育事业而奋斗！

长达三分钟的热烈掌声欢迎郭沫若先生登台演讲。他说：“陶先生是真美善的完人，他是以什么精神来完成他的人格呢？他把自己占有欲尽景减少，把创造欲无限扩展（台下大鼓掌）！那般大强盗们、‘大英雄们’占有欲强的人是：你的是我的，我的还是我的，于是一切都是我的。创造欲强的人，你的是你的，我的还是你的，创造了好的，还要创造更好的。他在创造社的宣言上说过：处处是创造之地，天天是创造之时，人人是创造之主！……他创造些什么，决不是要你会升官发财，肥私利己，是要人类共同来创造一个政治自由、经济平等的大乐园。他的创造方法，第一学习，第二学习，第三还是学习。他向大自然学习，向老百姓学习，向小孩子学习。他给我的印象是，他一辈子都在诚诚恳恳地做一个小学生！”

一位山海工学团的农民孟根根讲述：“我们得到陶先生的好处是实实在在的，我们叫他做老先生，他叫我们做老朋友。他首先叫我们一面读书，一面做工，后来，不行啦，因农友不做事就无铜钿。后来陶先生想出了小先生制，每个小先生要回去教三人或四人。所以山海工学团以后发展得很快，不久就有生产工学团，畜牧工学团，直到敌人来了，我们又组织战地服务队。”

一个 15 岁的女孩上台后未及演讲就哭成了一个泪人，她呜咽地说：“陶先生天天出去募捐，来维持学校，人家说：你算了，你关了门吧！这不是抱着石头在游泳？他说：不，我是抱着爱人在游泳，愈游愈有希望，愈游愈有办法。我们起初吃了三个月稀饭，到现在已经支持九年了。”

最后，李熙谋、朱经农、沈钧儒和梁漱溟等也先后发表了演说，他们一致认为陶行知是伟大的人民教育家，我们要向他学习！向他致敬！

辑二

为民请命 喋血牺牲

与刘和珍一起牺牲的魏士毅

宁死不屈的报人刘髯公

为民主牺牲的左翼报人羊枣

东北流亡学生喋血记

与刘和珍一起牺牲的魏士毅

“真的猛士，敢于直面惨淡的人生，敢于正视淋漓的鲜血”，这是鲁迅先生《纪念刘和珍君》一文中的精典之句。刘和珍是鲁迅的学生，在1926年“三·一八”惨案中被执政府枪杀。这场惨案共有47人遇难，其中就有天津人、燕京大学的女学生魏士毅。

身体柔弱　意志坚强

魏士毅，天津人，1904年生于一个普通商人家庭。自幼多病，然天资敏慧，赋性温厚，极得父母怜爱。1914年秋肄业于天津普育小学。因病辍学两年后，转入天津官立第十小学四年级继续学习。1918年秋，复因体弱休学一年。惟其聪明资质，不以患病稍受影响，这一年边养病边自修学业。1919年秋投考天津严氏中学，以优等成绩被录取。1923年中学毕业后考入燕京大学女校预科，翌年升入该校理科数学系。

魏士毅居恒静，坐潜思，研求学理，领悟或兴趣极浓之际，则废寝忘食。学愈进而体愈弱，胃病时有发作，但她自强不息，常以体弱为耻，坚持运动锻炼而谋补救之方，一年后竟以排球健将而闻于女校。

其父多病，老母年近半百，家中尚有弟妹，生活拮据。为了减轻家庭负担，她在周末常到北京各戏园兼任招待员，以求自给自足。

她性情恬静，待人真诚，做事干练，极具组织能力和号召力。为此，当选为该校天津同乡会会长。她既有刻苦学习的毅力，又有强烈的爱国思想，关注国家前途命运，做事果断勇敢，经常参加各种集会、游行、演讲、散传单等活动。为表示革命的坚决性与彻底性，她不但让家里的男性剪去长辫，自己也率先垂范地剪掉了一头秀发。

为国请愿　惨遭枪杀

1926年3月12日，国民军与奉系军阀作战期间，日本军舰掩护奉军军

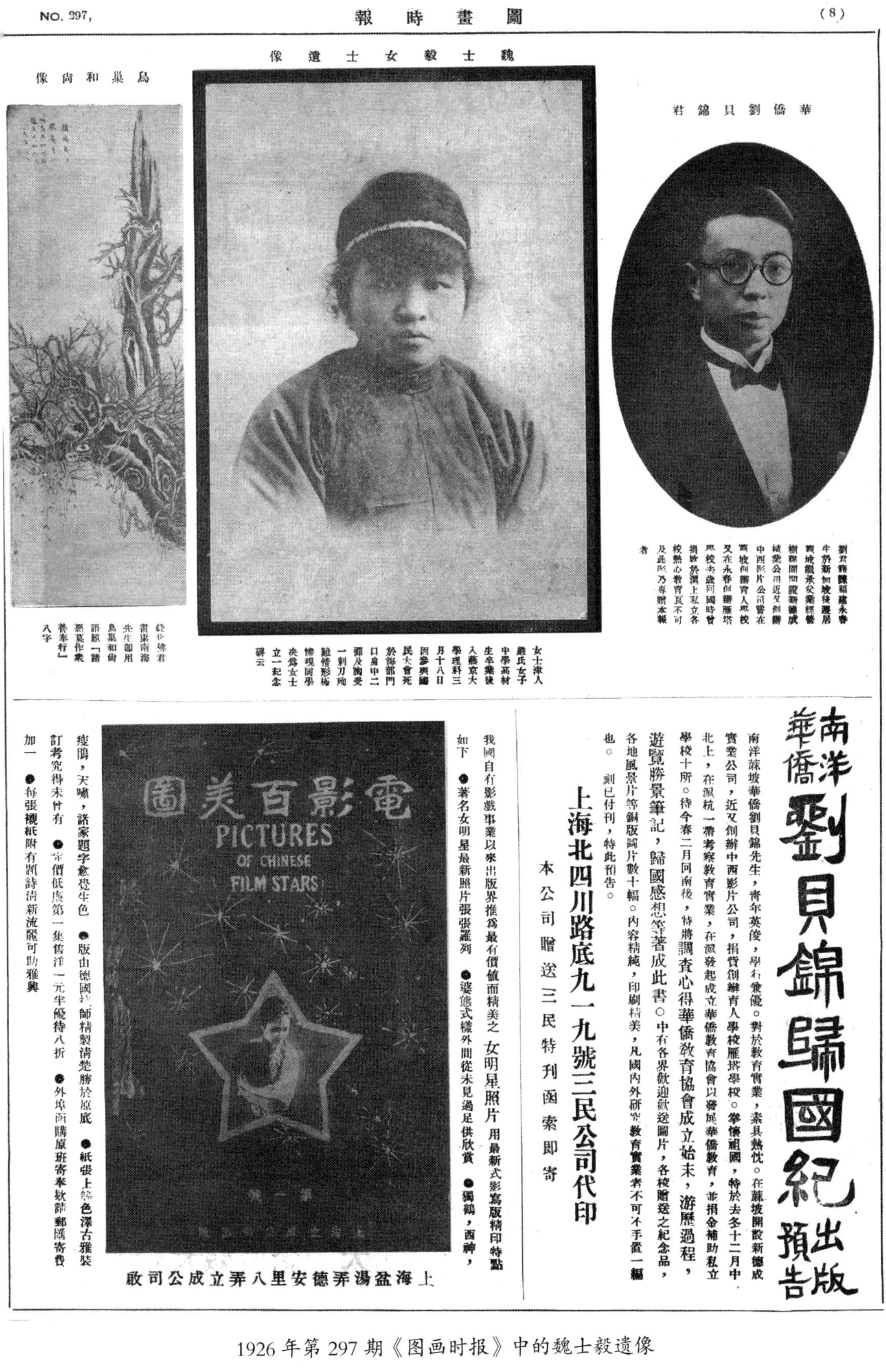

1926 年第 297 期《图画时报》中的魏士毅遗像

《燕大年刊》的追悼魏士毅女士专刊

赴那二百多團體的大會；死的死了，傷的傷了，所有唯一希望的光明，乃是那全北京的大聯合一二百團體大會一誰知罪不容誅的搗亂份子，竟活活的把會給攪散了。當時會中的情形，我不願意寫出，使大家失望。但是若在此種情形慘狀之下，還不能彼此諒解，互相幫忙，竟忍將會搗散，到何時方能使我們覺得有希望呢？又何以對死者？何以對傷者？何以對死傷的家屬？何以對國人呢？

但是這正是我們眞正國民革命的最後機會，正是我們努力奮鬥開始的時刻；我們雖飽受驚嚇，飽嘗悲痛，而天之所以使我們後死者，正要我們爲死者復仇，爲國家犧牲；我們肯不肯担負這重大責任？

三月二十二，於燕大三院。

燕大自慘變來三日記　姜公偉

——三月十八日，十九日，二十日·——

溯自本校加入北京學生總會以來，即極尊總會一切之議案，但本校每於遵從之中表示自身之態度及對於各項議案相當之主見，此皆爲同學所深知者，不知余再爲之陳述，觀於往年五卅慘案發生後，本校於後援會中矻然之態度，即可知也。此次慘變後，本校同學傷亡獨多，余即微聞有男校自治會至少須負一部分責任之言，此實余輩應以爲遺憾者。

此次慘變，在北京已往之民衆運動中，實屬空前之舉，段賊竟敢悍然不顧，屠殺四五十人，不僅吾輩臆料不到，即北京市民恐亦臆料不到耳。然則此次事變後之慘痛，本校同學之傷亡，烏可諉責於自治會乎？蓋自治會者，代表全校同學意見之機關也；自治會一切之行動，即全體同學之行動，焉可對於自治會有責言之理。余不願燕大全體同學因此慘變而有所軒輊，亦不願彼此有誤會之處，故作「慘變來三日記」以明眞相，讀者幸勿以爲余「替腔說話」也。其中遺誤之處，皆希讀者指正和原宥。

三月十八日（星期四）　北京各界因反對列强對於大沽事件之無理通牒，遂決定於本日上午十時於天安門舉行國民大會，同時北大三院，下午二時中央公園皆有同樣之團體代表會議。男校自治會適於本日上午八時一刻接到北京學生總會一封公函，請本校加入十時天安

《燕大周刊》的《燕大自惨变来三日记》详细记录了魏士毅牺牲经过

門之國民大會。當時自治會以此事關係重大，不可草草决定，乃於本日上午九時於二院禮堂召集全體同學大學，討論此事，由自治會評議部部長于成澤君主席。于君首言對於大沽事件之憤慨，次卽提出北京學生總會公函之意見，幷言本日北京有三個大會討論通牒問題，一爲上午十時天安門之國民大會，一爲同時北京國家主義學會等在北大三院招集之各團體代表會議，一爲下午二時中央公園北京國民黨執行委員會及孫文主義學會等招集之團體代表會議，請同學自己决定加入一會。後遂由男校全體同學多數通過參加上午十時天安門之國民大會。幷選翟君毓林爲總指揮。隨卽散會。學校亦允許停課。男校約三百餘人乃於九時餘全體向天安門出發。同時幷通知女校，由女校學生會會長黃喬雲女士召集大會，結果女校一致通過參加。男校同學至天安門後，女校同學約五六十人卽到，（國民大會情况已誌京中各報，不再贅述。）記者於開會時曾晤及本校畢業生顧君國昶。顧君卽曰：「此次運動，你們何必這樣賣氣力？恐怕不穩罷！」。當時記者猶以爲顧君過慮，隨卽莞爾答曰：『此係對外運動，當然要賣氣力。』孰知此話言後不及二小時，果應顧君之言，「不穩」至於流血，亦痛矣哉！

國民大會閉會後，本校全體男女同學亦隨大隊至國務院（卽海軍部）請願。沿途高呼各種口號，浩浩蕩蕩，街中竚立觀者極衆。本校慘死之同學魏士毅女士卽高擧旗者，行至東單牌樓時，曾由齊君植燊

第三執校旗者卽魏女士

《燕大周刊》的《燕大自惨变来三日记》详细记录了魏士毅牺牲经过（续一）

段賊鎗殺民衆之血場

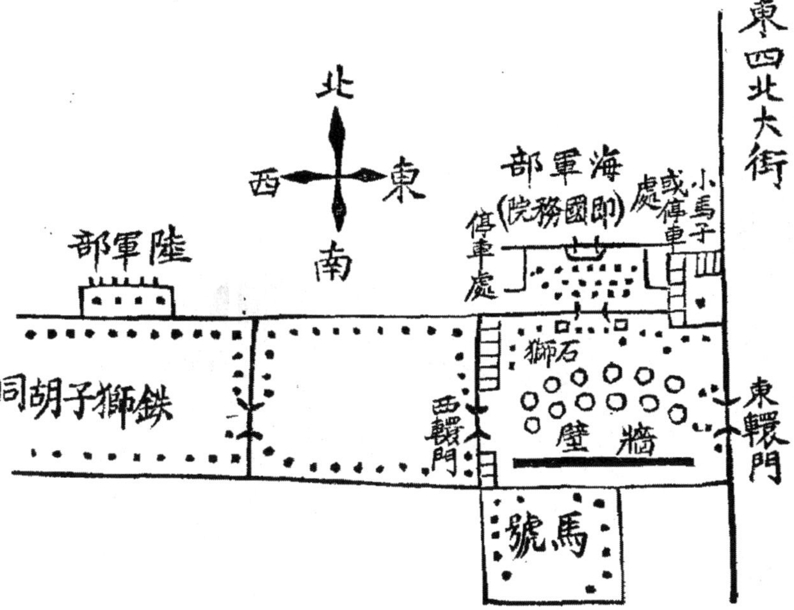

本圖說明：

「·」記號，均係段賊衞隊兵所佔之處。「○」記號，則均係民衆觀此圖則可知衞隊兵有意屠殺，四面及門口皆。一有衞兵射擊，民衆幾無可以逃生之地，死傷者以小馬號及東轅門一帶爲最多。顯係民衆向外逃走之證；焉可誣爲聚衆擾亂，擕械反攻？

魏女士之尸身係由女校費校務長，密女士(Miss. Camilla Mills.)——各報所載魏女士之尸身爲外人黃女士領去，想係密女士之誤傳。男校博晨光博士領回，是日晚七時，魏女士靈柩舁返佟府，女校同學全體哭迎，哀聲震天地。靈柩停放於女校禮堂，後由費校務長，崔太太，蘇女士等親視洗滌創痕，重新換棺裝殮，聞血水約有三桶，亦慘矣。女校教職員等亦輪值看守，至十二時半始竣事。

同時男校同學於二院禮堂召集全體大會，由于君成澤主席，討論關於此次慘變之各項問題。並選舉八位同學組織一委員會，專責進行慘變後善後辦法，又於八委員中舉于君成澤爲主席。茲將八委員姓名及其所担任之職務列下：

主席　　于君成澤。

《燕大周刊》的《燕大自惨变来三日记》详细记录了魏士毅牺牲经过（续二）

，扶棺痛哭，全校同學皆爲之揮淚。至十時遂起棺，首由音樂隊導領，次爲男同學，親爲執紼，再次爲女校同學，女士之男女同班生，女教職員，後爲同鄉會人員，靈柩前爲家族。蔓延約一里許，氣象極嚴

魏女士靈柩行至東單大街影

肅。至下午一時半，柩至崇外法華寺暫厝，同學等與靈柩行辭畢禮，相與拭淚而散。記者又逗留半小時，齊替爲女士之家族攝一影。及靈柩安放於大殿旁東空房內，始歸校，已三句鐘矣。

魏女士靈柩安放法華寺東空房影

此次魏女士之厝儀，男校教職員竟無一人參加，未悉何故。誠然，悼惜女士，不一定非參加厝儀，不足以表其哀忱。但女士此次之慘

《燕大周刊》的《燕大自惨变来三日记》详细记录了魏士毅牺牲经过（续三）

舰驶进天津大沽口，炮击国民军，守军死伤十余名。冯玉祥的国民军坚决予以还击，将日舰逐出大沽口。16日，日本竟联合英美等八国领事向段祺瑞执政府发出最后通牒，提出撤除大沽口国防设施的无理要求。列强的蛮横无理，引起民众公愤，李大钊等领导的中共北方区委决定，18日上午10时组织北京各学校和群众团体在天安门前举行国民大会。

燕京大学男校自治会于上午八时一刻接到北京学生总会一封公函，请该校加入天安门集会。自治会乃于9时在礼堂召开全体同学大会商议此事。大家一致同意参加，并选举崔毓林为总指挥。消息传到女校后，学生会会长黄乔云也在女校召集大会，一致通过参加。9时半，燕京大学男校约三百人、女校五六十人从学校出发至天安门前会合。

当时社会各界人士集会已达5000余人，国民大会主席代表站在高高的台上演说大会宗旨，台下掌声四起，欢声雷动。闭会后，各界代表复至海军部东辕门外的国务院请愿，沿途高呼口号，游行队伍浩浩荡荡。魏士毅高举校旗走在最前列，行至东单牌楼时，曾由同学齐植燊为其摄影，岂料一小时后，此影竟成其最后遗影！

至国务院后，燕大学生集体立于围墙内东北隅，距小马号（停车处）甚近，距院府大门更近。岂料，执政府卫队长竟下令向请愿人群开枪！据《燕大周刊》记载："开枪声初发时，魏女士与罗君学濂、徐琼英女士等避于小马号内，不久遂失去，想系冒险向东辕门逃走。又闻，本校王君致谦曾尽力向外拉魏女士，不幸未拉出。又闻，魏女士中弹倒地以后尚能微动，女校同学李佩光女士适见其惨状，魏女士乃向李女士摇头，大约表示将死之意。魏女士之一腿被他尸压住，李女士乃使力外拉。时忽一卫兵前来，欲刺李女士，女士乃急逃去。大约此时卫兵见魏女士奄奄一息，继之一刺刀。呜呼，魏女士死亦惨矣！此种残暴之牲畜，与其主使者，虽课之以极刑，犹不足以逭其罪也！又闻，卫兵专向穿洋服之男子及剪发之女生刺击，因洋服、短发皆共产党之标志，魏女士已剪发，故被击死。"

是日晚7时许，魏士毅的尸身由燕京女校校务长费宾闺臣领回，时在校同学全体哭迎，哀声震动天地。经检验，魏士毅身中两弹，其中一粒致命子弹自左乳入，由右脊穿出，一处刀伤直穿前胸，目睁口张，死状极惨。灵柩暂时停放于女校礼堂，后由费校务长、崔太太、苏女士等为死者清洗创痕，重新换棺装殓，血水竟有三桶。是晚，女校教职员等轮值守灵。

学校追悼　立碑纪念

对于魏士毅的壮烈殉国，燕大职教员和同学既哀其不幸惨遇，复壮其牺牲之精神。燕京大学《燕大年刊》出版了40页的“追悼魏士毅女士专刊”，《良友》《北洋画报》《图画时报》也图文报道了魏士毅牺牲始末，发表社会各界的追思文章。

燕京大学于19日在女校礼堂召开追悼大会。是日天色昏暗，乌云密布，雪花纷飞，寒风刺骨，仿佛老天也为魏士毅的牺牲而动容。下午4时，男女两校同学及教职员全体到场。灵堂设于女校礼堂，灵柩置于中央，仪式略仿孙中山先生追悼会。灵柩前放置魏士毅大幅遗像，上覆女校教员陈克明亲手制作的松树花圈，灵柩下及两旁放置众多鲜花篮、花圈等物，礼堂四壁挽联甚多。灵前白烛一对，香炉一盏，现场气氛凄凉沉肃。男校同学立于灵柩之西，女校同学则立于东侧，众人无不神情凝重，低泣暗伤，唏嘘之声充斥全场。更有一些同学悲痛欲绝，凭棺恸哭。此情此景，怎不令人肝肠寸断！

4时半，女校院长刘廷芳主礼宣布大会开始，他引导着手秉白烛的8名赞礼员（男校4人、女校4人）入堂宣慰，继而众人起立静默数分钟，哀乐即起，低回萦绕。女校同学代表张光禄宣读诔词，字字悲痛，闻者泪下：“魏君士毅，热心国事，奋然前驱，夙本羸弱，发生不虞，竟以身殉，芳魂渺寂，同学悲痛，群相悼惜。”宗教学院代表姜汝培致祷文，逝者同班同学集体吟唱挽歌，徐琼英讲述逝者生平，男校同学代表董绍明致唁词。燕大天津同乡会代表姜允长宣读的祭文对逝者给予了充分肯定：“就学燕大女校预科，品性纯良，成绩优异，在校三载，凡学校事业，社会服务，无不赖以扶持，同乡等深知女士毅力才能超众，故公举女士充天津同乡会会长，经营计划，措置裕如。”女校歌咏队的挽歌凄婉悲凉。在男校校务长洪煨莲、女校校务长费宾闺臣分致哀词后，燕大校长司徒雷登做最后演

■皇后出閣　妙觀

本埠特一區大華電影院日前開演德國烏發公司傑構『最後一舞』即『皇后秘史』一片，記者往觀，果爾名不虛傳，然事過境遷，但無代宣傳之必要，惟可紀者，演員之男女滑稽歌舞四人，頗有演藝。男女各一人，第一日中，杜林麥琳娜夫人，扮日本男女，平列跌坐，作英語之歌，互相贊揚，繼以謙遜，歌止，則大講其日語：『阿諾呢』，『梳的是嘎呢』，唧唧不絕，並相拜爲禮，其神態之謙虛，其背木履兒，觀衆和之，狂笑不置，其後演反目，以及說日語，歌以終之以舞。蹈節不節，均可支，英表演絕後，令人樂不可支，鼓掌叫絕，藝員出演於瀋陽之凌格飯店，開友人言：此劇曾見此地，至若日軍官人前，曾當地日紳以數十人，適日軍高級軍官二三人，爲乾夕作忽有駐屯亦不耐，其往觀，即予以移椅，扶其頻頻叫好，始倉皇出閣而去，後轉往天津，又頻見有麥氏玫瑰舞雙人，而華人且予之倉皇觀之浪漫無匹，不極觀客每次要求再演。惟青年人，益大鼓其掌，日人無奈，歌詞香艷絕倫，觀其易招煩惱，亦有倉皇出閣者。均趣話也。

戴綠頭巾之人，有『坐着飛機在大西洋中演講』者，說的是甚麼話，于國人那一國的周先生遠矣！

◁菊花畫影聯合展覽之『影部』▷　本報記者攝。
Photos of Chrysanthemum in the Chrysanthemum Show held at Cafe Riche Tientsin.

◁西洋電影女明星波爾登倩影▷　長樂氏贈。
Olive Borden, a screen star.

■坐飛機在大西洋中演講之類　雲若

民國十八年十一月廿四日大公報專電中有云：『周龍光電張學良，謂中央對拒俄已擬有援助方法；只要俄兵不侵入，可以無慮』云云。初見疑爲上月廿四日之報；及檢視日月不訛。方驚訛各報通之外俄軍侵入華之傳，何消息有此『只要』之外交官之口氣耶？而有傷于外交稜橫之明，却不知俄軍已無侵入華向不機，良無統觀其『只要俄兵不侵入，可以無慮』之語，但見此俄軍業已侵入小節，只見其謀國之忠。具見之推開諸警，指揮若定，五路安居，可謂『太傅奕棋』之妙哉！高明之安諸軍，而亮妙用，此與奕棋之可以無慮，閫諸葛，諸健將，入軍，見可以了！哉五，且！路有以制敵而得勝，可當亦不使入之，何若是，有廬之和穩，勉修家偏之效，真無慮矣，若移我之『不侵入』，斯不未能外交效，驅詞有特別，自然不扎！我不偷賊會入，內使讀者，我吾不打！在，手話。

◁菊花畫影聯合展覽之『菊花』部▷　本報記者攝。
A corner of the Chrysanthemum Show, at Cafe Riche, Tientsin.

■曲綫新聞

河北民國日報，爲河北黨報，前自津遷平後，辦理不當，以致停刊。中央黨部因在平，已有大規模之華北日報之設，而天津尚缺乏黨報，又將民國日報遷回天津辦理，現已布置就緒，於下月一日出版。總編輯有由社會局局長兼任之說。

西湖別墅本月日爲西俗『舉是給做的』日（Thanks Giving Day），又譯作『感謝節』），特開火雞大會，精製餐譜，以饗顧客。

佛蘭汽車捷隆洋行，爲推廣所經理之雪佛蘭汽車起見，將於下月七日，假西湖別墅開雪佛蘭汽車跳舞大會，門券可以作標號碼，具有增品，並有彩，門券價值三元，當場以雪佛蘭汽車一輛，中者可得。門券只限定一千四百九十五張。

◁魏士毅女士紀念碑之正面▷
（碑之正背面皆爲王燕泉先生法書）
Monument erected in the Chung Shan Park of Tientsin, in remembrance of Miss Wei Shih-Yi, the victim of a patriotic demonstration in Peking, 1926.

△巴黎新式女皮外衣之奇觀▽　。馮自英寄。
Winter fashion from Paris.

■康南海兒女爭產　潁川自寄

康南海故後，在滬遺產，寥寥無幾，於愚園路本有公館一所，亦已易姓，其長子同籛，已於本年十月間在滬與某女士結婚，婚禮仍由其長姊同璧主持。同籛爲康之第三房所出，康之次女同薇，四女同環，五女同琰，均在北平。同璧適羅昌，同薇嫁麥仲華，同環嫁潘某，婚事均有律師。同琰則未嫁，素有文名，今因家務，由二太太主持。康氏之遺產，除公產外，其子女均有分，依法律規定，女子亦有承繼之權。本年國民政府頒布新法，女子有繼承權，此種潮流，能合光緒時代之要求乎？同籛向其姊等商議，遺產業已均分，乃同薇姊妹等委託律師，由外來滬，追索遺產，故有荷女堂之訟云。

閻錫山公子與牙醫黃子蓮在太原合影
Dr. J. L. Huang, a well-known dentist, taken with the son of General Yen Hsi-Shan, in Taiyuanfu.

上月在天津中山公園落成之魏士毅紀念碑
Another view of the Wei Shih-Yi's Monument.

1929年第9卷第403期《北洋画报》中天津中山公园魏士毅女士纪念碑

1936 年第 115 期《良友》画报中的燕京大学魏士毅女士纪念碑

讲。逝者家族代表向来宾三鞠躬致谢。追悼会在校圣歌队的圣歌声中宣告结束。

追悼会后，该校同学表示，魏士毅的死感天动地！她的未竟之志“内除国贼、外抗强权”，即为今后吾辈后死同学之职责。

魏士毅的死，最为痛心是她的慈母。出事当日，学校即给死者在天津的家人发去电报，婉称“魏士毅病重，请速来京”。魏母回电称，魏父病重，不得来京。无奈，校方只得实情相告。19日晚11时，魏母乘坐火车由津来京，下车后即至女校痛哭一场。魏母对女儿训育多年，爱似明珠，一朝失去，焉能不为之老泪纵横，痛哭失声！闻者多为之泫然泣下，校务长费宾闺臣在旁劝慰称，人孰无死，女士不死于疾病，独横死于暴贼之手中，红血飞溅于正义之牌，殆亦不幸而幸者矣。

20日晨，天气虽已放晴，但更觉风寒刺骨。燕京大学仍停课一天，为魏士毅送殡。9时半，女校一切仪仗俱已完备，男校同学前来送殡者甚众。起灵前，数名同学为灵柩摄影，天津同乡会全体会员集体与灵柩合影，留为永久纪念。魏母扶棺痛哭，全校师生皆为之挥泪。10时起棺，送殡队伍从灯市口出发，由音乐队导领，男校同学在前执绋，女校同学、死者同班生、教职员、天津同乡会会员、魏家亲人依次列后，绵延一里许。下午1时半，灵柩送至崇文门外法华寺内，在大殿旁东侧的一处空房内暂厝。众人行辞灵礼后，相与拭泪而散。

1926年秋，燕京大学男女两校迁入未明湖。1927年3月，为纪念牺牲的魏士毅，燕京大学及附中同学，在新校区化学楼后的草坪上建立纪念碑。碑身一丈余高，上书“魏士毅女士纪念碑”，其下石座上碑铭：“国有巨蠹政不纲，城狐社鼠争跳梁，公门喋血歼我良，牺牲小己终取偿，北斗无酒南箕扬，民心向背关兴亡，愿后死者长毋忘。”石碑四周植松柏矮墙围绕。

1929年6月，天津中山公园专员王固磐呈文天津特别市政府，请求在中山公园建立魏士毅纪念碑。同月29日政府批文称：“呈悉。查魏士毅因三一八殉难立碑纪念，系奉国府明令。该家属呈请在中山公园建立，尚属可行，应准予办理可也。此批。”同年8月，纪念碑正式落成。

宁死不屈的报人刘髯公

《新天津报》创办人刘髯公

20世纪二三十年代，天津有一份老百姓最喜欢的平民报纸《新天津报》，报纸以内容贴近生活，语言通俗，敢为老百姓说话而著称。该报的创办人刘髯公豪爽侠义，以痛骂军阀打开报纸销路，尤其是1937年天津沦陷后，他积极宣传抗日，拒绝出任伪职，坚决不与日伪政权合作办报，因而被日本特务逮捕，关押于日本宪兵队。在押期间，面对各种酷刑，刘髯公宁死不屈，狂歌谩骂，在保释出狱后不久，饮恨而死。

刘髯公，原名刘学庸，字仲儒，笔名髯公，清光绪十九年（1893年）生于天津武清县杨村镇，回族。其父经营小粮店，因蚀本关闭。此后，家境困难。读过几年私塾的刘髯公，十几岁便开始独立闯荡世界。一个偶然的机会，经法国驻华领事馆的厨师姚奇山介绍，进入领事馆做了一名录事。凭借天生的灵性和多年混迹社会的经验，他的工作得到了法国领事馆的赏识。1900年调任天津法租界工部局侦探长。在任期间，他在天津车站、码头、警察局、法院及各机关广交朋友。不久，他就在津娶妻生子，开设明星自行车行，逐渐在天津法租界站稳脚跟，取得了较高声望。

在列强瓜分租界地的天津之时，刘髯公深感民不聊生的痛苦，决心创办一份平民化的报纸，替老百姓说话，畅所欲言，大抒中国人民的志气。他聘请擅绘画、长书法、粗通外文的薛月楼为主笔，段松波任副经理，自任社长，创办《新天津报》。该报于1923年8月正式发刊，初为四开小报，日发行量仅500份。内容以面向平民大众为主，不登桃色新闻。刊登大众关心的新闻，突出真实性、通俗性。刘髯公为《新天津报》制定的训词是：“大公对外，忠实服务，倘有陨越，上帝临汝”。他把训词制成镜框，悬于报馆墙上，每逢节日，他还要对全体员工训示一遍。后又陆续创办《新天津晚报》《文艺报》《新天津画报》《新月刊》等六种报刊，扩充报社，设立私家电台，办新闻函授学校。几年后，《新天津报》日发行量增至5万份，在全国报刊界颇具影响。

刘髯公喜京剧，攻老生唱腔，演唱水平出众。曾多次与京剧名角章遏云等在法租界的春和大戏院同台演出，被誉为津门名票。

他关心家乡教育，热心公益，扶危济困。20世纪20年代末，他在杨村七街庆德胡同内的自己宅院里兴办了杨村回民小学，出资举办杨村全镇学生演讲比赛会，奖励优秀学生。杨村清真寺1935年遭雷击后殿烧毁，刘髯公同七街回民官绅穆文善团长领头出巨资，并向全国和杨村回汉乡亲募捐集资，使清真大寺修复如初。当年回汉民耕种的田地有很多在夹道洼里，几乎年年沥涝成灾，水排不出去，刘髯公出资及募捐六万现大洋在夹道村南北运河大堤上修涵洞一座，让洼淀里的积水能及时排出。

1931年9月，日本帝国主义发动“九一八”事变，东北大片国土沦丧，刘髯公义愤填膺，他通过《新天津报》宣传抗日救国，积极报道抗日英雄马占山、冯占海、上海十九路军蔡廷锴，痛斥不抵抗主义，深得民众欢迎。

1937年7月29日天津沦陷前夕，《新天津报》宣告停刊，刘髯公亲自为《新天津报》撰写社论，向广大读者告别，文词慷慨悲壮。日本侵略者大为恼火，他们对刘髯公采取利诱和威胁的手段，让《新天津报》复刊。日伪政府请他参加天津市治安维持会筹备会，刘髯公拒不赴会，还把送通知的人骂了出去。日本特务想对他实施武力，但因他住在法租界，又不便下手。

同年8月2日，津城狂风大作，暴雨倾盆。有从外面回来的家人说，法租界外不远的特三区东天仙戏院门前有千余人正在雨里浇着，进值初秋，露宿街头的妇女儿童啼饥号寒，惨不忍睹。刘髯公闻听，不顾家人阻拦，披上雨衣，出了法租界，来到东天仙戏院前。他想用汽车将他们送到意租界的报馆，但被意租界当局阻拦。他又给戏院的产权人法国仪品公司董事长打电话，提出让难民在戏院里暂住，戏院租赁费由他来付。经过一番交涉，难民终于住进戏院对面铺房，使得难民都有了栖身之所。刘髯公回家后仍不放心，又先后给天津基督教青年会董事雍剑秋和《天津晚报》负责人常

《新天津报》创办10周年时报社全体员工合影

小川打电话，约定次日共商救济难民事宜。岂料，翌日刘髯公竟遭不测。

8 月 3 日上午，刘髯公像往常一样乘汽车上班，车行至万国桥（今解放桥），日本宪兵队令车上的人下车检查。刘髯公刚一下车，即被几个日本特务逮捕，押送日本宪兵队。刘髯公在当时是有社会地位的人，深受拥戴，哪里受过这种待遇，一进宪兵队后，他毫无惧色，破口大骂。

在押期间，在刑讯室他以训斥和咒骂回答敌人的审问，用悲壮高亢的京剧唱腔倾诉他一腔怒火，日寇残忍地用皮鞭抽打、轧杠子、上电刑，他强忍着疼痛不停地叫、骂、唱。第二天日本宪兵队长请他到客厅吃茶、谈话，劝他与日本人合作，继续出版《新天津报》，以示“中日一家，共存共荣”，他仍以骂相对。遂被丢进水牢，浸泡在肮脏的污水中，受尽蚊虫叮咬。在此后的数次审问时，他不是痛斥日寇屠杀中国人民的罪行，就是大骂他们丧失天伦，恣意蹂躏同胞。在牢里他高唱《宁武关》《骂毛延寿》等京剧唱段以及随意编唱的戏词儿，哼唱“我纵然为国家尽忠死……也落个青史名标万古美名传”。

此后，日本人又派汉奸向刘的家人转达“要想保住刘髯公，得让报纸复刊”之意。刘的弟弟等人面见刘髯公时，听他骂不绝口，哪里还敢提及报纸复刊之事。后经家人及亲友四处取保，天津各清真大寺的阿訇联名具保，家属瞒着他接受了日方的复刊条件，刘髯公才得于 10 月 26 日获释。

位于今天津市河北区建国道 66 号刘髯公旧居

中華民國二十三年九月十日 星期一 第五十四期 〔中宣部登記證文字一八二號 內政部登記證警字二九〇三號〕 姚一塘主編 （第一版）

新天津報十週年紀念專號

誌本報十週年紀念

髯公

本報出版到了現在。已竟十年了。回憶已往十年過程中。如在目前一樣。光陰迅速。令人可畏。回憶民國十三年九月十日本報降生的時候。本沒有重大希望。日出一小張。每日能銷四五千份。於願足矣。不料天助成功。自從開幕以後。每年遞漸增加。到了民國十四年。日銷四萬餘份。在我中國新聞幼稚時代。總算可觀了吧。同人等益加奮勉。漸求進步。不敢急進。不願陳腐。抱定了「維持舊道德。提倡新知識」的宗旨。勇往直前百折不撓的向前邁進。報紙由一張增至四五張。實際已算够像的大報了。職員工役由四十名增至二百四十餘名。直接賴以生活者三四[illegible]人。間接賴以吃飯者兩二萬人不止。這樣一個報社。可算有益於民生很大的。此外本報附設小學兩處。每校學生八十餘人。向不對外募款。將來報紙發達以後。尚不知增添多少小學。當隨發達進展程度以定之。所辦公益事項甚多。凡是有益於平民者。無不爭先去作。見義勇爲。雖然經濟感受拮据。並未影響爲善素志。關於報紙內容。設備亦較週到。人才新舊兼收。青年者中學大學畢業學生。以及留洋歸國者皆願爲本報服務。年長者有文學名家。教界耆宿。以及前清之舉人貢生。本報皆以重禮聘之。此外。如天主。耶穌。儒學。佛教。道學家。在報者。各類人才盡有儘有。搜羅備至。各有專長。惟收入僅靠營業一門。分外之財。向不妄取。以致關於發展方面。未能如願以償。殊爲遺憾。今以血汗之資。集腋成裘。已將日用必需的滾筒機器勉強購置。安裝就緒。不日開用。各種新式鉛字。亦均置辦齊整。將來對於報紙美術上。定有極大進步。以慰閱者。此次紀念良辰。本該擴大鋪張。以資慶祝。惟是。虛耗不如儉樸。慶祝更須勇神。故特毅然決定免去浮華。僅以新人月刊。奉贈閱者。更將數萬張畫報。一律改用洋白紙。作爲贈品。即此區區兩宗。已然費去千元之數了。不週之處。仍希閱者原諒爲幸。並望閱者隨時指導。本報更覺光榮了。

◇手創新天津報之劉髯公社長◇

歷十週年主持平民風化

願千萬歲提倡禮教精神

◇十年來每天如是之門前擁擠◇

◇今後本報印刷實力擴大之生力軍（精選之滾筒機）◇

1934 年 9 月《新天津报》10 周年纪念专刊

回到家中，刘髯公对前来看他的报馆同仁们说：“《新天津报》决不再出版了，大家另觅出路吧！千万不要忘记自己是中国人。”他因受酷刑，伤及内脏，呼吸困难，身体不能活动，每日躺在病床上唱着自编的戏词，度过了最后的几个月。临终前，刘髯公只剩下了一把骨头，仍嘱咐家人不要把《新天津报》拱手送给日本人，用尽最后一口力气唱出：“我为国家尽忠死，落个青史传美名！”唱罢闭上双眼，愤然辞世，时年仅 45 岁。

为民主牺牲的左翼报人羊枣

他被陆定一称为“新闻巨子、国际专家”，他最先预言希特勒将在斯大林格勒惨败，他预见共产党将在解放战争中获胜，他于 1933 年加入中国共产党，他被国民党政府逮捕后折磨至死，他就是与范长江、邹韬奋、俞颂平等齐名的大记者羊枣。

1946 年 1 月 11 日，羊枣在杭州去世，一时震惊中外文化界和新闻界，《解放日报》《新华日报》《申报》《文萃》《时代》等报刊，相继刊发消息和追悼文章，表达对这位学识渊博、才华横溢的名记者的怀念。

左翼报人　英年早逝

羊枣（1900—1946），本名杨廉政、杨潮，笔名羊枣、杨丹苏，湖北沔阳县人，5 岁进家塾，14 岁入清华预备学校，因参加五四运动而被学校开除，后考入唐山工业专科学校（后并入上海交通大学）。1923 年毕业后，在上海铁路局任职，但对铁路工作并不感兴趣。一次偶然的机会，翻译了《今日之战争》一书，并经人介绍在商务印书馆得以出版，深受鼓舞，开始翻译工作。1932 年，受六妹杨刚的影响，开始阅读马列著作和进步书籍。1933 年初，经周扬介绍加入中国左翼作家联盟，半年后加入中国共产党。1935 年秋，辞去铁路局职务，随夏征农南下，在陈道望主持的广西师专任教。1936 年 6 月至 1939 年，在苏联塔斯社上海分社做电讯翻译，同时为《世界知识》等刊物撰写军事和国际时事评论，进行抗日救亡和国际反法西斯的宣传活动。抗战爆发后，初期仍留在孤岛上海，为《导报》《译报》《译报周刊》等报刊撰稿，坚持抗日斗争。1939 年底赴香港，为《星岛日报》撰写军事评论，与俞颂华合编《光明报》。以丰富的知识、敏锐的观察、优美的文字和独到的见解赢得大批读者，成为职业专栏作家。1941 年太平洋战争爆发后，他和许多香港文人一样，撤退到了桂林。1942 年秋，到湖南衡阳主编《大刚报》成为他人生的重要节点，他主持的“独家新闻”专栏以最快、最新、最准而闻名一时，《大刚报》与羊枣之名享誉新闻界。但仅 10 个月后，就因“言论左倾”，在官方的压力下，报社被迫解聘了他。离开报社后，他在衡阳筹创了一个英文排字所，承办英文印刷，业余时间做英文辅导。1943 年夏湘桂战役即起，他凭着敏锐的观察，判断这次再逃不可，实时准备去昆明，后他转至福建。

1944 年 6 月，经黎澍介绍，他来到了福建省会永安，任省社会科学研究所研究员，兼任美国驻华大使馆新闻处东南分处中文部主任，主编《民主报》专刊《国际时事研究周刊》，用笔开辟“第二战场”，无情地揭露日本帝国主义的侵略行径，尖锐地抨击消极抗战积极反共的国民党当局。1945 年 7 月 23 日，曾参与策划过“皖南事变”的顾祝同，下令逮捕了当时在永安的羊枣等 29 位进步文化工作者。1946 年 1 月 11 日午夜，羊枣不幸病逝，时年仅 46 岁。

学识渊博　为人倔强

曾为羊枣《大刚报》时的同事严问天在《人物杂志》第九期中的《忆名记者羊枣》一文中，以真挚的感情、动人的文字，记叙了羊枣工作、生活与性格。

1942 年时的《大刚报》处于稳中求进时期，报社试图创立自己的特色。当时桂林《大公报》有人能够直接收听国外新闻广播，国际消息既早更真，报社遂以 1000 元高薪聘请到了羊枣。在欢迎会上，同仁们以满腔的敬仰、兴奋的心情迎接他，但他很平静地说道，我来这里两天，这班朋友都非常可爱，希望我们能够合作，以后的事情更好做了。只见他长长的脸，厚厚的嘴唇，带着沉静的微笑，光洁而微斑的满发，一副不深不浅的眼镜，身

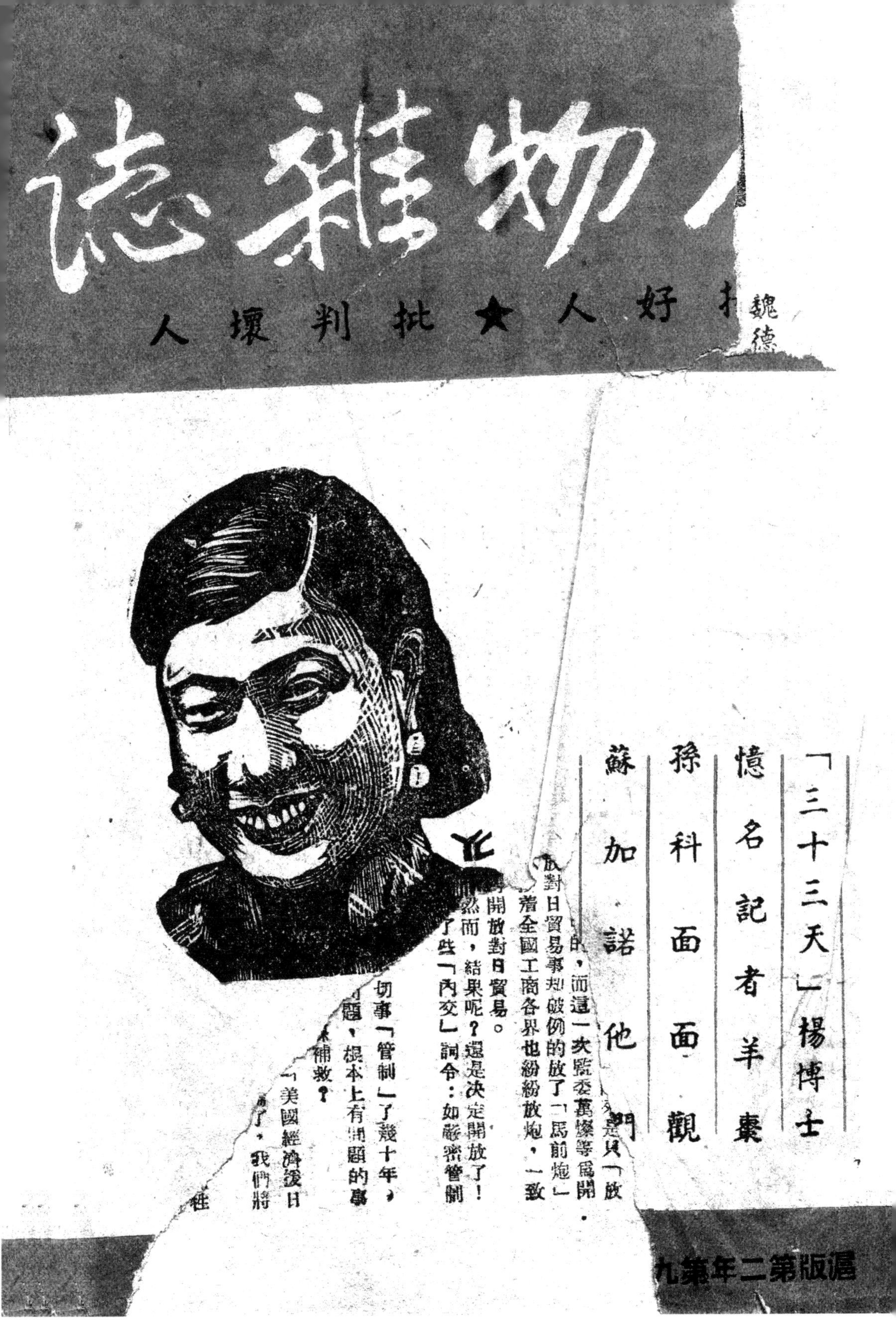
人物雜誌

打好人★批判壞人

魏德

「三十三天」楊博士

憶名記者羊棗

孫科面面觀

蘇加諾他們

……是只「放

……的，而這一次監委萬燦等爲開

放對日貿易事却破例的放了「馬前炮」

着全國工商各界也紛紛放炮，一致

開放對日貿易。

然而，結果呢？還是決定開放了！

了些「內交」詞令：如嚴密管制

切事「管制」了幾十年，

問題，根本上有問題的事

補救？

「美國經濟援日

了，我們將

週版第二年第九

1947 年第 2 卷第 9 期《人物杂志》

憶名記者羊棗

問天

（報界人物）

羊棗兄死在獄中已經一年多了，我竟還沒有寫過一點東西為他紀念，感情上像負了一筆很大的債。實在，他之所以致死，對於更多的未死者，就是一宗債。

我和楊潮（羊棗）兄相見甚晚。那是三十一年的秋天，我因未婚妻新喪，為排遣愁懷，應邀到贛北前綫一走。一個月的旅行並未能滌盪愁懷，依舊懷着悵惘的心回到衡陽。一到報社，知道我們已經請來了楊潮兄，編輯同人都很興奮，我尤其感到興奮！

原來當時的大剛報是在穩定中求發展的時期。報社當局，總想儘可能的建立一些特色。那時桂林大公報有着自己直接收聽的國外新聞廣播，國際消息常比其他各報經由中央社轉播者早一天，而且更能存眞。這是一種特色。我們便決定倣行。但這樣的報務員在西南後方甚屬難求，我們的幾位便是從大公報「挖」過來的。而更難我的是翻譯人材。單是英文程度好並不能勝任。必需時事諳熟，理解正確，才能隨時補正必有的脫錯。這就一定要有此道的豐富經驗。根據這些條件，由同事于大千兄的推荐，我們請來了羊棗。

那時，我們同事中，識與不識，都久仰羊棗的大名，知道他之所長決不僅於翻譯，一切方面都是以領導我們。雖然他並無介於名義，但爲了表示尊重，或爲了表示希望他來的熱情，我們還是請他來担任總編輯一職。本來，這一職是應該由淮冰兄以副總編輯升任的，淮冰兄却無條件的讓羊棗來領導。楊潮兄呢，他那時大剛報實在所知甚少，但他也沒有許多的考慮。當他僅知大剛報有一夥年輕苦幹熱忱向上的朋友時，他就很快的從桂林來了。

我返社後立刻就和他見面。道出滿腔敬仰之忱，表示對今後報事前途的興奮。他的答話，却遠不如我預期的那麼多。他那長長的臉，厚厚的嘴唇，全部帶着沈靜的微笑。他只是在最後說了這幾句話：「我來這裏兩天，這班朋友都非常可愛，你回來我們能夠合作，以後的事更好做了。」他說這幾句話的聲音非常低微。他的聲音不是在口腔裏迸出的。那天天熱，他穿的是一套中式衫褲，配合着他那光潔而微斑的滿髮，一付光度不深不淺的眼鏡，給我的第一個印象，是具有都市中年紳士風格的外形，鄉下人樸素的內在的氣質。

楊潮兄的過去身世，我知之不詳。我所知者，他本名楊丹霖，湖北沔陽世家子。他進的是最難進的清華中學和交通大學，這兩校都注重英文，所以他的英文根基特別好。交

《人物杂志》中严问天撰写的《忆名记者羊枣》一文

着中式衫裤。给人的第一个印象，既具都市中年绅士风格的外形，又有乡下人朴素的内在气质。

羊枣的月薪是其他编辑的五倍以上，为此，他深感不安，此后同仁加薪时，他主动表示已经很高，不必再加了。他的工作主要是翻译电文和核阅重要新闻标题，每周还要撰写两篇社评。每晚大约十一时开始工作，五六小时无片刻暇晷，大约四时截稿，紧张吃重，更无人替代。他必须每天上班，偶尔病了，就让人将电稿送到他的住所，撑在病榻上翻译。他的工作热忱和责任心给《大刚报》带来了全盛时代。

羊枣的可爱之处就是性格憨直，一种朴素农民的憨直。“酒逢知己千杯少，话不投机半句多”，似乎古人就是为他而写的。他话少，尤其没有应酬客套，初次见面的人一定以为他是个非常拙讷的人。但如果遇到知己，他的话匣子一旦打开，也是滔滔不绝，热情奔放。他为人豪爽慷慨，与他打交道尽可放心，他绝不会叫人吃亏。他是编辑部唯一带家眷的人，便经常请大家到他家吃饭。他爱喝酒，一口一杯，时常喝得大醉。

他脾气不好也是出了名的，但绝非遇事使性。他也能忍耐，沉默就是他忍耐的最后限度。超过这个限度，他就会发脾气，一发而不可遏。他口快心直，认为必须说的就非说不可，不计后果。争辩中的他面红耳赤、青筋暴涨。他经常当面指摘别人的错误，最让人难堪的是还得让别人当面认错。他只对事不对人，脾气发过了，问题解决了，立刻烟消云散。对于他的脾气，初受者确实不好受，但大家渐渐清楚了他的发作全部过程，也就不以为意了。一是对他学识和能力的尊重，一是了解了他的为人和工作方法，争吵少了，默契多了。

他是国际问题专家，常能在不完全的材料和新闻的夹缝中，得出高人一筹的精准判断。当年在德军攻打苏联的巅峰时刻，竟然打到了斯大林格勒，别人认为苏联将要战败，他却大胆预言：德军攻势已至尽头，此战正是苏军反攻的转折点。众人听了，未免咋舌难信，但此后的事实却印证了他的判断。为此，他也就成了国内正确预测德苏战争的第一人。在他撰写的社论中，始终表现出对盟国必胜的坚定信心，即使在局势最危险的时刻，仍能给读者带来无限的希望。作为中国的一个传统文人，羊枣的书法确实很差，但他并不以此为憾。他说，如果将来中国仍以字取人，以字为职业或谋生的条件，那么，中国就没有希望了。

羊枣多才多艺，对经济学的修养也是相当深厚，甚至对艺术也达到了极高的境界。马思聪来衡阳演出后，羊枣撰写了一篇名为《马思聪与贝多芬》的评论。他对于音乐的造诣和理解就连音乐系的教授们也为之折服。他还是中国提倡话剧的早期人物之一，早年曾在上海出资创办过一个创作和演出话剧的剧团，为此，曾一度靠典质度日。他的业余生活丰富多彩，下棋、养鸟、钓鱼，样样精通。

福建被捕　坚贞不屈

在上海出版的 1946 年第二期《文萃》中，刊发了多篇追思羊枣的文章，也记叙了他被捕前后的情形。被捕前，羊枣和他的妻子沈强曾由友人护送至福建永安的美国驻华大使馆新闻处东南分处。该处的主任美国人兰德（Rand）先生为了表示维护自己职员的安全，他与羊枣睡在一起，这样持续了三天。第三战区的国民党特工和福建省政府的人一连几天找上门来，要求兰德交出羊枣，三番五次地威胁说："你们不交出羊枣来，我们就抓杨太太。"沈强几次夜里偷偷地回到住处，远远地看见家里坐了好多陌生人。邻居看见她连忙说："你快跑吧，他们在等着抓你呢！"

到了第三天，也就是 1945 年 7 月 23 日的晚上，特工们武装包围了新闻处，声称如果再不交人就要冲进去强行抓人。面对如此的高压态势，新闻处顶不住了，任凭羊枣有充分理由的申述，任凭沈强不断地苦苦哀求，兰德还是把羊枣交给了当局。他提出了三个条件：一是希望能准羊枣立刻交保，随传随到；二是如果不能交保，希望由美新闻处派一美籍同事与羊枣同住，直至审判告一段落；三是审判时，希望美新闻处有人参加。但这三个条件均没有得到批准。兰德要求每日上午 7 时至 9 时派人去看望羊枣。而到了 8 月 1 日，连看也不准看了。于是，新闻处只得派一位美籍职员乐博（Rabough），住进省保安处监狱的会客室里。乐博在的那几天，羊枣没有受到什么苛待。

8 月中旬，因工作关系，兰德要到各地视察。因此，他要求省当局立刻审判羊枣，以便得出结果。当局听说兰德要走，便采取了拖延政策。羊枣的妻子和朋友们深知国民党特工的残忍，一致劝说兰德在羊枣未获出狱之前不要离开。但兰德公务在身，终于还是离开了永安。行前对羊枣的朋友们保证，一定尽早回来，回来后再设法营救。但当兰德两个星期后回到永安时，羊枣已被秘密押往江西铅山第三战区长官司令部了。

羊枣到了铅山后的情形，已经完全变成了囚犯的生活。因为他是所有被关押者中名气最大、地位最高的政治犯，因此监狱当局便对他格外“关照”。他们认为凭借监狱的各种手段，羊枣一定会成为一名叛徒。狱方将羊枣与一名 20 岁的青年同关在一间小房子里，门窗全被钉死，不能打开一个缝隙。酷热的暑天，湿气把他们的牢房变成了蒸笼。一天只给两个饽饽和一碗米汤。

羊枣的被捕，国民党当局从未有一纸正式的控告文件，也没有一次正式的审判，政府官员只是告诉沈强，羊枣被捕的原因是“他的左倾思想，而且也许与新四军地区的共产党人有关”。据说，羊枣之所以一直被羁押未获自由，就是因为他“不愿变更错误思想”。由此可知，羊枣的意志坚定和坚贞不屈。

抗战胜利后，蒋介石曾在公开场合许下了释放政治犯的诺言，但羊枣依然被关押。1945 年 12 月 31 日，狱中的羊枣开始发烧，但直到 1946 年 1 月 7 日才被送进医院，当时他已陷入口不能言、目不能视的重度昏迷状态。延至 1 月 11 日午夜时分，羊枣停止了呼吸。

国民党当局对外宣称，羊枣系因患“恶性疟疾”，不治身亡。第三战区政治部主任李某则在公开场合声称，羊枣的死是因为在送进医院前，自己服用过多的阿司匹林所致。他在解释迟送医院的原因时说，是因为负责批准移送政治犯进医院的人正好没有到差。实在荒唐可笑。

各界痛悼　祭奠英灵

羊枣病逝的消息传出，举国震惊。1946 年 1 月 13 日、14 日，延安的《解放日报》、重庆的《新华日报》、上海的《联合日报》《大公报》纷纷发表社论，谴责国民党当局的罪恶行径。1 月 15 日，《新华日报》发表了题

韜奮·羊棗

宜閑

從一個連郵政信櫃也沒有的十分冷僻的鄉村到了這南中國的中心都市，我首先想把我的空虛了好久的頭腦充塡一番，便搜集了各地出版的幾本新雜誌，看一個飽。

相識的及不相識的朋友們的文章使我對于勝利歷中有些痛心的現實問題有了多少的了解。其中最足以引起內心的辛酸的是那幾篇紀念着韜奮和楊潮的死的文章。

韜奮的死，前年冬天我在昭平，曾經以一張蒙山寄來的油印戰時新聞上看到一些傳聞的記載。當時我將信將疑，因爲一個月前我剛從大公報上見過他和幾個朋友聯名打給中外記者考察團的電報。他體質素來很好，不會死得這麼突兀的，我不敢相信這傳聞。現在我不得不相信了。

楊潮呢，當他從衡陽去福建的時候，桂林的朋友們正疏散得十分狼狽，大家還有幾分羡慕他的一路不吃苦。誰料得到這一去就這麼冤哉枉也送掉一條命呢？

我是他們兩人的愛讀者，又在共同的事業上和他們有過十分親切的交往。我深深地佩服他們兩人的天才，學識和勞作精神。他們兩人的聲音笑貌此刻彷彿還浮現在我的眼前。一個臉黑些，一個臉白些，可是待人接物，同樣的和氣而熱情。最使一般朋友們驚嘆的是他們的胆大心細，和

以「應該加緊團結全世界的進步力量來消滅反動！否則便會被反動勢力所吞滅！」一熊佛西興勵着長髯，口沫四噴地大聲疾呼：「迫害羊棗這樣的自由主義者的顧祝同，已經與製造昆明慘案的獨夫關麟徵一樣，在今天的報上說：他升官了，升爲陸軍總司令了！這成什麼話！我們如果說要替羊棗他們報仇，第一件事便是要求懲治元兇！決不容情！」

悲憤的高潮却在許廣平演講的時候：本來含着眼淚的女性和把眼淚往肚內吞的先生們在許廣平演講時多半哭出聲來，經濟學家吳大琨的眼睛哭紅了，一位女記者慌忙中把紀錄用的紙當作手巾揩眼淚。站在右屋角的，一直是垂着頭抽咽的楊夫人沈强女士變成放聲大哭，她旁邊的楊十妹楊緋女士的胖壯的臉上不斷地滾下淚珠，她忍着不揩，讓淚珠自由自在地往下掉！眼睛本來哭紅了的許廣平，在演講時全身發顫，臉紅筋脹，用廣東音的國語大叫：

「由於羊棗的遭遇，美國朋友應該明白中國人民過着什麼樣的生活！如果美國朋友眞愛護我們的話，請不要空口稱讚我們是四强之一了，請不要幫助殘害人民，戕害眞正的愛國志士，戕害確實進行中美友誼的文化人的政府；請不要把軍火，把鉅欵租借給這樣的政府，不要把救濟物資交給這樣的政府，這些東西對於受難的中國人民沒有絲毫好處，反而讓反動的政府把救濟物資變成錢，用到戕害人民的內戰上，增加了中國人民萬千倍的苦難，美國的朋友們！美國的文化工作者們！尤其是美國新聞記者們！請你們記着，並且請你們不斷向美國國內報導：羊棗和其他受難的中國人民是犧牲在你們幫助的反動勢力下的，請你們停止這樣的幫助吧！」

燭光不斷地閃爍，啜泣聲越來越高！每個人的血管幾乎要爆炸。

紀念的意義和應該說的話都被他們說了，美國新聞處還派了攝影師攝取了幾個鏡頭，如果還有未盡之意，讓各方面的人們所贈的輓聯誄詞來補充吧：

問新聞記者有筆如椽，倘任冤沉海底，還說什麼正義？
況特務暴徒嗜血若渴，仍禱到處橫行，那裏還有自由！
——文萃社

綱紀是廢皆、諾言是遊戲。你就是證人。
——一羣印刷工人

天下得澄清端賴無[illegible]孟博，
江南餘瘴癘招魂何處哭[illegible]。
——郭沫若

新聞巨子國際專家落落長才於海宇，
縲絏蒙冤囹圄損命重重慘痛絕人寰。
——陸定一

抗志在新聞事業春秋凜氣節，
禁忌時遭厄運身歿囹圄志節香。
——新華日報

港難中相濟港難後流離患難交竟未再見，
禍國者橫行愛國者慘死天下事何日得平？
——沈粹縝女士（韜奮夫人）

鷹犬遍地胡作非爲是謂國法，
濫擄彌天人命草芥如此諾言。
——上海香港國新社

我們愛你，爲了顧祝同恨你。我們要爰過千萬楊潮；恨過所有顧祝同。安息吧！楊潮，我們在你靈前發誓擔起你的擔子；走你未走盡的路。
——蕭萍林

上海《文萃》刊登的追思羊枣的文章

为《迅速释放政治犯》的社论，要求国民政府释放政治犯。23 日，上海新闻记者金仲华等 61 人联名发表向国民党当局抗议的声明，要求彻底查清羊枣死因，严惩非法下令逮捕羊枣的祸首，立即平反永安冤狱，释放同案被捕的一切人士。从 2 月 1 日到 8 月 23 日，《解放日报》连续发表了 10 篇新闻、通讯和悼念文章，对羊枣之死做了追踪报道，表达了党中央对羊枣的关怀。美国新闻界 24 位著名人士、加拿大群众团体和华人团体致电国民党政府或发表声明，对羊枣之死表示强烈抗议。羊枣的亲人、同事、好友先后发表悼文，对羊枣的逝世表示沉痛的哀悼。他的妹妹杨刚发表了《我的哥哥羊枣之死——敬致顾祝同将军的一封信》《杨刚致全国新闻界同业电》等文章，控诉国民党顽固派的倒行逆施。

2 月 3 日，沈强辗转将羊枣的遗体从杭州运回上海，羊枣的生前好友在上海发起筹募纪念基金，一为安葬羊枣和抚恤其家属，一为设立“新闻自由基金”。

5 月 19 日，上海各界人士千余人举行羊枣追悼大会。追悼会由郭沫若主持，他大声疾呼：“朋友们！我们要誓与一切不民主、假民主、反民主的分子作毫不容情的斗争，完成死者未有完成的任务。”社会知名人士马叙伦、梁漱溟、许广平、熊佛西、金仲华、田汉等先后演讲，沉痛悼念羊枣逝世。举殡时，羊枣生前好友数百人为其执绋，柳亚子为墓碑题字。

追悼会上摆满了社会各界送来的挽联。时任中共中央宣传部部长的陆定一挽联曰：“新闻巨子，国际专家，落落长才惊海宇；缧绁蒙冤，囹圄殒生，重重惨痛绝人寰。”郭沫若的挽联是：“天下得澄清党锢无端戕孟博；江南余瘴疠抬魂何处哭灵均。”萧萍林的挽联是：“我们爱你，为了顾祝同恨你。我们要爱遍千万杨潮，恨遍所有顾祝同。安息吧，杨潮！我们在你墓前发誓，担起你的担子，走你未走尽的路！”

东北流亡学生喋血记

1948 年 7 月 5 日，北平市发生严重的纷扰事件，约四五千东北流亡学十五種「論新政協」，開首便有他那篇「爲新政協催生」的文章，洋洋萬言，大捧特捧毛澤東的「新民主主義」，眞面目合盤端出來，從而可知「新政協」的葫蘆裏，究竟賣的是什麼藥了。綜合郭沫若的意見：（一）「新舊政協在本質上，實在處在對蹠的地位」，「舊政協的本質，除掉它虛僞的一面，它是改良式的折衷式的以舊資本主義爲基本的妥協性的東西」，「新政協的本質，是以新民主主義爲它的指導原則，它不僅不以資本主義的舊民主主義爲基本，除掉部份攝取外，必須超越了它，而上昇到更接近社會主義民主的階段。（二）在成分上，「反民主的黨派不用說是要完全節掉，就是口號裏面所揭舉出的『各民主黨派，』在事實上也起了質變」，他認爲「民盟的新近主張，在我們客觀的立場看來，是更接近了新民主主義的主張。」同期，他說：「『名民主黨派』之外，新政協的召開主人有了『各人民團體』，這是成分上一個很大的變化」，這樣，「就是在政府區或華僑社會裏面，這些代表性的民主團體依然存在。」

（三）照他看來，「新政協」的召開，「可能有一個相當的時期」，「或許怕要中國的全面或四分之三以上的幅員，得到解放之後才適宜於召集」，「關於共同綱領的擬訂」，他認爲「大約是必需的」，而且「大體上今天『各民主黨派』在政見上是沒有多麼大的懸殊了。」「各黨各派必須執行三反（反帝，反封建，反壟斷官僚資本）以實現三民（民治、民享、民有），在原則上也可毫無疑問。」而「從新擬定一部新民主主義的憲法草案，以備將來人民代表大會審議通過，說不定這一項工作會是新政協的最主要的任務之一。」

戡亂勢成騎虎　和平渺如雲煙

綜上所述，所謂「新政協」的產生及其內涵不難概見。在愈逼愈緊的目前時局，有此醞釀是必然的，我們可能有幾種解釋：（一）共匪在戰場上，好像暫時佔了優勢，故而發出此種政治攻勢。（二）香港的一群流亡的政客，正在走頭無路，藉此恰可借題發揮，而「新政協」路線可能成爲他們唯一的出路，他們很清楚這是不可能實現的，無可奈何之際，尋求精神寄託而已。（三）大局沉悶，一般人都希望，趕快變，至於如何變？依然在黑暗中摸索，此時「新政協」的口號忽而出現，爲着好奇心的驅使，於是目光向它集中，隨即成爲談論資料。但如仔細一想，目前戡亂工作，勢成騎虎，和平渺如雲烟，國共和談的門鎖，業已生銹，一時無法打開，而所謂「新政協」的醞釀，乃是一般左派人士，夢想共匪把國民黨打垮之後，希圖仰賴共黨的鼻息，分得一杯殘羹，用心可謂良苦。因此，「新政協」能否實現的關鍵，應視國民黨能否被共匪打垮以爲轉移，現在作此推論，似乎言之過早。由於共匪的愈趨猖獗，國內經濟物價的紊亂，均可說明時局的嚴重，所謂「崩潰」「垮台」的流行語句，充分道出一般人的焦慮，祇要國軍打兩次勝仗，很快的就能減削這種悲觀的情緒，設若祇憑感情判斷時局，結果只是自愚　和平固爲國人所祈求者，但是現在毫無跡象可尋，而左派人士所鼓吹的「新政協」，祇是一種幻想而已。

東北流亡學生古城喋血記

圈外記者

七月五日北平市發生空前嚴重性的紛擾事件，東北流亡學生約四五千人搗毀平市參議會，包圍李副總統私邸，許惠東議長私邸，並與憲警發生衝突，雙方傷亡達三四十人之多，北平宣佈戒嚴，全國震動，直到現在，還沒有得到適當的解決，茲簡誌其經過及發展情形如次：

一件議案招來不幸

事件係由市參議會第一百十四號議案「救濟來平東北學生緊急辦法」所引起，東北學生方面認爲：該議案辦法第一項「本會已電請中央，對已到平之東北學生，不論公私立學校，凡有確實學籍及身份證明者，應請傅總司令設法予以嚴格軍事訓練，在訓練期間，予以士兵衣食待遇，並切實考察其背景，身份，學歷等項，確有學籍，及思想純正之學生，暫時按其程度分發東北臨大，或各大學中學借讀，俟東北穩定時，仍令回籍讀書。其身份不明，思想背謬者，予以管訓。不合者，即撥入軍隊，入伍服兵役，期滿退伍。

《中国内幕》中《东北流亡学生古城喋血记》一文

生捣毁市参议会，分别包围副总统李宗仁和议长许惠东私邸，与宪警发生冲突，双方伤亡达三四十人，史称“七五惨案”。惨案发生后，北平宣布全城戒严，一时震动全国。1948 年 7 月 15 日《中国内幕》以《东北流亡学生古城喋血记》为题及时报道了这一事件。

事件系由市参议会第一百十四号议案《救济来平东北学生紧急办法》所引起。议案第一项：“本会已电请中央，对已到平之东北学生，不论公立私立学校，凡有确实学籍及身份证明者，应请傅总司令（傅作义）设法予以严格军事训练。在训练期间，予以士兵衣食待遇，并切实考察其背景、身份、学历等……确有学籍及思想纯正之学生，暂时按其程度分发东北临大或各大学中学借读，俟东北稳定时，仍令回籍读书。其身份不明、思想背谬者，予以管训。不合者，即拨入军队入伍服兵役，期满退伍。”第二项：“电请中央停发东北各国立公立学校之经费及学生公费，全部汇交傅总司令，会同省政府审核发放贴补东北来平学生费用，或改汇东北临大，作为经费。东北各校一律暂行停办，以免其一面派遣学生进关，一便另招新生，并套取经费公费。”第三项：“东北国立公立学校停办，停发经费，令教职员一律进关，以原薪（按平津指数）在学生军训班或东北临大工作。”

其意旨在停发东北流亡学生的公费，欲将学生集中军事训练，投入内战前线。东北学生认为此议案是对他们的摧残和歧视。于是 7 月 5 日相约集合，齐至参议会门前，高呼“打倒参议会”，随即破坏铁门而入，用砖、石及木棍等当作武器，捣毁参议会办公室，撕毁公文。

另有一部分学生以叠汉罗的方式架起人梯，用石头和木棒将参议会横匾“北平市参议会”和下款“许惠东题”，尽数敲掉，用墨笔改写为“北平市土豪劣绅会”。在门旁两柱上书写对联一副，上联是“假民主作反动是群什么东西”，下联为“倾青年毁教育作全民族公敌”，横批“三老四少议事厅”。

北平军警宪闻讯先后赶到阻拦，宪兵团长梅庆岚更是独夫当门。随着学生中“打这个大肚子上校”的一声号召，梅头部受棍伤，眼镜被摔碎。随后，学生们即到北长街李宗仁私邸请愿。适逢李宗仁步行归来，学生鼓掌欢迎，请愿甚为圆满，道谢而去。继又整队集结东交民巷一号，欲与许惠东理论。但见东交民巷一号绿色大门已经紧闭，院内军警宪戒备森严。激愤的学生向大门里猛冲，有的跳越短墙，拆掉墙砖当作武器，砖棒交加，喊声震天。绿色大门终被撞破，一部分学生冲入院内。

此时，枪声突起，许多学生应声而倒，酿成空前惨案。北平地检处连夜赶至现场检验，至次日凌晨验毕。中正先修班学生徐国昌，长白师院学生朴鸿勋与贺守志、孙德馨、吴肇泰等5人，以及送入医院不治而亡的一个不知名学生，均系中弹而亡。地检处又分赴同仁医院、北平医院检验已死伤学生李福维等及内七分局受伤警员张乃仁等共16人。另据东北各院校的学生报告，6日晨被军警捕去学生7人。最终统计，死亡13人，重伤18人，轻伤百余人，被捕者37人。死者均葬于西郊陆军公墓。

8日午后5时，东北学生代表七人往西郊面见总司令傅作义。傅接见了学生，为此不幸事件的发生深表遗憾，当即泪如雨下，学生代表也随之一齐呜咽。会客室内顿为伤感空气所充溢，情绪紧迫异常。学生代表陈述之后，傅说，这件事太不幸了，太痛心了！我接到报告后，一夜睡不着，你说我们……说至此处，不禁潸然泪下。几分钟的唏嘘后，他竟哽咽着说不出话。学生也有多人不住地擦眼泪。傅作义殷切安慰一番，最后说："死的同学已经棺殓埋葬，还要立碑。受伤的同学在医院要有很好的治疗。我关心他们和自己的弟兄一样。至于有嫌疑的被捕同学，一部分已经问明释放，一部分还有问题需要再问。我认为学生基本上总是纯洁的，而行为上有时却不免在不知不觉中被人利用。"稍后，傅作义派代表携带水果、牛奶、饼干等慰问品，赴医院看望负伤同学。同时派代表慰问负伤警宪，送去慰劳金。

血案发生后，东北旅平人士组织后援会，东北学生成立抗议"七五血案"联合会，提出偿还血债的八项要求：一、立即释放被捕同学与受伤同学；二、立即交还死亡同学尸体；三、要求政府完全担负伤亡同学医药及治丧费用；四、追究肇事凶手并依法处以死刑；五、保障今后不再发生类似事件；六、要求政府拒绝北平市参议会建议对东北入关学生处理办法议决案；七、立即解决东北入关学生教育问题；八、要求政府在第七项问题未完全解决前，负责东北入关各省立院校学生食宿问题。

9日上午，为抗议“七五惨案”，北平学生上街游行请愿，参加游行者有东北各大中院校16个单位和北平9所院校学生近万人。游行队伍到达李宗仁官邸，请愿结果尚称圆满，警宪均徒手保护并未发生冲突。游行大队派代表晋谒李宗仁请愿，提交请愿书。

李宗仁对学生代表说，立即写信给地方当局调查真凶，严惩杀人凶手。如地方当局不调查，则再写信给中央调查。查出真凶后，其他一切问题都可解决。这时不仅南北长街一带禁止通行，全城均已下达戒严令，各处严加戒备，禁止行人。李宗仁给治安警备最高当局打电话，令其将北长街上的装甲车撤回。某负责人回话说，现在全城已经戒严。李宗仁答称，我这里不必用装甲车戒严，我不怕！旋即，李宗仁答复学生：一、马上调查被捕之学生，无罪者立即释放；二、已通知治安当局撤回装甲车。

全体学生于请愿游行后返回北大民主广场，举行“七五惨案”遇难同学追悼控诉大会。不久，被捕学生全部获释。

10日上午11时，10名东北各院校教授赴西郊谒见傅作义，表达了三点意见，希望他不要因七五事件而对东北学生发生误会。记者曾问及傅作义对学生游行请愿的意见，傅说没什么意见，搞政治的人就要准备挨骂，搞政治的人根本就不能没有牺牲。挨骂我不怕，牺牲我也不怕。

教育部次长田培林奉命抵平办理善后，10日召开记者招待会。田氏表示成立东北临大、临中事宜正积极进行中，希望能于9月初正式成立，校舍已请傅总司令设法筹措。谈及东北学生时，田氏称可分为四种：一是国立各院校学生；二是省立各院校及私立立案各院校学生，以上二者均可入临大；三是私立即尚未立案院校学生；四是中学已毕业仍未考入大学者。以上二者拟成立补习班，先行补习，而后举行甄试，再入临大。记者曾问及“七五事件”死难学生如何处理，田氏称死难学生之处理不是教育问题，这事可依法办理，教育部只管学生念书。最后，田氏慨叹道：“这年头做官最倒霉。民主时代今天立法院问你，明天监察院问你，后天国大会议问你。尤其是做教育的行政官最倒霉。我做学生的时候是教员管学生，我当教员的时候是学生管教员；我做老百姓的时候是官欺负百姓，我做官的时候老百姓管官了。倒霉的事都叫我赶上了！”

辑三

自挂东南枝　举身赴清池

悲愤忧国的富庄女士

1931年"九一八"事变后，国民政府继续执行不抵抗和"攘外必先安内"的政策，命令东北军撤退，导致东北三省沦陷。东三省的沦陷强烈地刺激着国人的爱国心，将1931年9月18日视为国耻日！为此，全国各地的爱国学生纷纷组成请愿团赴南京请愿，走出校园走上街头游行示威。面对一浪高过一浪的全民爱国热潮，国民政府则对国联抱有幻想，期望通过向国联申诉，运用外交手段迫使日本撤军。随着外交努力陷于困境，军事方面仍未见有积极筹划抵抗的迹象，而日军鲸吞整个中国的野心逐渐开始暴露。一些爱国人士，特别是青年学生陷入了痛苦的迷惘之中，他们不知道怎样做才能阻止日军的进攻，改变国民政府的态度。于是，就有一些爱国志士以牺牲自己生命这种最为惨烈的方式，向国民政府施加压力，以促使政府停止内战，一致对外，全面抗日。天津慈惠学校年仅16岁的女学生富庄便是其中一例。

1932年4月中旬，年仅16岁的花季少女富庄，在家中服用了大量安眠药而离开人世。在她卧房内的写字台上家人发现了三封遗书，其中有"追随七十二烈士，我为第七十三者"之句，所以当时的《大公报》曾撰写挽联："见了黄泉中七十二烈士，可告无罪。想起铁蹄下三千万灾黎，为之一哭！"

这一事件当年曾轰动全国，各地报刊纷纷跟踪报道了事件的始末。《北洋画报》记者谭林北通过友人郑瑞阶的介绍，得以走进庄家，采访了富庄的家人，并索得了她生前的一张照片和三封遗书，以《富庄女士自杀始末》为题，在1932年4月21日、23日的《北洋画报》上连续报道了此案。

富庄为满洲镶蓝旗名门之后，前清八大家之一，历世皆为显达。后因其父奉命驻防锦县，遂举家迁至天津。其祖母尚健在，已是年近八旬的耄耋老人。其母金氏，也是旗人，谈吐温文有礼，接受采访时仍唏嘘不止，

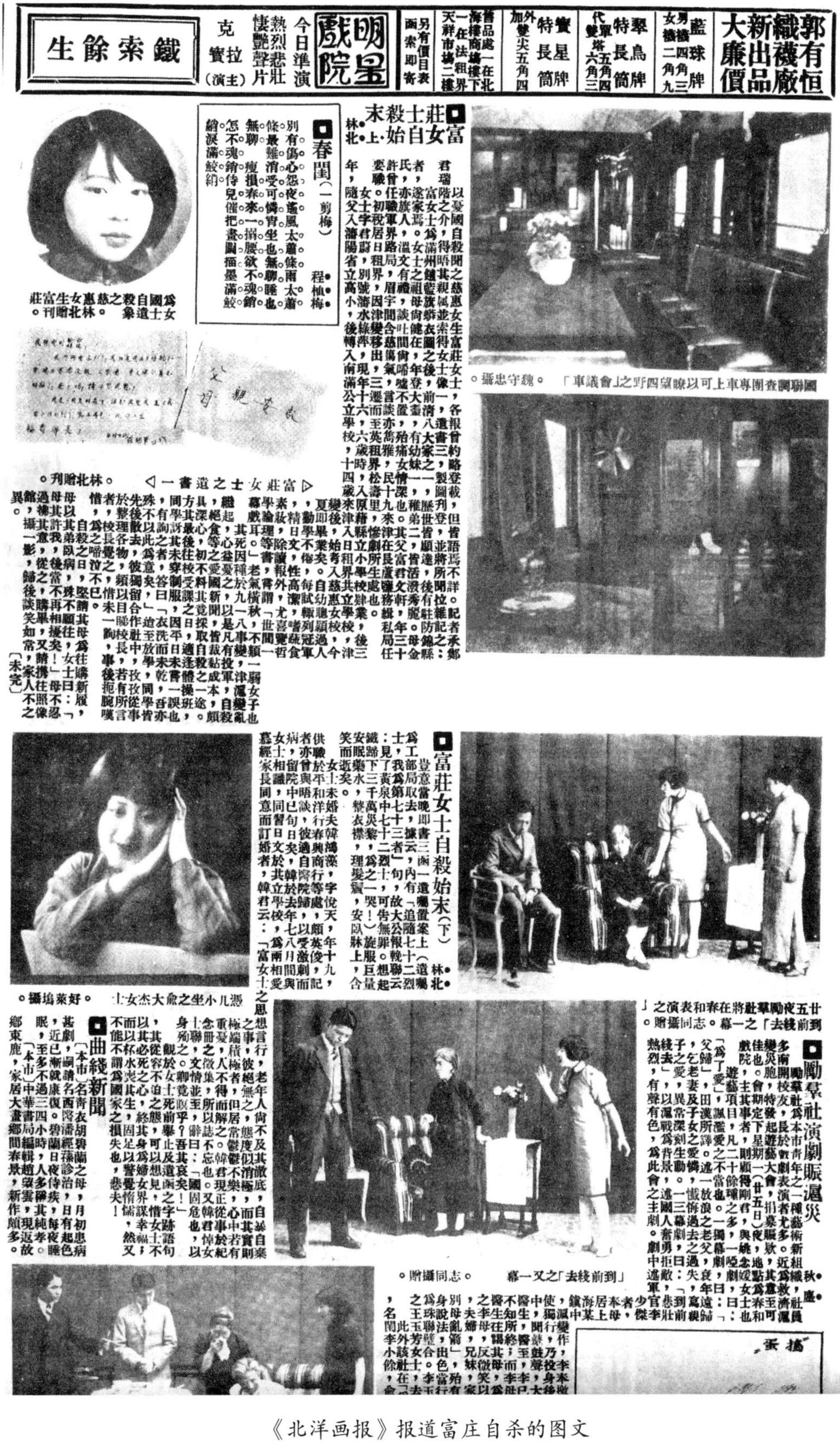

《北洋画报》报道富庄自杀的图文

顿足捶胸，可以看出她们的母女情深。其父富文轩，30岁上下，为人平和，眉宇间满含慈蔼，言谈也很隽雅。他说，他们全家是1930年来津，自己曾在长芦盐务缉私局任要职，现在军界路局工作。初来津城时租住在日租界，后因1931年11月间发生了日军策划的天津事变而被迫迁出，后经多次辗转，最终落户在英租界松寿里，女儿富庄的惨剧就是在这里发生的。富庄还有一个妹妹和两个弟弟，尚属年幼无知，仍在屋中很活泼地跑来跑去。

富庄的父亲用沉重的语言介绍着富庄的基本情况。富庄，字君蔚，别号沈水绿萍，现年16岁。6岁时入原籍县立小学校，毕业后三年，随父入沈阳省立高小，后转入南满公立学校，14岁来津入日租界共立学校。发生天津事变后，已考入慈惠女校，要是活着的话，当年夏天就该毕业了。她自幼聪颖过人，勤学不倦，每次考试都是名列前茅。精通日文，性情高洁，平日以食素为主，从不化妆，喜欢素颜。除关心时事爱读报纸外，尤其喜欢阅读哲学论理等方面的书籍。经常挂在嘴边的一句话就是："世间一幕戏耳！"听来老气横秋，不像是出自她这个年龄的柔弱女子之口。

在分析富庄的死因时，他说，女儿平素就是心事重重，少言寡语，九一八事变发生后，紧接着是天津、上海的变乱，所有这些都让她雪上加霜，整天担忧国家的前途命运，心思更加忧虑。在阅读报刊时，凡有投军、自杀、绝食等爱国新闻报道，她都要裁剪下来粘在纸上装订成册。我们只是觉得她颇具深心，并未在意，岂料她竟走上了自杀这条不归路啊！

富庄的同学说，富庄最后到校上课那天适逢班上有体操课，同学非常惊讶她竟然没有穿运动服，因为她平日从来没有发生过这样的失误。问她原因，她回答说："运动服昨日洗了，今日未干，况且对我来说这样的事情已经不重要了！"等到放学后，同学们都先后散去，唯独她留在教室里，认真地整理着自己所有的东西。期间，校长恰巧路过教室，富庄看见了校长，几次注视校长，欲言又止。事后，校长说，当时我也察觉到她几次看我，只可惜没有上前询问，错过了挽救她的最后机会。言及此，校长不禁扼腕叹息，啼泣不已。

富庄的母亲回忆说，女儿自杀那天，现在想想确实有些反常："她一直缠着我陪她去买一双新鞋，我说你弟弟今天病了躺在床上，咱们今天就在家陪着他吧，等你弟弟好了我再给你买。富庄却坚持说：‘母亲之前不是早已许我买新鞋了吗，您今天陪我把鞋买了，今后我就再也不给您添麻烦了！’我看着她可怜巴巴的样子，实在不忍心了，就陪她去买了新鞋。鞋子买完了，她又拉着我到照相馆拍了一张照片。我感觉她有些怪怪地，但是回家时她一路上谈笑如常，回到家中跟家人又说又笑。我也就没有再往别处想。”

晚饭后，富庄一个人回到卧房，关了房门，认真地洗了脸，对着镜子仔细地梳了头，找出自己最喜欢的一身衣服，拿出新鞋，一件件地穿上。平静地给父母、弟妹、学校写下了三封遗书，置于写字台上。拿出早已准备好的巨量安眠药水，一饮而尽。一切都是她早已设计好的程序。最后静静地安卧床上，含笑而逝。

记者也采访了富庄的未婚夫，他叫韩鸿藻，字悦天，年 19 岁，供职于平和洋行、春兴商行等处，相貌颇为英俊。他因未婚妻的突然自杀而受到强烈刺激大病一场，住院十余天，当时刚刚出院回家。韩鸿藻情绪低落地告诉记者，他是在去年七八月间与富庄相识的，他俩是共立学校的同学，曾在一起学习日文，学习中产生感情，两相爱慕，后经双方家长同意并已订婚。在谈及他对未婚妻的印象时说，富庄的思想言行，高深莫测，她对人生理解得极为透彻，就连现在的一些老年人都不及她感悟得彻底，但她绝对不会自暴自弃，轻生厌世。她的人生态度看似消极，但其实却是极端积极，甚至有些过激。她平素又常是郁郁不乐，心中若有重忧，没有人能够真正走进她的内心了解她。韩鸿藻正在向富庄的家人、亲朋好友征集未婚妻的照片、文字等生前遗物，制作纪念册，以为永久的追念。他还为未婚妻撰写了一副挽联，可谓文情并至，辞曰：“国固危也，以身殉之；卿竟瞑乎？吾其哀矣！”

记者谭林北手捧富庄的三封遗书，从字迹和语句中，似乎可以看见她慨然赴死的决心和从容不迫的神态。在感佩之余又不禁叹惋道：“惜女士不以其必死之心，终其身为妇女界谋幸福；而以杯水丧其生，固足以警觉惰懦，然又不能不谓国家之损失也！悲夫！”

民国影星自杀第一人——艾霞

1934年2月12日除夕的前一天，年仅22岁的影星艾霞在家中吞食大量鸦片自杀，救治不及，于15日在上海红十字会医院香销玉殒，成为民国影星自杀第一人。消息一出，震惊全国，七家期刊出版特刊，数十家报刊发表数百篇新闻、报道和追思文章。那么，这样一位光鲜亮丽、人人艳羡的当红影星，为什么要选择自杀之路呢？

1932年第1卷第3期《开麦拉电影图画杂志》中的艾霞玉照

才女影星 服毒自尽

艾霞，原名严以南，1912 年旧历十一月二十九日生于天津，其父严家骏在北方从事五金生意。严以南自幼随全家来到北平，就读于法文圣心女子学校。16 岁与表兄严逊恋爱，因家庭反对而陷入苦痛。适值电影明星杨耐梅来北平推介影片《奇女子》，遂拜访了杨耐梅，决心投身电影事业。杨耐梅鼓励她说："你可加入我的电影公司，接下来我将赴新加坡，不能带你同行，你可先到上海，在我的住处等我归来。"于是，严以南只身来到上海，寄居金神父路上的杨宅。不久，经蔡楚生介绍，加入田汉组织的进步文艺团体南国戏剧协社，演出话剧、创作诗歌、练习绘画。九一八前，她思想激进，可算得半个布尔什维克，与稍后来沪的严逊每餐共吃一碗泡饭，经常从霞飞路走回家中，穷到连坐电车的几个铜子都没有。尽管生活艰苦，但她却很乐观。

1931 年，严以南加入锡藩影片公司，更名为艾雅娟。此后，因与严逊经常发生矛盾而争吵。父亲严家骏来沪后，她便脱离严逊与父亲一起生活。1932 年，艾雅娟转入天一影片公司，深得导演李萍倩赏识，旋随李再转明星影片公司，以艾霞之名拍摄处女作《旧恨新愁》，在影坛崭露头角。之后，又拍摄了《春蚕》《时代的女儿》《二对一》《旧地历险记》等"有进步意义"的影片，深得业界认可和观众青睐。尤其是她自编自演的《现代一女性》大获成功后，便以"影坛才女"之名腾誉银坛，成为我国最早自编自演电影的女影星。

艾霞多才多艺，不甘平庸，喜欢追求新鲜事物。她擅长油画，时常在报刊上发表随笔、诗歌，曾想做一名导演，创办一家自己的电影公司，制作自己理想中的影片。她为人率真，待人真诚，感情热烈狂放，敢恨敢爱。早期她曾有"小鸽子"的雅号，在拍摄《现代一女性》后，她自封为"野猫"，意在表现其十足的野性。在感情上颇多磨难，她爱的人往往是有妇之夫，时常陷入三角恋爱的旋涡，常以上当受骗受伤而收场。

因个人感情问题与父亲有分歧，艾霞遂与姐姐、姐夫和两个侄女共同生活在法租界格罗希路112号。1934年2月12日下午，艾霞偷偷地吞食鸦片，家人发现及时，使她将鸦片吐出。岂料当晚上12时，她又趁家人不备，偷服大量鸦片。次日（即除夕）发现时，她中毒已深，家人急将其送往海格路红十字医院，以“李琦珍”之名入院抢救，但为时已晚，延至15日晨5时半停止了呼吸。去世前，艾霞神志清醒，姐姐问她有什么话说，她饮泣而强自微笑道：“人生是苦痛的，现在我很满足了。”姐夫在她的书桌上找出一张字条，上书：“一切都是欺骗！”张雯在同年第19期《千秋》中的《悼艾霞》一文中写道，艾霞也曾留下绝笔“今天又给我一个教训，到处全是欺骗，我现在抛弃一切，报恩我的良心”！

自杀原因　众说纷纭

“欺骗”是艾霞临终前的哀声，但究竟谁欺骗了她，欺骗了她什么？或许她有难言之隐，或许她心存忠恕之道，她没有讲明，因此她自杀的原因一直是一个谜。

影星高占非在1934年第4卷第8期《玲珑》画报撰文称，“艾霞曾自编自演《现代一女性》，开我国影坛有史以来的新纪元，并且是中国文坛上女健将之一。她生前曾经经历许多的艰难，受过多方的波折。至于自杀的原因，在未明了以前，我仍感到莫名其妙。”而1935年第4卷第7期《电声》画报中《〈新女性〉影片摄制背景及其内幕作用》一文称，艾霞生前与导演蔡楚生、李萍倩友善。有人说，艾霞之死，与某导演不无关系。导演虽不杀艾霞，艾霞实为导演而死。艾霞自杀后，《时报》电影版曾刊登艾霞自杀的文字，配发了一张艾霞的小影，其右下方却是蔡楚生的照片。读者虽觉蔡的照片刊得有些突兀，但似乎也从中揣测出什么。而《东方日报》更为这两张照片同时刊出之举做了索引，说明其用意是影射蔡与艾霞之死的关系。《时报》的电影版编者是滕树谷，蔡与滕向以兄弟相称，蔡见《东方日报》的索引后甚为不乐，即将该报剪下，以红笔书曰“足下看后作何感想”，寄给了滕。从此，蔡滕二人的友谊乃告破裂。

对于艾霞自杀的原因，社会各界众说纷纭，莫衷一是。归结起来有五种观点：

！自殺！！ 艾霞遺影特刊 ！自殺！！

艾霞於今年元旦在滬江照相館最後之攝影

艾霞對男侶飛吻之表情

艾霞玩鸚鵡時留影

艾霞與薛玲仙閱書之歡笑

（上）艾霞烟後之神情（此烟不是那烟）

（左）艾霞在現代一女性之表情

艾霞與唐月清之媚笑

艾霞與孫敏在「舊恨新愁」一片中之談情

1934 年第 3 卷第 6 期《电声》画报中的追悼艾霞特刊

艾霞因失戀而自殺之鐵證

舊情人一封信裏的秘密

（天）

關於艾霞自殺之眞因上期本刊曾有詳細之分析，並由各方面調查之結果，斷定她的自殺，失戀是最重要的原因最近有一位從前跟她發生過戀愛的莊君，自北平來滬，投函大晚報，解釋艾霞自殺之眞因是爲了失戀。說來頗爲詳盡，故特將莊君函及艾霞給他的信，照錄出以爲「艾霞失戀自殺」之證。（讀者可參閱上期本刊之文字及艾霞遺影特刊）

（一）自稱莊君之登場

編者先生：

艾霞自殺的原因，各報所載，全不能十分詳細。我因同她有特別關係，頗知一二。不過因爲很多原因，恕我不能將眞姓名及住址告你。下面我所說的莊君就是我。請你將我在下面所寫的，登在貴刊，使關心她的朋友明白她死的眞原因。我寫得很亂，再加上我因她死去，心裏萬分的煩惱，更寫不好。請你改一改再登出來。這裏附上一封艾霞寄到北平給我的原信一封，你也可以照登出來，假使你願意見我，你可以在貴刊上登出，約好地方，我還可以供給你一些她在這幾年之內給我的信。這樣唐突的給你信，請你原諒，祝你撰安。

二月十九日晚

（二）艾霞自殺之眞因

艾霞女士的身世，各報已經記載得很詳細，這裏可以不必多說了，這篇祇說她自殺的原因，說她自殺原因，先要明瞭她什麼一人由北平來上海。

大約是在七八年前，艾霞在北平法文聖心女子學校讀書時代，她正是十六歲，她有一位表兄李某在北平稅專讀書，還有一位親戚莊某在北平財政專門學校讀書，李莊二人全很愛她，她對於這兩人也有相當的愛，分不出軒輊。處在這種三角戀愛之下，幸而她週旋得很好，莊不知李愛她，李也不知莊愛她，然而她自己已覺得很痛苦嘗有自殺的念頭，二年以後李畢業派往廈門服務，那時艾李二人感情已超過了莊，在李將去之前，二人已有白首之約，莊正在讀書，對於艾李之事，仍舊不知道，李到廈門以後，就託人向她父親求婚，結果是被拒絕了，可是艾霞是非他不嫁，誰知不久李迫於慈母之命，已在廈結婚，艾受這種重大的刺激，曾將頭髮剪去，示永不出嫁。因爲莊仍在北平，接近機會又多，漸漸的感情增加起來，不久二人私自的定婚，這時艾霞已是十八歲，他的父母也在這時營業大失敗，家庭事因生母與庶母之間時常出事故，她忍無可忍才決計脫離家庭，同愛人出走。正巧這時楊耐梅到北平演劇，經過一度接洽耐梅允許艾霞到上海後，給她介紹入電影界，這就是五年前艾霞來上海的原因。

當艾霞來上海時，她的愛人已經在北平服務，因職務關係，不能同來，於是她就由蔡楚生君的介紹入南國劇社，以後又隨南國去廣東，過漂流生活，她有點忍耐不住這種生活才叫莊來滬，莊就棄職到上海，等她由廣東回後，就在上海同居起來，這樣的生活了一年多，他二人受了經濟的壓迫，她才從事於錫藩影片公司化名艾霞娟，莊仍舊賦閒，莊賦閒最大的原因就是二人祕密婚姻，兩方家庭，全不能宣佈，可是二人從小過慣了安樂生活，一時祇靠小公司二三十元的收入，怎樣生活下去呢，因此時常發生意見，而相吵，這時她的父親已來上海，她得到這消息，就決心同莊暫時分離，回到父親的懷裏，莊是很不願意分開，因這事二人曾大決裂，不過終於爲生活問題而分開，當分開時，莊曾對她說：「這次的分離，是永久的，或是暫時的，現在不知道，不過我們的婚姻，有種種關係一時不能宣佈，又因經濟關係，而不得不分開，我是永久的等着你，如果你

1934年第3卷第7期《电声》画报刊登的自称艾霞旧情人的一封信

一是经济原因。1934 年第 9 期《电影画报》中周斯泳的《悼含恨在九泉的艾霞》一文称，艾霞遗言说：“人生是痛苦的，我现在已经满足的！”暗示着“生不如死，死胜过生”的意思。1933 年秋天的一个晚上，她到《电影画报》报馆来改稿子，只改了两句话，却多了三个“凄”字，由此看来，那时她已表现得很消极了。一次与她偶遇，她身上穿着半新不旧的旗袍，问她为什么如此俭朴，她十分感慨地回答说，没有办法啊！由此可见，经济的绳索当时就已系在她的身上。还有人说，她父亲的生意因亏累过重而破产，艾霞与姐姐一家同住，一家五口的生活来源均由她一人承担，她实在吃不消如此大的经济压力了。

二是感情原因。1934 年第 4 卷第 7 期《玲珑》画报中《艾霞突然自杀》一文称，照她平日的生活行为看来，虽然略为放纵些，可是她不是一个弱者，断不会因经济的压迫或别的不满足而自杀，所以说她之牺牲性命为了金钱的压迫，可不成立了。她的自杀说不定是为了失恋，她过去有过许多恋爱史，可是没有一次满足过。她生前也曾说过：“名誉、金钱、恋爱，一切都是欺骗！死是安慰，我要把死来偿回。”同年第 3 卷第 7 期《电声》画报则披露了艾霞的一个“旧情人”庄君的一封信，自称找到了“艾霞因失恋而自杀之铁证”。

三是性格原因。1934 年第 9 期《电影画报》中乾白的《我所认识的艾霞》一文称：关于她的平日行为，有人说她太浪漫、太随便，甚而说她太堕落。然而，这乃是她的真，也正是她的伟大。她要爱就爱，不会做偷偷摸摸的事，更不会做掩藏的事。只要能够满足她的需要，她不管别人的批评，更不管别人的了解与不了解！1934 年第 22 卷第 1088 期《北洋画报》中王伯龙的《悼严艾霞》一文称，她自杀的原因未必是因为恋爱，杀她的恐怕是她的聪明。她是有名的油画作家，擅操流利英语，写小说短诗，尤其是她自编剧本，打破中国女影星的新纪录。同年第 19 期《千秋》中署名阿秋的作者也称，艾霞的死就是因为她太聪明，对于现实看得太清楚，在屡次遭到挫折后，便自杀了。影星唐纳在《艾霞之死》一文说，她在临死前，曾含泪微笑说：“人生是苦痛的，现在我很满足了。”我们可以想象她的内心是像死了的池水一样宁静，然而这底下却藏着累累的创伤……艾霞的“昨日之我”和“今日之我”不坚决地作战，便是她的死因。“昨日之我”和“今日之我”中间的矛盾，是一场剧烈而尖锐的斗争，不幸的，旧日的艾霞战胜了今日的艾霞，这就是她的自杀。同年第6卷第18期《社会新闻》的文章称，事实已告诉人们，她早已失去了向支配着她的魔力反抗，甚至最后的挣扎，亦是消沉到零度。同时，她又不甘与周围的人一样地堕落，一样地随波逐流，那只有自杀一条路。她的死因，或许就是这样。

友人李沙在《忆艾霞女士》一文中追忆艾霞的生活状态，人们叫她野猫，也是因为她在情感热烈时的狂放吧！虽然，她白天总是以笑脸理智地应对每一个人，可是，一旦孤单地回到格罗希路那间青灰色的小楼房里，她又感到现实的空虚。据她自己说，当时她的睡眠非常不足，每晚非到三四点钟不能入睡，而在翌日黎明又复清醒。为了避免有人打扰她，她曾在房门贴上“每日下午三时至五时会客”的字条，即使是她的姐姐和两个最爱的侄女也不准进房。室内只有熊熊的炉火和五只爱猫陪伴着她。

四是明星制度原因。1934年第1卷第1期《大上海半月刊》中《艾霞之死与明星制度》一文却认为“社会经济制度所产生的电影文化领域上的明星制度害死了艾霞”。所谓明星制度，即是在每一部影片上都是以一人或两人作为主角，一切故事的开展、升降乃至结果均以主角作为人物的中心。封建宗法社会以君主一人为至尊，古典主义的文化也就以主角为故事中心。资本主义社会虽然打倒了君主号称民主主义，可是其经济制度却是建筑在个人主义之上，所以，其文化也以主角为故事的中心。中国正处于半封建宗法社会与资本主义社会相混合而成的一种特殊的畸形状态，文化领域上的主角制度便更为明显。电影文化领域上的明星制度，一方面是制作者的意识形态的表现，另一方面也是社会上一般观众的意识形态上的要求所促成。就一般地说，每一部影片的许许多多配角的表演只要不失败就够，甚至也不愿意配角的表演成功而喧宾夺主，因此，主角也就非要完全表演成功不行。观众也只是注意主角的表演，而忽视了配角的努力。艾霞进了明星公司以后，一连主演了两三部影片，声名如暴发户般登峰造极。但是后来李萍倩声明为避嫌不再导演艾霞主演的影片，而艾霞却只认李萍倩一人为知音，其他导演也不导演她主演的影片，艾霞势必降为配角，这对于此前一帆风顺的艾霞无疑是一个致命打击。经过一场大病后，天真活泼的少女一下子变成了沉默寡言的中年人。又据周剑云在追悼会上演讲说，病后初愈的艾霞曾经两三次到办公室找他，他因为事务繁忙没有工夫和她谈话。他后悔说，如果当时和她谈谈，相信艾霞或者不至于自杀。周剑云对于演员的支配握有重权，当时艾霞找他明显是希望能让她继续主演影片，以维持她的明星声名。对于艾霞之死，李萍倩、周剑云都不必负咎。艾霞是一个聪明有为、心性好强的人，在遭受精神上的打击和志向上的挫折后，她苦痛万分，加之受骗失恋，生趣消沉，于是自杀。

五是社会原因。在艾霞追悼会上，郑正秋演说道，艾霞之死，死于现社会的经济制度，凶手不是一个人，是许许多多的人。周剑云则说，艾霞是被现社会制度产生出来的虚伪恶道德所害，因此，受骗而志短自杀。1934 年第 21 期《十日谈》中《艾霞死了》一文称，她留给父亲的信中有那么几句话："我这次又受了一次骗，我不能再挣扎下去了，所以我是走上这一条路。"在这样混沌的社会里，稍微有点知觉的人，没有一个不对现实表示不满的。艾霞因为思想新鲜，头脑里充满了美好的理想，而现实却是残酷而矛盾的，在理想幻灭后，她唯有以一死了之。

乾白在《我所认识的艾霞》一文称，她太率真，太坦白，太不爱平凡，所以生之疲乏，使她感到多量的痛苦。她用真赤的心对人，而充满虚伪色彩的社会，让她一次又一次地失望，给她一次一次地打击，然而她还是勉力地奋斗着，总希望有一天能够争取到她所需要的生活。然而，现实偏偏不能让她把握住，偏偏不能使她满足，偏偏使她感到是虚伪，偏偏使她感到是欺骗。一个人的理想生活，倘使与现实的距离得太远了，或是现实的环境不能容纳理想生活，或是各事看得太透彻了，或是各事看得太不透彻了，总归是痛苦的，总归是不满意于现实的人生的，有勇气的自然是起来挣扎、反抗、奋斗，没有勇气或是气力不够的，只有逃避现实，于是艾霞死了。

世态炎凉　身后凄惨

由于舆论一直在追问艾霞自杀的原因，究竟是谁欺骗了艾霞。因此，

1934 年第 9 期《电影画报》封面上的艾霞画像

艾霞遺墨

艾霞除拍戲寫作外亦喜繪事，但遺墨甚少。搜集只得三點耳。

油畫（其一）

自畫像

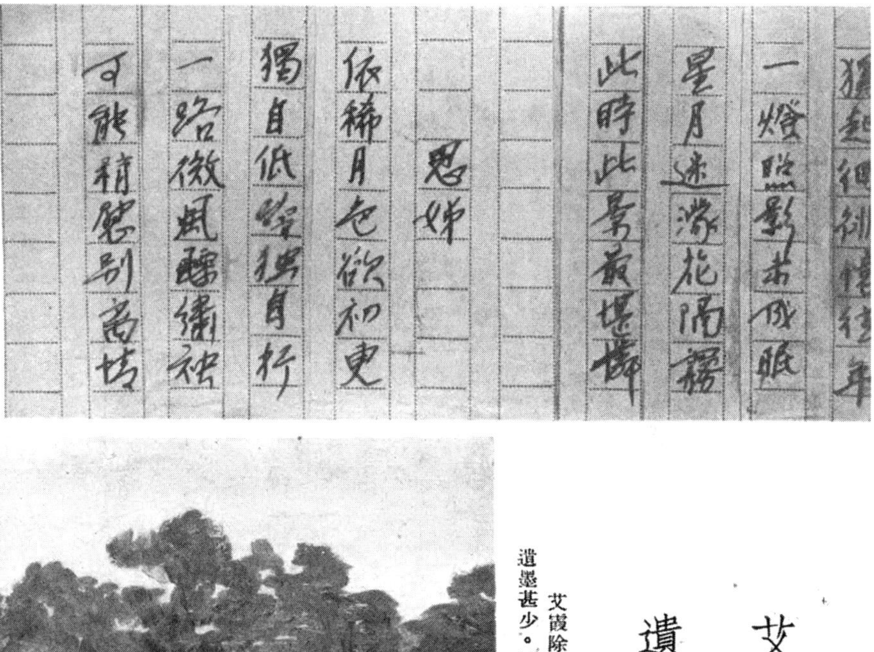
一燈照影未成眠
星月迷濛花隔霧
此時此景最堪憐
思姊
依稀月色欲初更
獨自低聲独自行
一路微風飄繡袂

詩稿

油畫（其二）

1934年第9期《电影画报》中的艾霞遗墨

艾霞的追悼会迟迟没有召开。直到1934年4月22日，明星电影公司才在《申报》发布启事，定于23日在宁波同乡会召开艾霞追悼会，希望同情于艾女士的朋友们都来参加。《电声》《十日谈》《影戏年鉴》等报刊均对追悼会进行了图文报道。

4月23日，天阴沉沉的，午后又下起了毛毛细雨。追悼会场设在西藏路上的宁波同乡会，门首高悬一方白布，上书“艾霞女士追悼会”。会场正中是艾霞的遗像，四周挂满挽联，两旁为死者遗作。挽联大多是怜惜她的死，有的说是艺术界的不幸，有的说她是聪明反被聪明误，有的叹息着人生本是欺骗，有的称是社会误了她、家庭误了她，等等。最醒目者为陆小洛的挽轴，上书“杀你者谁”几个大字。著名导演沈西苓的挽联最新奇别致：“虽则由绘画、电影，半生同路，但究竟属少相叙。只记得，有一次，你问我，人生究属是什么，我默然，而你却轻微地一笑。”

来宾很多，电影界人士有周剑云、郑正秋、严月娴、龚稼农、高倩苹、李萍倩等，但有些人专为一睹参会明星的庐山真面目而来。随着“活貂蝉”顾兰君、标准美人徐来、电影皇后胡蝶的相继来到，引起人群的阵阵骚动。她们三人在前排刚一落座，数十名摄影记者的镁光灯不停闪烁。

午后3时半，主席郑正秋宣告仪式开始，启奏哀乐后，先是报告开会宗旨，继之代表献花圈、读祭文，来宾演讲时郑正秋第一个起立说，艾女士不是自杀的，是被杀的，凶手很多，是社会，是恋爱，是金钱！接下来的演讲也都是些叹息死者和劝告亲属的话。死者家属报告了艾霞自杀经过时，台下一片唏嘘惋惜之声。

艾霞自杀后，明星电影公司仅以四五十元为死者购得一口薄棺，寄厝于斜土路畔上的漳泉会馆中。为了避嫌，曾与死者有关系的各方人士深恐沾上迫害致死的恶名，遂导致艾霞死后，数年后不得安葬的悲惨境地，与一年后阮玲玉自杀后的厚葬形成了鲜明对比。舆论界虽对明星公司颇多讽刺与指责，但该公司却一直无动于衷，没有任何表示。

1935年春，中华工业总联合会秘书长钱承绪，奉山东省主席韩复榘电邀赴济，一日忽然梦见艾霞嘱其安葬棺椁，钱在梦中应允将其卜葬山东大明湖畔。返沪后，钱遂赴法租界霞飞路访艾家，拟晤其父严家骏磋商安葬

1934 年第 11 期《电影画报》中的艾霞追悼会现场

華南影星林雪蝶之身世祕密

原爲白崇禧兄之第五妾今已下堂
曾操神女生涯綺聞豔蹟不一而足

（探南）

以「兒女債」一片著名之香港影星林雪蝶，出身微寒，乳名亞地，前居于本港波斯富街，乃某自梳婦人之育女也，以長成貌美，得適白崇禧之兄爲平妻，至是生活舒適，僕從似雲，享受貴婦人生活滋味者甚久，其夫以其幼年失學，乃遣之入本港意大利女中學肄業，朝夕往還，不知者尚以爲一待字閨中之女學生也。不圖好事多磨，蝶竟恃寵而嬌，致獲罪於其夫而被逐歸寧，養母因生計斷絕，即去函謝罪，搖尾乞憐，其夫憐之，覆水重收，攜返廣西蓉縣爲第五妾，蝶娘以爲從此安份守己，亦可長度富人生活，但居不及月，又因大婦悍潑，被其逐走，另行儲攜現款百元，飄零返港，下海伴舞，得與本港網球健者李某遇，兩相愛悅，賃屋同居，李　游蕩之徒，常流連於歌台舞，不久與另一舞女相戀，棄蝶娘於不顧，蝶娘爲生活所迫，暗作神女，春風一度，港幣十元，皮肉生涯，殊堪憐憫，繼又結識某富家子，租一屋於棉癸街，同居月餘，對方耗資近千，復染多種性病，曾經其妻大搗香巢，迫得勞燕分飛，蝶娘悲忿之餘，重爲舞姬，未幾爲南海十三郎（即江霞公之子）所賞識，便上銀幕爲「兒女債」之主角，片未出而名已彰，明星頭銜，安然載上，但片既公映，成績平平，未爲觀衆所重視，林雪蝶之銀幕生涯遂似曇花一現而從此告終。

中央攝影場兩任場長都姓張

中央攝影場的蓬勃，全是近兩年來的事，張冲任職場長期間，建樹頗多，如今之玄武門外五洲公園的新場址，及有聲攝影[illegible]，製片部……等等，全屬張氏聘請專家設計督工興造的，當基礎固定，[illegible]全之時，張氏被選爲中央委員，中央規定之例，凡是膺任中央委員，自正[illegible]可向中央支取車馬費三百元，但既爲中央委員，而尚兼有他種[illegible]職者，不論薪俸數額大小，或是否超過中央委員所應得的車馬費三百元之數目，則屬於「中委」的車馬費即不得向中央支取，至張冲任中場場長及兼國際新聞社社長，總計收入，已超過中委應得車馬費之數，於是張冲辭職，由中央遴派張北[illegible]，中場原直轄中央黨部電影科，嗣後「科」擴大爲「處」，中場也隨之擴大[illegible]加整頓，氣象似[illegible]見蓬勃，同時加聘各部門的技術人[illegible]時[illegible]，被羅致的數在不少，如今所以中央攝影[illegible]所在「[illegible]」之下了[illegible]

蘇州繡谷公墓主人
願爲艾霞擇地安葬

艾霞自殺，已有二年，至今墓穴未安，而和她生前厮混過的兩位先生，却都是名重一時的大導演，而把這薄命藝人早已遺忘了。

以前，有位全國工廠聯合會的祕書錢承緒先生，曾對人說艾霞托夢於他要他發起在濟南大明湖畔擇地營葬，這消息雖然轟動一時，是後來却沒有下文，無形無蹤的沉寂了下去。

最近蘇州又有一個繡谷公墓的主人姓陳的，[illegible]，對他很表同情，還願意替她[illegible]，其他搬移靈柩的費用，他也願[illegible]

電訊

金燄當導演

金燄與新華之關係，原爲部頭戲性質，計片論酬，並無合同，近聞爲新華導演一片，以其拿手好戲打獵爲背景，王人美任主角。

電影界捐款助綏

九十兩日金城開映明星聲片「生死同心」，所得票資，除開支外，悉捐綏遠前線。

譚紹基千里尋夫

王元龍因「壯志千秋」影片已在南京通過，日前已攜其新歡返平，王之夫人譚紹基，士以王既至南京，猶不肯俯首來歸，[illegible]

1936年第5卷第50期《电声》画报披露 苏州绣谷公墓主人愿为艾霞择地安葬的消息

事宜，但适逢严父离沪外出。钱遂与艾弟说明事情经过，艾弟当允转达其父。钱回去后即致函韩复榘，拟在大明湖畔划地十余亩，筹筑艾墓，俾此艺人与胜地共久长。此消息虽曾轰动一时，但后来却没有了下文。

1936 年 2 月艾霞去世三周年时，《影与戏》有消息称，苏州绣谷公墓的主人陈涓隐愿意免费为艾霞提供一块长眠之地，修建一座白石墓地，承担一切搬移灵柩费用。但结果如何，没有找到相关文字记载。

结语

艾霞吃过很多苦，曾在陌生的都会里经历过单身的漂泊，也曾在小茅亭里抵御过凛冽的寒风，更曾在艰难的日子里忍饥挨饿。经历过如此艰难困苦的人，不可能因经济问题而走上绝路。民国时期的明星制度虽然让红极一时的影星倍感压力，但他们在现实生活中的耀眼光环，给他们带来了丰厚的收入和优裕的生活，尤其是自杀前的艾霞并未出现明显的事业滑坡，不足以让她走上绝路。

艾霞自杀的原因是多重复杂的，既有现实社会的外因，又有她个人性格的内因。艾霞是一个外表强大、内心脆弱、充满矛盾的才女。她敢恨敢爱，从不在乎外界人对她的评头论足，甚至是诋毁。但命运多舛，她遇到的是一个又一个渣男，一场又一场欺骗，正如她对好友王莹所说的："我最爱的人，便是最欺骗我的人！"人前她是一个光鲜亮丽影星，人后她又难掩孤独寂寞冷，在现实生活中她只有王莹一个知己，每天陪伴她的就是五只爱猫。她曾是一名左翼分子，思想激进，追求自己理想的社会，成立一家自己的电影公司，自己做导演，拍摄自己想演的电影，但这些理想在黑暗的社会现实生活中却无法实现。她又不想随波逐流、苟且偷安，她过够了这种苦痛的生活，于是，她遍体鳞伤地告别了这个充满欺骗的世界。

自杀之风在当年盛行一时，据不完全统计，1933 年仅上海就有近百人自杀。时人并不将自杀视为胆小懦弱和逃避现实，反而认为是对社会的有力抗争，甚至成为一种时尚。艾霞作为一名红极一时的影星，选择在除夕夜自杀并非一时冲动，她认识到以一己之力改变不了现实社会，她试图以自己的极端行为引起社会各界的普遍关注，唤起民众共同改变这个社会。

艾霞遺影

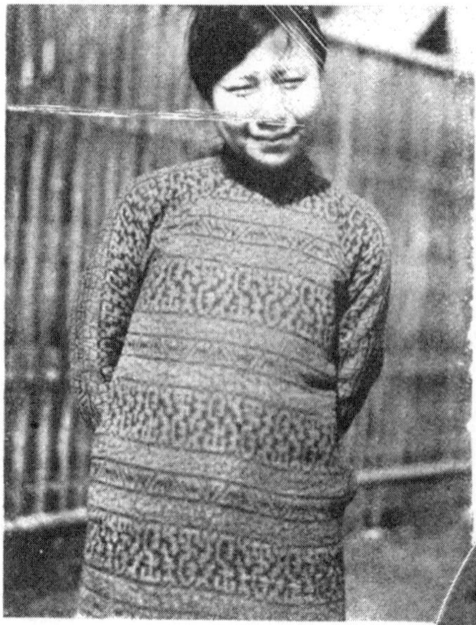

從今後不能再見你這笑容了！

艾女士辭世前半月攝影

南國社時代之艾霞女士

刊登在 1935 年第 1 期《唯美》中的艾霞遺影

然而，残酷的事实证明，她的自杀只是为报纸增添了素材，为电影票房增加了收入，为人们多了一个街谈巷议的话题。艾霞的悲剧告诉我们，无谓地牺牲自己的性命是不能改变社会的。要根本改变现实社会，唯有全民族人民团结起来共同抗争，砸碎旧世界，建立新中国。

不自由 毋宁死
——贺蝶、杨怀椿为爱殉情

1938 年 12 月 18 日晚，为了证明对爱情的忠贞不渝，为了抗争父母对儿女婚姻的粗暴干涉，为了争取恋爱自由、婚姻自主，17 岁的上海红舞星贺蝶与 21 岁的恋人杨怀椿，在百乐门饭店留下遗书双双服毒自尽，一时轰动上海，各家报刊竞相报道，社会舆论对他们的殉情众说纷纭，褒贬不一。

生活所迫 舞国红星

贺蝶，学名秋月，别号圣洁，浙江镇海人，生于 1921 年 7 月 27 日。1925 年随全家来到上海谋生，居于九亩地万竹街，父亲做些小本生意，母亲终年茹素礼佛，她有两个妹妹，名为又蝶、幼蝶。

贺蝶 7 岁时在九亩地敦化小学读书，天资聪慧，14 岁高小毕业时，即开始写作小品文，也曾在一些舞场画报上刊发。

父亲在一家报关行做事，薪金不高，一家人勉强度日。1932 年“一·二八”淞沪抗战爆发，随着报关行歇业而失业。后在自家附近创办了一家小型烟纸店。贺蝶高小毕业时，因父年迈多疾，不得不辍学，帮着父亲料理店铺。老师、同学、邻居无不为其不能继续深造而感到惋惜。

因战乱频仍，时局动荡，烟纸店的生意日渐惨淡，不多时即因亏折过巨而不得不盘出。失去了经济来源，一家人的生计顿成问题。正在一家人无计可施之时，丽都舞场红舞星牛露露的母亲来到贺家，屡劝贺蝶效仿牛露露的成功之路。为了解决全家人的衣食问题，贺蝶开始到万国舞专学习跳舞。三个月后，她已熟练掌握了各种舞步。1935 年春，便在圣爱娜舞厅正式下海。

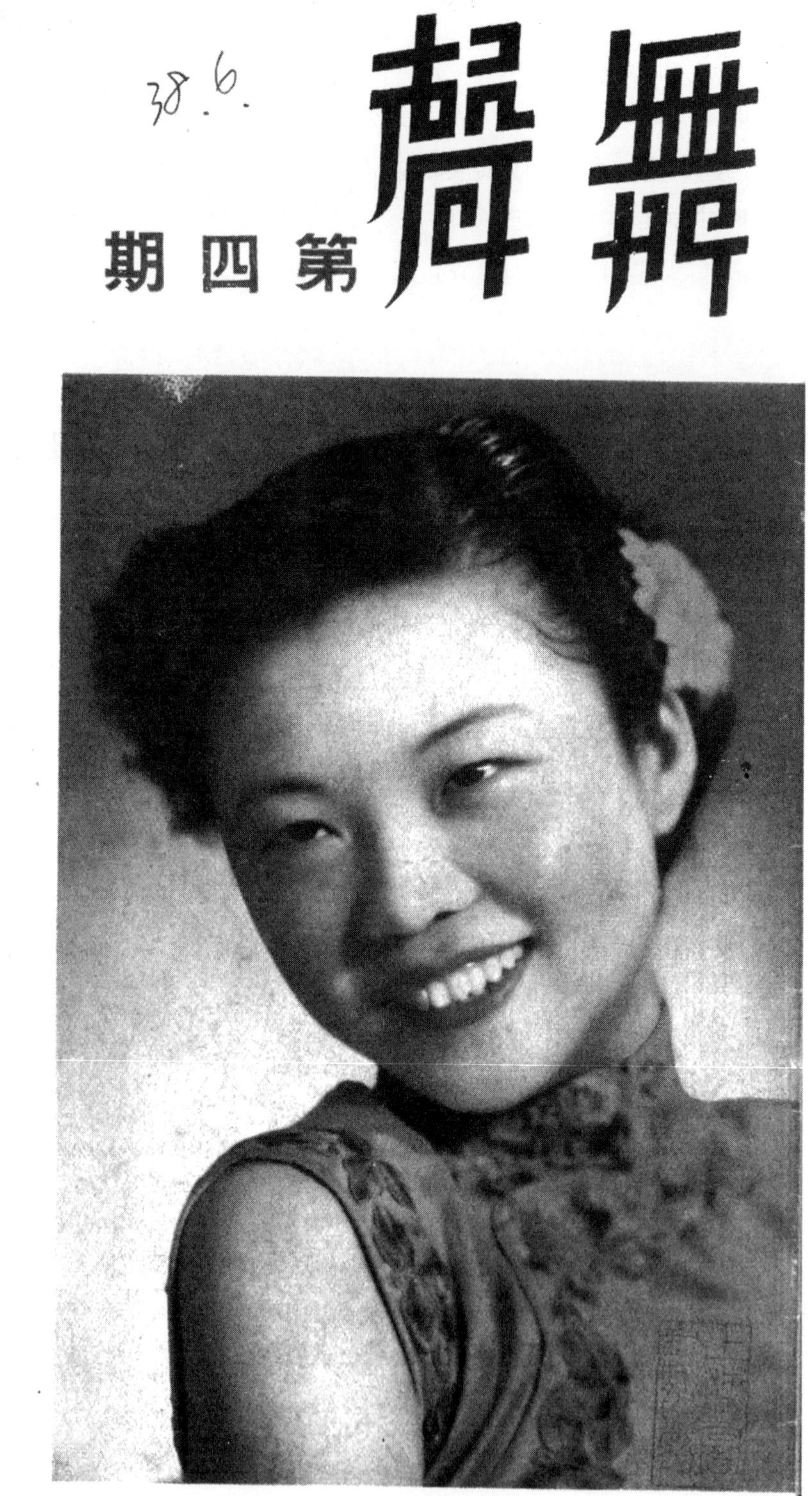

贺蝶成为 1938 年第 4 期《舞声》的封面女郎

在圣爱娜做了不多时，因离家太远，路途不便，经朋友介绍转入远东舞厅。初时，她只是一个名不见经传的普通舞女，舞客寥寥，收入不多。当时舞国最有影响力的期刊当属《跳舞世界》，有一次，该刊老板韦陀偶然到远东来玩，经过大班阿康的介绍认识了贺蝶，第一次便出手阔绰地买了她的8元舞票。此后接连捧场坐台达数月，并在《跳舞世界》撰文宣传。贺蝶加入璇宫、大新后，韦陀还预拨一笔经费，专为她生意清淡时捧场之用。因之，贺蝶在舞国崭露头角。此后数家舞国报刊也纷纷撰文，有的盛赞她的舞技舞姿，有的夸奖她的性格人品，有的则聚焦她的秀丽容貌、婀娜身材、甜美笑容，更有几家画报竞相把她的大幅玉照刊于封面。如此一来，不出半年，贺蝶的芳名响彻整个沪上舞国。

一个舞女一旦走红，自然会赢得许多舞客前赴后继地追求。贺蝶的舞客很杂，商界老板、洋行老外、富家小开、公司职员、在校学生均在其列。在众多追求者中某交易所的经纪人算是最为活跃的一个，他不但天天到舞场争购舞票，而且还时常带她出去吃西餐、逛商场，大把地花钱，竭力地报效。1937年春，这位老兄还带着贺蝶和几个朋友一同到杭州西湖去游玩。

然而，就在贺蝶如日中天之时，命运多舛的她竟然在同年夏天患上了伤寒症。幸得抢救及时，才算死里逃生。大病之后，她形容憔悴，体力不支，一时难以复出，被迫在家静养数月。

八一三战事爆发，为了逃避战乱，她们全家在远东饭店331号开了一个房间暂时居住。但是在那人心惶惶之时，上海租界里的所有舞场先后宣告关张，刚刚重登舞场的贺蝶只得歇业。她家重又面临断炊之虞，幸得一个舞客朋友慷慨解囊，赞助了她不少金钱，才让她家勉强渡过难关。但旅社的开支过大，眼看无力支撑，还是在那个熟客的帮助下，她家才搬到了福煦路西摩路落脚。天无绝人之路，就在此时，逍遥舞场宣告复业，贺蝶遂立即加入伴舞。屋漏偏逢连阴雨，贺蝶一家的生活稍有安定，突又遭遇偷盗，苦苦积攒下的百余元现金被洗劫一空。她只得携全家搬至八仙桥恒茂里78号的亭子间里。

风水轮回，否极泰来，远东舞场宣告复业，重返远东的贺蝶才算云开日出，迎接她的是一片灿烂的阳光。国民党军队西撤后，战争的炮火随即远去，躲在家里的人们都想出来透透气，解解闷，消消烦。于是，舞场的生意也就逐渐活跃起来。随着舞场的火炽，《弹性姑娘》《跳舞世界》《跳舞新闻》《舞声》《舞影》等舞国报刊应运而生。这些小报以报道舞场消息、舞女动态、花边新闻为噱头，贺蝶自然成为他们追逐的对象。当时对她的专访、新闻报道铺天盖地。贺蝶一时成了红得发紫的舞国头号明星。

1939 年春，璇宫舞场开幕，在大班阿康的重金礼聘下，贺蝶脱离远东加入璇宫。在那里做了四个月，声名益隆，慕名而来的舞客如过江之鲫，在给舞场带来生意兴隆的同时，贺蝶的收入也是与日俱增，月收入可达 1300 元以上。随着经济的宽裕，贺蝶的场面也就大了起来，住处由亭子间升到了二层统楼，添置了崭新的柚木家具，安装了代表身份的电话机，更为自己置办了大批时装和上等化妆品。

杨家独子　温文尔雅

就在贺蝶大红大紫之时，杨怀椿闯进了她的生活。初时，他二人并不十分熟络，甚至可以说，杨怀椿只不过是贺蝶众多舞客中的普通一员。

杨怀椿时年 21 岁，姑苏人，他的父亲在本地有一些名望，虽说不是巨商富贾，但也算得上衣食无忧的小康之家。更为特殊的是，杨怀椿没有姊妹，没有兄弟，甚至没有堂兄弟，是三房并一的独生子。由此，自然赢得双亲的格外宠爱。1925 年前后举家来沪，居于静安寺路同福里 7 号。他虽是在上海劝工银行供职，但那只不过是一个名目，实际上他的一切来源还得依赖家庭。

杨怀椿生得不算英俊，甚至鼻子还有点扁，下巴也有些凹，但与贺蝶却有几分相像，用现在的话说，他二人有“夫妻相”。杨怀椿有着当年姑苏人的本色，皮肤白皙细致，性情温和，举止文雅，风流倜傥，是一个女人型的男子。他在温文尔雅的神态中透出的那股英气，在为人处世中散发出的热情与真诚，或许是让贺蝶迷恋的原因之一吧。

俗话说“哪个少女不怀春”。贺蝶正值怀春的花季，寻找自己的意中人，作为终生的依托，自然是她思考的人生大事。杨怀椿自从第一次来到舞场与贺蝶共舞一曲后，便立即为她倾倒。此后，每晚必到，一掷千金，倾囊而出地报效。他那真诚的眼神、灼热的目光，也深深地打动了贺蝶。于是，他

不自由 毋甯死

賀蝶殉情始末記

——死並不是完結——巴金：新生·

黃旭

賀蝶殉情之消息傳出後，有情人莫不哀悼。適值本刊將出第七期新年號，編輯朱林君搜集各種材料，擬爲文以述始末，不意突於聖誕夜咯血臥病，廿六日遺僕持有關之文件來余處，囑爲撰著，以嚮讀者。旭不敏就見聞所及，草筆以傳之，惟因時間匆促，不免有遺珠之憾，幸讀者指正焉。

一 賀蝶的死

在目前，濃厚的封建氣味仍舊籠罩着的過渡時代，有許多青年男女，爲了戀愛不自由而把生命犧牲了！大新舞孃賀蝶，正是這許多戀愛至上的青年男女中的一個。一九三八年聖誕節的前星期夜，她痛苦地同她的愛人——楊懷椿服來沙而自殺於靜安寺路的百樂門大飯店。

她的死似乎很平凡的。在這一個神聖的民族戰鬥火花裏，她沒有挺起胸脯，勇敢地做一個革命的巾幗戰士，去死在砲火的前線，而把來沙而輕輕地毒殺了自己的寶貴的生命，在意識上也許是一個嚴重的錯誤，然而在她微弱的生命沒有永恒停止之前，她的每一滴血，每一個細胞，都充滿了反抗的活力！無論在意識上是如何的不健全，但至少她已做到了反封建的任務，對於那些拿名譽，地位來做護符的老朽一個嚴重的打擊，何況賀蝶又是一個被人所認爲卑賤，罪惡的舞女呢？爲着生活，她和許多可憐的姊妹一樣，在鏗鏘的樂聲裏，光滑的地板上，强作懽容，送往迎來，但是她並沒有泯滅了她最純潔的愛，她摸出血紅的心去獻給了她所最愛的懷椿，

成她的志願，封建的魔手已終止了她的命運。吾們沒有理由可以說她的犧牲是無謂，如果沒有人反對她倆的結合，她是不會被來沙而硬生生的奪去了生命的。她的死，是告訴吾們舞女決不是個個沒有眞愛的，她的死，是告訴吾們舞女決不是單純的金錢玩物，她的死，是替整千的舞國姊妹爭取了崇高的人格！

那末，賀蝶的死是不平凡的！從賀蝶的死，吾們想起了許許多多青年男女，——尤其是舞國姊妹們，她們怎樣地在封建的枷鎖下掙扎着，爲了愛，不惜流了許多鮮紅的血液

1939年第7期《舞影》画报不仅记叙了贺蝶殉情始末而且还有贺蝶给杨怀椿的情书和给恩人韦陀的信

接着遠東也復業了，她就重返遠東。那時國軍西撤，砲火遠去，躲在家裏的人們都想出來解解煩悶，於是舞場的生意就慢慢地活動起來了。

今年春天，璇宮開幕，在大班阿康的重金禮聘之下，她才脫離遠東加入了璇宮。在那裏做了四個月，生意非常的好，經濟一寬裕，場面也大起來了，由亭子間升到了二層統樓，並且添置柚木傢具和大批新裝，她擁有着大量的舞客，於是少不了又裝了一架電話，號碼是八一八八七，以便應酬客人。

三 楊懷椿

在這個時候，她開始認識了楊懷椿，但並沒有十分的相熟，祇不過是她許多舞客當中一個普通舞客吧了！

楊懷椿是姑蘇人，他的父親在本地也有着一點小小的名望，雖然並不十分有錢，但也是一個不愁凍，不憂吃的小康之家。

（在兆豐花園中）

楊懷椿沒有姊妹，沒有兄弟，更沒有堂兄弟，他是三房併一個的獨生子，自然他的雙親是非常愛惜他的。他在勸工銀行做事不過一個名目，實際上一切的經濟還得倚賴家庭的。

楊懷椿只有二十二歲，年紀青青的，但並不怎樣的漂亮，鼻子有點兒扁，下巴那兒也有點凹形，跟賀蝶卻有幾分相似。不過，他的皮膚生得很白皙，溫柔，文雅，這是姑蘇人本有的特色。他是一個女人型的男子，然而在溫文儒雅的神態中，卻有點秀麗，英俊，（作者按：——吾對于楊君素昧平生，以上是根據曾經和賀蝶同場做過的陸琴珍說。）這也許是使賀蝶熱烈的愛他的一個原因。

大新改組，由孫克仁君接辦的時候，賀蝶就在大班阿康君的領導之下，加入了大新的陣線。

在大新，楊懷椿時常來和她跳舞時常買票帶她出去玩，並且一定吃得酩酊大醉，直到深夜才送她回家，所以她的母親對於懷椿是不大滿意的。

然而，誰知道在這一個過程中間，他倆的愛情一天一天在增加着，已經達到了最高的沸點！在楊懷椿的心靈中，世界上除了賀蝶，沒有一個女子再比她可愛的了。同樣，在賀蝶的心靈中，在許許多多舞客當中，只有楊懷椿是她最愛的一個人。有一次，在國際的茶舞會中，陸琴珍開玩笑的

我的親愛的懷椿

我這個稱呼 你覺得我冒昧嗎？請你原諒我，不過，因為我倆的愛，一最純潔的愛，到了最極點的時候，不能不用這種語氣來表示了，你為對嗎？

我的懷椿，我的親愛的懷椿，我在時刻的想念中，接到你的電話，叫我先寫信給你，然後，你再寫信給我，還有許多許多的話，對我說呢！

純潔的愛情 （賀蝶致楊懷椿情書之一節）

1939 年第 7 期《舞影》画报不仅记叙了贺蝶殉情始末而且还有贺蝶给杨怀椿的情书和给恩人韦陀的信（续）

们结识一个月的光景就双双坠入了爱河。每天除了在舞场共舞，他们经常在餐馆、影院约会。常常是约会刚一结束就又要通电话，更是频传情书，情话绵绵。贺蝶在一封情书中大胆地表达着炽热的爱情，开头便称“我亲爱的怀椿”，信中说：“我这个称呼，你觉得我冒昧吗？请你原谅我。不过，因为我俩的爱、最纯洁的爱，到了最极点的时候，不能不用这种语气表示了。你（以）为对吗？我的怀椿，我的亲爱的怀椿，我在时刻地想念中，接到你的电话，叫我写信给你，然后，你再写信给我，还有许多许多的话，对我说呢……”

然而，一个红舞女是属于整个舞场的，许多舞客到大新舞场来也多是为谋与贺蝶共舞。贺蝶被杨怀椿独占花魁，直接导致了其他舞客的驻足不前。杨每晚必到，常带贺出台，很是影响她的生意，更影响到舞场的经营。为此，不但舞场对杨不甚欢迎，更有舞客放出风来要收拾杨。不知是杨怕了抑或其他原因，他竟然连续两周没有出现在大新舞场。

父母反对　双双殉情

他们的恋情，很快就被贺母发现了。贺母虽没有明确反对他们的往来，但却每晚像“拖车”一样地跟随女儿到舞场，在舞场的一角静静地守候，散场后送女儿回家。业界盛传的贺蝶的“无柄的拖车”，指的就是贺老太太。

贺杨爱情的温度一天天升高，几乎达到了最高的沸点。在杨的心目中，世界上除了贺蝶，没有哪个女子再比她可爱。同样，在贺蝶的眼中，芸芸众生，也只有杨是她的最爱。一次，在一场国际茶舞会中，贺蝶的好友陆琴珍开玩笑问她，近来有没有最要好的朋友。她很兴奋地回答说“有一个姓杨的”，脸上洋溢着幸福的微笑。有一天，贺杨在大华游玩，贺喝了许多酒，醉得不醒人事，他们遂在宾馆中住了一晚。直到第二天早晨，杨才送贺回家。为此，贺母更加嫉恨杨，不许女儿再与他接近。为了这个严重的警告，母女俩发生了一场剧烈的争吵。年轻而高傲的贺蝶，激愤之下竟偷偷让佣人去买来沙尔，意欲自杀。幸得佣人哄骗她说，药房不愿出售，一幕惨剧才没有提前发生。然而，岂料几个月后，一个美丽而热情的生命，终于还是被来沙尔夺去了！

自从那次争吵之后，贺蝶变乖了，再也没有迟归和饮酒，只是神情冷漠、态度消极。贺母虽然知道她暗地里仍和姓杨的往来，但也没有再做追究。但表面上的风平浪静，却正酝酿着惊涛骇浪。

1938 年 12 月 18 日，天空中飘着蒙蒙细雨，从黄浦江上吹来的海风冷得让人瑟瑟发抖。晚 7 时，贺蝶照例由她的母亲陪着来到舞场，像往常一样含着笑靥应酬客人，没有一丝异样，没有一点不自然。

贺蝶穿了一袭银白色的旗袍，配以银白色的高跟鞋，显得高贵而典雅。她刚一坐台，就有一个陌生的客人邀她跳舞。贺对第一次跳舞的客人大多不甚谈笑，她除了转着脚步外，只静静地舞着。但那个舞客却是有说有笑。一连跳了四支曲子，那人便离开了舞厅。一旁的贺母目不转睛地盯着他俩，却也没有看出问题。时至 9 点多，一个李姓舞客召贺蝶坐台，大约坐了一个多小时，李先生就买了舞票要带贺去丽都。行前，贺照例笑嘻嘻地向母亲道别。贺母对李姓舞客非常熟悉，知道他是一个老实人，甚为信任，所以任他们去了，自己也便起身回家。目送着女儿的背影远去，贺母怎会想到这竟是她们母女的最后诀别。

李先生带着贺蝶在丽都玩到午夜 12 点，便送她回家。在弄堂口分手后，看着李先生的车子飞驰而去，贺蝶没有回家，她又雇了车子重到丽都。杨怀椿在此已经等候多时，原来那个陌生舞客正是杨派去与贺的联络人。他们见面后，聊了一会儿便来到了百乐门饭店 304 号房间。

在房间里，杨怀椿告诉贺蝶，他的父母已经知道他俩的恋情，坚决不答应他与一个下九流的舞女恋爱，更不能看到儿子娶一个这样女人进门，辱没门第，所以逼着他和另外一个女子结婚，时间就定在 12 月 26 日。杨是一个爱情至上的性情中人，缺乏抗争的勇气，只会软弱地忧伤。他经受不了如此严重的打击，遂提出，不自由，毋宁死！愿与贺在今晚同归于尽，生不能做夫妻，死也要在一起！说着拿出两瓶事先准备的来沙尔。贺听说自己的爱人即将与别的女人结婚，更是绝望至极，为了证明他们至死不渝的爱情，她愿意陪着杨一起走！

之后，他俩平静地谈笑着，向侍者要了信封和拖鞋，就关上门进浴室洗澡，后来又唱了几支雄壮的歌曲。直到凌晨4点多，一名侍者偶然经过他们的房间，听见里面有男子急促的喘气声和女子凄惨的呼痛声。他吓了一跳，连忙报告账房。二人一起破门而入，只见一对男女奄奄一息地躺在床上。桌上有一封遗书、两只钻戒、两个来沙尔空瓶和一堆钞票。在杨的衣袋里，有一张出自新新公司新药部的来沙尔发票。那堆钞洋共213元，遗书中说明这个钱是给贺家的安家费，并有“今因双方均愿同归于尽，事后，希双方忽起诉讼”之句。

在极度紧张的空气中，饭店立刻把他们送到了海格路红十字会医院，当时，他们俩的胸口尚存一丝余温，然而一切都晚了，失去了最宝贵的救治时间，一对年轻的生命就这样终结了。

社会舆论　众说纷纭

20日晨，贺蝶的遗体由她父亲从验尸所领回暂厝中国殡仪馆。经过一番化妆，贺蝶的面目像活着时一样美丽，只是其右颊和右耳因被毒液沾染而有紫色的痕迹，额头上还有几道指痕，可以想见毒性发作时，她是多么痛苦难受啊！

贺蝶生前人缘很好，入殓时，她的至友唐妹妹、王丽珍、骆桂芳、薛美丽等痛哭失声，大新舞场的主人孙克仁、戚润甫也是挥泪不止。最悲痛的除了她的双亲外，就是贺蝶的恩人韦陀了。贺蝶死后，她的父亲失去了主宰，验尸所、棺材店、殡仪馆等一切事务，均由韦陀接洽主办。别人哭得泪流满面，伤心得不成样子，他却没有一滴眼泪，只是按部就班地操办着一切。盖棺时，他只在旁边向死者行了一个注目礼，但那眼神中充满了哀伤！在场的人无不赞赏他对贺蝶的友情，因为大家知道韦陀是个有家室的人，而且家庭美满幸福，他对贺蝶完全出于高尚的友谊。

贺蝶、杨怀椿为爱殉情后，多家报刊做了连续报道，舆论焦点集中在

電聲週刊　102

一個熱情浪漫舞女
賀蝶與舞客服毒自殺
一齣動人的悲劇！結束一九三八年的舞國

上海舞女賀蝶，在大新伴舞，營業相當興盛，二十七年十二月十九日晚，與舞客楊惠春同闢室於百樂門飯店，忽然相互服毒自盡，其事極為離奇曲折，茲詳記其始末如下：

舞國俊才一帆風順

她自「遠東」「璇宮」紅起來以後，許多舞場都備了很優越的條件聘請她。然而，在「璇宮」第一次關門以後，她即轉入了改組後的「大新」，為了她具有一切紅星的美點，很短的時期，她已經成了該廳唯一的台柱，更為了她年青，拜倒她旗袍裙下的，真是恒河沙數，不知有多少。

殉情服毒自殺的賀蝶

歡喜冤家 互相傾倒

可是，在一個月以前，賀小姐忽然接到一個陌生的舞客，這舞客姓楊，名惠春，蘇州人，今年二十二歲，曾服務於上海勸工銀行，有一個小康的家庭在靜安寺路同福里七號，一副風流倜儻的氣派，很容易使女人顛倒的，自然在「誰個少女不懷春」之下，又為了姓楊的一擲數十金，大量的報効她，於是他倆在很快的速度下，就發生了很熱烈的感情。

然而，一個舞女是屬於多方面的，姓楊的雖然每天來，常常買票子帶出去，但是這很容易影響她的營業，因為其餘的舞客都會因了這種情形，而絕足不前，所以，聽說有一種人擬對他不利，圖給他一個打擊，姓楊的大概很乖巧，在最近兩週來，就絕跡「大新」了，於是，絕沒有想到竟是自殺的男主角。

賀母監視 愛不自由

前天禮拜日，「大新」可以說擠得水洩不通，賀老太太在場，在七時更換粵樂的時候，賀小姐忽然來了一個從未看見過的生舞客，在跳第一只舞的時候，那客人同她似乎很熟悉，談得絮絮不休，賀老太即開始注意，接連二三只舞，情形是一樣，並且像是談得很投機的樣子，一霎那，賀小姐吃晚餐，賀老太雖有想探問的意思，然而為了那客人也離開了「大新」，也就沒有追問她。

託李某買舞票帶出

到了九點多鐘，有一個姓李的客人，召賀小姐坐檯子，大約坐了一個多鐘頭，李君就買票子將她帶出去，地點是「大都會」，臨走的時候，她還笑嘻嘻的向她母親照例的辭行，賀老太因為李君是一個誠實的老舞客，也並不疑心有別的意外，看着她的苗條的背影，離開了「大新」，然而，絕沒有料到她穿着銀色的旗袍，與銀色高跟鞋，竟是自殺的預兆，那告別，成了最後的告別呢！

賀老太，獨個兒悻然的回家，眼看着時計一秒一秒的過去，快到天明了，而賀小姐竟一個電話也沒有，倦意太甚了，即在沙發上睡熟了，當電話鈴響的時候，賀老太張開睡眼，滿以為是她小姐的電話，然而，出乎意料的口音很陌生，不祇是陌生，還有使她更駭極的事情，那就是打電話的人報告她的小姐在百樂門三百零四號，昨夜同楊君服來沙而自殺了。

自殺之前 先立遺囑

她倆在自殺前，曾同立一紙據，那上面寫：「**今因雙方均願同歸於盡，事後，希雙方勿起訴訟**」云：楊君的身上，還遺留一張來沙而的發票，是新新公司新藥部買的。

不過，我們知道賀小姐是李姓客人買票帶至「大都會」去的，據李君說：與賀蝶到「大都會」小坐片刻時，發現楊姓客亦在場，雙方面容，雖有異樣的表情，此或係雙方「久未見面，渴望良深」的緣故，所以後來賀小姐別了李君說單身回家去，也沒有疑心什麼。

原因為戀愛不自由

由上面的事實，我們可以推想到大概賀小姐是單身乘車子到「百樂門」去的，那個生客人是楊君囑咐她來的，後來，得在「大都會」晤會，亦係他的報告，「百樂門」房間也許是楊君預先訂好，來沙而亦係事前向「新新公司」買來，顯然的楊君事前有了很詳細的計劃，我們雖不能斷定賀小姐生前有無同殉的決心，至少這中間也免不了雙方有難言之隱吧？因為，當我到楊宅去訪問的時候，才知道楊君將於古歷十一月初五日，由父母之命，將與一位女士結婚了，而楊君偏偏在婚期將近，而與賀小姐雙雙服毒，我們當可推測他們的戀情，是達到了極高點，一定為了雙方家庭，都有相當的妨礙，所以，雙雙實行這個「一死了之」的辦法，為了雙方都有很大的悲痛，因此，雙方家長也不願表示其中的秘密，我們當然也不願作憑空的斷定。

1939 年第 8 卷第 1 期《电声》画报对贺蝶与杨怀椿殉情的图文报道

对贺蝶之死的争论上。

有的认为贺蝶之死太过平凡。因为正值国难当头之时，中国正处在临亡国灭种的危难时刻，全体国人都应该挺起胸膛，拿起枪杆，奔赴战场。在民族大义面前，贺蝶也应该做一个勇敢杀敌的巾帼英雄，战死在炮火轰轰的前线，而不应该为了儿女情长，用来沙尔毒杀了自己宝贵的生命。

有的认为贺蝶之死其实是懦弱的表现。面对父母对自己婚姻自由的粗暴干涉，她选择了结束自己的宝贵的生命，实在是一种最消极懦弱的行为，是无能，是屈服，是投降。她应该肩负起反对封建礼教的艰巨使命，给予那些拿名誉、地位做护身符的封建卫道士们一个沉重的打击，斗争到底，不达目的，誓不罢休！

有的认为贺蝶之死是为舞女无情之说最有力的回击。舞女历来被人们认为是卑贱、下流，甚至是罪恶的职业，舞场则是一个销金窟。多少富家子弟因迷恋跳舞而倾家荡产，多少男子因痴情舞女而妻离子散，多少良家妇女因充当舞女后自甘堕落。俗话说“戏子无情，婊子无义”，舞女讨好舞客，看中的是他们口袋里的钱，而绝对不会动真感情。就在贺蝶殉情前不久，就有一个男子意与舞女结婚，因遭到家庭反对，而与舞女商定自杀殉情，而当男子先行喝下毒药后，舞女突然变卦，结果痴情男子白白送死。而可怜的贺蝶，每天在醉人的音乐里，在光滑的地板上，在与舞客的强颜欢笑、送往迎来中，在这纸醉金迷的花花世界中，并未泯灭那最纯洁的爱情，在情人提出为爱殉情时，她义无反顾地掏出了自己血红的心献给了最爱的人，成就了自己与爱人生死与共的志愿。她的死，昭告世人舞女决不是个个无情；她的死，证明了舞女决不是单纯的金钱玩物；她的死，为整个舞国姊妹争取了一个崇高的人格！

有的更认为贺蝶之死是对封建礼教的最有力的控诉和抗争。在当时父母之命、媒灼之言主导婚姻制度的现实社会中，封建礼教占据道德的制高点之时，她一个弱女子不可能有力量与强大的封建势力做斗争，只有选择以死抗争。她用血淋淋的死教育他们的家长、唤醒世人，为此后更多的贺蝶不致重蹈覆辙而英勇赴死。她的死，是封建礼教的魔掌夺去了她的生命，民众不应该无视她的殉情，更没有理由说她的死是无谓的牺牲；她的死，是对封建礼教的血泪控诉和有力打击；她的死，证明了中国的恋爱自由、婚姻自主之路还很曲折漫长。

剧作家洪深自杀之谜

1941年2月5日晨，剧作家洪深和妻子常清贞在重庆的家中双双服毒自杀，幸被女儿洪铃发现，救治及时，才未酿成惨剧。翌日，国内数十家报刊报道了这一消息，一时轰动全国。人们在惊异的同时，不禁在问他们为什么自杀？有人说是因为经济困迫，有人说是感情原因，有人说是身心问题，有人说是事业受挫，有人说是政治因素，莫衷一是，言人人殊。笔者试图通过当年报刊的报道和评论，从中找出他们自杀的真正原因。

经济困迫

由于连年抗战，大后方经济困难，国民政府唯有增加法币的发行量来弥补巨额的财政赤字，遂造成物价飞涨，货币贬值。1940年底，法币发行指数为560%，物价指数达1276%。

为了节省开支，洪深1940年来到重庆后，就将孩子们寄养在香港儿童福利院，只与妻子常清贞、小女洪铃，共同居住在重庆西郊歌乐山赖家桥。这是一个十户人家的大杂院，洪家是院中最北端的一间十几平方米小平房，阴暗潮湿，一年四季见不到阳光。洪深时在文艺资助金保管委员会任职，月薪300元，当时只能购得半担大米。为了糊口，洪深将当年在政治部任职时佩用的一套武装皮带都卖掉了。据说，有次《快活林》杂志采访他，访谈完毕，记者循例要为他摄影。洪深身上的西装实在破敝，脱去后，里面的衬衫更是千疮百孔，衫领磨蚀殆尽，鸡零狗碎，而脚上的革履，皮底脱幅，翘口如蚌。记者一时无措，洪深苦笑着连连摇手称，无颜以此姿态入照，刊诸报端更是羞煞人矣，摄影就算了吧！到了重庆后，由于生活的折磨，他那原本壮硕高大的身躯渐现佝偻，宽阔的额头爬满了皱纹，痛楚的表情时常挂在脸上。

1941 年第 1 卷第 35 期《大众影讯》载，洪深最疼爱的小女洪铃宿患肺疾，同年初，病情突然加重，住进重庆第三医院。为了支付高昂的医药费，洪深曾举债 2000 元，但仍不敷应用，遂又向其供职的文艺资助金保管委员会贷借 1000 元。但有人对此颇有微词，称按规定，该会中委员不得贷借。身为委员的洪深立即将 1000 元璧还。为了给女儿治病筹钱，他乃应广东中山大学文学系之聘，拟于 3 月就职，月薪 300 元，校方答应预支 6 个月薪水，以解其燃眉之急。

尽管洪深生活拮据，但经济困迫并不是他自杀的主因。洪深尽管穷困，但他是戏剧界的领军人物、大学教授，无论是社会声望、社会地位，还是经济收入，均居中上位置，生活上不如他的大有人在。况且他交游素广，决不至于借贷无门，更不会因一钱迫死英雄汉。

文化工作委员会得到洪深自杀的消息，随即召开会议议决，赠予洪深医药费 1000 元、聘其为设计委员，月薪 200 元，拟定具体办法，切实保障文化人的今后生活。但洪深口授友人撰就辞谢文字，全部璧还。1941 年 3 月 10 日，吴玉章、徐特立、林伯渠、何思敬、陈伯达等 32 名边区文化界代表致电慰问，请时在重庆的周恩来同志代转洪深，希望洪深早日康复，继续为新文化事业奋斗，并汇款 500 元。港、沪、川、滇诸地友人和社会各界人士纷纷捐款救济，更有以学校名义募捐者，在短短十天内，洪深即收到各地汇款逾两万元。而洪深一律谢绝，自谓“生性狷介，否则以不致有今日也”。洪深虽穷，但他穷得清白、穷得硬朗。文化人不怕苦，也不怕穷，但政府应有布衣暖、菜饭饱、病有医的基本制度做保障。

感情问题

1939 年第 6 期《艺海周刊》中的《洪深永矢不忘的三事》一文写道：“名戏剧家洪深生平有三件永远不肯忘记的事：一是妻子看不起他而同他离婚；一是在美国留学的时候，受了白种人的气；还有一件是他父亲洪述祖，因刺杀宋教仁一案而被逮处刑。”由此可知，再婚的洪深并不幸福。

1941 年 8 月 3 日《社会日报》中《洪深和他的夫人常女士》一文介绍说，洪深的元配夫人去世后，遗下一大群孩子。他因经验限制及职业原因，一

1926 年时的洪深

1931 年时的洪深

THEATRICAL TRAINING CORPS

To strengthen the national theatre in this time of war and to create new actors for the patriotic stage, the Political Department has created a theatrical training corps. In the corps, instruction is carried on under strict discipline. The members not only learn the art and technique of the theatre but also acquire a profound knowledge of the political basis of our national revolution.

CORPS D'INSTRUCTION THEATRALE

Dans le but de renforcer la structure du theatre en temps de guerre et de former de nouveaux acteurs de théâtre de propagande, le Départment politique a créé un Corps d'instruction théâtrale. Les membres de ce Corps subissent une instruction sévère, afin que chacun ait une connaissance approfondie de la politique et sache parfaitement l'art et la technique du théâtre.

УЧЕБНЫЙ ОТРЯД КИТАЙСКОГО ТЕАТРА

Для того, чтобы усилить национально-освободительный театр и дать ему большое количество новых артистов, Политический Отдел Военного Совета создал "учебный отряд" театра. В этом отряде, учеба производится при строгой дисциплине. Его члены изучают не только драматическое искусство и технику, но и получают основательную военно-политическую подготовку.

教　導　劇　團

政治部爲着強化戰時戲劇機構和培養新的戲劇工作幹部，特設了一個教導劇團。這劇團對團員施以嚴格的訓練，使每個人都有卓越的政治認識，和一切導演，作劇，裝置，管理的技能。

Mr. Hung Shen, chief of the corps, conducting a drama class and inspecting the quarters of the students.

Monsieur Hung Chen, chef du Corps d'instruction théâtrale faisant une classe de lramaturgie et inspectant le dortoir des membres.

Глава отряда Хун Шень ведет занятия и осматривает жилища студентов.

洪深團長講授編劇和檢查臥室。

...tical and military training.

...on de politique et exercise militaire.

...тические и военные занятия.

...上的政治講話和軍事操練。

1939 年第 1 卷第 3 期《今日中国》上刊登的教导剧团团长洪深正在讲授编剧和检查卧室

时无法抚育这些孩子，遂急于续弦。常清贞与洪深同为江苏武进人，是洪深前妻的亲戚。元配夫人病重时，曾对洪深说，如万一不起，可续娶常女士。常清贞“久居乡间，无摩登之习，而具有贤妻良母典型的一个诚实女子”。1936 年，他二人正式结婚。结婚仪式非常简单，只邀请几个至亲好友在家中秘密举行，以免靡费。他们还签订了一份合同，由洪深起草，常女士修正同意，即请律师证明签立，所列条款均为双方之义务与权利。而 1942 年第 10 卷第 3 期《杂志》则更为详尽地介绍了常女士的个人情况。常清贞是一个大家闺秀，出身官宦人家，从小就在父母的钟爱中成长，过惯了千金小姐的生活，官场里的坏习气无形中也吸收了不少。一心向往着住洋房、坐汽车的舒适生活。她有一位堂房姊妹，早她一个月出嫁，丈夫充任知县。新娘一出花轿，便做起了官太太。相形之下，常女士嫁了一个穷酸文人，远离了官场，这不免让她有些失望，甚至日后对丈夫产生鄙夷。尽管洪深当时已经出了名，而且头衔也不少，但常女士总是看不上他。这样的家庭生活，洪深当然不会快乐。本来像这样的婚姻大可不必勉强下去，而常女士又是一名旧式女子，认为离婚有损名誉，坚决不肯。他们的婚姻遂陷入僵局。洪深时常紧皱眉头对朋友说，我劳碌半生，只是为太太做牛马，赚到的钱悉数交给太太，而太太还不领情。

1941 年第 1 卷第 33 期《大众影讯》中《洪深殉爱》一文爆料常清贞有过感情出轨。有一位同样从事戏剧工作的白鲁先生，曾热烈地追求过常女士，而她竟然表示接受。对于这种不正当的恋爱，曾有外界人士对常女士提出严正忠告。于是，他二人表面上似乎疏远了，但暗地里仍然互通款曲。洪深得知后伤心至极地对友人说，如果太太真的被人家侵占，他愿以全家性命殉爱。这次的自杀或许正是洪深实行的殉爱计划。

而据自杀现场看，洪深服下多量奎宁丸，常清贞吞下两瓶红汞水，如果抢救不及时，他二人均将失去性命。一个能与丈夫一起殉情的妻子，不能说对丈夫没有感情。

身心问题

1936 年第 5 卷第 36 期《电声》称，洪深有着牛犊一般强壮的身体，有

洪深近影及其手蹟

洪深先生與夫人暨公子合影←

洪深先生致本刊編者函→

花泉先生：

昨承枉駕，失迎為歉。文藝春秋稿，因連日腹瀉，尚未執筆，惟星期一晚，弟在某處將作一演講，題為「文學與鬼」，講後或可寫一二千字，仍可為「隨感」性質。專此，即請

撰安

弟洪深啟

卅五、六、廿八

1946 年第 3 卷第 3 期《文艺春秋》中刊登的洪深与妻儿的合影

着驴子一样饱满的精力，块头甚大，身体极健，四十岁前从未害过大病。每遇小毛病发作，他总是硬抗，绝少吃药。但自与常清贞结婚，生活负担骤然加重，原本并无大碍的胃病竟然日甚一日。每晚午夜二三时即醒，至天亮辗转床榻，难以成眠。每餐更不能多食米饭，稍多即感胃涨。平日则消化不良，大便结闭，时见肠虫。这些症状到了夏季尤为严重。在南京中央医院医治时，曾有一名德国医师断定，他的胃病已成不治之症，必于三年内夺其性命。一旁的妻子闻听此言，吓得不得了，平日一想到丈夫的病，便唉声叹气。洪深本人却不以为意，常用好话安慰妻子，深信自己能有 60 岁的长寿，绝不会在四十二三岁早逝。但洪深这种不怕死的表示，只在夫人面前才这样替自己遮饰，装做若无其事的样子。面对朋友时，他总是报着自己的“死耗”说：“朋友，我只有了三年的生命，在这短短的时期中，我是要宝贵着养身，好好混他一混的。”在学校讲课时，他多次对学生们说：“希望你们一定要认真听我的课，可是听一次少一次喽！”由此可知，这位不怕死的英雄还是有点怕死的。在了解自己胃病的严重性后，他非但没有专心疗养，反而更加拼命地工作了，除努力创作多写剧本外，更为自己制定了一个三年内不可能完成的超量工作计划。

1932 年 7 月 23 日《电声日报》称，洪深曾撰文称：“我的脾气很是躁烈，同时自己觉得很是刚直……我还有些黑旋风李逵的牛脾气，就是富贵不能淫，贫贱不能移，威武不能屈，情面也不能拘。”洪深的朋友都知道他为人坦率、热诚、刚劲、勇敢。他的一个学生认为，“他的不拘小节，在表面上看起来，洪先生确是个便宜行事的人物。但是在骨子里，他对于他所热衷信仰的东西，却丝毫也不肯苟且……待人接物还是太天真，并且他的感情作用很重。因此，他从前在外面常常受到意外的麻烦。在遭遇碰壁之时，有时他甚至于气愤不能自已。据他自己说，他的胃病就是这样害出来的。这固然是他的一个弱点，但这也正是他的可爱之处。”

来到重庆后，洪深郁郁不得志。1940 年冬，在招待文化界的宴会上，他拼命地酗酒、胡闹。朋友们也都感觉他的失常定是受到了重大刺激。在洪深自杀前两个月，他本拟多写一些稿子，得到稿费后偿还债务，但他的心绪异常恶劣，往往举笔不能写成一字。就在前五六日，他曾对朋友道：“我现在只好无聊地玩，吸烟、喝酒……我简直一个字也写不出来了！”

洪深长期患有胃病，严重影响睡眠而导致神经衰弱。他的耿介性格着实得罪了不少的人，工作、生活的压力更给他带来精神上的折磨。身体上和精神上的痛苦，让他失去了生存的快乐而时有激愤。身心问题应该是他自杀的原因之一。

事业受挫

1930 年、1931 年，对洪深来说，可谓多事之秋。当时，他在上海已加盟明星电影公司，为剧本委员会九委员之一，并在复旦、暨南两所大学任教。他钟情戏剧、电影艺术，为人耿介，与人讨论艺术时，不特不稍阿附，且多批判，使人难堪。1930 年 2 月，因“不怕死事件”与上海大光明影院对簿公堂；10 月初，其在巨籁达路上的寓邸又被警方搜查；1931 年 3 月，又因其在现代学艺研究所挂名所长一事，致由国民政府外交部转饬上海高等法院刑庭侦查。幸有上海市社会局局长潘公展出庭作证，才得南京中央党部谅解，予以不起诉处分。

一连串的打击让洪深心灰意冷，他不禁感叹世道之日非与艺术研究之艰难，故将两所大学之教授职务诚请顾仲彝等教授庖代，暂时脱离上海之艺术界。1931 年 3 月至 6 月，曾应大陆银行总经理谈荔孙之邀，从上海来到天津，担任该行秘书长一职。声言从此“不再教书，不谈戏剧，努力于商业”。

抗战爆发后，上海救亡演剧协会成立，洪深首任主席，亲自率领救亡演剧第二队，与冼星海、金山、王莹、李纯等一班人马，经过徐州突围，北走开封，经洛阳下郑州，转道武汉，发动并主持中华全国戏剧界抗战协会的筹建工作。在汉口时，郭沫若初掌军委会政治部第三厅时，洪深曾应邀主管戏剧部门。他穿起了军装，活像个小兵似的领导着内地的戏剧运动。政府内迁，由武汉而重庆，他便领着教导剧团，带着凌鹤等人巡回四川各县演出《包得行》。

1941 年 1 月皖南事变后，以文艺形式进行抗敌宣传的政治部三厅，由于其成员多为中共领导下的进步人士，因而被蒋介石取消。身陷迷惘的洪深，一时对中国未来的政治前途深感忧虑。正如同年第 6 卷第 2 期《中国月刊》

中《从洪深全家服毒说起》一文所写："在重庆，自郭沫若离开第三厅时，田汉、洪深也相继离职。再后来，洪深就此没有了消息……（他的自杀）亦许其中另有原因，因为他是代表了左倾的一个作家，说不定此种服毒是被渝方面迫使的。要是事实的话，那就与第三厅改组有着关系了。"

政治因素

1941 年第 3 卷第 8 期《上海周报》中《短评洪深的自杀》一文称："洪深的自杀，生活困迫是一原因。政治之不进步，怕是更大的原因。"洪深时为中国著名的剧作家，有许多关于中国戏剧、电影的理论创作，做过大学教授，因而，在中国文化界颇有地位。他与多名国民政府要人私交甚厚，陈立夫、张道藩均为其至友。若说他因生活困迫、借贷无门而自杀，这岂不是笑话。但是，洪深的思想却颇与陈、张二人不同。在过去的中国戏剧运动，明显有着两种趋向：洪深为田汉领导的左翼剧运，而张道藩领导的却是右翼剧运。左翼剧运深得社会人士欢迎，右翼剧运却利用政治优势，给予左翼作家以严重打击，田汉等人更因此而被捕。在戏剧方面，洪深当然与田汉处在一个阵营。但是，从 1939 年下半年以来，国民政府竟然取缔言论自由，进步文人的活动受到压迫，已成重庆公开的秘密。而此种表象的背后，正是因为国共两党的政治摩擦。1941 年初的皖南事变，新四军军长叶挺被扣，政治部主任袁国平牺牲，副军长项英、参谋长周子昆在突围中被叛徒杀害，蒋介石宣布取消新四军番号。"像洪深那样的爱民族、爱国家的人，那是无不悲愤至极的。他希望祖国抗战的胜利，他不愿见祖国的失败与投降。"

同年《上海周报》中的《短评洪深自杀》一文称，就在洪深自杀前两月，马寅初先生因在重庆大学演讲而被国民政府逮捕。主张正义、为民疾呼的进步人士，不是被捕就是被杀。洪深是一个极富正义感的作家，向以敢言著称，但他怎能改变这种恶劣的政治环境呢？

同年 2 月 8 日《社会日报》和第 4 期《中国电影画报》不谋而合地认为，洪深的自杀是他最后实行的"尸谏"。洪深先是深受"解散新四军事件"的打击，继而又闻《新华日报》将要停刊的传闻，一个个坏消息使他悲痛欲绝，于是“为促成双方的团结对外计，所以，宁愿牺牲一家性命，实行尸谏”。

洪深自杀事件，决不只是他个人的问题，当时国内有数以千万不愿做汉奸、亡国奴的文化人，正在忍着饥寒在抗建文化上战斗着。为此，多家报刊呼吁，为了保证他们的生存环境，希望政府制定出更具体的保障措施，而且立即付诸实施，以免有更多的洪深事件发生。

结语

洪铃发现父母双双服毒后，立刻托人打电话给郭沫若。郭沫若遂急忙带着医生赶来洪宅，当即施行紧急抢救，经注射后，洪深夫妇才将毒物吐出。郭沫若发现在洪深身旁放着一封遗书，上书：“一切无办法。事业，家庭，食、衣、住，种种，如此将来，不如且归去，我也管不尽许多了！”（1941年第1卷第35期《大众影讯》）

遗书中明确说明了他对事业、家庭、生活皆无办法，前途更是一片渺茫，与其这样生活在痛苦的煎熬中，倒不如撒手闭眼，一死了之。为此，有人认为，洪深自杀的原因自然是综合了事业不如意，夫妻感情出现裂痕和生活困迫这三方面的因素。但无论是这三种原因，还是前面提及的身患疾病、精神压抑的因素，归结起来其实都源于政治。国民政府取缔言论自由、右翼势力的排挤，造成了洪深的事业受挫；国民政府对大后方文化人士的政治制度，致使洪深缺衣少食、女儿不得医治。一方面有人借机发国难财，一方面物价飞腾、民不聊生。外有日本侵略者在中华大地上恣意横行，内有中国政治的殊多症结。而洪深却又束手无策、回天乏术，于是，这样一个富有血性、极具风骨的中国传统文人，在痛苦绝望中，选择极端的绝路。可以说，洪深自杀的导火索为生活困迫，但其罪魁祸首却是政治因素。

自杀不是出路，它并不能换来中华民族的抗战胜利，也换不来国民政府的政治清明，更不是进步文人的出路。应该看到，当时在中国共产党的领导下，中国民众的力量和一切进步势力正在发展壮大。问题只有通过斗争才能得到解决，每个文化战士都应以更积极、更乐观、更英勇的态度，积极投身到革命队伍中去，不懈地努力和奋斗，才能迎来最后胜利的曙光。

洪深自殺之詳情

·明人·

名戲劇家洪深於上月五日晨在渝全家服毒消息，已見本市各報，茲得滬上特約寄稿，報道洪氏自殺詳情，茲摘錄于後：

洪氏雖任職文化工作委員會並兼文藝獎助金保管委員會委員，然仍鬱鬱不得志，去多，友人已感覺洪氏多少有失常態，神經似乎受刺激甚深。

最使洪氏痛苦的是洪氏愛女洪鈴小姐的病。洪小姐素患肺疾，現已入第三期，病情極沉重，而醫藥費又很昂貴，為了洪小姐的病，洪氏曾舉債二千元，其間並向文藝獎助金保管委員會貸借一千元，後因一部分人稍有微詞，會中議決委員不得貸借，洪氏身為委員，乃首先將一千元歸還。為增加收入起見，洪氏近應中山大學文藝系之聘，月薪三百，並多支六個月薪，打算於三月間前往履新。

近二月來，洪氏本擬多寫稿子，償還債務，但心緒異常惡劣，往往舉筆不着一字。自殺前五六日，曾對朋友說：「我現在只好無聊的吸吸煙，喝喝酒了。」又說：「我簡直一個字都寫不出來。」洪夫人常青真女士，對話劇運動頗熱心，為了演劇，不惜把親生子女遠寄于香港兒童保育院，而自殺前，她的情緒惡劣，亦不亞于洪氏。

※洪深近照※

上月五日晨，洪氏夫婦決意自殺，洪氏服多量奎寧丸，洪夫人則飲紅藥水二瓶，並留下絕命書一封，有「一切都無辦法，不如歸去，我也管不了許多」等語。

洪氏夫婦服毒後，被洪之長女洪鈴小姐發覺，當即託人打電話給郭沫若，郭氏於是偕同醫生赴賴家橋之塘院洪宅探視，至時，洪氏夫婦已暈迷不醒，當即行緊急療治，幸發覺時間尚早，經注射後，即將毒品吐出，洪氏夫婦危險期已過，經短期間休息，即可復原，惟洪氏聽覺略差。

次日，獲得洪氏自殺之消息後，文化工作委員會即舉行會議，政治部贈洪氏醫藥費一千元，並決定聘洪氏為政治部設計委員，月薪二百元左右，同時，擬具體辦法，保障文化人及作家今後生活。但洪氏對于贈款，口授友人撰就辭謝文字，全部璧還，並表示所有捐贈，一律謝絕，自謂「生性狷介，否則亦不至有今日也」云。

七日，洪氏好友田壽昌，凌鶴等陸續赴賴家橋探視。

最後消息，聞洪氏表示，俟休養後，即將離渝赴粵，擔任中山大學文學系主任之職。

佳片推荐錄（三）

·子敏·

（十一）紅騎血戰記（五彩）
主角：賈雷古柏，寶蓮高黛，彭可洛夫，卜雷斯登，弗斯特，等。
出品：派拉蒙公司。
劇情：描寫加拿大英國紅衣騎兵壯烈事續。

（十二）勇冠三軍。
主角：佐赫爾。
出品：聯美。
劇情：紅白民族一百人血鬥史。

（十三）鴛鴦劫。
主角：費雯麗與其新夫勞倫斯奧立佛合演。

（十四）鳳鳴九霄。
出品：哥倫比亞。
劇情：文藝悲劇。
主角：葛羅麗亞遜。
出品：新環球公司。
劇情：音樂歌唱片。

（十五）一代歌后。
主角：愛麗斯費，唐阿曼契，亨利方達。
出品：二十世紀福克斯。
劇情：寫歐州名女伶麗琳露桑兒一生事蹟（完）

費雯莉的三部傑作

◆長青◆

「亂世佳人」這部片子是米高梅公司傾全力於一九四零年裡耗掉了一年多的時間和幾百萬金元所完成的。在這部片子放映後，無形中發揚了一顆愛爾蘭的新星費雯莉，使她從英倫到好萊塢，初試新聲，一舉成名、當「亂世佳人」成功後，費雯莉又與影壇風流小生羅勒泰勒合演了第二部傑作「藍橋魂斷」，這是一部愛情戰爭綜合的喜劇，現正在美國獻映中，至于她的第三部心血結晶，是她和她情人表情聖手「魂歸離恨天」男主角勞倫司奧利威合演的一部離合悲歡四部曲。片子以內容意義譯作「鴛鴦擬」，比較切實些。以上這三部片子雖然有兩部尚沒有到中國來，由于「亂世佳人」的推斷，後二部均有獲得藝術科學院「奧斯卡」金象的可能，所以値得關心影閑人們的注意。

1943 年第 3 期《三六九画报》报道《洪深自杀之详情》

爱国侠女英茵自杀真相

1942 年 1 月 19 日，英茵在上海国际饭店吞下大量鸦片和来沙尔而自杀身亡，一时轰动全国，万人空巷，送别年仅 26 岁的影剧双栖明星。全国数十家报刊竞相报道，一致认为她是因男友平祖仁被汪伪枪杀而殉情。抗战胜利后，国民政府追悼地下工作者平祖仁，英茵的真实身份大白天下，其可歌可泣的传奇故事在社会上广为流传。著名导演费穆表示，拟将英茵的一生编写剧本，拍摄电影，以永久纪念这位多才多艺、重情重义的爱国侠女。

出身皇族　只身来到上海

英茵，原名英洁卿，小名凤贞，1916 年 3 月出生于北京，父亲为满清旗人、一位王爷，早年因病去世，母亲是海南人（一说广东人），有两个姐姐、一个哥哥。英茵自幼就读于北京弘达学校，既带着南方人的狂热又具有北方人的坚强，为人豪爽，极具独立性。1930 年明月歌舞团到北平时，颇具表演天赋的她一下子就喜爱上了歌舞，遂毅然只身随歌舞团来到上海。

在明月歌舞团期间，英茵还是一个十足的北派小姑娘，虽然她没有薛玲仙、王人美、黎莉莉、胡笳“四大天王”那么璀璨耀眼，但她演唱的那支《舟中曲》非但曲调婉转动听，而且表演的动作灵动。1936 年，她加入明星影片公司，第一次上镜是《新旧上海》里的二等配角，她的健美身材和率真表演得到业内人士的注意。有人给她取了一个“红烧小拆墩”的绰号，因之前张织云曾有“拆墩”的雅号。《欲魔》一剧让她成名，应当归功于欧阳予倩的指导。与白杨合演《十字街头》后，她在银幕上拥有了一席之地，而《武则天》的成功则让她声名大著。

抗战全面爆发后，日军的铁蹄践踏着中国的大地。面对满目疮痍的国家，无数有志之士走上抗日救亡的道路。无法沉默的英茵也在事业如日中天的

春色圖畫半月刊

民國二十五年四月一日出版

明星英茵

每冊只售國幣八分

1936年第2卷第7期《春色》封面上的英茵

时候，毅然决然地加入抗日宣传演出小组，在全国各地巡演。她曾随业余剧团赴苏州、无锡、汉口、重庆演出多场抗战题材的戏剧、电影。业余剧团解散后，遂加入中国制片厂，但因缺乏胶片无戏可拍，她再飞香港寻求出路。一天，时在香港的导演打来电话：“我们要重回孤岛上去干，你愿意一起去吗？”英茵需要更有力的生活，于是她回答：“好！”

与平祖仁并肩战斗

平祖仁，1910 年生于江西，祖籍浙江会稽，毕业于上海暨南大学法科，短暂留校工作，与郑振铎同事。后转在行政机关服务，1937 年“八一三”后从戎赴前线，曾参加台儿庄之役，甚著劳绩，为长官器重，先任青浦县长，继任江苏第三区行政督察专员，再任游击队指挥，负责收集敌伪东南区军事情报。据郑振铎《记平祖仁与英茵》一文记载：有一次，日伪特务侦知到他的住所，派人暗杀他。他从外面回来，刚下汽车，身后便响起枪声。他机警异常，立即躲到汽车后面。刺客们追了过来，他连忙匍匐到汽车底下。街上的人们挤着看热闹，刺客们逃走了，他从车底下钻出来，安然无恙。

1938 年秋，英茵从香港回到上海，先居于沧洲饭店，后迁至辣斐德路桃源邨 24 号，开始与合众电影厂合作拍摄《还魂香》《赛金花》《灵与肉》三部电影和曹禺的话剧《北京人》。

1940年暮春，汪精卫建立汪伪政权伊始，亟拟在上海全力扩张其恶势力，采取威逼利诱的手段笼络社会名流入其彀中。国民政府方面为争取动摇分子，也发动政治攻势。汪逆的阴谋不但没有得逞，且遭到沉重打击，恼羞成怒的汪伪特务制造的枪杀暴举接踵而起，国民政府也间施报复，于是，“孤岛”上的暗杀案件日盛一日。赵志游与平祖仁同为上海地下工作者，为便于开展工作，掩人耳目，赵出面组织了天风剧团，邀请英茵加盟，恃为台柱。

1940 年一个夏日的晚上，赵和平来到英茵的住所。平恳请英茵以剧影双栖明星的地位帮助他们做些事情，英茵被平轩昂的仪表、坚定的态度、爱国的激情所打动，立刻答应了。从此，英茵在拍电影、演话剧之余，开始参加平领导的地下工作。据 1946 年创刊号《快活林》中《英茵平祖仁之恋爱秘密》一文载："（英茵）一经接到情报，立刻约定地点，当面报告。霞飞路上的咖啡馆、酒吧间、顾家宅公园，以及比较寂静秘密的场所，都可以发现他们两位的影子。"1941 年圣诞节，在平祖仁的安排下，英茵搬至法租界辣斐德路 1363 号的克莱门斯公寓 103 号，与好友李言小姐同居。为获取情报，英茵经常出入社交场所，与政客、富商、官太太打麻将，每次出入达千元。在外人看来，英茵的生活"奢侈""糜烂"了。

平祖仁被捕

1940 年 1 月，平祖仁、赵志游等奉令协同中统局郑苹如设计引诱巨奸丁默邨至静安寺路西伯利亚皮货店，趁其购买大衣之机，将其铲锄。可惜事机不密，郑暴露身份而被捕。但她一口咬定为情所困，雇凶杀人，而成为当年上海滩重大花边新闻之一。同年 2 月，郑被秘密处决于沪西中山路荒地，时年仅 22 岁。此后，平仍设计继续刺杀丁默邨的行动，后被汉奸出卖。1941 年 4 月 15 日晚，日伪特务在武康路的平祖仁寓所将他和夫人一起抓捕。初羁押于虹口敌营，复解南京，旋又提沪，羁押于极司菲尔路 76 号。

万里浪与伪特工执行处长吴世保、大队长陈国珍，并称为李士群 76 号特务组织的"三大魔王"。因前与平在上海市社会局时曾为同事，万遂迭次游说投降，并以高官厚禄为饵。但平意志坚定，态度强硬。1942 年第 1 卷第 6 期《复苏》中的《追记平祖仁烈士殉国始末》和 1945 年第 10 期《周报》中郑振铎《记平祖仁与英茵》一文载，"汪精卫亟思收为己助，乃亲传询问，数经劝解，平仍以缄默对之，并闻陈璧君也曾参与其事"；"敌伪的人物们其初是威胁，其后是利诱。他不为所动，反以好言劝敌伪方人物弃暗投明。最后，他们不得不用刑讯来迫取口供。他们想从他口里得到若干秘密组织和其活动的线索。他受尽了人类所能忍受的体刑，甚至他的浓密的头发也被刑者一根根、一把把连根地生生地拔下来，满头是血淋淋的。但他始终傲态如常，不曾泄露一句机密的话，一点很秘要的消息。当他被捕进去的时候，许多和他一同做工作的人们，或和他有任何联系的人们都异常地恐慌着，生怕变出非常，有被牵连进去的可能。然而，迟了又久，他们却都还很平安。平祖仁先生以自己的大无畏的勇气，挺身受刑，来保全他们，不曾有一个人因他的缘故遭到不幸。”

多方营救未果

得知平祖仁被捕后，英茵立刻赶到平的家中，呈现在她眼前的是一片凌乱和凄凉，室内所有的箱柜均被搜刮一空，没了父母的三个孩子哭闹着，佣人手足无措地呆立着。平的被捕，让他的朋友们一下子陷入危险的境地而不能出面，唯一可以帮助这个残破家庭的只有英茵了。在她的奔走下，不久，平就被解除了手铐、脚镣。平太太罗亚西在狱中还产下一名女婴。足足一个月，英茵天天赴 76 号送点心和营养品，保证了这对母女的基本生活。英茵下定决心，一定要让平祖仁夫妇走出 76 号。

袁殊时任伪江苏省教育厅厅长兼伪江苏第二区清乡专员，其真实身份为中共地下党员，于 1931 年 10 月经潘汉年介绍加入中国共产党，曾为我党提供了许多重要情报，有“情报大王”之誉，时以中统、军统、日伪、青红帮等身份为掩护开展工作。平祖仁被捕后不久，他设法与英茵取得联系，扮演成一个“好色之徒”频繁追求英茵，时常出入娱乐场所，实则利用他与李士群的关系与英茵商议营救措施，但因万里浪执意处决平祖仁而未获成功。

平祖仁的战友杨康年专程从重庆来上海，与英茵协商营救办法。英茵凭了一腔同情的热血，慨而允之。此后，他二人假扮表姐弟不断地往来于京沪之间，周旋于诸巨奸之中，以谋营救之计。历经三月，努力未果。

英茵一边排演话剧《北京人》，一边为平祖仁出狱奔走，很累很苦，一次在演出《北京人》时，竟然咯了血。英茵演出的《北京人》大获成功，好评如潮。与此同时，平祖仁在 76 号也大获胜利，他虽身陷囹圄，却仍在狱友中宣传抗日救亡，把他们组织起来，甚至看守都被他说服了，表示支持抗战。“他一举手都可以呼号起一次 76 号的叛乱，看守的警察看见了他都先敬礼。”当得知这一情况后，李士群发觉事态不妙，害怕监狱发生暴乱，进一步认识到平祖仁是一个危险人物，留下来总是一个祸根，于是，不得不动手了。1942 年 1 月 8 日，一个凄凉的清晨，刽子手将平押至之前处决林苹如的地点——沪西中山路旁的一片荒地。执行者先后换了三次枪，用了8粒子弹才完成枪决。平祖仁态度从容，面不改色，昂然直立，誓不屈膝。

平祖仁就义后，夫人罗亚西得以脱离牢狱重获自由，但她拉扯着四个孩子，身无分文，在上海更是举目无亲。平的战友们也无法出面帮助她，因为汪伪特务们正欲从死了的平祖仁身上追寻线索而将他们一网打尽。此刻又是英茵以平的恋人身份站了出来。她非常了解当时环境的恶劣，虽然认识平的几个朋友，但却一个也不联络，只得在影剧圈里找朋友借贷。英茵不仅襄助罗亚西办理了平的一切丧殓事务，而且还将余下的钱作为平夫人和子女的日常家用。

饮毒自杀

英茵重回上海后的第一部作品是《赛金花》，她曾经批评赛金花的人生道："倘使我是赛金花，那么与其后来过着美人迟暮的潦倒生活，不如在万人仰慕时，演出自杀的一幕，足以引人凭吊呢！"岂料，此言竟成谶语。

1942年1月19日凌晨，华联影业公司制片主任陆洁正带着屠光启、贺宾、郭大振等拍摄《洞房花烛夜》一剧，突然有电话找他，对方通告他："英茵饮毒自杀了，人已送到宝隆医院！"他们立刻赶到宝隆医院。只见三等病房里搁着一具无名女尸，屠光启一眼认出了曾和他做邻居的英茵，连忙要求送入头等病房实施手术，可是医院有规矩：病人住何等病房、实施几等手术，要视交钱的多少，进头等病房必须一次性交足500元住院费。他们翻遍了口袋、急得满头冒烟也没能凑足500元。他们的哀哀苦求也丝毫打动不了医生的心。贺宾急了，第一个提出剥下大衣作抵押，一名德籍看护主任见此情景表示愿作担保，医院这才给英茵实施头等手术。就这样，时间耽搁了四五个小时，经过25小时的"急救"，灌肠四五次，英茵始终没有响过一声，紧紧地闭着眼睛。室友李言闻讯也赶了来，医生关照不许病人睡着，李言遂不停地呼唤着英茵的名字。但英茵的生命永远地定格在了19日晨3时05分，时年仅26岁。

当年许多报刊从不同角度报道了英茵的自杀经过。《申报》载："医

上海影訊

第二卷第一期　中華民國三十一年一月二十五日出版　每份三角　公共租界工部局警務處登記證C字九四五號

劇影紅人英茵開國際飯店服毒自殺！

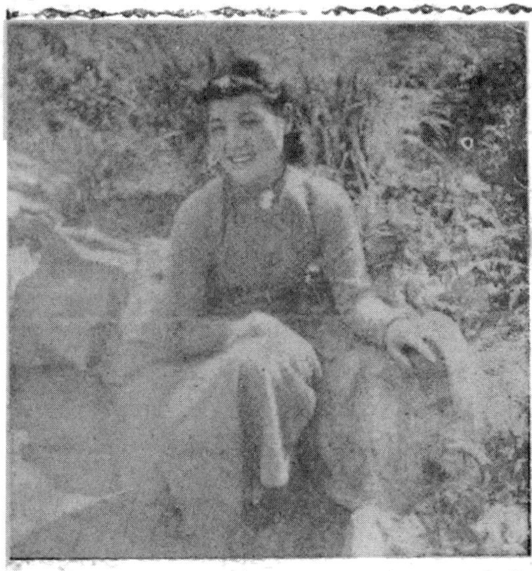

曾遇筆底下的人物陳白露，站立在大旅館裏的化裝鏡頭前，望着自己的情影，換着自己的面頰，吐出最後的台詞，她說：「年輕，美麗，生得還不錯，可是……」話沒有說下去，就吞服安眠藥片，倒向沙發上，了結她的生命。這時候大都市正在死似的沉靜的黑夜中。

那是「日出」最後一幕，也是最能抓住觀衆情緒的演出。現在，相同的事實，已於前晚出現；地點是二十四層樓的摩天大廈，人物是電影明星英茵。吞服生鴉片，企圖自殺。人生如戲劇，戲劇的人生，生生死死，原是大海中的水泡：不過像英茵那樣「年輕美麗[illegible]不錯」一演技洗練的青年藝人，為什麼爭[illegible]自殺呢？為什麼要学陳白露般的喊出「可是……」呢？

為着明白死的原因，先把她的過去，約略的回憶一下。她是旗人，原名英潔卿。十年前，黎錦暉率領明月歌舞團演出平津，她在歌舞的愛好下，報名參加。同時隨團來滬，在舞台上的裸露大腿，跳跳丁香山，唱唱毛毛雨。因為體格的健全，國語流利，被但杜宇「賞識」，在新聞片式的「健美運動」中飾演報告員參與演出，這是英茵初上鏡頭的處女作。

御機離川

接着在但杜宇導演下，演過幾部暴露肉體的軟性影片。以後轉入「明星」，與白楊合演「十字街頭」後，

重返上海

站穩銀幕地位。不過老是被壓在「大明星」下，充任「硬裏子」而已。直到主演適合個性的話劇「武則天」後，一鳴驚人，發揮天才，內外行才一致認識她的演技。一從戰事發生後，她曾應邀入川，表演話劇。後來在渝轉入中國製片廠，鬱鬱不甚得志，於是由吳性栽的邀約，不聲不響，乘飛機轉到香港，重返滬。

出於她的意外，加入吳性栽主持的合衆影片公司後，竟無戲拍，每月拿些生活費。直到一年後，才主演「賽金花」。以後陸續攝製「返魂香」「世界兒女」及「肉」，兩月前重上舞台，主演「北京人」；都得到很高的評價。

國際飯店

深宵服毒

年輕的姑娘，當然有些戀愛事情，何況英茵又是熱情的藝人，這幾年來，拍戲生活，非常閑散；因此與「天風」老板趙志游等，同游在滬西舞場中，時常可以看到她的舞影。本月十日滬上各影片公司在國際飯店舉行聯歡會，「大明星」等全體出席，可是沒有英茵的影子。

（下轉第二版）

1942 年第 2 卷第 1 期《上海影讯》头版头条报道英茵自杀的消息

英茵之死

——平祖仁烈士殉國記——

鄭振鐸

英茵於卅一年一月十九日晚歸室國際飯店服毒自殺於二十一日晨三時香消玉殞於寶隆醫院。英茵之死是有着一段悲壯的故事。四年過去了，卅五年的一月，又記起了這一位不朽的藝人。

平祖仁先生是國立暨南大學的畢業生，曾在暨大服務過。我和他同過事，但不大熟識。他不久便轉到政界裏去。「八一三」以後，他做了某區的專員，伍在上海做工作，行蹤很秘密。

有一次，被敵人偵知他的住所，派了好幾個人去暗殺他。他從外面回家，剛下汽車，便聽見槍聲幾響。他機警異常，立即躲到汽車後面。刺客們還是追了過來。他連忙匍伏到汽車底下去。街上的人們擠着看熱鬧。刺客們逃走了。他從容從車盤下面爬了出來，扣門進去，一點也不會受傷。

從此，他更加小心起來，進出都十分的戒備着。許多人勸他趕快離開上海。但他總不肯離開去，干顧冒着萬險，一直的住下去，直到他被僞方所逮捕爲止。

他被捕後，囚禁在極司非爾路七十六號那個魔穴裏。聽說敵僞的人物們，起初是威脅，其後是利誘。他不爲所動，反以好言勸僞方人物棄暗投明。最後，他們不得不用『刑訊』來追取口供。他們想從他口裏得到若干秘密組織和其活動的線索。他受盡了人類所能忍受的體刑，甚至他的濃密的頭髮，也被刑者一根根，一把把連根的生生的拔下來；滿頭是血淋淋的，——但他始終傲態如常，不會洩露過一句機密的

1946 年第 1 期《中国影坛》中郑振铎的《英茵之死》一文

院因为是捕房送来的无名女尸，施行普通手术后，就搁在三等病房里……三个人罄囊而出，还凑不满 500 块钱，幸亏值班医师挺身而出……担保后才送入头等病房，施行头等手术，然而时间终究耽搁太久了。”1942 年第 1 期《上海电影》中《英茵自杀前后》一文报道称：“1 月 18 日，英茵独自一人化名甘洁辟室 708 号，19 日晨零时许，为该饭店侍役发觉。”同年第 10 期《三六九画报》中《英茵自杀记详》一文载：“自杀的前夕，她买了 60 元的大烟，事前请合众厂长陆洁吃饭。席间没有任何表示，就说‘也许我明天有事要陆先生帮忙’。”同年 2 月 8 日至 21 日《品报》中连载的《英茵自杀详记》一文写道：“她的遗书由捕房交出后，据信里说是：‘我身体多病，赛过废人，留在世上，一无用场，所以需要总休息。死后，请向我公司陆先生借 5000 元：1000 元给家属，4000 元治丧之用……’此外，留下四处电话：大成制片公司、陆洁寓所、同住李言小姐处和唐纳处。事发之后，打电话通告她家属，因为半夜里没有人接，后来才打电话到华联厂去的。”李言返回寓所，发现一封英茵的遗笔，上书：“我死后无所留，屋里的零碎东西，姊欢喜的，替我保藏好了。不然的话，等我姊姊从北平来，一样样让她拿去。只有一只手表，平日总是戴在我的手腕上，亦是我平日最爱惜的一项东西，一定要送给姊姊，希望姊见了表，就像看见我人一样。吾姊姊来，假使东西不能带了北上，那还是给他钱的好。”

1942 年 1 月 24 日下午 2 时，在胶州路万国殡仪馆举行了英茵大殓仪式，陆洁主持。在沪的电影、戏剧、新闻、文化等各界人士均到场为英茵送行，万人垂泪唱悼歌，凄风苦雨吊英茵。顾也鲁哭得最为伤心，在桃源邨的时候，英茵住在客堂间，他住在亭子间，二人差不多天天在一起，像自家人一样。后来英茵搬走，他就住在英茵之前的房间。李言为英茵置办的殓服为旧式红衣红裙，里外 11 件，完全古装。她说：“英茵小名叫凤贞，我拣着一条刺凤绣被用以殉葬，相信九泉之下的英茵，总该称心欢喜的罢！”英茵的墓地设在平祖仁的旁边。

死因之谜

英茵自杀，轰动全国，数十家报刊做了跟踪报道，但对于其自杀原因

英茵——她的死

葉明

「紅塵碧海多少癡情種，猜不透，鏡花水月畢竟總成空：：」

——黃自：山在虛無飄渺間

一 沉長·混亂的生活

•英 茵•

十四歲的英鳳貞，在北平接受她少年時代的教育。英鳳貞，滿淸皇朝的貴族，一位王爺的三小姐，有着兩個姊姊和一個哥哥。她的祖先帶給她長白山的冰一樣的堅硬，松一樣韌强，她的母親是遙遠南方的海南島的少女，被她祖父帶到北平來，然後再和年青的王位繼承人結婚。她生下來帶着中國極南端海南島的狂熱和極北端滿洲里冰天雪地裏熬煎出來的堅强，她接受了父母們最優秀的遺傳性，並且最典型的保有它們。

北平，前朝皇族們的北京城，在夕陽西曬下的一片墨綠的玻璃瓦和橙黃色的穹隆，鑲着龍形的牆，和護城河上白玉石的橋，昔日帝王的繁榮，年青的英鳳貞背負着三百年昔日的光榮，單獨一個人在靜寂的宮道的大石上走着。家庭裏慢慢中落的家道，非王族的母親的被歧視，母子四個人相依爲命的活在一起，美麗的景色，光榮的家世，韌强的性格，世俗的冷落，叫她更强，更沉默，更恨，更用力。她要報復，不，她要做點事情給人家看，美麗的紫禁城使她潛在地愛上了藝術，沉寂的北京城再留不住她，她想跳想飛，那時候明月歌舞團上北平來，她抓住了這個機會，狠了狠心，跟着他們上南方來了。

你知道什麼叫藝人的奮鬥史嗎，英鳳貞會告訴你是怎麼回事，絕沒有電影戲劇中那麼美麗，祗是冗長，混亂，暫時的歡笑和長期

1947 年第 1 卷第 7 期《幸福世界》披露英茵自杀真相

却是莫衷一是，众说纷纭。1942 年出版的报刊普遍认为她是殉情而死。如 1942 年 2 月 21 日《品报》中《英茵自杀详记》一文中分析道：“那江西客和英茵当然有了种特殊的情谊，所以那江西客的凶讯一传来，英茵像听见她的丧钟响，她花的金钱与心血，给她一个总答复是‘完了’。可是，她留着最后一点精神，去埋葬那江西客的尸首……英茵辛苦了，于是，她要休息了。”一方面，国民政府为掩护英茵的真实身份有意做的对外宣传；另一方面，报刊炒作明星的花边新闻也能吸引更多读者，提高发行量。

第二种说法是因为她的身体原因。1946 年第 1 卷第 2 期《关于英茵的奋斗和死亡》一文则不同意殉情之说：“如果是殉情，她将不会说出‘休息’两个字，那是她遇到困难而自己受不了，斗不过它又不肯屈服的明证。原来，英茵在自杀前，她的精神和物质都很困苦，加之她病弱的身体无法支持，于是，造成了她的总崩溃。”早在 1941 年 7 月《妇女界》记者采访时，英茵就自述道：“是的，我身体非常虚弱，只要稍微累一点，眼前就会发黑，刚才搬一个小箱子，费了很大的气力才搬动，真不行。我刚回上海的时候，体重是120多磅，现在只105磅，你想，我是这么高的个子呀！你说我的脸瘦，噢，身上还要瘦！”1946 年第 3 期《妇女》中的《英茵的自杀》一文称：“主要的该是为了脆弱的身子，因为素来英茵的身体衰弱，除了轻微的肺病外，她还患着极严重的心脏病，受了这样重大的刺激以后，她自己很明白再也支持不住了。”从英茵演出《北京人》时累得咯血，剧团不得不临时更换了女主角的有关消息报道，以及她遗书中“身体多病，赛过废人，留在世上，一无用场”之句中，都可以得到印证。

最准确的一种说法应该是，英茵为免遭汪伪特务逮捕、保守机密而自杀。正如 1946 年第 27 期中《英茵在流泪》一文称：“结果她的斗争的伙伴终为敌人所杀，而她为了在不愿宣泄她所知道的一部分秘密也毅然自裁了。她对得起朋友，同时也对得起国家。”据 1947 年革新第 25 期《春海》中《忆英茵》载：“抗战初期，国军西撤后，英茵即受任江苏省第三区行政督察专员公署的政治情报员。数月后，功绩颇具，由该署专员平祖仁力举重用。”由此可见，英茵其时已是一名以影剧明星身份为掩护的地下工作者了。她掌握了一些机密，更目睹了林苹如、平祖仁的悲惨结局。在营救和安葬平祖仁的过程中，已引起汪伪特务的注意，她充分认识到了自己的危险处境，被捕只是时间问题。与其被捕受尽折磨再遭处决，“不如在万人仰慕时，演出自杀的一幕”。

抗战胜利后，平祖仁的战友们在各报刊上发布追悼平祖仁的启事称：“平烈士在抗战期内担任淞沪军政要职，于地下工作时，不幸被伪方李士群抓捕，初则幽禁囹圄，终于被害。现已整整四年，其友发起被害四周纪念，特为追悼。”在追悼平祖仁的同时，人们重又忆起了侠义的英茵，重新认识到英茵的自杀原因。

1946 年 4 月 2 日，时届清明，平祖仁夫人罗亚西带着四个孩子，到万国公墓平祖仁和英茵的墓前祭扫。当时英茵墓前已经堆满了鲜花，献花者有英茵的亲朋好友，也有政府官员、影剧界同仁，更有敬仰她的社会各界人士。平夫人将狱中出生的小女儿卫椿叫到英茵墓前行了大礼，认英茵做义娘，感恩当年英茵的义举。得到万人敬仰的英茵，倘若地下有知，总该含笑九泉了。

八青年在南昌集体赴死

抗战胜利后，举国上下过年般庆祝的鞭炮声、锣鼓声尚在耳畔回响，内战的炮声已然打响。随之而来的是社会腐败、官员贪污、物价飞腾，农民流离，工人失业、学生失学，在民众中流传着“想中央，盼中央，中央来了更遭殃”的谚语。从希望到失望再到绝望的百姓，在日复一日的苦痛挣扎中，逐渐对政府、对生活失去了信心，轻生自杀现象屡见不鲜。他们或为生存、或为感情、或为疾病、或为忧国，甚至以自杀为时尚。1946 年第 1 期《万象》画报中的《一幕惊人悲剧　一个严重问题》一文，披露了八名青年在南昌集体自杀的消息，轰动一时。

1946 年 3 月中旬的一天，一位 20 岁左右的男青年在江西南昌的介石公园里独自哭泣。适值姊妹二人从此经过，遂上前询问缘由。青年哭诉说，自己名叫蓝叶，时年 22 岁，原籍安徽，中学毕业后，家乡的亲人们给他凑

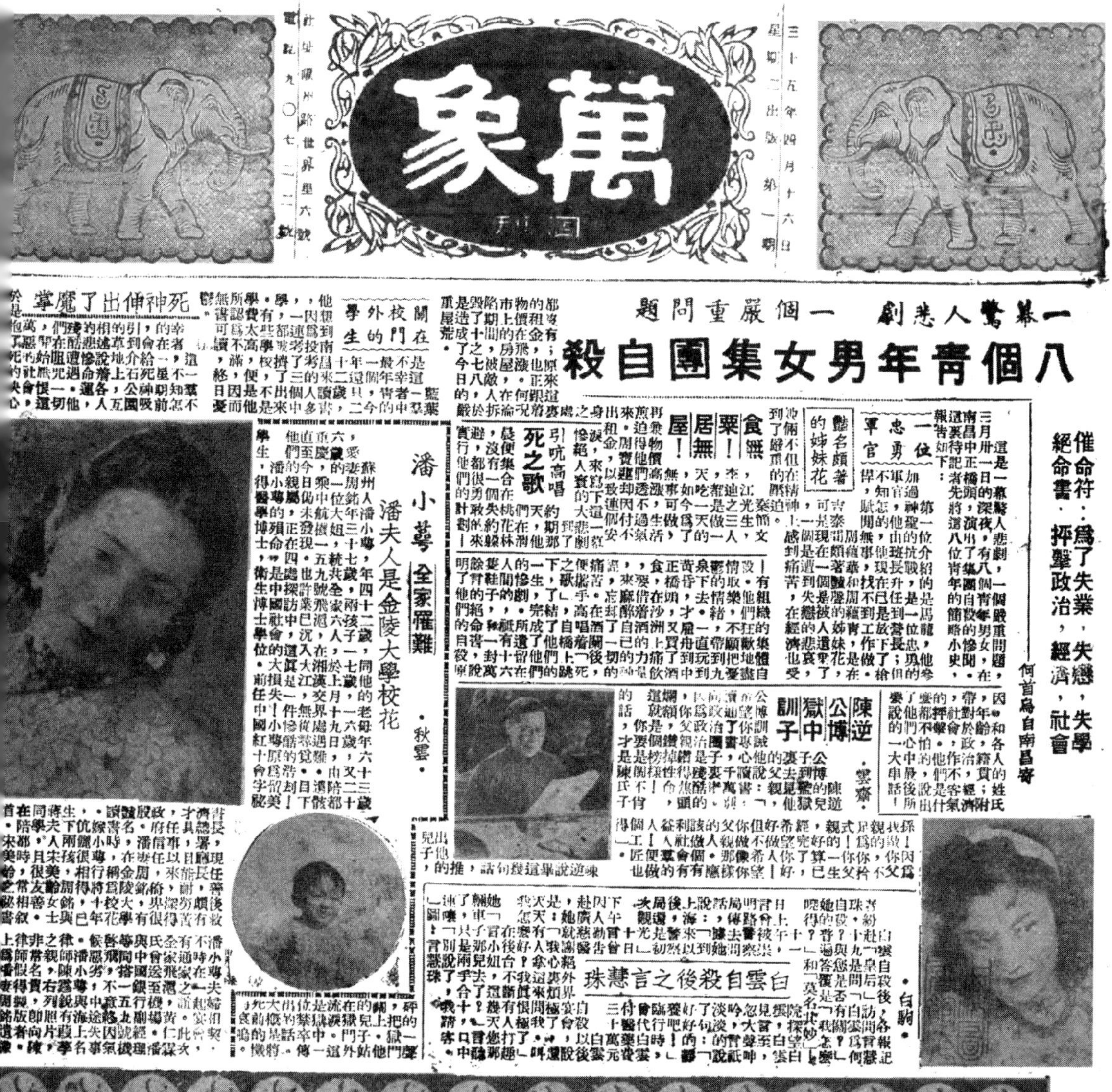

萬象

三十五年四月十六日 星期二出版 第一期

社址 廣州路世界里六號 電話 九〇七二二

一幕驚人悲劇 一個嚴重問題

八個青年男女集團自殺

死神伸出了魔掌

關在校門外的學生

催命符：為了失業，失戀，失學，絕命書，抨擊政治，經濟，社會

何首烏自南昌寄

潘小萼全家罹難

潘夫人是金陵大學校花

陳逆公博獄中訓子

白雲自殺後之言慧珠

1946 年第 1 期《万象》画报对这场悲剧的报道

足了盘缠，送他到南昌投考大学。因为考生过多，一连考了三所大学都被挤了出来，而考取的大学又都是学费太高，支付不起而不得就学。如今囊中已是空空如也，根本没有钱买车票回家了，一日只得啃两个窝头充饥。刚刚又被租住的小旅店轰了出来，在这举目无亲的陌生城市里，叫天天不应，叫地地不灵。听了他的遭遇，两姊妹流着泪说，我们比你也好不到哪里。

姐姐叫周蕴华，妹妹叫周蕴青，年轻时曾是南昌娱乐交际场中颇著艳声的姊妹花，风光一时。可是如今，一是世态炎凉，二是人老珠黄，已婚的姐姐因丈夫移情别恋而惨遭遗弃，未婚的妹妹也因未婚夫另有心欢而陷入失恋的悲伤之中。精神上的打击已使她俩痛不欲生，最近又因借高利贷不能如期偿还而债台高筑，债主终日登门讨要，限令三日还清，否则就将她们卖入娼门。

她们话音未落，旁边的一个听者开口说道，我叫周宝莲，是一个来此讨生活的外地人，自己租房做小本生意。沦陷期间，市上的房屋被日敌炸毁、烧毁、拆毁的有十之七八，南昌出现了严重的房荒，房屋的租金也随着物价的飞腾而水涨船高。我的小商铺因支付不起租金而不得不歇业，现在连个安身之处都没有了，只得四处流浪，乞讨度日。

这时又有三个人凑了过来，自我介绍说分别叫秦简文、江光生、李迪，都是做一天吃一天的苦力。近来因为身体有病，做搬运、人力车等已经吃不消了，而较为轻松的营生又找不到，眼下已经无事可做，每日都在艰难困苦中忍受煎熬，简直透不过气来了。

“你们的遭遇都很悲惨，但也没有我悲惨。”一个身着旧军装的中年男子打断他们说。他叫马龙，在抗战时期曾在前线与日敌面对面、真刀真枪地打过仗，是一名忠勇的军官，由班长升至营长，也算是为国家做过贡献的功臣。但在抗战胜利后，看不惯国民政府官员的贪污行为，因揭发他的上级徇私舞弊而被革职回家。如今赋闲无事的他连个安身立命的饭碗都找不到。他虽只是一介草民，但常为报国无门而痛苦，为政府的暗无天日而激愤，为看不到国家的前途而绝望。

就这样，一群不幸的人共同坐在草地上，互相述说着各自的悲惨命运，他们诅咒政府，痛恨社会，厌恶人生，越说越冤枉，越说越痛苦，最后抱在一起痛哭了一场。“咱们都是没有任何希望之人，现实中根本没有我们的活路！我们只有一条路可走了，那就是一死了之！”马龙的一番话先是让众人一愣，随后大家都不住地点头，一致赞同。

于是，他们抱定了赴死的决心，计划用他们的血泪，书写一幕惨绝人寰的大悲剧。约定3月31日再次在此相聚，履行他们的死亡之约。

3月31日清晨，这八个人如约来到介石公园桃花林，竟然没有一个爽约的。他们唱歌跳舞，尽情地狂欢取乐，他们不愿把人世间的痛苦和悲伤带到九泉之下，要快乐地迎接死亡，祈盼能在阴曹地府得到幸福和快乐。他们一直玩到黄昏，才雇了一叶小舟驶至中正桥头。他们买了酒食，在沙洲上痛饮，借着酒的力量，麻醉自己的神经，忘却一切世间的烦恼。酒阑后，他们携手走上桥头，高唱着自己创作的《死亡之歌》，义无反顾地一跃而下，了却了他们痛苦的一生，完成了一幕人间惨剧。遗留在人间的只有他们的16只鞋子和一封万余言的绝命书。这封遗书，写明了他们的姓氏、年龄、籍贯，讲明了他们自杀的原因，记述了他们的不幸遭遇，控诉了社会的黑暗，更对政府做了最不客气的抨击。他们在生命的最后时刻已经没有什么可怕的了，他们痛快淋漓地说出了最想说的话。如果说他们最初相遇在介石是偶然的话，那么，选择在中正桥上投河自尽则应该是他们的有意选择，一是在这样一座著名的桥上自杀会取得更大的社会关注，二是表达了他们对以蒋介石为首的国民政府的绝望和不满。

越剧名伶筱丹桂的以死抗争

1947年11月13日，越剧名伶筱丹桂服毒身亡，正如十几年前影星阮玲玉自杀一样，轰动了整个社会。筱丹桂在舞台上是一名出色的女演员，但在封建家庭中却是一棵丧失人身自由的“摇钱树”，她对现实不满的反抗便是自我毁灭。她的自杀既是越剧界的损失，也折射出民国妇女的不幸，更反映了时代的局限和社会的悲剧。笔者试图通过分析筱丹桂个人悲剧的

勝利無線電

卅五年十一月廿五日出版 第八期 每逢十日二十五日出版

越劇明星：

·筱丹桂·

台名	週波	電
	550	
西人華美	600	31234
中國生產	680	13313
大美	700	8876
大聲	720	88931
遠東	740	46509
福音	760	13661
鐵風	780	42944
新蘇	800	85724
中華自由	820	76886
金都	820	36020
軍友	840	46198
海聲	860	90003
滬聲	860	98030
青光	880	95918
上海	900	23035
中韓文化	920	81797
亞美麟記	940	358
大中華	940	9233
大陸		
建新	960	81455
新運	980	61848
國民	1000	83532
福利	1020	87355
軍政	1030	95962
東方華美	1060	91020
元昌鶴鳴	1060	82985
復音	1080	95954
上海市警察局廣播電台	1100	15380
合衆	1120	33092
中國建設	1140	98030
鴻聲	1160	84009
亞洲	1180	79669
合作	1180	37712
新聞	1200	97193
青年文化	1220	95110
民聲	1240	35595
九九	1240	82334
勝利	1260	34913
華聲	1280	31637
青年	1300	75434
大中國	1310	93330
大新聲	1310	16741
海員	1340	35940
新滬	1360	73779
大同	1360	33445
軍民	1380	97194
國泰	1400	77168
中國文化	1420	90975
建成	[illegible]	87896
蘇聯呼聲		
當聲		

元

聯合出版社出版

上海保定路326弄101號　電話：五〇二九〇

1946年第8期《胜利无线电》封面上的筱丹桂

成因，管窥千百个呻吟待毙的筱丹桂群体，找到最根本的社会症结。

越剧名伶 委身于人

筱丹桂，原名钱春凤，1920 年生于浙江嵊县长乐，有兄伯权、妹琼韵。自幼父母双亡，孤苦无依。13 岁便告别故乡，投入越剧“高升班”，过着四处漂泊的艺人生活。她聪敏好学，学业出类拔萃，三年后在演出中即挂得头牌，颇得观众青睐。此后，越剧进入兴盛时期，高升班遂以筱丹桂的技艺为号召，于 1939 年来沪演出。首在浙东大戏院登台，一炮而红。后又在卡德、恩根亚、天宫等戏院演出，与施银花、曹瑞花、王杏花、姚水娟并称“越剧五大名伶”。筱丹桂的技艺尤为卓绝，因此时有“三花不如一娟，一娟一及一桂”之说。就在此时，筱丹桂与张春帆相遇了。

张春帆也是嵊县崇仁镇人，1906 年生人。1930 年来到上海，当过织造厂工人和绸缎厂职员。1937 年开始涉足越剧，担任领班。他勾结上海黑恶势力，操控艺人，成为越剧界的戏霸。一次，他利用手段将已经离开上海的筱丹桂戏班请回上海。为迎合观众需求，在张春帆的“调教”下，筱丹桂在《马寡妇开店》《潘金莲》等剧目中，渲染庸俗色情的表演。张春帆利用职务上的便利，竭力追求筱丹桂，终于实行同居。筱丹桂的恶运至此开始。

同居后，筱丹桂才发现张春帆已有妻子裘瑞媛，并育有四子二女。但木已成舟，追悔莫及。张春帆的野心很大，完全把筱丹桂当作摇钱树。为了维持卖座力，他们对外以表叔、表侄女相称。但没有不透风的墙，时间不长，他们同居的事实早已成了上海越剧界公开的秘密。张春帆、筱丹桂、裘瑞媛同住在北京东路宋家弄 11 号浙东大戏院楼上。裘瑞媛的子女均称筱丹桂为“姐姐”，邻舍、同事无不引为奇谈。筱丹桂面对这种畸形的关系，只是一谓地忍气吞声、逆来顺受。

张春帆平时管束筱丹桂极为严苛，禁止她出外应酬交际，稍不如意，立遭苛责。与张春帆同居的七年中，筱丹桂毫无人身自由。她有两个义母，一为上海青帮大亨黄金荣的长媳，一为电影业巨头吴帮藩的夫人，但在筱丹桂自杀前的一年中，往还亦渐疏远，鞭长莫及。

正常社交　陡起风波

1946年秋，筱丹桂带领丹桂剧团在国泰戏院演出，初时上座平平，后因编排新戏，营业渐有起色，获利颇丰。在灌制多张唱片后，筱丹桂也极希望能够涉足电影，巧的是，当时国泰正聘请了著名电影导演冷山。于是，他们在合作中建立起了友谊。

冷山，原名金兆元，又名金彬，苏州人，1923年生人。1944年，与圈内人梅红结婚，有了两个孩子。1947年5月25日晚间，戏班正在演出新戏《是我错》第四幕时，国泰剧院的天花板突然坍落，被迫停演三周，戏院损失惨重。国泰辍演后，台柱子小生徐玉兰退出另搭戏班，失去搭档的筱丹桂赋闲在家。8月19日，越剧十大名伶为创设越剧学校建造实验剧场募集基金，在黄金大戏院联合公演《山河恋》，筱丹桂参加演出，饰演剧中宓姬。岂料，此次演出竟成了她的绝演！

筱丹桂因有拍电影成为明星的想法，因此，常向冷山请益。10月7日下午5时，筱丹桂与冷山一同到大华戏院看电影，并在愚园路一带散步，晚11时左右回家。就是这样一场导演与演员的正常交往，却因张春帆醋意大发而掀起轩然大波。

据冷山的自白书记叙："演旧剧的剧人生活，是较堕落的，工作之余，多以雀牌为乐。我常劝他们节省这些时间，做些有益于自己的工作，读书或写字，均有助于个人的进修。当时许多演员中仅筱丹桂能深谅此意，愿意多读书，教育自己。筱丹桂对人和蔼，和每个人都处得好。在十姊妹中，她最能和每个人相谅相助，同时她也极愿上进，请了一个教师学国文，总想在工作之余多读点书，并时常练字……今夏，国泰演员半年的约期届满，与筱配小生的徐玉兰转入龙门上演，筱无人配演，便辍演休息，两个月没有登过台……筱丹桂对演电影颇感兴趣，我常说要演电影，必先看电影，学习电影演技，并须多读书，以提高自己对艺术欣赏的能力。本月7日，我由苏来沪，晚上，筱与我同往大华看《芙蓉春色》。因时间尚早，故未购票，即沿街散步，并走至愚园路一带，散步时谈得多为演技、进修与电影等问题……当天送她回家的时候，已过11点钟……"

戲世界　　·六·

運社會局堅決表示：必繳冬令救濟捐

戲院關門將改庇寒所！

‥戲院業推派代表四人赴京請願‥

上海通訊

張春帆喊冤內幕

★倚長春之西漢劇照★

張春帆告冷山畧誘

滬地檢處作首次偵訊

——對質時兩造都有不愉之色 被告逐點辯駁後交保飭回——

活捉趣話

控冷山有感

1947 年第 347 期《戏世界》刊登张春帆控告冷山的消息

张春帆于晚12时回家后，便向筱丹桂逼问道：“你为何不乘自己包车出门，到哪里去的？”答：“在俞家姆妈家吃夜饭，吃过与俞家姆妈同去看电影。”张听后大怒：“放屁！俞家姆妈在国泰看戏，曾经同我在后台谈过天。你老实交代到底和谁在一起？”被逼无奈，筱丹桂在写字台上写了“冷山”两字。张问：“你为什么与他一起，你们做了什么见不得人的勾当？”答：“你不必多问，我身子绝对清白的。”怒不可遏的张不但抬手打了筱，还不许她睡觉，一直审问折磨至次日上午10时左右。

8日下午两点多，张春帆让手下刘涛等一同到兰心戏院附近的冷山家，命他到张家与筱当面对质。冷山到了张家，只见筱蓬头垢面地拥被坐在床上。张春帆阴沉着脸劈头便问：“你们在何处约会，何处雇汽车，何处逛马路，开过几次房间？”冷山叙述了昨夜的经过，说明他与筱完全是友谊的联系，不希望为此破坏他们的家庭幸福，并郑重表示，如果张仍疑心未释，自己今后愿与筱断绝来往。听了冷山的解释，张愈加冒火，竟然连掌他两记耳光，喝令冷山跪下发誓。冷山在屈从后方被勒令离开。

香消玉殒　各界追悼

因忍受不了张春帆喋喋不休的诘责，筱丹桂只得搬到邻居魏美英家小住。数日之间，饮食不进，萌生死念。13日午后2时，魏兰芳来访，谈约二小时，方知筱与张吵架一事，虽经再三劝导安慰，筱仍心灰意冷。至5时许，魏兰芳有事外出。筱知道魏的小孩足部有湿气，家里藏有来沙尔。当时魏正在为孩子补袜子，筱说：“袜子拿去烫一烫就平直了。”魏便拿了袜子出去烫。魏走后，筱便将一瓶来沙尔吃下。在魏的房内，她用手指甲在绸缎被面上写了“做人难，以难做，死了”八个字，然后回到自己房内，提笔想写遗书，但药性已然发作，仅写下“春帆你我”四字，“你我”二字如怨如慕，如泣如诉，令人遐想。魏兰芳转回，来到筱的房间，闻到来沙尔的浓臭气味，又看到筱面色起了变化，遂惊呼：“春凤姐！哪能好吃这种东西！”一面喊来筱的妹妹琼韵将筱抬上三轮车送往医院，一面让人设法通知张春帆。但行至祥生汽车行门前时三轮车链条突然断掉，只得换乘汽车送到中美医院。大夫立即施行急救，打了一针盐水针，灌了三铅桶肥

不能小忍而遭巨禍　胞兄貪財因禍得福

筱案二主角·張春帆冷山受審記！

法院門前萬頭騷動　議論紛紛莫衷一辭

蘇州國語宛如演戲　庭上答辯滔滔不絕

無賴之徒乘火打劫　閨房什物一掃而空

★★★★

筱丹桂自殺，迄今已是整整的兩個多月了，過去那樣的轟動，也漸漸的給人遺忘了，筱丹桂是一位舞台上的紅演員，擁有廣大的越劇觀衆，在電台上播音，同樣的有千萬聽衆愛戴着，關于她的，本刊第九期有很詳細的記述，死後糾紛叠出，各報輿論不一，記者本有聞必錄之責，將經過瑣事及張春帆出獄前後之情形，詳報本刊讀者，或為諸君所樂聞也，又聞某越劇週報曾接受張春帆之賄賂，淆人聽聞，本刊正搜集證據中，將對之加以無情的揭發。

•記者：司馬華•

★★★★

各界關目之張春帆控告冷山妨害自由案，地檢處業已指派陸振南檢察官負責偵審，茲悉陸檢察官已於上月十九日對被告冷山發出傳票，並已於二十日下午二時初次開偵查庭，届時除提出在押之該案告訴人張春帆與冷山對質外，並未傳訊其他之有關證人。冷山用着他那流暢的話劇詞兒似的蘇州國語，滔滔不絕地在法庭上答辯着。在他的一傍，是一個莽漢型的張春帆，他所答辯的話，顯然沒有冷山那樣裝飾得漂亮，他說話帶點兒木吶；因為他在平時的說話，每句話的前後，必然罵一句「觸那」的，在法庭上，他當然不敢再罵，答話時便嘀嚅起來了。法官問冷山：和筱丹桂究竟有沒有超友誼的關係？冷山搖搖頭，裝了很正經的樣子，半響說了聲「沒有，我們是很純潔的藝術朋友」。好奇的越劇觀衆，擠滿了法庭，想要從那兩個筱丹桂自殺案為主角底供詞中，得悉筱丹桂生前死後種種未知的底蘊——那件自殺案的真情，但是雙方的供詞中，還是過去已經說過的那一套。待到退庭，羣衆像潮水一樣湧出法院的大門，他們顯然沒有感到滿意，紛紛在那裏說着閒話：「張春帆真是一副流氓相」。「「我當冷山是怎樣的一個男子，長得又不大像樣，筱丹桂怎會看上了他，天知道。」「我看來，兩個人都不是好東西！」法院中退出來的羣衆們，他們用了他們「看越劇」的心理，下了這樣的判斷。

錢伯仇是個糊塗虫

在北京路宋家弄浙東戲院樓上，張春帆跟筱丹桂同居的住處，現在已是一片淒涼的景象，據說：筱丹桂這次自殺，張春帆的流氓架子固然拆坍了。冷山在他說是毫無瓜葛，然而在外界有一般人對他還是沒有釋疑。倒是筱丹桂的胞兄錢伯仇，他反而「因禍得福」；他是一個十足的糊塗蟲，在前幾年，他住在上海，倚靠着他妹妹筱丹桂的供養，他每天祗要有酒喫，有肉喫，空暇的時候，在外問花尋柳，結果染了一身毒瘡，筱丹桂不勝其擾，便命他回鄉去，每月寄錢來養活他。這次筱丹桂自殺的消息，傳到了鄉間後，他大喜過望，認為他妹妹的一切財產都可留給他來繼承，不嘗發了一筆橫財，同時在嵊縣鄉間的一般無賴之徒，聽到了這個消息，鑒於錢伯仇是個糊塗蟲，可以欺侮，就假稱幫同錢伯仇出頭為幌子，有十個幫閒者，跟着一起到上海來，都想借着這機會發筆大財，而錢伯仇祗要錢其他問題一概不顧。張春帆因入囹圄，錢伯仇的一批幫閒者，趕忙席捲筱丹桂房間中所有的一切，雖如收音機之類，無不囊括，搬運到鄉間去。現在祗剩下幾件笨重的紅木傢具，在等待着航船裝運，其餘什麼都沒有了。張春帆的妻子麥瑞媛逢人哭喪着臉說：「伯仇搬得一件都不剩，最可惜的是春鳳（指筱丹桂）的妹妹瓊韻，她一點也沒有到手，只有一件衣料，還是我跟伯仇說是春鳳在世的時候已是給了瓊韻的，伯仇纔肯留下……」張春帆到了今日，真可說是毀了家，據說：筱丹桂所有的財產，大半是張春帆平時替她調度經營而成的，在他的心目中，早也就是他們共有的了，所以目睹被人捲去，瑞媛怎能不自衰傷呢？

•袁雪芬小姐參加普綠社義播時攝•

張春帆皮包裝草紙

張春帆可算是一個莽漢型的流氓，在平時，開口脫不了闊人，「觸那」是他的口頭禪。一旦做了戲院老板，他也想學點斯文，買了一隻公文皮包來裝飾自已老板的氣態，可是他的公文皮包中却滿裝了大便用的草紙，因為他患有痔瘡，草紙是要隨時取來用的。還有他坐着時候，一會兒身子便會從椅子上瀉下來，逐漸地竟像癱在椅子上的那副形狀，時常使別人看了，

X的組史

莊元庸入爵士社

「胖姐兒」莊元庸，白天除担任新運電台日班報告，并公建電台担任銀色新聞報導之外，夜班八時起，則担任青年電台爵士社之音樂歌唱報告，而且除報告外，并聞莊姝巳正式參加爵士社，在其報告節目中担任歌唱云。

馬芳勤習沈薛調

「嗲女郎」馬芳，因參加播音之電台中途查封，故一度息隱在家，最近則又見重行活躍于播音圈矣。目前彼白天在青年電台，夜班則担任聯合電台之龍門越劇報告。馬芳姑蘇產，故一口蘇白嗲得令人「酥脫」。而且還酷嗜彈詞，最近正在勤習沈薛調，與范靈君雪萍姊妹俐「攪」得很熱。

龔敏芝心腸奇極

民聲電台龔敏芝，担任報告職務尚暫，僅數月歷史耳。惟經驗則已逐漸豐富，絕無怯場的弊病，前週曾與乃母同赴滬光觀「處處聞啼鳥」，竟至黯然涕泣，一面孔不高興，小妮子處事未免太認真了——

哈蓓蓓組清清社

「封面女郎」哈蓓蓓，自脫離民聲電台後，即傾力支持民聲歌唱團，并親自一展歌喉。且蓓蓓對于西洋歌曲，日來正致力學習，且唱來裕如者，為數甚多，并聞與知友另組清清社，播唱于合作電台。

朱美玲國貨報告

「報告皇后」，朱美玲，自在某實業巨頭力捧成名，似乎她的「終身」被織聯會承包了似的，所担任之節目，俱為宣揚國貨之娛樂節目。此次機

1947 年第 11 期《大声无线电半月刊》报道《张春帆冷山受审记》

皂水，但终因时间过久，毒已侵入，还魂无术，延至6时一刻，一代越剧名伶香消玉殒，时年仅27岁。当张春帆赶到医院时，筱的遗体已被送入太平间。

这时，人们才注意到筱丹桂从上到下崭新的衣着，条子纺绸短衫，紫酱色绸旗袍，绿色绒线外衣，肉色长筒丝袜，白缎绣花鞋。由此可见，自杀显然是她早有准备。

筱丹桂自杀的消息传出后，一时轰动全国，各报均以大字标题报道始末，各电台也纷纷播音追悼筱丹桂。筱的遗体于14日经验尸后，移送中正西路乐园殡仪馆。筱的九个结义姊妹，除尹桂芳在香港外，其余8位均来吊唁。越剧迷也都纷纷赶到，争看遗容。三日之内，前来吊唁人数达10万以上。

16日午后三时，筱丹桂大殓，全上海越剧戏院停演一日致哀，各界代表5万余人参加公祭，袁雪芬读祭文。八姊妹个个臂佩黑纱，头戴白花，声泪俱下。中国妇孺救济协会乐队高奏哀乐，两面大锣不时敲响。筱静静地躺在独幅楠木棺中，口含一两重的金银小元宝各一个，穿衣五件、裤三件，覆盖锦被七条，旗袍27件垫于棺底，平日所用化妆品、碗碟杯筷，陪伴旧主，长眠地下。她的穿戴均购自老介福，为徐玉兰八姊妹和两位干娘亲临该店选定。联华电影公司全程拍摄了纪录片。

张春帆的出现，引来众多愤怒越剧迷的谴责，斥责他就是害死筱的罪魁祸首。而当冷山赶到时，公祭现场已被围得水泄不通，他只得暗自神伤地悄然离去。后因来宾过多，现场秩序大乱，殡仪馆的椅桌均遭踏毁，玻璃门窗亦被挤坏打碎，场面失控，一片狼藉。

法律调查　无罪释放

筱丹桂自杀后，面对社会上的种种猜测，徐玉兰、傅全香、竺水招、范瑞娟、徐天红、袁雪芬、吴筱楼、张桂凤等越剧八姊妹联合发表声明，除证明筱的自杀并非由于债务、经济压迫和桃色纠纷外，一致认为其中必有冤抑，主张向各界吁请为筱申雪。15日，她们出面与张春帆交涉，在黄金荣公馆向张提出：1. 发表筱丹桂致死真相，2. 调查筱丹桂历年的经济

↑年前之丹桂劇團演員，左端第一人為筱丹桂。
The troupe formed by Hsiao Tan-kwei four years ago.

社會的悲劇・藝壇的損失

筱丹桂自殺

·新中國社 越聯社 提供圖片·

THE TRAGIC END OF A CHINESE ACTRESS: HSIAO TAN-KWEI

筱丹桂自殺，正像十幾年前的阮玲玉自殺一樣，轟動了整個社會。她在舞台上是一位出色的女演員，但在封建家庭中只是一個可憐蟲。現在她開始對現實不滿而反抗了，但採取的是自己毀滅自己的手段。這真是一個社會悲劇，難怪千百萬人為她流淚。「藝文畫報」為紀念此一代藝人，除搜羅筱丹桂生前及身後的有關照片外，文字二篇特請與筱丹桂合作最久的徐玉蘭女士及熟悉她的身世一切的斯特君分別執筆，希望讀者能更深刻地考察一下這社會悲劇的成因，救出那千百個呻吟待斃的「筱丹桂」，我想這是每一個國民應有的警覺。

·編者識·

筱丹桂，原名錢春鳳，民國九年生於浙江嵊縣長樂，有兄伯權，妹瓊韻。她自幼父母雙亡，孤苦無依，在十三歲時，投入越劇「高陞班」，離開故鄉，過着飄泊的生活。她聰敏好學，在全班中出人頭地，三年之後，就以頭牌姿態演出，頗[illegible]觀衆好評。此後，越劇進入勃興時期，「高陞班」遂以筱丹桂的技藝為號召，於民國廿八年來滬演出。那時她正是雙十年華，首在「浙東」大戲院登台，其後在「卡德」「恩派亞」「天官」等戲院上演，成為當時越劇五大名伶之一。五大名伶是施銀花、曹瑞花、王杏花、姚水娟、筱丹桂。而筱丹桂的技藝尤為卓絕，所以當時有「三花不如一娟，一娟不及一桂」之說。就在這時，邂逅了張春帆。

張春帆也是嵊縣人，今年四十一歲，民國十九年到的上海，當過織造廠工人和綢廠職員，廿六年起從事越劇，担任領班。他利用職務上的機會，竭力向筱丹桂追求，終於實行同居。這是筱丹桂一生惡運的開始。後來她發現張春帆已有妻子衷瑞媛，但木已成舟，懊悔莫及了。張春帆的野心很大，完全把她當作搖錢樹看待，為了要維持她的叫座能力，不願意對外界宣佈他和她之間的關係，表面上以表叔和表姪女相稱，實則他和她的同居，早已成為公開的秘密了。張春帆、衷瑞媛、筱丹桂同住在北京東路宋家弄十一號「浙東」大戲院樓上。衷瑞媛所生的四兒二女，平時不叫她「姆媽」或「阿姨」，而叫她「姐姐」，隣舍同事無不引為奇談，而筱丹桂却向不計較稱呼，祇有忍氣吞聲而已。

↑筱丹桂（右第一人）去年在杭州偕尹桂芳、竺水招等同遊虎跑泉。
Top and left: Hsiao Tan-kwei visited Hangchow with her friends.

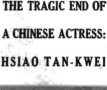

↑筱丹桂（右）與張湘卿（左），喜打網球消遣。
Hsiao Tan-kwei with her playmate, Chang Hsiang-ching.

↑筱丹桂（中坐手持帽者）與同伴遊覽紫來洞。

↑筱丹桂（左）與其友遊飛來峯，攝於石佛旁。

筱丹桂領導的丹桂劇團，去年秋間在「國泰」戲院獻演，起初上座平平，後因編排新戲，營業漸有起色，獲利頗豐。這時，筱開始與「國泰」的導演冷山相識。冷山，原名金兆元，又名金彬，蘇州人，今年三十歲。到了今年五月廿五日晚間，正演新戲「是我錯」第四集的時候，屋頂天花板突然坍落，停演了大約三個星期，損失數億元。之後，因為「國泰」的台柱小生徐玉蘭退出，筱丹桂沒有適當的配搭，亦告輟演。那時，她原想赴杭州休息，但因在杭州新購的房屋被人佔用，而嵊縣的房屋又被火焚去，故仍滯滬，頗多煩惱。八月十九日，越劇十大名伶為創設越劇學校建造實驗劇場等募基金，在「黃金」大戲院聯合公演「山河戀」一劇，筱丹桂參加演出，飾劇中宓姬一角，唱做表情，極有工夫，想不到竟成最後一次的演出，真有令人一曲最難忘之感。筱丹桂一向有拍電影的志願，因為冷山兼任電影界職務，所以常向他請益，友誼日增，然而却引起了張春帆的妒恨。事實上，冷山在三年前已和團內人梅紅結婚，而且有兩個孩子了。十〃七日下午五時，筱丹桂外出，和冷山一同到「大華」大戲院看電影，並在愚園路一帶散步，十一時左右回家。張春帆於十二時後回家，疑心筱丹桂與冷山有曖昧事情，向筱追究，加以斥責，筱說：「我身子絕對清白的。」一直鬧到八日上午十時，一夜未睡。八日下午兩點多鐘，張叫冷山到其家中與筱對質，打了冷山兩個耳光，並叫他發誓今後與筱丹桂斷絕來往。（以上情形，與後面的冷山自白書及張春帆自白

張春帆平時管束筱丹桂很嚴厲，禁止她出外應酬交際，稍不如意，立遭苛責，所以七八年同居生活，筱丹桂可說沒有自由，痛苦萬分。筱丹桂生前有二個義母，一為閥人黃金榮的長媳，一為電影業巨頭吳邦藩的夫人，但在這幾年來，往還亦漸疏。

1947 年第 347 期《戏世界》中张春帆控告冷山的消息

实况，3. 从筱丹桂的遗志，卜葬西湖，立“艺人筱丹桂之墓碑”。

张对于第一项含糊作答，其余二项均表同意，并将筱丹桂所有遗物开具清单，交另一保管人收执，答应大殓后凭单点交。八姊妹提供建议，凡是生前筱丹桂所有均应用于其身，主张将其遗产全部移作永久纪念筱丹桂之用。但在16日大殓之际，筱丹桂的胞兄钱伯权突从嵊县赶到，竟以拒殓妹尸相要挟，以尸兄身份，主张携柩回籍，并要求将全部遗物、遗产交其具领。八姊妹的原议只得取消，同时登报声明经过情形。

在社会舆论的压力下，上海地方法院检察处以教唆自杀罪，对张春帆提起公诉，并将其拘押。起诉书称，筱丹桂在遭日夜诘责后，即拟自杀，被告预知其情，非惟不加防范，抑且连日喋喋不休，不稍让步，致筱丹桂于激促之自杀身亡。据冷山称，在对质时，张亦曾对冷山说：“她死了，自杀为你死的！”冷山、吴琛分别供证属实。张春帆事先预知筱丹桂将自杀，殆无疑议。而其既预知筱丹桂有自杀之危险，不加防止，其消极之作为，与积极之教唆他人自杀，已无差异。

张春帆则以略诱妇女罪将冷山告上法庭。警方先后传唤冷山、张春帆、徐玉兰等证人。在受控期间，先是著名导演费穆为冷山交保，后经上海地检处侦查后，决定予以冷山不起诉处分。此后，冷山深居简出，闭门写作，自编《丹桂飘香》一剧，以示对筱丹桂的纪念。张春帆虽也经法院判决无罪释放，但已是元气大伤。难怪当时曾流传“死了丹桂，苦了春帆，甜了伯仇，红了冷山”的俚语。

社会舆情　言人人殊

当年众多报刊为了纪念筱丹桂，除搜集她生前、身后的有关照片外，还撰写了大量纪实报道、追思文章和社会评论。但言人人殊，莫衷一是。

第一种观点是：张春帆是害死筱丹桂的罪魁祸首。

筱在22岁即被张霸占，成为了张的个人财产，做了他的摇钱树。当年的《民法》已经明确一夫一妻制，筱与张没有平等的夫妻关系，筱只是不受法律的“侧室”，失去了人身自由，丧失了独立人格，处于类似奴隶的

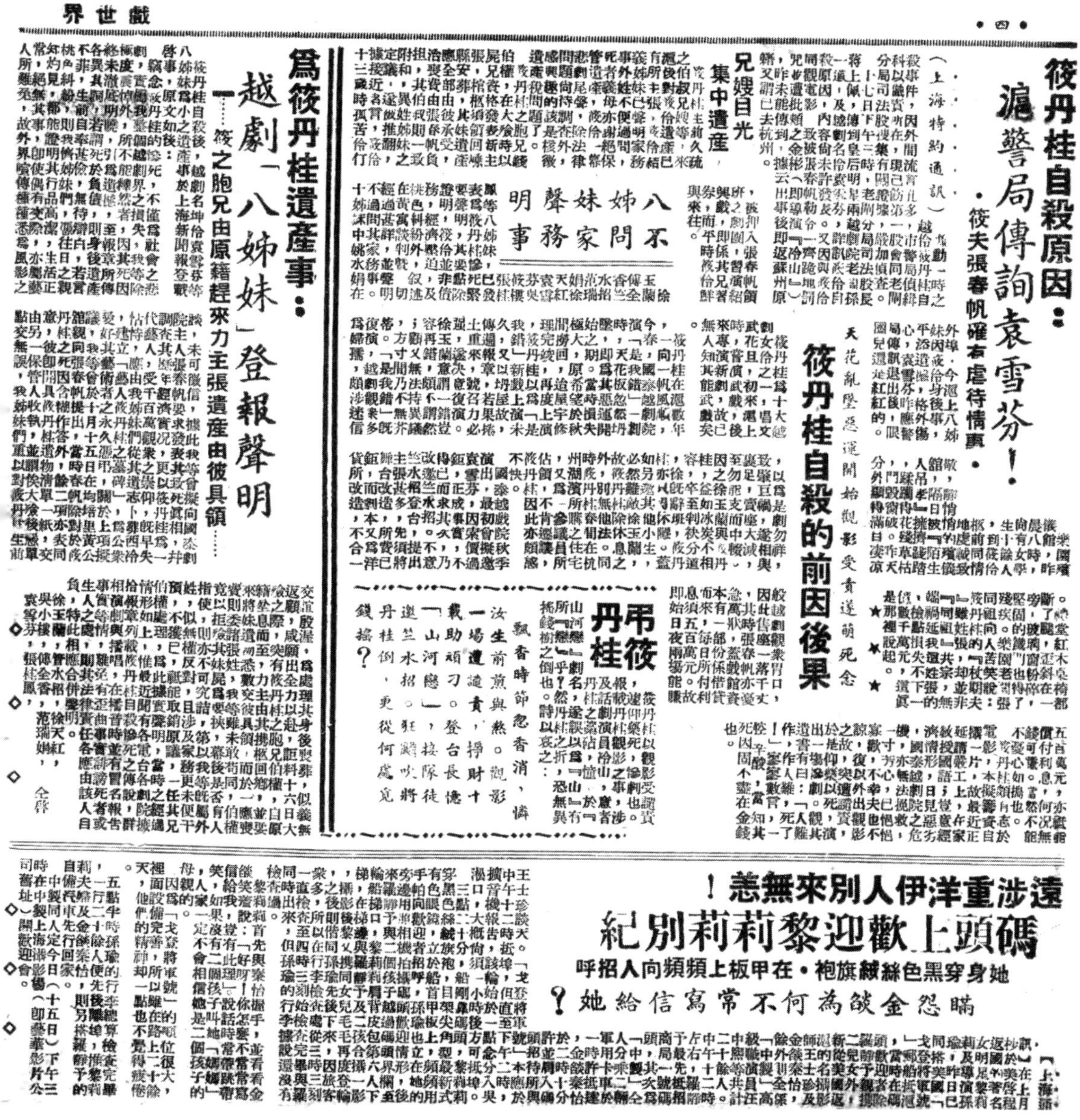

1947 年第 337 期《戏世界》分析了筱丹桂自杀的原因

地位。筱是越剧名伶，在舞台上风光无限，拥有数以万计的粉丝。但在张家却毫无人身自由，就连与导演冷山探讨电影艺术正常社交也被日夜审讯、诘责。据冷山和刘涛在法庭供称，当冷山被叫到张家与筱对质时，他们亲眼见到筱鬓发蓬乱地拥坐在床上，身上的旗袍多处被撕破，足证张对筱曾施行暴力。而就在筱遭受严重刺激，数日不进食，屡次称要自杀以证清白时，张非但不加安慰，反而变本加厉地施压，直接造成筱精神崩溃而服毒自杀。

第二种观点是：筱丹桂的性格缺陷导致了悲剧的发生。

筱丹桂的好姐妹徐玉兰在《我与筱丹桂》一文中说："她（筱丹桂）的个性很懦弱，能忍受人家的脾气，因此多年来屈服在她'丈夫'和大妇的威胁下，无力反抗。她在后台的时候，有时背人流泪，及至人家问她为什么伤心，她却又掩饰事实，讳莫如深。可见，她对于家庭总是怀着恐怖的心理，这就是她的悲惨结局的恶因。"

据八姊妹称，筱曾对她们慨叹道："一经失足，夫复何言？至无路可走时，我有勇气结束自己的残生！"筱每次自剧院随张春帆返回寓所时，乘坐自备三轮车，必命车夫高张车篷，不让外人看见。但她独自一人时，则不让车夫放下车篷，一脸兴奋地观看风景。躲到邻居家后，筱却对魏美英说："我对不起张，他已经几天不吃饭了！"由此可见，筱对张的感情是充满矛盾和斗争的。

筱表面上是黄金荣长媳的干女儿，但实际上张的后台就是黄金荣。在黑恶势力代表人张春帆的"调教"下，筱丹桂把辛苦劳作赚来的钱，无条件地悉数供张使用。筱是一个大红大紫的名伶，她的内心肯定不甘雌伏。但由于受张的限制，筱的社交圈又窄，莫如拿起法律武器与末代皇帝离婚的淑妃文绣，身边有既懂法律又有思想的新女性文姗和玉芬为她出谋划策，更由于筱懦弱而又矛盾的性格，导致了她的反抗就是自我毁灭，以死证明自己的清白。

第三种观点是：冷山也应负有一定的责任。

张春帆在自白书中曾称，冷山与筱丹桂曾借用刘琼的信箱通信七八次，冷还在与筱约会时向筱求爱。当然这只是张的一面之词，无法向死者求证。

在国泰剧院主演《秦淮月》一剧时，筱演至“跃身赴水”一场，每次都是冷山亲手相助后引至幕后。张与筱因年龄差距过大，毫无幸福可言。冷山既有学问，又与之年龄相仿，更对筱的事业发展大有帮助，筱对冷产生爱慕当在情理之中。筱在法律上与张并无夫妻关系，追求爱是她的自由，但冷作为有妇之夫不应让筱产生爱的错觉。因此，在法庭审讯张和冷后，旁听的人们纷纷议论：“这两个人都不是好东西”。

冷曾导演《此恨绵绵》《怒火之花》等剧，结局均为女主角服安眠药自杀。筱丹桂的身世恰与剧情吻合，从而产生强烈的共鸣，于是，她终成现实生活中的真主角。从客观上说，冷也诱导了筱的自杀。

更有人由此看到了深刻的社会问题。筱丹桂自杀后，新闻界铺天盖地地报道，当时上海街头的书摊上摆满了关于筱丹桂自杀的各种内幕和《山河恋》小册子。筱丹桂装殓之奢，凭吊人数之众，远远超过了当时军政闻人、文化名人的死后哀荣。但当时中国正处于战乱时期，千百万难民无家可归，啼饥号寒，哀鸿遍野，乞丐比比皆是，长跪街头，苦苦哀告。时人对在苦难中挣扎的民众的呻吟与呼号熟视无睹，对一个伶人的自杀大事渲染。这样鲜明的对比，不能不说是社会的畸形、时代的悲哀。

结语

筱丹桂与张春帆虽无婚姻之名，但有同居之实，在时人眼中筱就是张的外室。尽管筱是名伶，张另有妻儿，但由于时代的局限，筱仍为张私有。所以，就连筱与冷山的正常交往，也不得不遮遮掩掩，懦弱的筱生怕被张知晓后遭受责难。但事与愿违，经过张的日夜审讯，筱不得不道出实情，遂演成了这样一个悲惨的结局。

中华民国正是经济、思想、文化、社会的大变革时期，婚姻制度作为中华传统的重要组成部分，受到西方婚姻思想和婚姻制度的强烈冲击，但由于封建思想和观念的根深蒂固，中国传统婚姻制度仍具较强的生命力。因此，在民国立法时，既吸收了西方的进步思想，又固守了中国的传统观念，出现了新旧并存的情状。1946 年颁布的《民法・亲属编》，虽确立了一夫一妻制，但妻在家庭中的地位却十分低下。因“妻以其本姓冠以夫姓”而没有姓名权；因“妻以其夫之住所为住所”而丧失居住权；因“对于未成年子女……父母对于权利之行使意思不一致时，由父行使之”而缺少教育子女权；因“对于夫妻财产，丈夫拥有夫妻共同财产的管理权和收益权财产”而丢掉财权；因“婚姻关系成立后，夫妻人格合成一种新的人格，妻的人格被夫吸收”而不具备完全行为能力。

由于法律的倾斜，造成观念的偏差，致使五四运动后所倡导的妇女解放、男女平等、婚姻自由等思想，多停留在口号上，或者只能在郑毓秀、林徽因、陆小曼等时代新女性为代表的知识阶层中有所体现，在长期遭受封建思想观念禁锢的广大民众中尚未得到根本改变。在现实生活中，男人可以在外面恣意妄为、花天酒地，女人只能是操持家务、相夫教子、侍俸公婆的家族主妇。特别是已婚男子视妻子为自己的私有财产，理直气壮地限制她们的行动自由；已婚女性与异性的正常交往，也被社会认为是有伤风化，遭到丈夫的责骂甚至殴打。如张春帆一样主宰着女性命运的男人比比皆是，如筱丹桂一样惨遭奴役而走上绝路的女性屡见不鲜。

筱的自杀不是她一个人的悲剧，而是中华民国的悲剧。从而揭示出，真正实现妇女解放、男女平等、婚姻自由，必须改变社会制度。

辑四 明枪暗箭 防不胜防

《银镫画报》记录万福华刺杀王之春真相

1929年3月2日，亚欧美术研究社投资创办了《银镫画报》，由《大公报》美术印刷公司承印，魔影任主编，吴伟生、孔柏斯、孙梵、海棠楼主等任编辑，社址在天津日租界旭街（今和平路）。该画报为艺术类刊物，周刊，逢周六出版，8开道林纸，四版，图片文字各占一半。封面为外国电影明星剧照、生活照和广告；二、三版报道国内、国外电影动态，预告各影院即将上映的电影，评述电影剧情，介绍电影演员，“卧葵轩银镫漫谭”和“小报告”为常设栏目；四版除连载为电影剧本《革命奇侠》外均为广告。

画报每期一篇电影评介很有特色，也较为权威，从剧情到导演、演员、场景、音乐等无不涉及。如第三期对电影国产电影《战血情花》就给予了充分的肯定：“导演方面说，如同王少芳与九小姐在花园中吸烟一幕，虽脱胎《欲魔》，但比较《欲魔》中吉尔勃与嘉波吸烟之表情，味道还深。王父与少芳各自归寝时，及王父与少芳同在九小姐数幕的对写，描写父子间双方的哑谜，颇含刺激性。北军军官、室中打雀、捉女人及夜中榻前的女性等，嬉笑怒骂，淋漓尽致。此剧分幕，独能将烦难缩成简单，数幕演员吃力之处，多用暗场写过，此处不可不钦佩其导演手腕可惊。表情方面说，王少芳从外归来，夜中九小姐的妹妹未见少芳，告九小姐嫁王父之因，少芳并且将九小姐赠给他的手帕交还九小姐的妹妹，挥手令去，表示他心中的烦闷。末后多用特写，按特写表情之难，不啻舞台上的两人独幕剧，如少芳重见烟盒数幕，元龙面部表情，足可压倒美国之李察迪克斯、孟特勃留诸辈。其余如摄影及光线较大中华以前的出口为佳，布景稍趋华丽，敌营一景仍用《上海一舞女》中之内景，及数幕《插入》（报纸）竟用它补摄上，可谓经济，然亦算大疵。总起来说，《战血情花》真是我前所未见之国产影片。”

由于《银镫画报》存世较少，其终刊日期已无从考证。画报为早期的电影刊物之一，以“完全电影刊物”为号召。最为可贵的是，它从创刊号

＝每週出一次＝　■完全電影刊物■　＝本期共四版＝

銀鐙畫報

CINEMALAND

Richard Dix　李察迪克斯

亞歐美社刊物之一
銀鐙畫報部發行

每份大洋五分
第一卷第一期
No.1 Vol.1
5 cents

中原公司

中華國貨
各部陳列
環球貨品
搜羅千萬

天津日租界旭街
電話總局　一九〇五〇八
　　　　　五五四八七〇

中華郵政特准掛號立劵新聞紙
天津大公報美術印刷公司承印

每星期出版
十八年三月二日
Saturday, 2, March
1929.

創刊閒話

影魔

我們因爲今年廢除舊曆所以發出預告說十六日出版但是到了發稿的日期印刷工友都回家去過舊曆年所以我們出版的日期延長這是很抱歉的我想愛護本報的諸君一定可以原諒的

影魔的才力薄弱經驗缺乏幸有友人吳偉生孔柏斯孫梵海棠樓主等君幫忙始使這「銀鐙」產生與諸君相見但是我們極願意把本報的主權交與愛護本報諸君所以本報任何方面有使諸君不滿意的地方隨時可以指導仝人是廿四分歡迎

本報最榮幸的就是天津特別市社會局第一科科長包道平君（即包師瑪）把他親身經歷的事蹟編爲電影劇本全權委托於亞歐美社並由本報按期披露現此劇本由亞歐美社正與大中華百合影片公司通函接洽拍攝事宜想不久或可與吾人相見

此期本報內有懸賞徵求答案題目也不算難不過是留個創刊紀念吧了請諸君努力的猜猜但是仲與不仲我想也沒有什麼關係千萬不要因爲猜不對生起氣來如果此期猜不仲日後還有重金懸賞呢不多談了下週再見

國民飯店
Rue Fontanier　法界三十二號路
THE NATIONAL GRAND HOTEL
華北唯一華貴大旅社
電話　三一八九六　三二一〇〇　三二六八九

大華飯店
115 Rue St. Louis　英法交界戒酒樓後
CAFE RICH
華北唯一華貴跳舞場
電話　三一九六三　三三六〇八

天寶金店
△天津日租界大馬路
金銀首飾成色十足
器皿玩具巧妙玲瓏
珠寶鑽石式樣新奇
洋鑲工藝美術精細
貨價不合退換隨意
△電話總局二零五七四號
　　　　　二零六零三號

大中華百合影片公司新片

王元龍導演
駱駝王
「駱駝王」是北方攝影隊出品之一
「駱駝王」是開中國新紀元之影片
「駱駝王」是含有北方風味的出品
「駱駝王」是王元龍最得意之傑作
「駱駝王」是譚雪萊的第二次作品
「駱駝王」是十八年一月份新出品
「駱駝王」有含蓄甚深警世的劇情
「駱駝王」有駱駝數萬頭蔚爲大觀
「駱駝王」有勇極兇險之武打數場
「駱駝王」之外景乃取自中國北方

萬籟天導演
落日紅
本公司男女明星大合作
偉大新奇的奇義打武巨片
「落日紅」乃一劇盜之綽號顧此劇盜之行徑迥非尋常盜賊抑強扶弱乃其牢不可拔之主張也劇情固極曲折且多香艷之事夾雜其間穿插亦多而允當有烘雲托月之妙佈景方面有精雅幽靜之巨屋有峻險重疊之高山更有耐人尋味的奇巧機關誠開國內製片界新紀元之打武片也

老九章
綢緞號
綢緞呢絨
皮貨洋貨
布疋化粧
鞋帽各貨
花色新奇
日租界旭街

《银镫画报》创刊号封面

电影剧本

革命奇俠

包師瑪編劇　本事（有著作權 禁止翻轉）

第一章

亡清光緒三十年秋九月，日俄戰爭日本猛攻旅順口時。西太后密召前安徽巡撫王之春于頤和園，命以聯俄攻日。日本偵知即下哀的美敦書，中國危亡旦夕。時在滬，同志如黃興，蔡元培，楊守仁，趙伯先，章士釗，萬福華，吳葆初，包師瑪，高蔭藻，假上海英界警鐘報館，會議對付之策。包師瑪慨然願前往刺王。師瑪時年僅十七，初由日本返國實際革命工作。于是持手槍及王之春照片往英界大馬路跑馬廳王寓門首守候。忽見着大禮服乘馬車回寓。師瑪適拔手槍，竟爲護衛者推倒。急起而王已入內矣。時蔡元培等隨同監視，見師瑪失敗，遂招返報館召集會議。萬福華大聲呼曰：師瑪年幼有才，當留大用，刺客我可爲之。堅欲往刺。吳葆初曰：王之春早已戒備；未可倖擊。宜假余名，請王飲酒；屆時可成也。師瑪等遂往四馬路金谷香番菜館假吳名請王於是日（十月十一日）下午五時，飲於金谷香。師瑪與福華旋回返英界新馬路民新學校。師瑪宴福華於該校會計室。（會計室爲革命黨軍械庫）酒半酣；福華將手槍佩彈，藏於書棉屜內。際而，師瑪往敎室叮囑學生不可出外，蓋學生皆同志也。及返會計室，已不見福華。旋啓視屜內之手槍，驚悉福華誤持廢槍以去。師瑪乃急懷槍，實彈，乘汽車馳往金谷香。不謂當福華至金谷香時，適遇王之春自該館下樓。福華刦王於梯，大呼殺你賣國賊，遂向王連轟三槍，而彈未發。福華乃當場爲印捕所執，遂交捕房矣。

——未完——

第一次懸賞徵求答案

五個問題

（一）查理斯瑞吉爾 Charles Rogers 生於何年何月何日及何處？

（二）已故明星華利斯李德 Wallace Reid 最後遺作之影片爲何？

（三）那位演員的姓及名的第一字母都是A字？

（四）中國人在美國導演過影片者爲誰？

（五）瑙瑪搭美姬 A Norma Talmadge 她現正工作的新片爲何名？

以上五題任意擇答四題答案中地名或片名請加書英文附剪本報懸賞印花註明姓名及通信處投寄天津河北西窯窪一百五十九號亞歐美社銀鐙畫報部收本埠一週截止（無印花及專送者無效）仲者酬報如下

第一名　酬金五元

第二名　酬金二元

第三名　本報一年

第四名至第十名本報半年

第十名至第二十名本報三個月

第二十名至三十五名本報一個月

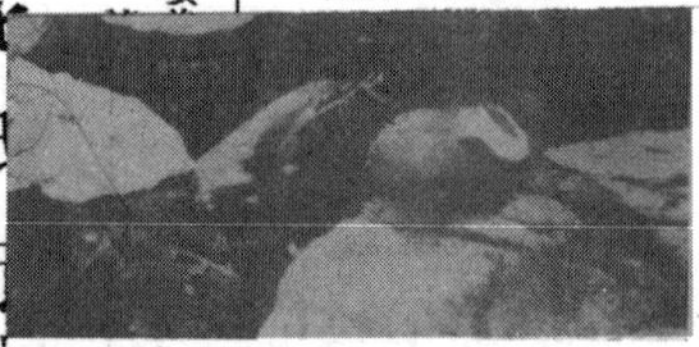

珂琳穆亞新片「丁香時節」之……
…ore and Gray Cooper in "Lilie Time"

臥獒軒銀鐙漫譚

回 謂什麼到黑屋子裏去？

一般人花着錢跑到黑屋子裏坐上兩個鐘頭之後方可恢復自由。但是凡出來的人還口口聲聲說值得很。這不是一件奇事嗎？雖然到黑屋子裏身坐在黑暗之中；但是眼前却有一線光明。那個光中表現着人生，和指導着人生的途徑。這一線光明就是二十世紀新產生的電影。電影也可以算是進化的戲劇；能表演舞台上表不了的表情和一切人生。表現在民衆的眼前我們民衆也可藉以休養每日八小時工作的勞苦；一方面也可奮興人生向前的興味

十八年三月二日

二角三個月十三仰大洋六角半年二十六角大洋一元一期全年五十二期大洋兩亓鄉費在內蒙古新驅每期加郵費一分年外洋各國及其他租界地每期加郵費二分報資先惠空函無效本埠定閱處意界益世報館河北西窯窪一五九號亞歐美社銀鐙書報部

《银镫画报》连载包师玛的《革命奇侠》

就开始连载包道平撰写的电影剧本《革命奇侠》，这个剧本详细地记录了革命志士万福华刺杀清朝钦差王之春的珍贵史料。

革命志士万福华刺杀清朝钦差王之春的历史事件，人们早已耳熟能详，一些书籍中大多是这样写的：1904 年秋，感于俄日在东北开战，中国面临被瓜分的危险，安徽合肥人万福华组织“拒俄会”。11 月中旬，因向法国殖民者出卖利权而被革职的广西巡抚王之春到上海，散布割让东三省的“联俄”谬论，而王之春在 1900—1901 年担任安徽巡抚期间，曾将 30 余处矿山低价让给列强资本，激起公愤。万福华决意除掉这个卖国贼。他探知王之春与在沪的庐江人吴葆初（吴长庆之子）私交甚厚，乃请人模仿吴的笔迹书写请帖邀其赴宴。1904 年 11 月 19 日晚 7 时，应约赶至上海四马路金谷香酒楼的王之春登楼时发现异常而惊诧间，暗伏在楼梯口的万福华急上前抓住王的衣领，高喊“王之春，卖国贼”，说罢扣动扳机。怎奈万福华枪法不精，又是情急之中，惊呼“刺客”以手遮挡的王之春仅被击伤一个手指头，拥上来的王之春的警卫便把万福华捆了个严实，送往巡捕房。英租界法院以扰乱治安罪判处万福华有期徒刑 10 年，不久又因其策划越狱而加判 10 年。直到辛亥革命后，万福华才获释。

而时任天津特别市社会局第一科科长包道平（包师玛），在画报中连载的电影剧本《革命奇侠》，以事件亲历者的身份，详细地记述了他与万福华刺杀前清钦差王之春的“一段慷慨悲壮的实事”，不但故事曲折惊险，而且还兼有缠绵的爱情，孙中山、张继、章太炎、西太后、章士钊、蔡元培、柳亚子等中国近代史上的重量级人物，均为剧中主要角色。“察其剧情，需要演员数万名，战争有数十幕之多，更有沉船、行刺、肉搏等惊险场面。布景如西太后大厦，宏伟壮丽。”全剧从“中俄战争起，至火复之战止，不独关于革命，并富于艺术意味”。

剧本中介绍，清光绪三十年（1904 年）秋九月，日俄战争爆发，“日本猛攻旅顺口时，西太后密召前安徽巡抚王之春于颐和园，命以联俄攻日。日本侦知即下哀的美敦书，中国危亡日夕”。时在沪革命志士如黄兴、蔡元培、杨守仁、赵伯先、章士钊、万福华、吴葆初、包师玛、高荫藻等，于上海英租界警钟报馆秘密召开会议，商议应对之策。当时年仅 17 岁的包师玛，初由日本返国参加革命工作，慨然请求组织派其前往刺王。会议通过后，包师玛怀揣手枪和王之春的照片，埋伏在英租界大马路跑马厅王家寓所门前。傍晚时分，“忽见着大礼服乘马车回寓，包师玛正欲拔枪施射，竟为护卫者推倒，急起而王已入内矣”。当时担任随同监视的蔡元培、万福华等，见包师玛行动失败，遂与包师玛立即乘车撤回报馆。“万福华大声呼曰：‘师玛年幼有才，当留大用，刺客我可为之！’坚欲行刺。”吴葆初说：“经过这次行刺，我恐王之春早已戒备，不可草率行事。我与王之春曾有私交，可假余名请其饮酒，届时可成也。”于是，亲自书写请帖，请王之春于是日（十月十一日）下午5时，到四马路金谷香藩菜馆赴宴。

随后，包师玛与万福华来到英租界新马路民新学校。这所学校是革命党的一个活动据点，学校的会计室就是军械库。中午时分，他二人在此用餐，并且喝了些酒。“酒半酣，师玛往教室叮嘱学生不要外出，盖学生皆同志也。急返会计室，已不见福华。旋起视屉内之手枪，惊悉福华误持废枪以去。”包师玛于是急忙怀揣“枪实弹乘汽车驰往金谷香”。但当他赶到金谷香时，“适遇王之春自该馆下楼，福华劫王于梯，大呼：‘杀你卖国贼！’遂向王连轰三枪，而弹未发。福华乃当场为印捕所执，送交捕房矣。”

见此情景，包师玛立即意识到万福华的家人很可能有危险，遂急忙拔腿向万夫人所在旅社跑。等他见到万夫人说明情况，刚刚带着万夫人奔出旅社，进入安全地带时，大队巡捕即已赶到。当他将万夫人安顿好回到民新学校时，巡捕已将学校包围。

这里有多处记载与今天的文字略有出入。笔者查阅了许多资料，试图找到一些关于包师玛的记载，但除了查到包道平当年确与蔡元培有过交往，也曾在上海活动过，而关于他与万福华的关系及与刺杀事件的关联则是一无所获。因此，笔者也不能确定哪种说法是事实的真相。

陆建章被徐树铮枪杀以后

1918年6月14日，下野的直系军阀陆建章被皖系干将徐树铮先斩后奏地枪杀于天津云贵会馆，在全国引起强烈反响，社会舆论对此莫衷一是，观点不一。这一事件的发生，直接导致了原定三日后召开的天津会议流产，间接成为了 1920 年直皖战争的重要导火索，更为陆建章的外甥冯玉祥在 7 年后枪杀徐树铮埋下了伏笔。

枪杀过程

1917 年 7 月至 1918 年 5 月，为维护临时约法、恢复国会，以孙中山为首的资产阶级革命党人联合西南军阀，共同进行反对北洋军阀独裁统治的斗争，史称“护法运动”。而北洋军阀内部因对南方的战与和的问题上产生分歧：以总统冯国璋为首的直系力主和平解决南北问题，视西南实力派为愤而出走的兄弟，意在否定袁世凯；而以国务总理段祺瑞为首的皖系则坚决主战，承袭袁世凯时代的敌我划分，将南方军政府视为敌人。为此，皖系和直系拟于 1918 年 6 月 17 日举行天津会议，表面为议定战和问题，实质上更关注正副总统的人选问题。

1918 年 6 月初，主战派干将、奉军副司令徐树铮利用天津会议之机，以曹锟、张怀芝、倪嗣冲、张作霖等督军之名，电邀主和派活跃分子陆建章赴津议事。陆遂于 13 日抵津，居于天津英租界宅中。据同年 6 月 20 日《时报》载：“陆此次来津，系月前先由上海卢永祥电京预为请命，政府仿佛业已默认。陆由沪动身后，卢使确尚有电致陆，命其来京。陆复电称病，谓少缓即来。”为此，陆自认此行得到北京政府认可，遂放松警惕而公开活动。

14 日晨，陆建章起床后对家人说：“何我今日忽觉精神恍惚也？”时至近午，徐树铮即遣人送函至陆宅，请其赴司令部“有要务相商”。陆的儿媳孟氏乃吉林督军孟恩远之女，颇具才智，劝道：“今日兆有不吉，翁勿出。”陆说：“徐公待商要务，安可缓？”遂携带高杏林、何润生两名差弁，共同乘车至奉军司令部云贵会馆（位于今河北区五马路依仁里）。

抵达云贵会馆后，高杏林留守车内，何润生随陆建章同入。据 1944 年 10 月 10 日《社会日报》中伯琦的《陆建章》一文称，当时外间皆传，徐树铮已背叛段祺瑞，故而陆对徐不疑有他，而这种烟雾弹或许正是段与徐议定的策略。“徐之诱陆，自亦以联奉覆段为言。陆遂告以所谋，且云可立成军若千万……徐与之一再晤，尽得其实，决计杀之”。徐故意与之发生言语冲突，诱其至后院谈话。徐遂暗令左右自陆身后击之，陆与随从当即毙命。

陆既死，徐先打电话给省长曹锐，告以情形，请其派人收殓。随后致电北京国务院陆军部，报告事情原委称：“迭据本军各将领先后面陈，屡有自称陆将军名建章者，诡秘勾约，出言煽惑等情。历经树铮剀切指示，勿为所动，去后。前、昨两日，该员又复面访本军驻津司令部各处人员，肆意簧鼓，摇惑军心，经各员即向树铮陈明一切。树铮犹以为或系不肖党徒假名行动，蓄意勾串之所为，陆将军未必妄谬至此。讵该员又函致树铮，谓树铮曾有电话约到彼寓握谈。查其函中所指时限，树铮尚未出京，深堪诧异。今午，姑复函请其来晤。甫坐定满口谩骂，皆破坏大局之言，尤复痛詈曹宣抚使，深以前在武穴悬赏两万元购捕为恨，并顿足大骂冯玉祥忘恩负义，不复听其指挥。树铮婉转劝告，并晓以国家危难，务敦同袍气谊，不可自操同室之戈。彼则云，我已抱定宗旨，国家存亡在所不顾，非联合军队推倒现在内阁，不足消胸中之气。树铮即又厉色正告，以彼在军资格，正可为国出力，何故倒行逆施如此？纵不为国家计，宁不为自身子孙计乎？彼见树铮变颜相戒，又言：‘若然即请台端听信鄙计，联合军队拥段推冯，鄙人当为效力奔走。鄙人不敏，现在鲁皖豫境内尚有部众两万余人，即令受公节制何如？’云云。树铮窃念该员勾煽军队，连结土匪，扰害鲁皖陕豫诸省秩序，久有所闻。今竟公然大言颠倒播弄，宁倾覆国家而不惜，殊属军中蟊贼，不早消除必贻后戚，当令就地枪决，冀为家国去一害群之马，免滋隐患。除将该员尸身验明棺殓，妥予掩埋，听候该家属领葬外，谨此陈报，请予褫夺该员军职，用昭法典，伏候鉴核施行。树铮。寒。印。”诚然，此电文多是徐树铮为自己先斩后奏做开脱，并非事实真相，至少“大骂冯玉祥”一节确为不实之词。

当日，徐树铮乘晚车赴北京向总理段祺瑞报告，再由段呈请总统冯国璋，于16日晚间明令颁布陆建章罪状，“勾结土匪，煽惑军队”，褫夺勋位章，并将枪决原因通电各省。

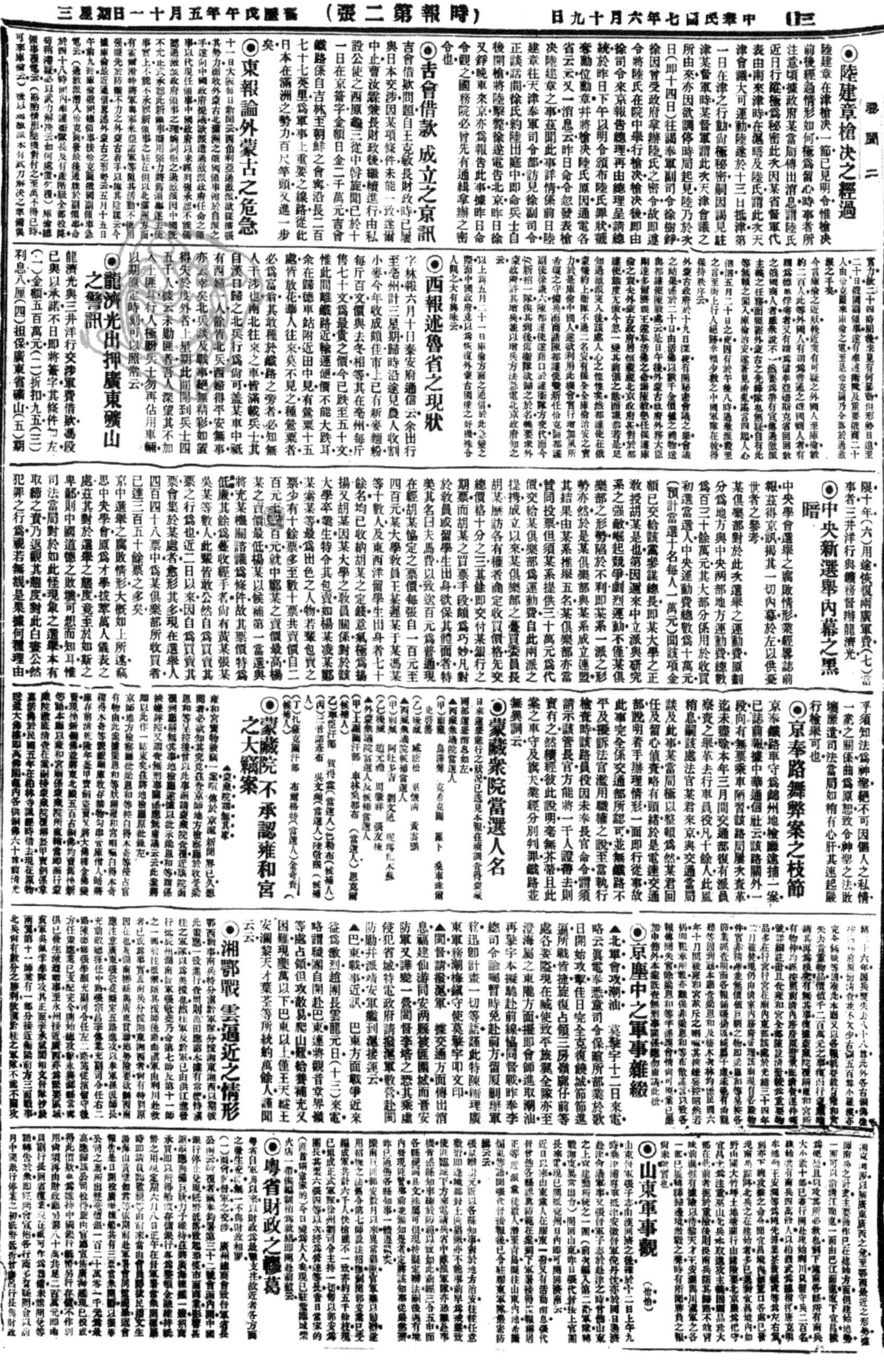
中華民國七年六月十九日 時報（第二張） 舊曆戊午年五月十一日 星期三

要聞二

◉陸建章槍決之經過

陸建章在津槍決一節、已見明令、惟槍決前後經過情形如何、極爲留心時事者所注意、頃據政府某當局傳出消息、謂陸氏近日行蹤極爲秘密、此次因某省督軍代表由南來津時、在滬晤及陸氏、謂此次天津會議、大可運動、陸遂於十三日抵津、第一日在津之行動、尙極秘密、嗣因謁見駐津某督軍時、某督軍謂此次天津會議之所由來、亦因欲調停時局起見、陸乃於次日（即十四日）往謁奉軍副司令徐樹錚、徐因曾受政府拿辦陸氏之密令、故即逮令將陸氏在院中舉行槍決、槍決後、即由徐司令來京報告總理、再由總理呈請總統、於昨日下午以明令頒布陸氏罪狀、褫奪勳位勳章、幷將槍決陸氏原因通電各省云云、又一消息云、昨日命令忽發表槍決陸建章之事、茲聞此事詳情、係前日陸建章往天津奉軍司令部、訪見徐副司令、正談話間、徐氏約陸出庭中、即命兵士自後開槍、將陸擊斃、徐遂電告北京、昨日徐又錚晚車來京、亦爲報告此事、據昨日命令觀之、國務院必曾先有通緝拿辦之密令也、

1918 年 6 月 19 日《时报》报道《陆建章枪决之经过》

欵五百萬兩。亦係十年內償還。長年利息六厘。十年間利息。需三百萬兩。由此觀之。則一千八百六十三萬三千九百二十兩之支出。其效果不外三數官僚藉此發了大財。而禁煙事業。且將因此盡被破壞矣。

▲陸建章被殺情形

陸建章在津槍決。以陸之生平言之。其死固無足惜。且足見天道之好還。然殺陸之手續。則頗有人注意。據聞陸所以訪徐。實由於徐之函約。陸氏應約而至。賓主對坐。互述其所主張。辯論甚劇。勢難相下。徐氏起而言曰。今日所談。關係甚大。此間人多。殊屬不便。請入別室密談。或可更期詳盡。言畢。即命兵士引陸而行。陸入別室。見室中及門口有許多軍人。皆帶槍而立。知已陷於危境。遽言曰我不意竟死於此。一語甫畢。而槍彈連發。陸遂死矣。陸死之後。徐樹錚始電呈國務院及陸軍部。國務院即據以起草命令。呈請總統蓋印。

▲亡國鑑　張墨池

民國元年冬。北洋修械司製造講堂停辦。友人不棄卑微。特薦黑龍江省宋都督處辦事。遂速裝就道。路出榆關。赴

黑龍江省。是日晚九句鐘。抵奉天。換日本車轉往寬城子。(長春)於車中見數十位男女韓人。(高麗)白衣高帽漢式古風。亦赴長春。至夜半人困微睡之際。忽一日人至。而韓人全然垂手站立。穩穩不動。注視日人。半時之久。俟日人去。而韓人始坐。自奉至長。數百里之間。見之數次。不論日本軍官政客妓女至。亦是如此。至天亮。又換俄國車赴哈爾濱。而韓人等亦在其中。見日人至此。仍然照常站立。不敢做肆。余弗解其意。詢同車之人。據渠云。韓國先年不能獨立。韓政府執迷被誘。特使日政府保護。尊日本為上邦。自為下國。因此尊奉日人。不敢輕慢。設輕慢不尊者有治罪之例。今韓人之不自由者。如此也。至哈爾濱入棧。(見遠東報載宋小濂都督。與俄國起交涉。限三日出黑境。俄人在黑省之權力如斯)而韓人亦住此棧。詢之亦基督徒也。余與韓人相談及韓國事。並教會事。目下之景況。泣下沾襟。不堪言狀。民國四年冬。與霍振鐸先生在韓遊歷。見日韓合併以後。基督教之景況。因有人謂予曰。日韓合併以前。韓國之基督徒者二十二萬有餘。至民國四年冬。數年之間。所餘者不至八萬人耳。已減去三分之二也。目下韓國之基督徒有減無增矣。因信仰不自由也。再過

1918 年第 15 卷第 26 期《兴华》报道《陆建章被杀情形》

收尸安葬

据1918年7月9日《时报》中《陆建章死后余闻，孟小姐之能干》一文称，陆建章出门时并未告知家人将至何处，只说出门拜客。随后，陆妻和儿媳孟氏等均在英租界家中打麻将。时近傍晚，陆犹不归，孟氏遂秘密通电话至河北元纬路某宅。因陆有爱妾秘密别居于此，陆妻尚不知晓，故孟氏电询陆是否在此须秘密行之。而元纬路宅主人在电话中却称陆当日并未来此。孟氏顿感事有蹊跷，告以陆妻，全家大起疑愕。入夜，高杏林驾驶空车而回，询以陆之行踪。高称陆进入奉军司令部后始终未出。孟氏立即打电话致奉军司令部，电话那端竟谓“陆已辞去”。再问何往，同行者为谁，皆答不知。此时，全家上下多现惊惶之色，尤以孟氏最抱不安。孟氏出身名门，既通书史，亦谙时务，乃翁与老段的明争暗斗早在其眼内心中，可谓洞若观火、玲珑透辟。所以，一听到“奉军司令部”这五字时，孟氏即已料到乃翁凶多吉少，急打电话给时已寓居天津的父亲孟恩远，没有得到任何线索。再致电曾任政府总理、时已下野居北京的王聘卿。王语气十分肯定，力称小徐（徐树铮）不敢将老陆怎样，自己敢以性命担保。陆全家闻听此言，稍作宽心。

但陆家老小一直等到天亮，也未见陆之踪影。孟氏遂启程入京，决意找徐东海（徐世昌）问个究竟。孟氏一到北京，便有宣告枪决陆氏的大总统令迎头发下。孟氏自知乃翁已登鬼录，自不必再见徐东海，遂含着两行酸泪回到天津。

回津后，孟氏带人同赴云贵会馆。谁知奉军司令部不但不许领尸，且将加罪于领尸之人。孟氏遂致电父亲孟恩远，通过张作霖、段芝贵，恳请老段给小徐写了一封信，才得将尸领回。时已逾三日，时当炎暑，尸身腐烂，全非旧日模样，但依稀可见其遍体鳞伤，可以想见“其被杀时，怒詈抗拒，而遭殴扑也”。孟氏见乃翁之惨死，不禁悲恸哀号。

同年6月27日，陆建章棺厝于天津安徽义地，陆之亲友和旧日属僚多往致祭，冯国璋、段祺瑞亦派员致祭以尽私谊。段祺瑞、李纯、冯玉祥分致赙金5000元、2000元、1000元。

同年7月9日，孟氏在英租界控告徐树铮于英领事，并函请直隶省长曹锐惩治凶手。此后，孟氏历访在津各界名流要员，表达其不平之意，并称以小徐亲书约陆谈话之说帖为证据，誓将徐氏诉诸法庭。

据1920年11月19日《新闻报》中《陆建章追悼会》称："现已蒙元首将所有（陆建章）官职复还，以雪奇冤。兹有陆氏旧部同人曹英林等定于本月16日，假（北京）报子街聚贤堂，特开追悼大会，以慰英魂。"

各界反响

陆建章被杀后，在全国引起强烈反响，但社会各界看法不尽相同。从中可以管窥到民国初期的社会政治生态。

一是认为陆建章之死为因果报应，死有余辜。如1916年9月16日《新闻报》知我在《陆建章》一文称："陆建章果何仇于陕西，必欲行险侥幸以图一逞也，运动军队，勾结土匪。此其设心至卑鄙，亦至狠毒。设狡谋获，遂秦中岂尚有干净土？幸而机关迭破，巨患潜消，不可谓非陕人之福也……"而1944年10月10日《社会日报》伯琦的《陆建章》一文则先是历数陆建章的斑斑劣迹：民国肇兴，南北统一，袁世凯任命陆建章为北京军法处长，专以捕杀革命党为能事，遭其荼毒者不计其数，其中多半为青年学子，均因言语激烈而招致无妄之灾。陆的属下仰承其残忍之意，对被捕者严刑逼供，悉置死地。后因捕杀者过多，陆遂不加审问即于深夜毙之于后园，以灭其尸。故北方人士皆称之曰"陆屠户"。文尾再称："故徐之杀陆，虽未免稍过，然论陆平日之残暴，死有余辜矣。"正所谓"天道好轮回，苍天饶过谁"，罪行累累的陆有此下场，自然是咎由自取。

二是认为徐树铮先斩后奏的行为与法律不合。伯琦的《陆建章》和1918年6月18日《时报》中《陆建章》两文所称，段祺瑞曾密命徐树铮设法幽禁陆建章，但徐恐留陆日后生患，故而擅自杀之而后告。段得知消息后，虽十分诧异，但事已至此，只得起草总统令并令秘书长方枢送往总统府，请冯国璋用印。而冯称手续不合，拒绝盖章。经过方枢力争，深夜才发布明令，但明令中也承认徐树铮为先斩后奏。故而，陆之死无人为之惋惜，但他的这种死法却不合法。倘使"一言不合即行枪毙，乃嗾令政府下一命

第一張　中華民國七年六月二十一日　禮拜五　新聞報　陰歷戊午年五月十三日　第三版
德醫沈奎伯
余雲岩啟事
緊要新聞
北京特約通信
津門要訊
雲譎波詭之政局
西報紀北派之爭權
陸建章死後之反響
海容兵艦在威埠軼事
湘中軍事消息
新評一
總統問題

1918 年 6 月 21 日《新闻报》中《陆建章死后之反响》一文

管帶。且慰之曰。吾輕信人言。打爾屁股。良用歉然。今爾屁股已消腫否。諺云。越打越發。已升爾官矣。其行類如此。王君潤琴曾執事三鎮。目覩之。

趙倜軼事

趙周人中將。(倜)昔隨毅軍統領姜桂題。充司書生。於某公文書中。誤題爲韙。姜固不識丁。令蓋鈐。旋爲校對員所見。大駭。謂長官名字。萬無誤寫之理。乃竟誤寫。足見粗心已極。應即嚴懲。以儆其餘。趙乘其不備。痛毆之。一時傳爲笑柄。

吳俊陞軼事

吳興權中將(俊陞)。有萬夫莫當之勇。嘗轉戰塞外。屢立奇功。蒙人視之如神。人有奇性。日御十餘女不疲。花姍姍者。吳產也。張豔幟於瀋陽。中將一見。驚爲絕色。每夕必令留髡。姍姍怯不敢近。詰之則曰不堪其苦也。鴇利其多金。強姍姍侍枕席。中將卒以萬金爲之脫籍。姍姍貌中人。而性情幽靜。余客關外時。見之。戲詢以中將房中事。姍姍粉頸低垂。良久不答。終且以不識延陵對。是亦情海中趣事也。

陸建章之殘忍

陸朗齋上將。(建章)清季鎮曹州。是州多盜。戕人越貨。月必數十起。陸性殘酷。視人命如草芥。部下兵士儼然悉爲劊手。盜之被捕者。不訮訊。立卽正法。故良民枉死者。不可以數計。事先不敢伸訴。忍受斧鉞之慘。蓋陸向不詳審。雖爭辨亦罔效也。鼎革後。項城畀以京師執法處長。任內殺人如麻。被殺者大抵據軍事偵探之報告。指爲亂黨。其審訊之手續。極爲簡單。先令犯者跪案前。問數語。卽令左右押赴刑場鎗斃。

1920年第15期《小说大观》记录了《陆建章之残忍》

令暴其罪，果如是也，国家一切法律可以废除，而以一二人之喜怒不刑赏，恐专制之国亦不能若是也”。1918年6月17日《时报》中景寒的《陆建章》一文也称，陆建章此次枪毙之罪果当与否，可以不去深求，以一人生平的所作所为，该杀的人很多，但其宣判死刑则应诉诸法律。“勿谓天道之茫茫，而不可知也。时势愈乱者，则天道之报应愈彰，人间既无法律以处置此凶残之辈，苟天道更无彰明之表示，则人类不难灭迹矣。呜呼，世之有权在手而枉杀无辜者，观于陆建章等之结局，可以悚然矣。”

三是表示同情和愤慨，这部分人多为陆之亲友。1918年6月22日《时报》中《陆建章被杀案近闻》一文披露，陆建章之子陆承武时在江苏督军李纯部下任团长，其父被杀后，他自南京来电质问当局称，其父“未被免职，何有通缉？未去荣典，何以骤杀？承武奉谕转劝家父就道，不料甫抵津门，遽遭不测，是杀吾父者，钧座也。弑父者，承武也”。1918年7月1日《新闻报》中《冯玉祥请恤陆建章》一文称，陆建章的外甥冯玉祥曾于6月27日至电北京称：“陆建章久历戎行，颇著功绩，近因穷顿无聊，类似病狂，竟罹法纲，罪固应得，情亦堪怜，仰恳念其身后萧条，曲予优容，或录用其子嗣，或周恤其妻嫠，俾以养家糊口。除由祥赙1000元外，谨代陈情，伏候恩准。”

社会影响

当时，直系与皖系对南方的和战问题上存在严重分歧，原定1918年6月17日召开的天津会议，正是要解决这一问题。陆建章的被杀，直接造成了天津会议的停顿，更致使直系与皖系旧有的矛盾公开化和扩大化，从而导致北洋集团的实质破裂。正如同年6月16日浩然在《陆建章》一文所称：“自和战两派意见分歧，北洋派遂离而为二，顾虽勾心斗角，互相牵制，表面终未失和。今徐树铮竟有枪毙陆建章之举，显然为揭破面具，不复顾忌，且适在天津会议之时，则此举之关系时局，固不得等闲视之也。”更有消息称，天津会议由于主和派自见陆建章被杀后益生恐惧，只得另谋他图而不敢参加会议。1918年6月21日《新闻报》中《陆建章死后之反响》一文也称：“此次徐之举，再肇直隶派与安徽派之反目，使渐趋固结之北

徐樹錚別傳

大林山人

樹錚號又錚，江蘇蕭縣，父以名諸教授鄉里，遠近從遊數百人，碭間尊爲

徐樹錚遺像

師，樹錚幼聰慧異常兒，年十七，爲縣學生員，旋食餼，顧彌弛不羈，不安家食，輒擬遠遊學，母夫人之完娶，越旬日即行，時值拳匪變作，京畿 亂，項袁氏方撫山東，整軍安民，頗負時望，樹錚乃北至濟南，爲萬言書投之，袁以事未見，令所司餽百金，樹錚再抵書，封還餽金，且言曰，樹錚所

1936 年第 2 卷第 1 期《实报半月刊》中的徐树铮

及。故法統說之實現卽使無意外阻碍恐亦非旦暮間事也

馮玉祥最近行蹤

馮玉祥通電下野後。一面整治行裝。一面結束任內經手事件。三日在署宴全體僚屬。諄諄以衛國愛民相勵。四日上午。馮着洋服。率其夫人女公子等。分乘汽車向平地泉出發。僅攜現欵二萬元。衣箱四隻。當晚抵平。六日向滂江進發。抵綏遠之北岸倉。聞將移住大青山喇嘛廟。同行者尚有副官長朱虢存。秘書錢桐。陸象偉。德文譯員章漢石樊邦本。英法文譯員徐聲嚴亦飛等。共十八人。一說馮又返平地泉現在該處租房二十餘間。擬暫住。然後往庫倫。嘗語人云。魯事由二三軍負責。一軍不問。奉軍如入關。以公理制之。

陸承武電告報父仇

全國父老兄弟均鑒。徐賊樹錚。性情陰險。人格卑污。包藏禍心。釀成內亂。毒遍全國。天地不容。先君建章公。曾以微嫌。竟遭徐賊慘害。國人不共戴天之恨。罔無時不以剸刃仇腹爲懷。今賴先君在天之靈。使巨奸無從遁跡。本月二十九日遇徐賊於廊坊。手加誅戮。以雪國人之公憤。藉報殺父之深仇。臨電涕零。伏祈公鑒。陸承武泣叩艷

中俄會議進行

△測界署改設爲處

1926 年第 25 卷第 1 期《真光》中《陆承武电告报父仇》

洋派复生一大溃裂，益令时局前途更加多事亦未可知耳。”陆建章的被杀，间接成为1920年直皖战争的重要导火索。

同年6月17日，江苏督军李纯、江西督军陈光远先后致电质问中央。段祺瑞不得不复电两督军，详告枪决陆之内幕，并称“尚不仅煽惑军队，勾结土匪，此外仍有特大事件”，并请他二人万勿轻信浮言，致生误会。因冯玉祥为陆之外甥，故外间不断传出冯将独立之风。中央对于之前在武穴主和事件后被免职的冯玉祥的复职问题，本拟18日提交国务会议决定再行发表，适因17日午接到冯之来电，通报攻克常德消息，并有“只知大义，不顾私恩”之语，故当局极为嘉奖，不待阁议决定提前发表，以示优异。

此前，大总统的人选始终悬而未决，天津会议更重要的目的是决议正副总统的人选问题。据1918年6月18日《新闻报》中《天津会议与诸将举动》一文载：“闻（天津）会议结果，对于继任总统虽各首所公认者不出于冯（国璋）、徐（世昌）、段（祺瑞）三人，但尚未能一致……该会议关系之重要已为人所共悉，但表面虽为解决时局和战问题，而对于正副总统之选举则较之和战问题尤所注重。”陆建章被杀后，鉴于形势所迫，冯玉祥也不得不采取隐忍的态度。在段祺瑞的逼迫下，冯国璋虽持异议，但也不得不在明令上盖章。所有这些都表明，以冯国璋为首的主和派势力由此得到消弱。因此，才有了在段祺瑞与冯国璋相持不下的情况下，1918年10月，徐世昌继任总统。

1925年12月6日，徐树铮结束国外考察乘机回国，10日抵达上海。他自认为当年枪杀陆建章非为私怨，遂马不停蹄地来到北京。当时，冯玉祥势头正盛，段祺瑞知道情形不妙，急忙通知徐从速离京。但徐却不以为意，仍乘上由京赴津的列车。29日晚12时，列车抵达廊坊车站，机车一停，冯玉祥即安排张之江派人包围了车站，一队兵士挟持徐下车，在旷地上砰砰几枪将其射杀。31日，冯玉祥让陆承武连夜赶到廊坊，发电通告各报馆称：“先君建章曾以微嫌，竟遭徐贼惨害。国人不共戴天之恨，固无时不以剸仇腹为怀。今赖先君在天之灵，使巨奸无所遁迹。本月29日，遇徐贼于廊坊，手加诛戮，以雪国人之公愤，借报杀父之深仇。临电涕零，伏祈公鉴。

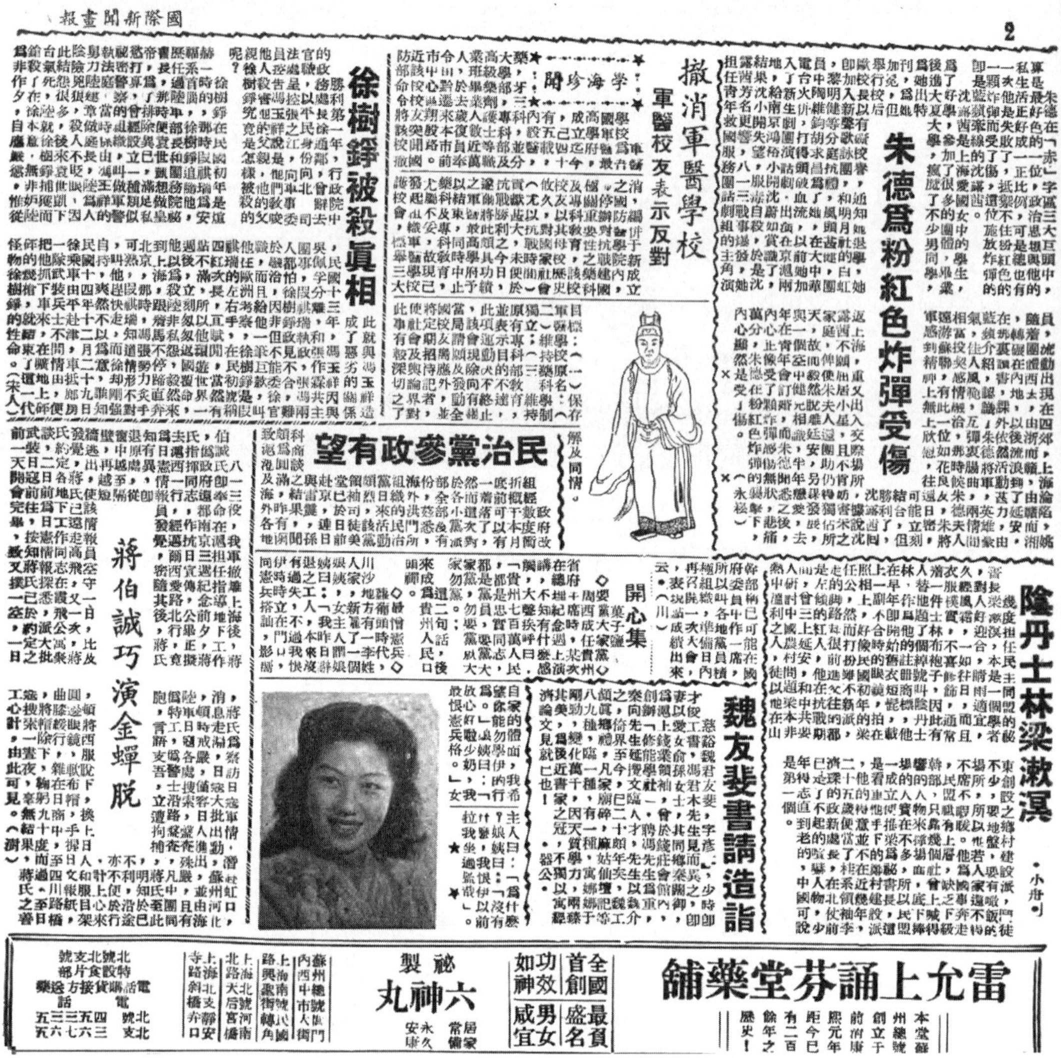

1947 年第 82 期《国际新闻画报》中《徐树铮被杀真相》

△徐樹錚在天津出殯之一

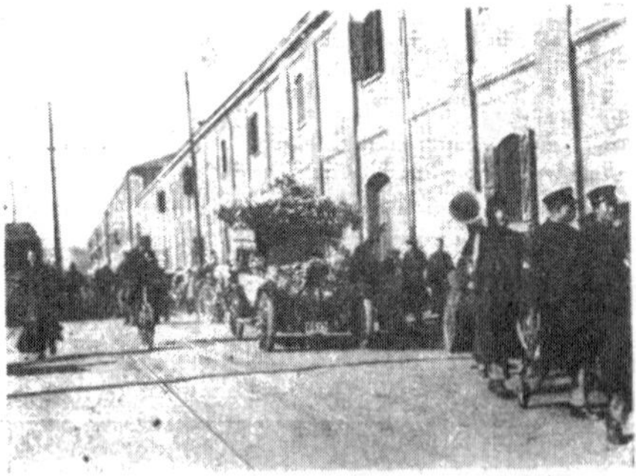

徐樹錚

有許多人推崇徐樹錚爲中國有勇有謀的人。他的胆量眞大。他的計謀眞遠。這種人物在現今中國軍閥中實找不着幾人。雖然他智勇高强。但是試問他在世時以其本事。而建設的有什麼。最後不過哀樂花車。送入黃土罷了。啊。

△徐樹錚在天津出喪之二▽

歐彬夫人。中國女界之傑。爲人慷慨忠誠。服務於社會各種事業不遺餘力。不獨犧牲其精神魄力。凡遇有益事業。而有求於夫人者。無不解囊樂助。就記者個人而論。已得其指導扶持者不少矣。夫人前數月忽病卒。親友無不哀悼。故補註之。

1926 年第 2 期《良友》中图文报道徐树铮在天津出殡

陆承武泣叩。”

毋庸置疑，徐树铮之死是北洋集团内部斗争的结果，陆承武以孝子复仇的面目出现，只是冯玉祥导演的一出金蝉脱壳的好戏而已，陆承武则因感恩冯玉祥替他实现夙愿而乐得“冒名顶替”。

再说张绍曾天津遇刺

张绍曾（1879-1928）

近20年前，我曾写过《张绍曾彩凤班遇刺》一文，当年的参考资料主要是《大公报》《益世报》和《北洋画报》。近期又在1928年出版的《坦途》《国闻周报》《信义报》等期刊中，发现了一些关于张绍曾遇刺的新史料，特别对刺杀、侦查、审理的过程和刺杀的原因，与之前的文章记叙多有出入，遂再撰此文，算是对旧文的补充和完善吧。

曾任国务总理兼陆军总长

张绍曾（1879—1928），号敬舆，直隶大城县人，居于津门。初在天津武备学堂就学，后保送日本陆军士官学校第一期炮科，以第一名成绩毕业，与同学吴禄贞、蓝天蔚并称“士官三杰”。归国后任北洋督练公所教练处总办、新军第二十镇统制等职。武昌起义后，与吴禄贞、蓝天蔚等举兵反清，逼迫清廷宣布十九信条，还政于民。后因吴禄贞为袁世凯暗杀于石家庄，事遂未果。1912年，曾斡旋南北议和，推为直隶进步党部长。1913年任绥远将军，加上将衔。袁世凯称帝后，积极响应蔡锷护国讨逆。

1917年黎元洪时代，张绍曾虽任陆军训练总监，但因不得志而去职闲居，以其为直系元老，故多与该系将领往还。直皖战后，吴佩孚当权，与张绍曾联姻。1921年，张绍曾在庐山筹开国是会议，奔走各方，谋划解除各省军阀兵权，未得实现，遂与吴佩孚产生矛盾。1922 年 8 月，黎元洪二次就任总统，改组内阁，恢复国会，张绍曾出任陆军总长，翌年 1 月兼任国务总理。但仅过半年，即因府院不和，受到军阀抵制而引咎辞职，托辞养疴，蛰居津门，伺机东山再起。

张绍曾在津居于英租界马场道北 44 号路，终日以下围棋、写联诗、读旧典、练书法为乐。他尝深究禅理，著有《觉道日记》四卷，前国民政府审计院长庄蕴宽为之作序。其父、继母、正妻、四房姨太太均同居津城。其长女嫁于时居津门的吴佩孚之子吴道时，其长子亦居沽上，而留学美国的次子则为冯玉祥的乘龙快婿。张绍曾生平极喜附庸风雅，尤好与文士结纳。他与《中华大词典》主编欧阳溥存私交甚好。有一个名叫张秋白的文人，曾因案羁押于国民党陆军部，被释出后欲赴粤归乡，致函张绍曾请求周济川资，张与之虽未谋面，但得书后即慷慨赠予 200 大洋，资其南行。

彩凤班遇刺

1928 年 3 月 21 日下午 4 时，张绍曾与族叔张爵五（字会卿）从英租界 44 号路本宅出门，先至法租界华清池沐浴。浴毕，天色已黑，遂至天和玉饭店赴宴。该宴为直隶督署总参议赵景云（字瑶蕴）所请。宴罢，在赵景云的提议下，张绍曾一行又与前福建军备督办李厚基、大名道尹张曾卿、天津戒严司令谢玉田、某部军长陈少康和张爵五，再赴利津里彩凤班花玉宝处喝茶打牌，期间唯谢玉田小坐后略作寒暄即因事告退。

他们在彩凤班先是打牌，至 7 时半休息。时李厚基与张爵五在南边床上抽着大烟，张绍曾则在北首床旁与花玉宝等闲谈，赵景云则在室中心神不定地徘徊。闲谈中，张爵五问张绍曾近日做何消遣？答称：“看电影、读佛经、习大字、练拳术，为四门日常功课。”言毕张绍曾环顾室内，见壁上挂有“花好月圆人寿”一联，笑言：“有此六字，人生幸福已足，何必三山探佛耶？”众人附和，一阵感喟。

就在此时，忽有五名身穿便装的不速之客不请自到。二人把守大门，三人进屋，劈头便问：“张总理在哪里？”侍者正欲上前拦阻，其中一人張和平。心同理同。幸何如之。果然和平之可期。自當解職以示誠。繼虞特於本月皓日解除北伐後援軍總司令官職。隨即出外休養。所有滇西軍政各事。完全交歸陳隆生維持。負責辦理。以遂初衷。所期陳隆生與省軍開誠商辦。實現和平。使民衆不受鋒鏑之禍。西軍不違先帥之旨。斯則繼虞之所深望也。專電奉達。佇祈鑒照。唐繼虞叩皓印。

張紹曾被殺

本週天津發生一空前未有之兇殺案。即前任國務總理張紹曾。被殺於娼寮是也。張爲軍界前輩。歷任要職。與吳佩孚馮玉祥爲兒女姻親。居常好議論時事。此次被殺。內容不明。先是廿一日下午七時。有直隸督署趙總參議鳳山在天津日華交界處之利津里彩鳳班妓女劉春喜處設筵請張紹曾酒敘。有前任閩督李厚基。大名道尹張會卿等在座。天津戒嚴司令謝玉田亦曾被邀。小坐即去。張在未到妓館以前。且與某要人在華清池沐浴。事畢赴宴。尚未入座。七時半。忽有着便服者三人入院。聲稱尋張總理。先由一人入屋。問誰是張總理。時張正與妓女叢談。話趙鳳山則方散步於室。李厚基與偕張同遊之張僑五則臥於張之對面床上吸鴉片。隨有第二人入屋。對牆開放三槍。屋中人均驚慌失色。此時第三人入屋。將張架至屋外。時張猶吸紙烟。一出屋。槍聲即發。張用手捧頭。彈由手背穿過入左腦。立時倒地。三人竄去。至餘人所帶隨從人等。均在後院小屋閒談。聞聲出視。三人已無蹤影。當即派人往井上醫院延請日醫赶往。業已無救。時至十一時。檢察廳余檢察官會同軍警。至班檢驗。見張氏面外橫仆客堂屋中。身穿古銅色花緞棉袍。淡藍湖縐棉褲。足着黑色單鞋與黑襪。兩脚作八字形分開。面部顏色慘白。鼻口間流滿血塊。頭着地處亦流遍血跡。兩眼突出。檢察官即命仵作先檢槍口。先驗得一槍彈自左腦而入。此爲傷命之由。後又驗得左手掌亦有一槍洞。再驗始悉手中之洞。係用手捧頭時。爲槍彈所穿過而致。惟前腦完好如常。當用黑木簽由後腦傷口插入一試。進入一半。不得通過。則悉子彈猶在頭中也。張尸旋抬回英租界威靈頓路本宅。與張同遊之門客楊時中。本家張僑五。則被軍警送往軍法課。又當兇手殺人後。從容走去。祇當兇手潛逃時。東一區警察聞聲赶至。正在慌亂之際。突又闖進一人。神色倉皇。取地上張紹曾之帽戴上。警察上前盤詰。喝問何爲。其人答云。我打死人了。警察聞言立即拘獲。據其自稱名鄭德潤。狀似瘋狂。警察未予訊問。即送軍法課。此案有何內容。自不便逆臆。姑紀事實。以待他日論斷可耳。按張號敬輿。直隸大城縣人。日本陸軍士官學校第一期砲兵科畢業生。清末編練新軍。受貝勒載濤知遇。初出即任團長。累擢至陸軍第二十鎮統制。駐軍灤州。辛亥武漢起義。清廷調張與盧永祥藍天蔚等五人南下討伐。張糾合同

被暗殺之張紹曾

1928 年第 5 卷第 11 期《国闻周报》对张绍曾遇刺的报道

即掏出手枪向房中墙壁连放两枪，同时大呼："谁都不准动！"持枪者上下打量着李厚基、张爵五二人，他二人惊悸万状，颤抖不止。他又分开众人来到张绍曾面前，上前揪住他的脖领厉声问道："你姓张吗？"张点头称是。于是，来人一拥而上，连推带搡地将张从花玉宝房内拖至客厅，拳打脚踢，张以左右两手捧头，持枪者遂向张连放数枪，张应声仆地，众刺客扬长而去。时整个彩凤班乱作一团，四散奔命，大部妓女、仆役、嫖客窜至楼上，未及上楼者浑身战栗地躲在角落里。

少顷，赵景云从楼上狂奔下来，嘴里还不停地叫着"有刺客！快抓刺客！"惊魂未定的人们这才从桌下、床下爬了出来。赵一面令人堵住大门，不让一人溜走；一面通知医院来人抢救遇刺者，自己又打电话通知警局，并令天津地方检察厅派员勘验现场。

突然冒出的自首者

案发后不久，最近的日本井上医院的医生赶到现场，为张绍曾诊断，当时脉搏已浮，创口甚剧，仅心口处尚存微温，遂称为时已晚，无可救治，注射抢救针剂后仍未见效，不久，张绍曾即撒手人寰。

管区天津东一区警署闻讯后即电知各机关，天津戒严司令部、军警督察处、军警联合稽查队、警厅特别稽查队、警厅保安队等相继赶到，但刺客早已杳无踪影。正在调查案情之时，突然闯进一名男子，手带血迹，大呼："我杀人，我杀人！"进了彩凤班即高坐堂屋一椅之上，状至傲慢，对军警扬言："张绍曾是我打死的。"自述称，名叫郑德润，年21岁，东安县人，特来向警方自首。军警各方见其自认凶犯，殊感怪异，但见其手上带有血迹，亦不无杀人嫌疑。当由警方将其绑赴东一区警署。署长孟广铭正在讯问之时，即接督署参谋长张宗骞电，令以汽车将该犯解至督署军法课。妓女花玉宝、侍者张殿顺、花玉宝生母刘李氏等亦均拘往警署待讯。

张绍曾时在津尚有75岁的老父和63岁的庶母。除正妻外，还有四位如夫人。闻讯后，二夫人于9时20分即至彩凤班，军警劝阻，不得入内，怅怅而返。10时10分，张之正妻至，亦不得入，悻悻而归。四姨太赶到后通过关系才得进入，她与张感情素笃，入后即抚尸大痛，几不欲生。后槍對房中牆壁開放二槍，同時且大呼「誰都不准動。」當時向李與張爵五二人一看，李張驚悸萬狀，忽忽間思欲匿避而不得。同時暴客向北瞥見張氏，即上前將張揪住，並言「你姓張嗎？」張答「是。」於是暴徒等即前擁後推，將張由花玉寶房內拖至房外客堂屋，用拳亂打，張以左右兩手捧

在津被暗殺之張紹曾

頭，暴徒即開放手槍，一槍向其左腦耳邊射放，由手掌穿過後腦，張遂倒仆於地。暴徒等見張已命中，遂乃侃侃而去。頻行之際，揚言曰：「與汝等無干，安心罷。」當時該班內所有妓女及男女侍役，聞槍聲後，均嚇極竄至樓上。同座諸友亦各自戰栗，恐懼萬狀，故不暇他顧，而張氏乃亡命於無情之彈下焉。

憑空來了一個人大呼我殺人

張氏死後，天津東一區警署聞訊，即電知各機關。軍警聯合稽查隊，警廳特別稽查隊，警廳保安隊，相繼趕到。其時正兇已遠逃無踪，各軍警正在檢查案情之時，突來一無名男子，手帶血跡，大呼我殺人，我殺人。闖入彩鳳班，高坐堂屋一椅之上，狀至傲慢，對軍警揚言：「張紹曾是我打死的。」並自供云：鄭德潤，年二十一歲，東安縣人。該軍警等，見其突然自承爲現行兇犯，亦殊疑怪。繼見其手上帶有血跡，不無殺人嫌疑。當由長警，將其綁赴東一區警署，經署長孟廣銘，略加訊問，即接督署參謀長張宗騫電，令用汽車一輛，將該犯解至督署軍法課。彩鳳班之男女人等及妓女花玉寶，亦均拘往警署待訊。

血案發生後家屬之奔喪慘狀

張紹曾氏尚有老父，年七十五歲，庶母亦六十有三。大夫人外，有如夫人四。噩耗傳至，其公子尚在外邊應酬，四出尋覓，始於十二時五分，在某娛樂處找

1928 年第 10 期《坦途》详细记叙了张绍曾遇刺经过

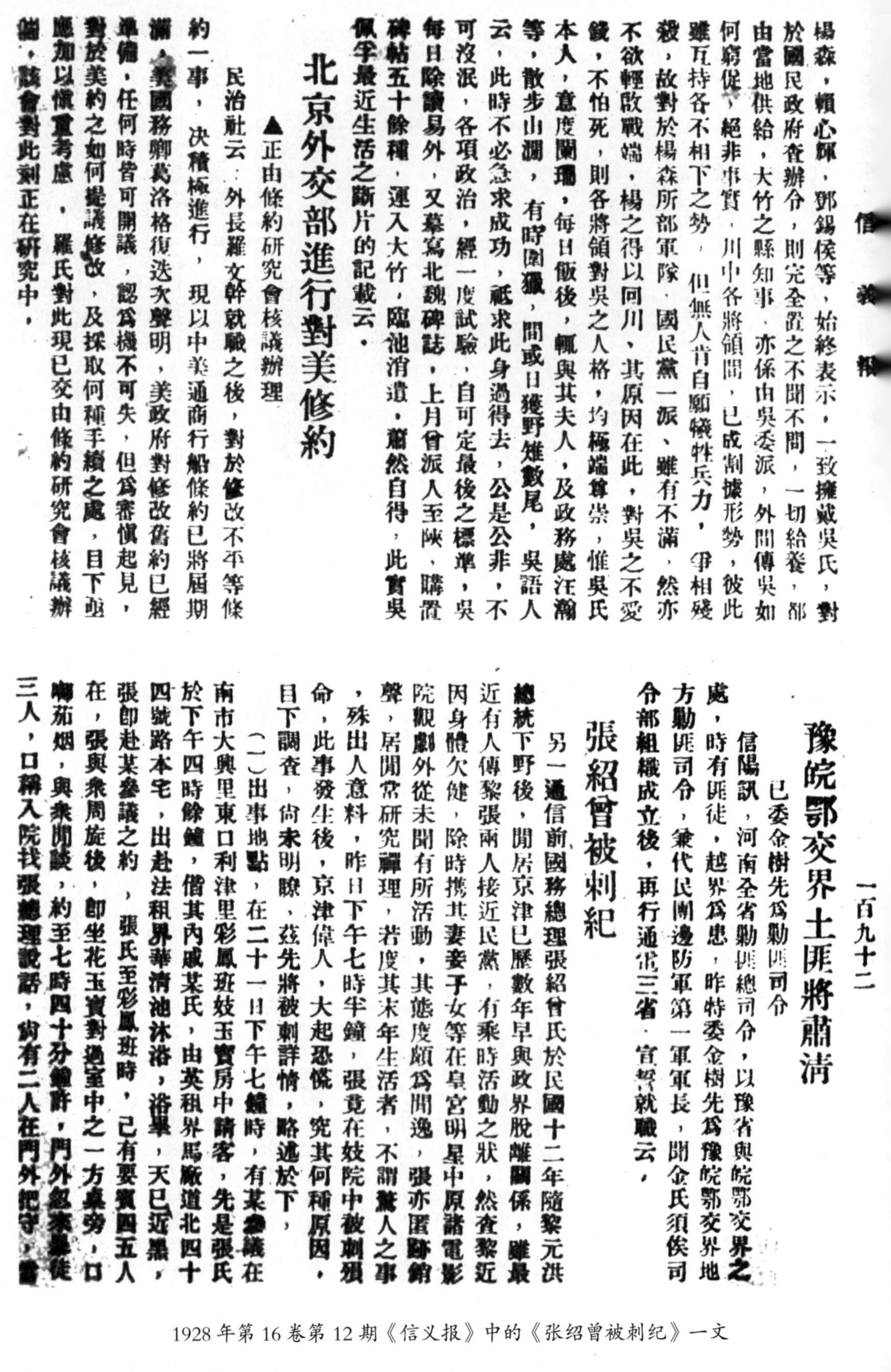

楊森，賴心輝，鄧錫侯等，始終表示，一致擁戴吳氏，對於國民政府查辦令，則完全置之不聞不問，一切給養，都由當地供給，大竹之縣知事，亦係由吳委派，外間傳吳如何窮促，絕非事實，川中各將領間，已成割據形勢，彼此雖互持各不相下之勢，但無人肯自願犧牲兵力，爭相殘殺，故對於楊森所部軍隊，國民黨一派，雖有不滿，然亦不欲輕啟戰端，楊之得以回川，其原因在此，對吳之不愛錢，不怕死，則各將領對吳之人格，均極端尊崇，惟吳氏本人，意度闌珊，每日飯後，輒與其夫人，及政務處汪瀚等，散步山澗，有時圍獵，間或日獲野雉數尾，吳語人云，此時不必急求成功，祇求此身過得去，公是公非，不可沒泯，各項政治，經一度試驗，自可定最後之標準，吳每日除讀易外，又摹寫北魏碑誌，上月曾派人至陝，購置碑帖五十餘種，運入大竹，臨池消遣，蕭然自得，此實吳佩孚最近生活之斷片的記載云，

北京外交部進行對美修約

▲正由條約研究會核議辦理

民治社云：外長羅文幹就職之後，對於修改不平等條約一事，決積極進行，現以中美通商行船條約已將屆期滿，美國務卿葛洛格復迭次聲明，美政府對修改舊約已經準備，任何時皆可開議，認為機不可失，但為審慎起見，對於美約之如何提議修改，及採取何種手續之處，目下亟應加以慎重考慮，羅氏對此現已交由條約研究會核議辦備，該會對此刻正在研究中，

豫皖鄂交界土匪將肅清

已委金樹先為剿匪司令

信陽訊，河南全省剿匪總司令，以豫省與皖鄂交界之處，時有匪徒，越界為患，昨特委金樹先為豫皖鄂交界地方剿匪司令，兼代民團邊防軍第一軍軍長，聞金氏須俟司令部組織成立後，再行通電三省，宣誓就職云，

張紹曾被刺紀

另一通信前國務總理張紹曾氏於民國十二年隨黎元洪總統下野後，閒居京津已歷數年早與政界脫離關係，雖最近有人傳黎張兩人接近民黨，有乘時活動之狀，然查黎近因身體欠健，除時攜其妻妾子女等在皇宮明星中原諸電影院觀劇外從未聞有所活動，其態度頗為閒逸，張亦匿跡銷聲，居閒常研究禪理，若度其末年生活者，不謂驚人之事，殊出人意料，昨日下午七時半鐘，張竟在妓院中被刺殞命，此事發生後，京津偉人，大起恐慌，究其何種原因，目下調查，尚未明瞭，茲先將被刺詳情，略述於下，

（一）出事地點，在二十一日下午七鐘時，有某參議在南市大興里東口利津里彩鳳班妓玉寶房中請客，先是張氏於下午四時餘鐘，偕其內戚某氏，由英租界馬廠道北四十四號路本宅，出赴法租界華清池沐浴，浴畢，天已近黑，張即赴某參議之約，張氏至彩鳳班時，已有要賓四五人在，張與衆周旋後，即坐花玉寶對過室中之一方桌旁，口啣茄烟，與衆閒談，約至七時四十分鐘許，門外忽來暴徒三人，口稱入院找張總理說話，尚有二人在門外把守，當

1928年第16卷第12期《信义报》中的《张绍曾被刺纪》一文

见张尚存余温，遂急询张有何遗嘱。但见张痛苦万状，唯有向上翻白眼之能，而无说话之力。

张之公子当时尚在外边应酬，张家仆役四处寻觅，始于12时5分在某娱乐场寻到，一行急赴现场，痛哭奔丧。恰与前来勘验现场的地方检察厅的检察官金鉴澄、书记官张朱明、警官童时亨等相遇。只见张绍曾身穿古铜色绮霞灰鼠皮袍、青呢马褂、灰色青绸棉裤，尸身斜卧地上，两足向外，面现青白色，两眼微睁，齿从外露。一弹由左耳穿入脑部，弹犹未出。一弹由前胸入后胸出，其左手背上亦有枪穴一处，因当时以手护头，故子弹由其手背穿过。验毕，检方遂令尸亲具结移尸，由张绍曾内弟万岱青办理领尸手续。

但当司机欲发动张绍曾来时所乘汽车时，却发现汽车已被损坏，司机一时未能查明原因。张家遂在邻近各处再觅租车。延至凌晨1时，始由四夫人借来汽车，舁尸于上送至本宅。张之遗尸以绣花缎被包裹，四夫人大哭不止，状极凄惨。据悉，张绍曾遗尸于22日下午6时即行以上将礼服成殓。

不了了之

刺杀案发生后，民国政府国务院即奉谕向天津发来一封急电，责令天津当局迅速查明肇事真相，严缉凶犯，勿容漏网，并派员赴张宅唁问照料。

22日午后，警署司法科科长陈体侨对花玉宝等略加讯问。妓女刘春喜（即花玉宝）供称，她在利津里彩凤班充当妓女有年，昨晚7时有客人总参议赵瑶蕴在彩凤班内请客，内有前总理张绍曾在座。突有五人先后入室，向张连发四枪，均中要害，张当即殒命，刺客各自逃逸无踪。刘李氏供称，她系刘春喜之母，案发后始至现场，案情一概不知。张殿顺供称，在彩凤班当伙计多年，其余供词与花玉宝别无二致。见毫无收获，陈体侨等即于22日下午4时将花玉宝等送交督署军法处。

同日下午4时半，军法处的两名法官正式开庭审理此案。刘春喜供称，张绍曾招呼我是第一次，余不知情。张爵五供称，张绍曾为其侄子，时常同游，此次猝遭变故，为意料所不及，其余丝毫不知。自首者郑德润言语颠倒，精神恍惚，神经似有错乱，终又改口说："我系看热闹者之一，因我的瓜皮帽被众拥去，遂至房中地下拾来戴上。众人将我拥至彩凤班院内，军警向我询问，我原答'我看杀人'而非'我杀人'"。

查阅资料，此后再无其他关于此案的审理记录。警方并未对刺杀当日宴请者赵景云和前来赴宴其他人进行调查，亦未对当晚张绍曾所乘汽车的损坏程度和损坏原因进行调查，更未对五名刺客的体貌特征、逃跑路线、指纹、子弹等线索进行调查。由此可知，警方调查过程草草收场，军法处审理敷衍了事。更为蹊跷的是，张家也没有态度坚决地让警方缉拿凶手，而是在第二天即将张绍曾入殓。按照常理，张绍曾这等人物去世后，只在北平的《世界画报》中刊发了一张北平各界在中山公园追悼张绍曾的照片，而在津各期刊对其吊唁、追悼、下葬的过程并无只言片语的报道。如此这般，是因为失势的张绍曾当时只是一介平民了，还是其中另有隐情呢？

刺杀原因

案发第二天，天津《大公报》即以《张绍曾昨夜遇刺殒命》醒目标题刊出新闻，详细报道了现场情况和几位现场目击者对现场的描述，至于刺客是谁、行刺的原因却只字未提。

对于刺杀原因，社会各界众说纷纭。有的说是既然死于青楼，定与妓女有关，多半是争风吃醋的桃色事件。有的说是因为他从政时与旧部结下了仇冤，如今失了势，遂被仇家所杀。有的说是因为家庭纠纷而起，因张绍曾有四房姨太太，个个辛辣，各争雄长，不相上下。为此，张也无法，生前只得轮流在每名如夫人处值宿三日，厥状颇苦。张宅的家庭纷争在津门更是甚嚣尘上，尽人皆知。张之死应与家庭矛盾存有间接关系，颇与李纯在江苏督军任内为其妾所杀之事相类似。有的说，张绍曾与冯玉祥、吴佩孚皆为亲家，在政治上自然不甘寂寞，时刻思机再起。尤其是被刺之前与冯玉祥过从甚密，薛笃弼、李兴中等肩负冯玉祥使命来津，与张绍曾频繁秘密接洽，遂触怒政敌，惹下杀身之祸。

北平中山公園追悼張紹曾大會禮堂之佈置　本報攝

□柳泊澄君與馮蓮洲女士結婚儷影□

攝影的範圍

劉景翔

「北京眞沒地方可照像了！」「北海，中山公園，萬壽山，……我全照完了」，「成天的有甚麼可照！手不離照像機，照像機不離手」。嘗聽見祇個同志對我說。

唉！未免將攝影的範圍太看窄了，莫非把普通的風景照完了，就算照像到了功成名就的時候了麼？

那麼，我們可以到市場裏的畫片攤上，街上的書鋪子裏，買上幾打風景片，一則價目比較便宜，二則印的更有彩色，拿這個置諸案頭，裝定成冊，也可以「臥遊五岳」了，我們這些用多少錢買照像機，成天每日在黑房子裏工作的人，未免有點太傻了！

「我就是個傻子，中國照像的人「何止千百」，就全是傻子麼？不！大半一定不，照像的範圍不但寬而且廣，風景照片不過是照像者的一部分的材料罷了！

我們既研究照像不應當拿完成了一部分的工作，就算達到眞正成功的時期，如果拿將一個地方的風景照完了，就說無像可照了，這就如同登山到了山的中部，就說是已經到了山之絕頂一樣的危險。

朋友們：我的照像的朋友們！「不欲研究照像則已，苟欲研究照像非擴大照像的範圍不「！」」

照像的範圍是甚麼？換而言之就是：照像所應取的材料，擴大範圍，就是將照像的材料多收集些，把一切能加入照像作材料的東西全加入照像範圍的中間。

既談照像的範圍當先談照像的程序，普通一般初學照像的朋友們，當他買得一個照像機子的時候，他們回到家中第一個入鏡頭的當然是他的小弟弟，或是他的小妹妹，再其次家人，父母，或子女……了，全照完了便照自己畜的貓，狗，老母雞……，然後才跑到外邊去照風景去了，再延長下去，二年或三年，風景也不耐煩去照了，就感覺到風景又太枯燥了，於是他就不得不另尋出路，走到所謂藝術的方面去了，還有一部分的落伍者就改途習他了！這是普通一般照像者的程序。

「改行的」不必題他了，就進行的，憑他自已創造和藝術的天才，一步一步的，步上青雲之路。

普通照像的種類，固不外乎人物，花鳥，靜物，風景……等，若細分晰起來，也可以演至無數小的種類，至於「加上藝術的冠冕」，「蹈進藝術之宮」，則在乎個人藝術的天才。

「目張口呆者人像也，呆若木雞者亦人像也，他若藝術的作品，詩趣的人像，亦無一非人像，譬如光社社員劉半農作的淚珠中的光明，吳郁周的為人作嫁，……亦無一非人像，有藝術的價值存在，至於用畫家的手腕，作出花鳥的像片，用藝術的眼光，作出靜物的本體，凡此種種無一非照像的好材料，市民大會，同結婚盛典，固有留紀念的價值，但人生的片一段，社會的生活，何當不是照像的好材料呢？其他如街上的廁所，洋車夫的兩條腿，那個不可以將他映人鏡頭之中，故我對照像界唯一的口號，就是「擴大照像的範圍」。並主張「到民間去」

小跳舞家王連貞女士　有禎攝

傳裳雲女士光華影片公司「西太后」主角　魏守忠攝

女一中俄國土風舞　尹季云　前洪文英　後李翠敏　前劉寶珍　後李亞梅　前徐綉　後馮桂英　范翠華　體育教員甘之泉　劉爾燗贈刊

1928 年第 47 期《世界画报》图片报道了在北平中山公园举行的张绍曾追悼会

有史料记载，张绍曾遇刺实际上是一起早有预谋的政治谋杀案。1923年6月，张绍曾从国务总理任上被逐下台后，虽息影津门，但仍关注官场风云。由于他对北方军阀早已失去信心，便把希望寄托于广州国民政府。1926年9月，冯玉祥誓师五原，宣布脱离北洋军阀，1927年率部进入河南，配合北阀军与直系军阀作战，势力逐渐扩大。此后，冯玉祥又率部北伐，直指山东、河北，对张作霖奉军形成严重威胁。在此期间，张绍曾与冯玉祥因有姻亲关系始终保持信使往来。张绍曾更以寓公身份做掩护，组织薛笃弼、丁春膏、刘之龙、刘治洲等人，积极收集奉军的军事情报。为了把情报及时传递给冯玉祥，张绍曾不惜重金买了一部电台交由丁春膏负责，每日与冯部联系，有时一日数电。他自己也常给冯玉祥写信询问战况，为冯出谋划策。张绍曾知道，他的这一行动一旦暴露，必然会引起张作霖的忌恨。所以与冯的联系非常秘密，自己的社交言谈也格外谨慎。尽管如此，还是在一件事上被张作霖看出了破绽。

1927年，张绍曾的胞弟张绍程（字敬纯），从法国留学回来，想在政界或军界谋个差事，要求哥哥为之引荐。张绍曾认为，当时北方军政界被军阀政客所把持，整个北洋政权摇摇欲坠，在他们手下没有前程可言。于是，他便劝弟弟暂时在家中复习学业，以后有机会再谋职业。张绍程知道哥哥与冯玉祥友情甚笃，便要求介绍他去河南投奔冯玉祥的北伐军。张绍曾不便明言内情，便劝阻说："你暂不要到冯部去。"张绍程见哥哥这也不允许，那也不同意，遂产生误解，顶撞说："你已功成名就，却忘了同胞手足之情！好吧，我自己去闯自己的路，希望哥哥不要妨碍我。"张绍曾见弟弟不理解自己的苦衷，只好嘱咐："凡事谨慎，千万别让人抓住把柄。"于是，张绍程去河南，冯玉祥为他在军中安排了个职务。此事不久便被张作霖探知，由此猜想到张绍曾与冯玉祥的关系。

此时，原属直系的军阀孙传芳被北伐军打败后投靠了张作霖。在1925年任浙江督军时，孙传芳经张绍曾派人从中联络，曾与冯玉祥约定共同起兵攻打奉张。但浙奉战争在南方打响后，冯在北方却按兵不动。为此，孙传芳以为是张绍曾与冯玉祥合谋欺骗他，想坐观成败，借刀杀人，因而对张、冯心怀不满。孙投靠张作霖后，经常在张面前挑唆，说张绍曾代冯玉祥运筹帷幄，而且和冯系一班人秘密往来，策划反奉。这就使张作霖对张绍曾更起疑忌。

张作霖为了试探张绍曾，于 1927 年 1 月派亲信邢士廉到天津，假意请张绍曾出面调停他与冯玉祥的关系，以息争修好。邢见到张说明来意后，张马上意识到其中有诈，遂推辞说："我与冯玉祥素无往来，他岂肯听任一个下野人的摆布，请你转告大帅，我早已不问政治，决定在津颐养天年，实难担此重任。"邢只得悻悻回京交命。火车一进北京站，前来迎接的孙传芳即将邢接至家中。听完邢的汇报后，孙连连摇头说："张绍曾真是老奸巨猾！明日你如果如实地报告大帅，我恐大帅下不了除张决心，我们必须想一良策，让大帅痛下决心。"其二人一直密谋至深夜，邢才回到自己的官邸。

第二天，邢即按孙的旨意，诡称一进津门就耳闻张绍曾早与冯玉祥往来过密，并正在策划反奉。当他见到张说明来意后，张态度极为傲慢地说："你告诉张作霖，叫他先把军队撤出关外，再来和我说话！"张作霖闻听此言勃然大怒，一拍桌案厉声说道："我看他是活得不耐烦了！"遂即部署刺杀张绍曾的行动。

送走了邢士廉，张绍曾深知张作霖必然不肯善罢甘休，一些朋友也劝他离津南下暂避风头。张绍曾却认为，冯玉祥所率北伐军已打到山东，很快将进入河北境内，急需自己提供奉军方面的情报，在此刻自己不能擅离津城，况且假若奉张有杀人之心，必然早有部署，走出津门也不是件容易的事，倒不如自己深居简出，多加戒备的稳妥。于是，他曾一度闭门谢客，不再参加任何社会活动。

随着北伐战争的顺利进展，京津形势日趋紧张。张作霖在部署军事总撤退的同时，也加紧了刺杀张绍曾的行动。张作霖经与直隶督办褚玉璞密谋，于 1928 年 3 月派亲信王琦到津，由直隶督办公署总参议赵景云出面，3 月 21 日在天和玉饭庄宴请住津朝野名流。他们怕张绍曾不肯赏光，事先安排谢玉田、刘茂正两人找到张绍曾的门婿吴道时，由他带领前往张公馆送请柬。届时，赵景云又让张绍曾的同乡族叔张爵五亲到公馆邀张一同赴宴，并答应事成之后保荐他为道尹。张爵五曾任江北道尹，赋闲已久，曾多次投奔赵景云未果。这次见赵当面许愿，自然竭力效命。

21日下午，张爵五便到了张公馆，催促张绍曾同往。张绍曾当时推托身体不爽不想参加，但张爵五百般怂恿，碍于族叔情面，只好吩咐备车。不料汽车刚开出车库，前轮却瘪了一个，张绍曾说："今日出师不利，我看还是不要去了吧！"说完又嘱咐差役打电话给饭店，表示不能赴宴。张爵五着急地说："瑶蕴叫我代他诚意奉请，你不去，我怎么向瑶蕴交代呢？"张绍曾转念一想，也可利用这个机会观察一下政界的动态，搜集一些情报给冯玉祥。于是，又命司机王以达换上备胎，与张爵五同车前往，另有卫兵苏以行、刘富友二人随车护卫。席间，津城有头有脸的人尽数参加，大家推杯换盏，好不热闹。宴罢，一切正常，张绍曾也放松了警惕。赵景云又约李厚基、陈少康等人，到彩凤班名妓花玉宝处打牌喝茶。随从卫士们也都被引开了，进了其他房间。于是，刺杀案就在这时发生了。

张绍曾被杀后，民国政府大肆张扬缉拿凶手。事发第二天，警方即将彩凤班的老鸨、妓女、杂役人员一齐逮捕，逐个审问，拘押多日。直隶督办公署也通牒日租界警察署协助缉捕凶犯。但这套欲盖弥彰的把戏是无法欺惑世人的。日租界警察署侦探长刘寿岩一句话揭穿了他们贼喊捉贼的真相。他说："他们杀人叫我们缉凶，假戏做得跟真的一样，亏他们装得像。凶手下落我们倒知道，是从北京来的，叫他们到大帅府里缉拿去吧！"

张绍曾家人也深知此案定为张作霖所为，因惧怕祸及余亲，引火烧身，岂敢认真追究。只有张绍程为胞兄之死追悔莫及。

从陶思瑾、刘梦莹情杀案看民国同性恋

1932年2月11日，20岁的少女刘梦莹在杭州县石塔儿头莲花凉亭12号惨遭杀害。后经警方调查，凶手正是案发现场昏倒在她身旁的22岁少女陶思瑾。她二人同为杭州艺术专科学校的在校学生，同窗四载，共处一室，同性恋爱三年有余，后因各自怀疑对方移情别恋而因爱生恨，酿成惨剧。此案在当年轰动全国，并由此展开一场有关同性恋社会问题的大讨论。读

得增額至二十萬。每年營業總額。多至三千萬元。此正祁氏飛黃騰達之時代。時適美鳳患病甚劇。其妹美麗女士。急親來看護。詎知祁氏精商精學之餘。更精于獵艷。遂與美麗發生戀愛。待美鳳病愈。乃妹已非處女。木已成舟。祁氏竟獲一箭雙雕矣。同胞姊妹。從此因情忌妬。當時祁氏手腕圓滑挪調百萬。易如反掌。因建高廈兩幢。分別藏嬌是後祁氏每年赴歐。獨包火車一節。此種豪舉。能有幾人

同性戀愛而殺劉夢瑩之陶思瑾(徐雁影攝)

瓏

1932年第1卷第50期《玲珑》画报中的陶思瑾

觸目驚心

案件評述

本欄將最近所發生案件加以評述，藉以勸導指迷與改身生活，作人生之指南針，歡迎投稿。

飽嘗世味的祁仍奚（蔣介山）

▲得志時：開公司　造洋房　做顯官

▲失意時：辦小報　吃官司　坐牢監

名震中外。執商界牛耳之天津協和貿易公司。創辦人。卽上海觀海晚報主人祁仍奚。福建閩侯人。民國元年。赴美留學。畢業於華盛頓大學法科後。卽與張美鳳女士結婚。回國後。於民國八年遂倡辦天津協和貿易公司。資本初僅四萬因經營有方。

劉夢瑩之遺影（詳見上期本刊）徐雁影攝

1932 年第 1 卷第 50 期《玲珑》画报中的刘梦莹遗影

者可以通过案情始末和法院对该案的数次审理、几度改判，以及时人对同性恋的看法，管窥到国民时期同性恋的概貌。

四年同窗 同性恋爱

刘梦莹，笔名雪帆，别字斯卜，1912 年出生，江西萍乡人。14 岁毕业于湖南首立第一女子师范学校初中部，入湖南省立第一中学一年。1928 年 2 月，考取杭州西湖国立艺术院（后改艺术专科学校），初入绘画系，后改雕塑系，1932 年冬即将毕业。她容貌姣好，思想激进，多才多艺。在绘画、雕塑专业上颇有造诣，兼长文学，创作甚多，时有文章刊登校刊或报纸；精通音乐，多次参加音乐演奏会；擅演戏剧，曾在《史推拉》《盲肠炎》《南归》等剧饰演角色；喜好运动，担任该院女子篮球队队长，球艺出众，颇得称誉。其父系三湘名医，其姐刘庆荇曾留学日本早稻田大学政治经济系。

陶思瑾，又名煜煊，别字铁浪，又字天诺，1910 年出生，绍兴人。1927 年肄业于上海立达学校，1928 年 9 月，进入杭州西湖国立艺术院绘画系，擅长水彩画，案发时为本科二年级，1933 年夏即可毕业。陶之容貌略逊于刘，面部布有麻点，性格内向，不善言词。陶之兄陶元庆为青年艺术家，1929 年秋不慎感染风寒，高烧不退，终至不治而亡。陶思瑾悲痛欲绝，情绪低落。

就在此时，性格开朗、思想趋新的刘梦莹与陶思瑾分配到了一间寝室。酷爱文学、崇尚艺术的共同爱好，让她们相互吸引；独在异乡求学的孤独寂寞，让她们渴求倾诉的对象；学习、生活中的挫折，让她们寻求相互抚慰。于是，她们关系日渐密切，感情甚笃，同出同入，形影不离。案发后多家报刊公布了她们的日记，从中可以看到她们感情的发展轨迹。

刘梦莹在 1929 年 3 月 11 日写道：“爱是伟大的，同性爱尤其是神圣纯洁的，思瑾你是一个美妙天真的姑娘，你那热烈真挚的情感，使我是怎样感激！”同年 11 月 22 日：“平时我以为这种爱是痛苦的，勉强地去尝试，今天可是出于我的自诚心了，我搂着她在偎依着的时候，我的理智命令我挣扎，但一点无效力呀！情感的威力将我被她屈服了。”12 月

16日："在纪念周后，我勇敢地向她宣白了我的主见，我俩缔结了一种永久的盟约，为永久保持我们的情爱，决不同男性结婚了。假使任谁再向我们要求的时候，即以这种盟约拒绝。在目前，使思瑾就渡过那道难关。思瑾是十分满意的，她也感到快活，我好似已救了她般地胜利地扬眉舞眼着。"

陶思瑾在1929年12月28日写道："今晚上，我是感到怎样的快活啊！梦莹对我是轻轻地呢喁着，她说她是很爱我，她说她已属于我的了，她是再不去爱别人了，她说她是不会去和一个男人结婚的，她说她以后对于一切人，都是在灵感上的爱，她的肉体已经属于我的了。我放心她，她始终是我的了啊！这一切话，使我的心坎中感到无限的兴奋呀！她是真的属于我了吗？我们是已经订着了条约，我俩是永远不与男子去结婚的！我们预备新年去买两个戒指，表示我们已经订婚的条约，是我们的纪念呀！我是多么高兴呀！我们的同性爱是多么的伟大与圣洁呀！"

因爱生恨　一死一伤

此案中还有一位关键人物许钦文。他是陶元庆的挚友，浙江绍兴人，年36岁，毕业于北京大学，时任浙江省立高中国文教师，创作甚多，尚未娶室。为追忆旧交，许特在西湖莲花凉亭购地一处，筑屋数椽，存放陶之遗物。哥哥去世后，失去经济来源的陶思瑾多赖许钦文慷慨相助。时间既长，许钦文遂对陶思瑾萌生爱慕之情，大胆向其求婚，欲以此屋为同居之所。陶思瑾当即拒绝，但因其兄遗物尚存许宅，且经济来源赖许资助，故保持往来，并时仍寄宿许宅。陶思瑾的日记记录了她对许钦文的排斥和对现实的无奈。

陶在1929年10月7日写道："唉，使我最讨厌的就是许君了！他是什么意思？天呀，我是向上帝誓咒：我是绝对不会和他发生爱情的，我很仇恨他！我因为要受了他的帮助，我不能和他绝交，因为我家里是没有钱来给我可以读书，我的读书全靠他的帮助。但是男子们总是这样的：一个女子一受他的帮助，他就要向女子要求爱了。唉，这是必定的。男子们的心是很毒的。但是我是决不愿受了他的帮助，就把我的身献于他啊！"

社會見聞錄

淵濺喋血之劉夢瑩慘殺案

劉夢瑩慘殺案以殺人之陶及殺之劉，均係國家藝術學院學生，牽涉案中之許欽文，又係省立高中之國文教員，著作甚多，在文壇上頗有聲譽，而是案又離奇恍惚，故極引社會之注意，爰輯是案之詳細顛末，以餉讀者。

劉陶許之史略

浴罷蘭湯濺飲白刃之劉夢瑩原爲江西萍鄉人，祖居湖南醴陵，天賦聰敏，十五歲畢業於湖南女師，民十七春，就學於杭州西湖藝術學院，初習西洋畫，半年後，改入彫塑系，本年進本科三年級，今冬卽可畢業，畫及彫塑作品甚佳，兼長文學，創作甚多，時以著作刊登校刊或報紙，並精音樂，曾參加音樂演奏多次，又擅戲劇，飾要角多次，尤[illegible]史推拉，盲腸炎，南歸，一個炸彈等劇，極得觀衆之好評，劉素寡言，然好運動，歷任該院女子籃球隊隊長，球藝優良，頗得稱譽，劉父係三湘名醫，曾任陸軍醫院院長，二十年夏，長沙共黨暴動，其父被仇人殺害，人傳劉曾作共黨領袖，後來退出，有姊名慶荇，留學日本早稻田大學政治經濟系，去歲寒假，自日返國，劉赴滬會晤，一月廿八日滬戰起，劉卽於二月三日返杭，意欲註冊入學，不意二月十一日下午三時慘死，陶煜煊，名思瑾，浙之紹興人，民十六秋，就學立達學園，十七秋轉學西湖國立藝術院，入繪畫系，水彩畫爲其特長，現爲本科二年級，明夏可畢業，貌次於劉，面上有麻點十數粒，其長兄陶元慶，爲藝術家，前年去世。許欽文浙紹興人，年三十六歲，畢業於北京大學，現任浙江省立高中國文教師，創作甚多，尙未娶室，築屋西湖蓮花涼亭獨居，與陶元慶爲至友，因識陶思瑾，又由陶轉介紹而識劉夢瑩，面黑，貌頗不揚。

慘案之發生

劉夢瑩陶思瑾在校時形影不離，友誼甚篤，劉返湘或來杭，陶恆迎送至滬，但兩人亦多口舌，惟爭後旋卽復歸於好耳，陶由紹來杭，爲二月六日事，到杭卽至藝術學院查問開學日期，是晚宿院內，七日因天雪，終日開留聲機作樂，晚仍宿該院，八日上午，陶云返紹，同學等數人尙送之至平湖秋月，詎陶乃赴許宅，時劉夢瑩以滬戰發生，於二月三日避地來杭，寄宿許家，陶劉曾晤，並同遊湖濱，陶在紹未來杭前，曾致函許欽文，告許擬來杭一行，許復信囑萬勿來杭，陶有所疑，至杭又知劉在許宅，乃赴許處探其究竟，因而生嫉，據陶自云，此來全係探望校內劉文如先生，並攜有食物送彼，絕無別意也，十一日下午一時，許欽文送郭德輝女士至江干作仙橋，郭係由許薦充小學教員，是日往接事者，家內除劉夢瑩陶思瑾外，尙有女傭陳竹姑，許走後，劉夢瑩欲入浴，囑女傭陳竹姑燒水，時劉在室內抽開抽屜，謂雪花膏用罄，嗣劉入浴，陶乃命陳竹姑往購雪花膏，並付以小洋六角，比竹姑購雪花膏返，推門不開，呼亦不應，未幾，許欽文與妹許羨冶自江干回家，竹姑告以敲門情形，許乃繞至後門，高呼開門不應，許大疑，卽涉水推後門入，則劉已死，臥血泊中，劉右脚邊有滿染鮮血之廚刀，陶思瑾亦倒劉屍旁，惟尙有呼吸，許遂扶陶入室，詢陶究竟，陶答肚子甚難過，許乃令妹急往西湖醫院請楊郁生醫師醫治，楊認係服毒，遂與許護陶至西湖醫院，許乃出院，報告警署，陶至醫院，兩手滿染鮮血，經醫洗滌，並用

1932 年第 28 期《中华周报》对案情的详细报道

郭有恒織襪廠新出品大廉價

蘇林特長筒 廉價五角五　青雲牌長筒 廉價三角六　青雲牌短筒 廉價二角七　三星牌短筒 廉價四角三　二星牌長筒 廉價四角　金針牌長筒 廉價六角八　另有價目表 函索即寄

售品處 一在北馬路商場樓下 一在法租界天祥市場二樓

明星戲院 今日準演 派拉蒙小神童合作聲片 賈克柯根 △主演▽ 頑童歷險記

江蘇旅平名閨楊君麗（右）楊渷惠（左）兩女士。李堯生攝。

曲線新聞

（平訊）加入聯華之明月歌舞團全體，據胡笳近日來信云，現已改隸天一影片公司。（京）

（平訊）名教授夏元瑮氏，兼課于北大，平大工院，女院等校，趕鐘點向以人力車及電車往返東西城間，自代平大校長後，已乘汽車。

（平訊）梅花歌舞團到平後，已出演中央多日，每次人滿。尚擬在哈爾飛，開明再演數日。並聘定黎錦暉之姪澤閩擔任燈光設計。（京）

（本市）中國銀行之唯一女行員王健女士，日前曾至北戴河消夏，近日則練習網球甚勤。（念）

（本市）已就平民大學新聞系主任之王小隱氏，現又受山東民國日報之聘，任總編輯，以友誼關係，只得暫就，已於昨日由德州赴濟。（耳）

▷即將在平津映演之聯美片「一夜纏綿」之一幕◁　。麟寄。

『纏綿』語

●麟●

在「一夜纏綿」中你所看見的麗琳甘許，不是你往常見慣的悲劇人物，而是穿起了時毛的美服，配上珠寶來飾的一位新女性。

他在「一夜纏綿」中是廿世紀的一位新女性，許是她第一部對話片，也是久已不再演的悲劇性的往昔……

他說：「我恐怕我已很難再有些演悲劇片的忍耐了。」她說……

（本段字跡細小模糊，僅能辨識大意）

▷停泊北戴河海濱之海琛軍艦船面◁　。宗憲寄贈。

白巾，紫泡，玉照，明燈。

●白痴●

晚風送涼，小立於英租界之民園運動塲，塲四圍空曠，月上時人聚如蟻。過一少女，長袍裸腿，……年不過十四五歲，並肩行者，爲一男性，喁喁私語，……有知其事者，爲詳述此少女之情史，真可謂……

女居附近某里中，里中多惡少年，每日聚首里門……女因而與甲善，乙美於甲，女於是棄甲就乙。甲……女性既復出，乃偕乙至開窪，以避甲之……民園也，甲……隊追踪而至，……舉手拍女背，女回首……曰：「你拍！你拍！我不怕！」女盡力以手……紫泡十餘處，而手不縮……各隊員亦……得泡若干而去。翌日……

海琛艦上之盧敏仁女士　。宗憲寄贈。

一萬七千金

●念●

青島市市長兼東北海軍司令沈鴻烈氏之夫人，八月十四日在青島喜慶弄璋，沈氏有千金七位，此爲其長公子也。

炸彈

●蜀雲●

十五日日租界中原公司，忽然響了一個炸彈，市政府收到了一個炸彈，接着第二天北馬路總商會和崇慶號又響了兩個，雖然不曾傷人，卻不能不使人心驚！……炸彈是何人所放，至今還都茫無下落，不過「……」的警告書，大家卻意料到是反對日貨，……

……也就是無形的炸彈，……又何嘗不更可怕！

女曾以手絹六條贈乙，各繡 My dear（親愛的）字樣於巾角，……又象片二幅，……女不敢強拂，他人不與焉。

……戊某晚又與女同遊民園，……女曰：「盍明爾……」……

……多只以有業……

▷十六日本市總商會門前被炸毀之汽車◁　。東北津社攝。

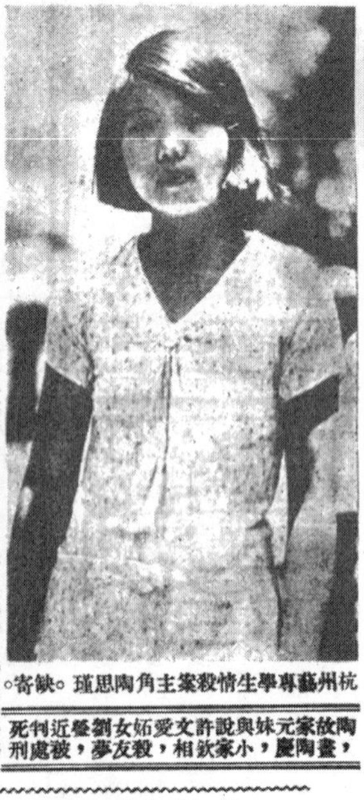

杭州藝專學生情殺案主角陶思瑾　。缺寄。

陶思瑾女殺劉夢瑩近判處死刑，其故爲許欽文家一小友妹與女因說愛相，……

1932 年第 17 卷第 820 期《北洋画报》中的陶思瑾

11 月 5 日载：“今天我是真被那个缠绕我的魔鬼击死了。当我读他信的时候，我的愤怒真是难以形容出来！唉，他敢简直和我讲起同居和结婚了。这种简直把我闷死，我该怎样地回答他？老实说，我是至死也不会和他发生感情的……因为受了他的经济帮助和最近哥哥死的一切事情都要靠他帮助，所以我不能彻底和他断绝，但是最后我是决然要和他断绝的。”11 月 25 日载：“我是对许钦文全是在友谊地位中，但是当然我知道他已经对我起了野心。这次为我哥哥造起屋来，他一方面要想和我同居了。呀，这是多么气人的事呢！他这种的狗心呀，他简直和我谈起来结婚事项来了呢！他简直在昏梦了！天呀，我是跪在你的脚下可以宣誓：我是决不愿去爱着他这样老人呀！”1930 年 9 月 13 日载：“住在这里，每天去学校上课，觉得很不便。我愿意我们早点搬开这里，因为我在这里很难过，他时常跟随着我，吻我的发，或吻我的臂。我觉得很难过又讨厌。我希望我们早去学校里，但是我没有钱可以缴费啊，不缴费是不可以住呀！”9 月 30 日载：“我的病到今日已经有三天了，还不觉得有点好，已经有三天不吃饭了。今天画木炭画，我的头痛得快要破裂般地难受。我感到非常地难过，我一切都不自由呀！经济又是这般地困迫我，家庭是这样地穷寒，没有钱能供给我。”

刘梦莹因陶思瑾的关系而结识许钦文。酷爱写作的刘时常求教于许，并请许代为介绍报刊发表文章，撰文揄扬宣传。1931 年刘在民众俱乐部演出《史推拉》一剧，许冒着倾盆大雨前往观看，事后并在报刊撰写吹捧文章，深得刘之好感，故在刘致许的信函中昵称许为“许小姐”，并劝许娶受其帮助的裘本元为妻。同年，刘更曾在许宅居住三星期之久。为此，陶刘二人内心互生猜忌，时有龃龉，日渐疏远。日记清晰地记录了她二人矛盾的逐步升级。

刘梦莹在 1930 年 3 月 20 日写道：“这又是一件什么事呢？我在洗澡，无意间见到她的日记，她在迷恋于男性了么？给我十足的信心一个动摇。我的心在惨然了，一切都无真实吗？天呀，我的瑾是不会爱他的。我祈祷如是。但是我也忏悔不该去私地看她，我认为是应该受责罚的。”4 月 27 日载：“谁又料到思瑾的小孩子脾气发逞，使我受重大打击呢？她曲谅朋友的心，反躬自问，反要来抛弃我。一年前，她自己来爱我，当时的热烈使我惊惶，今日却无故说与我断交了！”1930 年 6 月 19 日载：“思瑾，你和我的路途也日渐分离起来，你不能了解我感到苦痛，但我能了解你资产阶级柔弱女性的一切，所以我只有婉叹。”

陶思瑾在 1929 年 11 月 7 日写道：“我有时想起了总要哭的啊！梦莹在我当初认识她时，我是满腔地热望着她能永远地爱我，专一地爱着我。然而，哪里知道专一地在爱着她的还有一个朋友！然而我对她的心是这样地真实，我是深深地爱着她。对她，我是不知耗化了多少的精神和金钱了。然而对我，她是这样地冷淡。我是怎样地感到悲伤啊！”11 月 27 日载：“现在使我有点疑惑了，难道梦莹真的在爱着一个人吗？如果梦莹她真的爱着一个人，她为什么没有告诉我呢？唉，我觉得她是对我未免太不忠实了！”1930 年 9 月 23 日载：“昨晚因为我对她说了讽刺话，她今天对我的态度很冷淡，见我不理睬。到了晚上，她对我的神气还是不更改。我的心里感到非常地痛苦。为了这样的一个悲剧吗？昨夜，我是怎样地痛苦着，我哭了，我几乎哭得会疯了。但是，我得不到她的一点怜悯和同情，我是对她诉了不知多少的言语，求她怜我恕我。唉，她没有应许，而简直连回音也没有。”

1931 年下半学期，陶思瑾又与本校女教师刘文如往来密切，关系暧昧。刘梦莹获悉后，怀疑她们发生了爱情关系，责令陶与刘绝交。陶坚决不允，彼此陷入僵持。寒假期间，各自回籍过年。而 1932 年 1 月 25 日刘梦莹致陶思瑾的明信片，既是对陶的威胁又是最后通牒。内称：“前由许君的信收到否，为什么不遵我的话寄还？但过去的一切，在形式上是似乎终结，可是在精神上永不会消逝。在你怎样思想单纯迟愚，现在我要实践在西湖时对你说过的、毫不掩饰地用拙笔（把她们三年的爱情）描写出来，使对生命留下一史迹。你有什么意见，可以于最速之间告诉我。”

1932 年 1 月 28 日淞沪战事即起。时在上海的刘梦莹遂于 2 月 4 日凌晨避难来杭，仍居许宅。2 月 2 日，身在学校的刘文如曾致函时在绍兴的陶思瑾称，急欲回四川原籍。陶遂于 6 日携带一网篮食物匆匆来校送行。陶抵杭后顺道来到许宅而与刘相遇，刘问陶何往，陶讳言为刘文如送行，唯称到校打听开学消息。8日，陶回许宅，刘竭力挽留，当晚二人同住许宅。10日，陶刘二人同至新市场购物，关系似有缓和。

11日下午2时，许钦文携家人外出，室内仅余刘梦莹与陶思瑾及女佣陈竹姑三人。刘欲洗浴，乃命女佣烧水，因雪花膏用完，陶思瑾给洋六角，遣陈竹姑出外购买。刘浴毕，与正在看报的陶重提刘文如之事，致起口角。刘声称，如陶不与刘文如断绝往来，即将与陶三年的私情公之于众。陶因牵涉刘文如并有害自己名誉，一时受到刺激，触动杀机，潜往厨房，取得厨刀一柄，向刘猛砍。刘拟夺刀未果，遂取一根木棍以资抵抗。陶仍执刀乱砍，伤及刘之两肩、两膀等处。刘逃至大门正拟援门而出，陶已追至，复向其脑后猛砍一刀，刘当即倒地。陶遂横砍其颔颏、咽喉等处，切断喉管，刘登时身死。陶见刘亡，也昏晕倒地，不省人事。

三级审理　终被释放

女佣陈竹姑购得雪花膏后回来，唤门不应。旋许钦文亦偕其八妹许羡冶同回，询悉情由，复绕墙狂唤，亦无人应。许觉有异，即沿河缘墙，绕至后门，猛力撞开，始得入内。突见门前、草地上，刘、陶浴血仰卧，刘已气绝，陶尚有呼吸。许遂扶浑身是血的陶入室，询其究竟。陶手部受伤，自称腹痛，许乃令其妹赶往西湖医院请杨郁生医师医治，杨疑陶服毒，遂与许送至西湖医院。陶之脉息奋速，神气苍白，所吐黄色之物，送省立卫生试验所化验，经金属毒和安眠药两项试验，并未发现毒物，遂排除服毒可能。

许钦文报告岗警转报二区六分署，警署遂将许、陶拘捕，移往杭州县地方法院看守所。翌日下午，该院派吏至许宅检验刘之尸身，刘共受刀伤40余处，胸口一刀深见肺叶，与颈部一刀共为致命。15日，刘梦莹姐姐刘庆荇到杭。她认为，许钦文身为三十多岁未婚老男人，独居一室，容留两名青年女子，必有引诱之意，其妹被杀，定与之有关。因此，除起诉陶许共同谋杀外，亦附带提起民事诉讼，请求判令陶刘各自赔偿损失3000元、1000元。

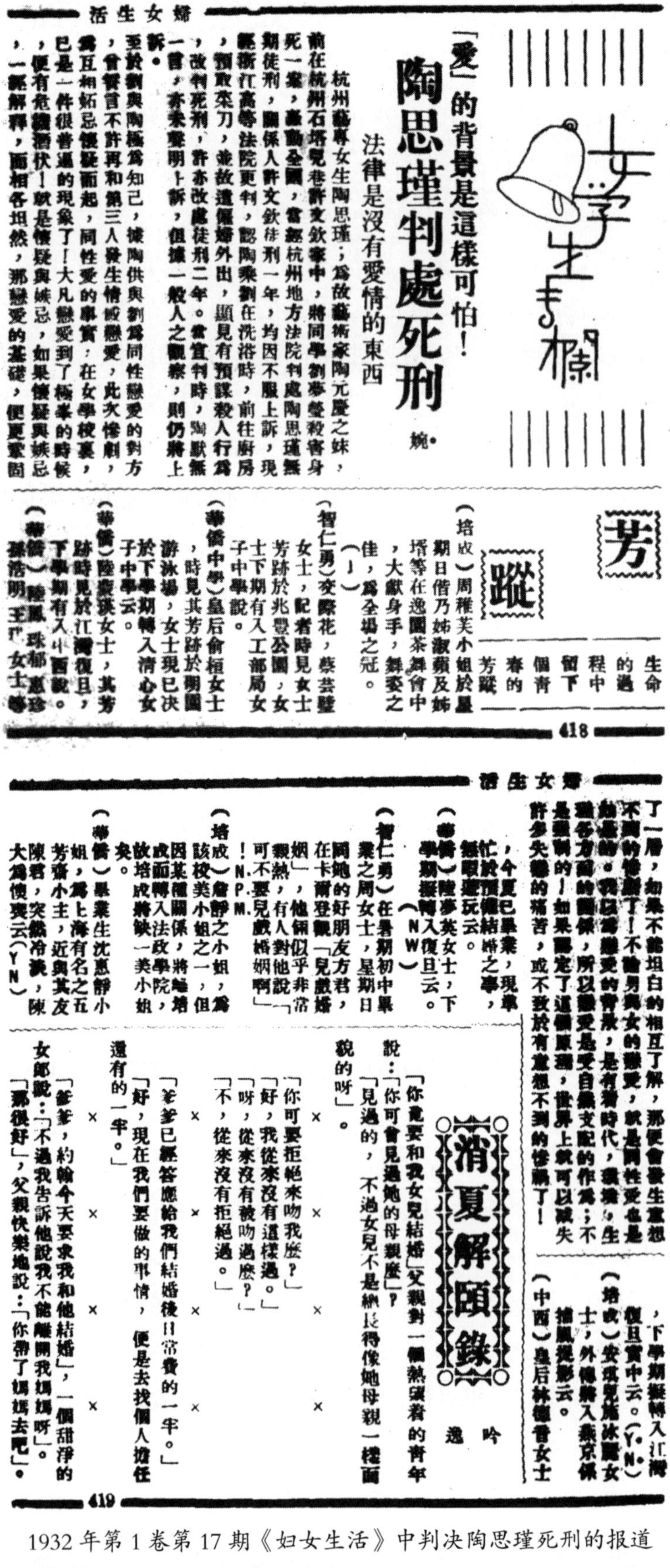

婦女生活

女學生專欄

「愛」的背景是這樣可怕！

陶思瑾判處死刑

法律是沒有愛情的東西

婉

杭州藝專女生陶思瑾，爲故藝術家陶元慶之妹，前在杭州石塔兒巷許文欽寓中，將同學劉夢瑩殺害身死一案，轟動全國，當經杭州地方法院判處陶思瑾無期徒刑，關係人許文欽徒刑一年，均因不服上訴，現經浙江高等法院更判，認陶乘劉在洗浴時，前往廚房，預取菜刀，並故遣傭婦外出，顯見有預謀殺人行爲，改判死刑，許亦改處徒刑二年。當宣判時，陶默無一言，許未聲明上訴，但據一般人之觀察，則仍將上訴。

至於劉與陶極爲知己，據陶供與劉爲同性戀愛的對方，曾誓言不許再和第三人發生情感戀愛，此次慘劇，爲互相妬忌懷疑而起，同性愛的事實，在女學校裏，已是一件很普遍的現象了！大凡戀愛到了極峯的時候，便有危險潛伏！就是懷疑與嫉忌，如果懷疑與嫉忌，一經解釋，而相各坦然，那戀愛的基礎，便更鞏固了一層，如果不能坦白的相互了解，那便會發生意想不到的慘禍了！不論男與女的戀愛，就是同性愛也是如此的。我以爲戀愛的背景，是有着時代，環境，生活各方面的關係，所以戀愛是受自然支配的作爲；不是強制的！如果認定了這個原理，世界上就可以減失許多失戀的痛苦，或不致於有意想不到的慘禍了！

芳蹤

生命的過程中留下個青春的芳蹤

（培成）周稚芙小姐於星期日偕乃姊淑蘋及姊壻等在逸園茶舞會中，大獻身手，舞姿之佳，爲全場之冠。（Ｊ）

（智仁勇）交際花，蔡芸璧女士，記者時見女士芳跡於兆豐公園，女士下期有入工部局女子中學說。

（華僑中學）皇后俞植女士，時見其芳跡於明園游泳場，女士現已決於下學期轉入清心女子中學云。

（華僑）陸慕珠女士，其芳跡時見於江灣復旦，下學期有入中西說。

（華僑）陸鳳珠郁惠珍孫浩明王[illegible]女士等，下學期擬轉入江灣復旦實中云。（Y·N·）

（培成）安琪兒施沐麗女士，外傳將入燕京係捕風捉影云。

（中西）皇后林德音女士，今夏已畢業，現專忙於預備結婚之事，無暇遊玩云。

（華僑）陸夢英女士，下學期擬轉入復旦云。（N W）

（智仁勇）在暑期初中畢業之周女士，星期日同她的好朋友方君，在卡爾登觀「兒戲婚姻」，他倆似乎非常親熱，有人對他說「可不要兒戲婚姻啊」！N.P.M.

（培成）詹靜之小姐，爲該校美小姐之一，但因某種關係，將輟培成而轉入法政學院，故培成將缺一美小姐矣。

（華僑）畢業生沈惠靜小姐，爲上海有名之五芳齋小主，近與其友陳君，突然冷淡，陳大爲懊喪云（Y N）

消夏解頤錄

吟逸

「你竟要和我女兒結婚」？父親對一個熱誠者的青年說：「你可會見過她的母親麼」？

「見過的，不過女兒不是絕長得像她母親一樣面貌的呀」。

× × × ×

「你可要拒絕來吻我麼？」

「好，我從來沒有這樣過。」

「呀，從來沒有被吻過麼？」

「不，從來沒有拒絕過。」

× × × ×

「爹爹已經答應給我們結婚後日常費的一半。」

「好，現在我們要做的事情，便是去找個人擔任還有的一半。」

× × × ×

「爹爹，約翰今天要求我和他結婚」，一個甜淨的女郎說：「不過我告訴他說我不能離開我媽媽呀」。

「那很好」，父親快樂地說：「你帶了媽媽去吧」。

418　419

1932 年第 1 卷第 17 期《妇女生活》中判决陶思瑾死刑的报道

專載

陶思瑾案判決書全文

客歲一二八滬變後，越數日而杭垣藝專學生陶思瑾殺斃同學劉夢瑩案發生，時日機轟炸杭垣，而該案依然不減衆人之注目，足見該案之重大也，自去秋七月三十日浙高法院二審判決，雙方均不服，上訴最高法院後，該案寂然久矣，迺者，最高法院刑三庭，已於四月十四日判決。其判決書於五月十日由京發出，刑事部份，原判撤銷，發回浙江高等法院更爲審判，附帶民事訴訟，上訴駁回，高等法院接到該項判決書後，當即給送一份予檢察官外，餘則飭法警分別送達陶許劉各當事人，玆將該項判決書，亟錄於後，諒爲關心該案者所急欲快睹也。

編者附識

▲最高法院刑事判決　二十二年上字第一二三一號

上訴人　浙江高等法院檢察官。

上訴人　陶思瑾，即陶煜煊，別號鐵浪，又字夫諾女，年二十三歲，紹興人，住紹興大雪橋辛弄，業藝專學生。許欽文，男年三十七歲，紹興人住杭州市石塔兒頭蓮花涼亭二號，業高中教員。

右上訴人等，因陶思瑾等殺人及妨害家庭案件，不服浙江高等法院民國二十一年七月三十日第二審判決，提起上訴，本院判決如左。

主文

原判決撤銷，發回浙江高等法院更爲審判。

理由

本案分兩部審究如下。

關於陶思瑾部份，卷查劉夢瑩被殺身死，業經杭縣地

1933 年第 1 卷第 35 期《法治周报》公布的最高法院的判决书

1932年5月20日，杭州县地方法院做出一审判决：陶思瑾，杀人，处无期徒刑，褫夺公权无期；许钦文，意图奸淫和诱未满20岁之女子脱离享有亲权之人，处有期徒刑一年。但原被告均表示不服，上诉至浙江高等法院。经浙江高等法院刑一庭庭长金庭谔一度审讯，同年7月30日改判陶思瑾死刑，许钦文有期徒刑二年。陶许仍不服判决，上诉至南京最高法院。1933年4月14日，最高法院刑三庭做出判决：原判决撤销，发回浙江高等法院更为审判。其理由是，原审认为陶故意将女佣支出，把门闩上，系预谋杀人。而据陈竹姑述，其外出系陶刘二人同意。陶称，关门加闩系许宅僻处西湖，向来如此。更强调“刘梦莹与伊争执时，伊正在烧茶，刘持刀杀伊，伊持刀还砍，始将其杀死”，主张系正当防卫。而陶之律师在一审时即请求对陶进行精神病鉴定。因西湖医院院长杨郁生述称，陶进院时，面色发青，瞳仁缩小，脉搏120次。先不肯说话，后来说了，也是语无伦次。看守所看护俞步云述称，初来之时，人不清楚，还很晕的，没讲话，眼睛时常闭起，身上发抖。同监犯黄桂英等称，陶在看守所内，哭笑无常，饮食无定，时称冤枉。律师称，一个柔弱女子，若非在情感冲动太过，以致失常的情状下，岂能对自己爱过之人连砍40余刀，更无如此胆量和体力！为此，最高法院认为，原审在未经侦查的情况下，遽处极刑，是否过重，亦堪考虑。而对于许钦文之妨害家庭罪亦不成立，因刘到许宅为其自来，和奸行为，许无之；刘年满20岁，有文凭可证，意图奸淫未满20岁女子，许亦无之；刘早年即已离湘在外，侵害享有亲权人之监护权，许又无之。

为此，1933年8月11日，浙江高等法院刑二庭更审后改判陶思瑾无期徒刑，许钦文无罪。而据1934年第2卷第4期《法治周报》载：“陶思瑾以死罪而改为无期，又以危害民国罪再判徒刑五年，于秋季送监执行。”另据1939年第1期《现实》载：“陶思瑾于杭州沦陷时被释出，旋任教员。1939年6月28日，在天台与县府秘书李在和结婚。”

社会关注　众说纷纭

此案发生时，虽正值淞沪战事即起，但在全国仍引起巨大轰动。一因案情为桃色事件，二因案中两主角为同性恋者。虽然当时的同性恋者并不

里比利島上的一羣

William J. Makiu

意大利的里比利羣島是非常可怕的。反對墨索里尼者，都放逐到這個島上，過着淒涼的生活。盼望着、不能來的自由。在最近的十年中，只有三個人逃走出來。

在地中海裹火山隆起所成的里比利羣島，數年以前，墨索利尼決定把它作爲监 禁的地方，如其有人對於現階段的意大利政權有發生不利的政治意見時，就放逐到那個被那些法西的敵人們稱之謂活地獄的刑事殖民地的島上去。羣島的孤立性與適宜作爲那些被遺忘者的監獄，是非常顯明的。但他非常使人驚奇，竟有人從山上可以逃走，逃到離此五百哩的非洲海岸。

一九二六年，首相在波羅格那，有人企圖行刺，不幸未成，爲黨棍私刑；刑罰法[illegible]手中就把里比利[illegible]爲監獄禁錮那些政治敵人的「不穩份子」。地中海裹的島嶼之作爲刑事殖民地，早已成爲可怕的史實，約在古羅馬時代即已開始。

在那不勒斯灣西北部的龐柴窩島，現在有把里比利取而代之的趨勢，自從法西的刑事殖民地當局注意了有脫逃的情形以後。放逐在里比利島的政敵究竟有多少，不能確計，數目大概有一千人。

大部份的囚犯都分派在羣島上大市鎮的低白房屋中。他們可以得到相當的自由。可以在街上來去，找些活計。幾個聰明的囚犯常在飯店中工作，揩桌子，洗碗碟，帶着一種頹喪的神情，知道一切事情都已沒有什麼希望。

犯人要買自己的食物，可以不論何時，不論何地，隨他們喜歡的吃。有幾個得到特別允許的，妻子和家屬可以到里比利來和犯人同度放逐生涯，每個犯人每天有五里拉的津貼，約等於英金一先令六辨士。不足的用款，他們必須盡力設法，謀自己的生存。有幾個人在島上當修靴匠。

流戍者對於新來的犯人表示歡迎，且看他們並不餓死，常常四五個人結在一起，成爲同盟，共渡這艱苦的時間。有幾個流戍來的人非常富有，他們願意隨時幫助窮人。

到島上來的人都要上繚銬。他們需要適應島上的氣候，這種惡劣的氣候對於他們是一種重大的威脅。里比利是出名的「風島」，有狂風暴雨，使肺病流行於犯人中間。熱天多污穢的東西，疾病流行。島上只有一個洗澡用的水管。

此外，只能在海水中洗澡。但是在白浪中入浴的犯人都是非常仔細的被檢視着。一個對於游泳非常熱心的人可以用各種方法控制他。大部份的犯人都必然要接受這種環境的束縛。他們常想用自己組織的演講會和劇團使自己有身心活動。有幾個人在孩子的小殖民地中當教員，犯人中已生有孩子一百五十人。同時有外來的教員。

法西政變後數年，吉亞列蒂和在熱那亞的他的海員們反對墨索里尼。因爲行刺首相不遂，卻被墨氏把那位公然反抗的船長革職。自吉亞列蒂被逮，熱那亞海員放逐後，沒有人繼起反抗法西政權了。

有的犯人在大赦的機會中釋放，有的轉到風景較不佳麗的龐柴島，其餘未釋放的人仍舊非常嚴密的檢視着，防止逃走。意大利的外交政策認爲把里比利的情形傳播到外界來是並不好的。

在里比利及其附近的島嶼對於脫逃的防禦有非常完備而精密的制度。白天，法西的獄官常在警戒之中，夜間用加

袖珍新聞

▲**陶思瑾結婚**

七年前在杭州轟動一時之陶思瑾，於杭州淪陷時被釋出獄，旋任教員，六月二十八日，在天台與縣府祕書李在和結婚。（七月二日金華電）

▲**「獨裁者」十月中公映**

卓別麟處女聲片獨裁者，自四月尾在好萊塢開拍以來，三月於茲，在全體人員努力工作之下，業已完成大半。卓氏在此三個月中，雖曾遭受種種外來之恐嚇及打擊，然對於獨裁者之攝製工作，仍一本初衷，積極進行。最近據卓氏出品發行人聯美公司總經理薛爾佛斯東（M. Silverstone）發表關於獨裁者之製作近況，謂卓別麟自該片開拍以來，凡選角編劇置景等費用，截至最近止，初步耗費已達美金二百五十餘萬，至攝製時之一切費用，如演員薪給及軟片材料等，尚不計在內。卓氏對於該片，除自編自導自演外，並親自擔任製作全片中所有之大小樂曲，該片現已攝製過半，預計十月初可以全部完成，至十月中即可運赴各地開映，屆時仍由聯美公司擔任發行。薛氏並謂據彼之觀察，卓別麟或將於該片公映後，向聯美當局要求至少須在毛利中提出百份之十五作爲酬勞。（舒芒）

▲**唯一有希望之國家**

1939 年第 1 期《现实》披露陶思瑾结婚的消息

鲜见，但因多为学生时代的青年，且能和平共处，及至年龄稍长还能正常与异性婚配，并未引起社会各界的普遍关注。但因此案酿成极端惨剧而在新闻界引发了一场关于同性恋社会问题的大讨论。

1932 年第 1 卷第 17 期《妇女生活》中《“爱”的背景是这样可怕》一文，记叙了当年同性恋爱的特点：“同性恋爱的事实，在女学校里已是一件很普遍的现象了。大凡恋爱到了极峰的时候，便有危机潜伏，就是怀疑与嫉忌。如果怀疑与嫉忌一经解释而相各坦然，那恋爱的基础便更巩固了一层；如果不能坦白地相互了解，那便会发生意想不到的惨剧了。不论男与女的恋爱，就是同性爱也是如是的。”

上海《玲珑》画报发表多篇文章，将同性恋定性为“性的倒错”“变态的性欲”，呼吁青年男女终止同性恋爱，走上异性恋爱的正途上来。1932 年第 2 卷第 53 期中的《同性爱的血案》一文写道：“一女子和另一女子发生爱的关系，在摩登的女学生中间，原是普遍的现象，然以同性恋故，而惨杀自己所爱的女子，确实意外的结果。我们不必论其原因是出于情妒或别种动机，但同性爱在法律上道德上和生理上的地位，是种犯罪的行为。这丑恶的行为，一般叫作‘性的倒错’，是一种变态的色情，往往带有危险性的。刘陶案就是这危险的产物。所以正热于同性恋的姊妹们，看了上述的可怖的惨剧，应该立刻觉悟，赶紧解决了同性的关系，而树立起两性的爱，那不仅能免去无限烦恼而且是促进人生的光明的幸福的生活。”

1932 年第 1 卷第 8 期《星期评论》中《从同性恋爱说到异性恋爱》一文，因有受“无妻之累”而牵连案中的许钦文的遭遇，而旗帜鲜明地反对独身主义：“更须将具有宗教作用的‘独身主义’视为洪水猛兽，而不任其一日之存在，才是灭火抽薪的办法……世有注意刘陶善后的，曷注意此最凶恶最残忍的独身主义！”

《良友》《玲珑》《斗报》《生活》等报刊则分析了同性恋产生的原因：一是因为当时正处于新旧交替的时代，新旧思想的混乱导致了男女青年婚恋观的混乱，遂出现了一些青年男女冒险家和牺牲者；二是因为男女分校制度，使两性隔离过严，在校学生的年龄和生理已至恋爱年龄，性的本能正在旺盛发育，而日常生活中又不能接触异性，遂只得在同性中寻找慰藉；

三是随着西风东渐，一些摩登男女效仿西方世界，追求时髦、满足猎奇、寻求刺激。他们提出的解决方案：一是改革教育制度，使男女混校学习，二是社会引导，让适龄男女认识到同性恋爱对身体和精神的伤害，走到异性恋爱的正轨上来。尤其通过刘陶血案，让世人认识到同性恋的危险性，让那些正处于同性恋爱的青年们立刻觉悟，尽快结束同性恋爱的关系，树立两性相爱，走入婚姻殿堂。这样，不仅能免去无谓的烦恼，而且能够促进人生的幸福生活。

上海更在青年界发起成立了“陶刘情杀案讨论会”，他们认为此案的发生引发了一个重大的社会问题，为对青年恋爱负责，对社会负责，他们还乘坐沪杭列车，亲往杭州监狱集体探监，试图寻找到解决这一社会问题的正确方法。为此，1932 年第 7 卷第 34 期《生活》中《望远镜与显微镜》一文，面对日寇的侵华野心和满目疮痍的社会前途，对这一青年组织提出了置疑。

随着该案侦查、审理经过，陶思瑾、许钦文在法庭上的口供，陶刘二人的秘密日记，被全国各大报刊悉数披露，普通大众对此案始末早已耳熟能详。但上海青年们却还要“热心”地赴杭州面询陶思瑾，他们“热心”的怕不只是为了解决社会问题了。记得有一位青年曾说过“我不反对青年沉醉于恋爱，只要明朝有警（指国难），依旧有离开酥胸、执戈上沙场的勇气”的话。青年们天天叫喊着苦恼，他们苦恼的是什么呢？从“恋爱”“酥胸”这些字眼中探索起来，该是“性的苦恼”“爱的苦恼”吧！青年们做起事情来，多以国难临头开始，终以恋爱结尾。谁也不能要求青年们在国难中摒弃恋爱，放弃娱乐，但问题是，明朝真个有警，他们果真有没有离开酥胸而执戈上沙场的勇气呢？若说能，那么，淞沪战事已经发生，不待明朝了。何以未见青年们执戈上沙场，唯见他们搭乘沪杭列车赴监狱谒见情杀案主角呢？生在这个多灾多难时代的青年们，不应把恋爱当作人生的最高目的，把享乐当饭吃，把讨论情杀案当作研究社会问题。爱国青年就该拿起武器奔赴前线，即使没有上战场的勇气，也应该回到自己的家乡，看看胼手胝足的父老兄弟们的悲惨生活，这才是当今最大的社会问题。

张敬尧命丧六国饭店

“1933年5月7日凌晨，张敬尧像往常一样早早起身。正当他洗脸时，白世维出现在洗脸间的门口。张敬尧发觉动静，猛扭转头，白世维看清了此人即张敬尧，飞速地抬手连开三枪，子弹准确地射进了张的脑袋，张立即倒地毙命。”这段文字是记录张敬尧遇刺场景最为普遍的说法。然而，笔者查阅当年《中华画报》《天津商报画刊》和《世界日报》的相关记载，却与之不尽相同。读了这三种报刊的文字，读者或许对此案会有一些新的认识。

张敬尧，字勋臣，安徽省霍邱县人。1896年投身行伍，后入北洋新军随营学堂。1906年入保定军官学校第一期，毕业后在北洋军中任职。历任陆军第六师十一旅二十二团团长、北洋军官第三混成旅旅长、江西南昌镇守使、陆军第七师师长、护国军第二路军司令等。1917年任苏皖鲁豫四省交界剿匪督办，旋调任察哈尔都统。1918年至1920年任湖南省督军，因贪婪成性，遭到当地军阀、土豪的反对被迫辞职。1932年与板垣征四郎勾结，参加“伪满州国”政府，拟任伪平津第二集团军总司令，密谋在天津实施暴动，以策应关东军进占平津，但因事情败露而隐姓埋名潜入北平。

1933年5月8日，《世界日报》刊发《六国饭店凶杀案情节复杂奇秘》新闻：东交民巷六国饭店三十号房住客常开（世）谷，昨日正午12时余，突被一青年人，用手枪刺杀，常某当时身中两枪……被刺之常某，拒认被刺，竟称触电受伤。后被送德国医院十六号房。

5月11日《天津商报画刊》发表署名“K K”的《死矣张敬尧》一文，认为刺杀者为抗日锄奸团，并为之拍手称快。

北平六国饭店凶杀案，已证明死者为汉奸张敬尧。此真最痛快之事！张敬尧之秘密卖国行动，外间均不甚注意，报纸亦从未见只字登载。而锄奸团竟能洞烛其奸，以迅雷不及掩耳之手段，斩草除根，实不在抗日诸将

◇◇中國農業協會在東局子成立有各國領事到場講演並參觀農物機車◇◇

名坤伶新艷秋，屢在津門出演，倍受歡迎，今番來津，定於十四日起，早晚在春和出台，與麒麟童搭配，可謂珠聯璧合，上圖即新伶飾虞姬之扮相，儀態萬方○光采照人，十四晚即在春和露演此劇，由麒麟童飾霸王，津上士女，幸勿失此機會也○

漢奸雜話

嫉惡

張敬堯包藏禍心，圖謀不軌，受了日本的賄賂，被任爲第二集團的總司令，這種漢奸，眞是罪該萬死○幸虧鋤奸團，一槍結果了他的狗命，否則華北僞國，難保不會成功，溥儀也難保不再到關內來做傀儡，影響於中國的前途，實在太大了○張敬堯失敗而死，可謂賫志以沒，但是他死後入殮，穿着前淸的朝服補褂，戴着大紅頂子，他也總算是如願以償，可以瞑目了○趙欣伯給劉鯉門的信，報紙上忽然發表出來，把這班漢奸的陰謀醜態，盡量揭穿，這也是一件差強人意的事○我記得九一八後，瀋陽陷落不多久，劉鯉門曾作幾首詩，表示許多憂國哀時的意思，不料他現在也搖身一變而爲漢奸，而且作趙欣伯的走狗，噯，人之無良，一至於此，眞可痛哭○

丁超死矣！

▲……今之文天祥也……

影偵

在東北孤軍抗日之四大民族英雄，一爲馬占山，一爲蘇炳文，一爲丁超，一爲李杜，一在吉黑轉戰千里，與暴敵喋血肉搏，作一年以上之爭持，而無一彈一卒之接濟；結果，卒以衆寡不勝，先後退入蘇俄境內，俾假道返國，以期重整部伍，繼續抗敵○最不幸者，丁超於北退之頃，在佳木斯爲敵人逮捕，日全權武藤，欲利用其爲傀儡柱石，百般誘惑，脅丁皈降；而丁則鐵面錚錚，心堅如石，聲色貨利，俱不足動，日人心勞日拙，羞惱成怒，乃不得不將丁置之死地矣！噫！宋有文天祥，與胡虜血戰，兵敗被執，不屈，作正氣歌以見志，乃從容就義！今則丁公之殺身成仁，儼然信國公復生，齊鱗賫恨，碧血遺腥，正氣磅礴，千古如在！不佞有鄉友李寬聲君，辛亥役，曾參與革命戰役，武昌樹幟，襄劍爭雄，九一八後，爲恐莘莘學生，被亡國文學所淆惑，乃抱「我不入地獄誰入地獄」之宗旨，陽與漢奸虛與委蛇，陰向數百學生宣傳殺敵救國，俾使勿忘三民主義，志亦壯矣！後卒以事洩，幾陷縲絏，乃潛逃來津，從事鐵血工作，丁超就義之說，即彼所親聞，因僞國對此事諱莫如深，故外間鮮有知者○

上月美國舉行蒔花賽珍大會中以羅斯福夫人命其名之玫瑰

外國人與中國文學

洋擧

曾記得前三十多年，外國人研究中國文學的很多，其中尤以傳蘭耶爲巨擘，他能作中國的八股○又有一位總稅務司（好像是赫德）他的兒子，要下考場應試，當時朝廷不許外國人和中國人奪取功名，沒有准，但是這位外國人的中文程度，也可想而知了○近十年來，外國人研究中國文學最有名的，還有法國的鐸爾孟，和美國的衞西琴○鐸爾孟曾經翻譯聊齋等書，而且說得一口很流利的北平官話○衞西琴對於孔孟學說，佩服得五體投地，常解釋「誠者，自成也，」以及「天道」「天命」各稱精義，都是非常透徹○他又懂得中國崑曲的奧妙，說是比皮黃來得優雅，這也可算是一位中國通了○最近又有北大教授德國人洪濤生，研究中國文學，很有心得，尤其是唐人的詩歌，以及元明的戲曲，能探原索本，如數家珍○前年曾在天津德國總會，表演琵琶記，穿上中國舊戲的行頭，紅袍紗帽，宛然舊戲舞台上的打扮，而滿口德國話，嘰哩咕嚕，不知說些什麼，也[illegible]想像他是在述說劇中的情節○現在他又定於本月十七日晚間，仍在德國總會，擧行「中國夜」，內容節目，最重要的，是把李太白和白居易各位大詩人的詩籍，譯成德文，配上音樂，高聲歌唱○此外還把琵琶記最精彩的一段表演出來，他對於中國文藝感到十二分的興趣，大概也有十年寒窗的工夫了○（他這一次表演是給德國學校籌款，聽說銷票很多○）

記劉又萱

了了

女伶中工演老生者，以余所見，小冬而外，當推劉又萱爲最勝，又萱於老生戲，無論衰派靠把，靡不擅長，唱工則嗓音淸澈，行腔使調，不支不蔓，尤見大方，又曾見其扮啼笑因緣中之樊家樹，固翩翩濁世之佳公子，以較銀幕上痴肥之鄭小秋輩，直不可同年而語矣○日前過勸業場，忽見一桑者，乘人力車，疾駛而過，冠一西式之女草帽，衣飾亦殊入時，變眉連娟，秋波發然，細思之，蓋即又萱之本來面目也○以覷小冬之秀，且猶過之，如此美才，豈可多得哉○

梅蘭芳太眞外傳劇照之一

1933 年 5 月 13 日《天津商报画刊》中《汉奸杂话》一文

中華民國二十二年五月二十四日星期三　　**中華画報**　　每星期刊行三次逢星期一三五出版

↑北寧路津東站被炸後鐵悶車焚燬情形，時在五月十九日晚八時，發現炸彈後，津當局頒施臨時戒嚴，漢奸蠢動，卒不得逞。—鼎章

利市三倍的車夫

漲梅

便衣隊又開火了，在天津衛的華界住戶，都急急似喪家之犬，忙忙似漏網之魚，趕着往租界搬家，在通衛上舉目一望，過過去去都是裝滿行李箱籠包裹的搬家車，「膠皮」們的生意，利市三倍了。

九一八後，在瀋陽的經驗，牢牢記在心頭，瀋陽居民大恐慌，忙着裝箱子收拾細軟，趕赴北寧車站，預備入關，往北平天津尋樂土：於是車輛的代價就貴了，往常時兩毛錢可以拉到總站，現在就向你討價兩塊錢，馬車更要加倍！

在縣組織的散漫時期，土匪蠢起，早上這裏搶，晚上那裏搶，城裏鬧完匪，鄉村也鬧匪，以爲鄉間太平，想到鄉間躲避；鄉間的居民，以爲城裏好、又忙着往城裏投奔，到處都充滿了「搬家忙！」

又還稱不幸的際遇，如今又輪到平津，北平居民往天津搬，天津居民往租界搬，街衢上充滿了搬家的車輛，車夫們利市三倍，都有買賣做了，都有坐兒攬了。我的經驗之談是這樣說：「有一次事變，就是給車夫們造一次機會，可以充充裕裕的賺幾天錢，便衣隊起事的一剎那，正是車夫們的季節！」

←津東站發現炸彈炸毀之情形，有客車二輛被焚。—鼎章

□張敬堯被刺活劇

葉●自平寄

前鄂贛督軍張敬堯，近以潛在華北，圖謀不軌，於本月七日在平六國飯店被愛國團體刺殺，翌晚，斃命。平津各報言之詳矣，茲再補紀其所未及者，以爲此姿之尾聲。

張被刺前原居天津租界，後因被人偵知有異動，且連接恐嚇警告函數封，乃化名常世谷，潛往北平，抵平後活動甚力，彼之主要目標，存以巨金賄買某失意派之政客，及曾在華北得勢之某系之爪牙，擁戴其首腦英雄。倡「創一新局面」爲口號，藉發號召，以遂其叛國之噩想，故張到平未數日，活動費已出手七百萬之巨。

張被刺時，係正在臥室點香煙啣之欲外出。有一着灰布大衣客推門而入，張方向之頷首問姓氏，客出槍施兩響，張大喊「嘿！嘿！」數聲而倒臥於血泊中。迨刺客逸去，有人往救，張則故意不介意曰：「觸了電！」後經人舁至德國醫院，由克禮大夫注以強心劑二針，神志甚清，人詢其如何。彼仍堅謂「觸了電！」並極希望速死，其諱言被刺如此，當可證其行動詭秘不正也。

張被刺斃命之致命傷，係在腰部，彈穿胃臟，此處被彈後三小時，彼下身即巳失去知覺，及其死去，雙目仍微睜，入殮時，其家屬以人死目張不祥，乃由其妻妾用手按下其眼皮，但終未合縫。

彼死後，主持後事者爲其甥常某，及其女張寄霞，此女年二十三。貌中姿，親屬中伊發言最多，九日晨，平市記者多人詢伊此案經過及眞像，伊則屢舉伊父好佛，及曾任督軍爲由，以反証其父並非漢奸，惟所言紊無系統，首不連尾，豈「語無倫次」乎？抑「不知所曰」哉？又當日伊曾答某鷄眼兒之問題，滔滔不絕，答畢竟與該洋人伏地叩首稱謝，請代緝兒報仇不已，一時圍觀者，殊覺伊不成體統者如此，羣相訕笑以去。日來張女復在報端登載啓事，代已死之張敬堯聲辯，力求挽洗此「漢奸」之臭名，並謂將呈請當局依法懲兇等語。

今也，張既事洩命斃，彼所擬「創一新局面」之烏托邦，似亦應隨身攜往陰曹地獄，與閻羅君開誠談判，俾與諸叛逆同在十八層內共盛襄舉也。

←「羣羊小嚼」—周金鋭

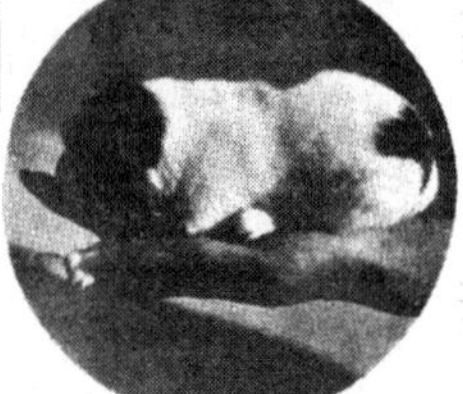

↓嬌小之巴狗兒—立三

側面新聞

以□，故宮博物院自時局緊張以來，古物南運……紫禁城……去樓空……

□平市前曾有公共汽車之創行，惟迄未開辦。近有某教會備有做逢載重汽車數輛，於東四牌樓及崇文門間往來開行，日開數次，車旁懸一白布上書「遠東宣教會，便利汽車，每人乘坐五大枚。」已略具公共汽車之規模。（葉）

□北平舊刑部街口有一牛奶食堂，鋪甚狹小，近爲發展營業計，於該鋪門首懸一裸體美人之大畫片，以裝璜門庭，殊覺不倫不類。又因所懸裸體畫人之乳峯，雙雙突起，頗惹人注目，不致有人謂此絕類「人乳食堂」云。

□平市新築土瀝青馬路甚多，近因天熱，柏油溶化，黏得滿鞋，如入蜜糖。市政當局，多尙未留意，長此以往，至伏夏則平市出馬路，將有變成「沙土世界」之虞云。

□平市各街巷，近堆設沙袋，作防禦式者，有十餘處，好究殊一般民衆見之，多作神秘惶恐。（葉）

□津市自十九晚八時施行臨時戒嚴，各百貨商場，影戲娛樂場所，亦自十時起即閉門，租界影院戲劇，入夜皆停。（竹）

□日來戰事日急，人心恐惶，平市各戲院，多已無形停演，電影院亦僅一二敷衍而已。（景夷）

□平市各名角一部，避亂南去，一部來津出演，戲界頓呈蕭條，平市一般梨園同業，莫不叫苦連天云。（景夷）

□日來津市英法租界一帶，每當華燈初上之際，游人倍形擁擠，考其原因，蓋平市闊老多乘汽車避難來津云。（景夷）

□日來遷居英法租界者，每作徹夜之游也。（景夷）

□坤伶青衣雪艷琴，借名武生周瑞安，言派老生奚嘯伯，定二十六日出演春和，日在霸王別姬、盤絲洞、十三妹、四郎探母諸齣云。（景夷）

←名閨顧祓禊女士—好萊塢攝贈

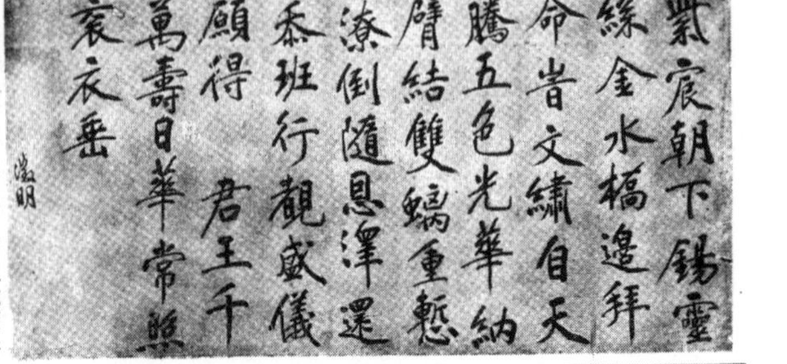

→明文徵明書眞蹟—陳咸瑛贈

1933 年 5 月 24 日《中华画报》中《张敬尧被刺活剧》一文

大綸綢緞莊 新近運到 大批春季 各樣衣料 定價低廉 惠顧從速 總店：日租界旭街 支店：法租界春和傍

新新電影院 日夜准演 紐約實事寫眞 滑稽諷刺巨片 （傻小子）賭運亨通 十三起演 獸片霸王 龍虎鬪

中宣會攝影隊 戰地攝影 五幀

南天門抗敵血戰六晝夜之第二師長黃杰對其部屬訓話

◇第二師長對其部屬訓話（一）黃杰師長（二）副師長惠濟（三）參謀長邵凡平（四）旅長鄭洞國◇

◇前方某地我軍第二師第四旅之出勤◇

◎觀畫小記

◇日機轟炸石匣鎮之遠望◇

◇◇軍閥餘孽 張敬堯 生爲漢奸 死爲傀儡◇◇

◎死矣張敬堯 K．K．

北平六國飯店內凶殺案，巳證明死者爲漢奸張敬堯。此眞近來最痛快之事，張之秘密賣國行動，外間均不甚注意，報紙亦從未見雙字登載，而鋤奸團竟能洞燭其奸，以迅電不及掩耳手有功黨國，實不在抗日諸將作之緊張，可想見矣。張往張常二字，在英文拚法爲同，此種化名，恰如小說中團被收買，並委爲平津第二集第三集團軍司令，在，深望鋤以作一網打盡之計，則所謂華北僞國之詭謀，斷乎不能實現，豈不更大快人心哉。

六國飯店時，晉，敬堯與思射之姓名，殊團軍總司令，奸團再接再厲，段士之下，該團工

◇慘被敵機炸死之老嫗其旁爲其家人◇

▲桑園會一名，尚未演，劇多年，譽滿星期五，定本小春和出演，英在爲難得。頗

◇『泰東飯店』菜館 新開 柏林中國◇

◇◇山西蒲州普救寺 ◇◇

普救寺爲唐武則天所建，華構雕梁，和尚元微之來遊，車水馬龍，唐德宗朝山人結緣，旁有古塔，宋三因名士陰韻事也，體備時深，馬賞與無所書，各咸有寺遊，歸偶二知每念梓桑，茲寺，附錄二首，殊三己，不能工也。（吳文青識）

▲偶感一 僧侶此留連。解甲歸來意灑然。偶邀風光似昔年。

▲其二 僧房苔滿西廂冷。無復急湍梵門南接首陽山。古寺濱河何在。斷瓦頹垣可耐看。

1935年5月11日《天津商报画刊》中的《死矣张敬尧》一文和汉奸张敬尧生前照

士之下。张敬尧住在六国饭店时，曾化名为常世古（与“世谷”有出入）。张、常二字的英文拼法为同音，“敬尧”与“思古”的词义亦相近，此种化名恰如小说中隐射之姓名，殊为可笑。张敬尧已被日寇收买，委任为平津第二集团军总司令，既然称第二，则必有第一集团军司令，或许还会有第三集团军司令，深望抗日锄奸团再接再厉，一一手刃之，以作一网打尽之计。这样，则所谓华北伪国之诡谋，断乎不能实现。岂不更大快人心哉！

5 月 13 日《天津商报画刊》署名“嫉恶”的《汉奸杂话》一文，披露了张敬尧死后入殓的细节。

张敬尧包藏祸心，图谋不轨，受了日本的贿赂，被任为第二集团军总司令。这种汉奸真是罪该万死。幸亏锄奸团一枪结果了他的狗命，否则华北伪国难保不会成功，溥仪也难保不再到关内来做傀儡，影响于中国的前途，实在太大了。张敬尧失败而死，可谓赍志以没，但是他死后入殓，穿着前清的朝服补褂，戴着大红顶子，也总算是如愿以偿，可以瞑目了。

5 月 24 日《中华画报》中的《张敬尧被刺活剧》一文，则更为详尽地记录了刺杀原因、过程、丧命和身后事，与《世界日报》所载大体吻合。

前鄂赣督军张敬尧潜在华北，图谋不轨，于 1933 年 5 月 7 日在北平六国饭店被爱国团体刺杀，翌晚毙命。平津各报言之详矣，兹再补记其所未及者，以为此案尾声。

张敬尧被刺前，原居天津租界，后因被人侦知有异动，且连接恐吓警告函数封，乃潜往北平，化名常世谷。张敬尧抵达北平后活动甚力，他的主要任务是以“创一新局面”为口号，“以巨金贿买某失意派之政客，及曾在华北得势之某系之爪牙拥戴其首脑英雄”。故张敬尧到达北平后未及数日，活动费已出手 700 万之巨，遂成锄奸团刺杀目标。

张敬尧被刺前，刚在卧室点燃一支香烟，衔之正欲外出，忽有一着灰布大衣客推门而入，张敬尧正向其颔首问姓氏，来人便出枪连施两响，张大叫两声“嘿！嘿！”后，随即倒卧于血泊之中。迨刺客逸去，有人闻声而入急忙施救，张敬尧则故意不介意说：“触了电了！”后经人舁至德国医院，由克礼大夫注射强心剂二针，神志甚清。有人询其当场情景如何，张敬尧仍坚持说是“触了电了”，并非常希望速死。其讳言被刺如此，当可证其行动诡秘不正也。

张敬尧被刺毙命之致命伤系在腰部，子弹穿透了胃脏，造成大出血。中弹三小时后，他的下身即已失去知觉。及至不治身死后，他的双目仍微睁。入殓时，其家属以死人目张不祥，乃由其妻妾用手按下其眼皮，但终未合缝。

张敬尧死后，主持后事者为其外甥常某和张敬尧的女儿张寄霞。此女年23岁，相貌平平，仪式中她成为张宅的对外发言人。9日晨，北平各报多名记者前往采访，询问她此案经过、真相。但她却闪烁其词，避而不谈，只是不停地辩白其父生前好佛，且曾任督军，绝非汉奸。言语首不连尾，语无伦次，不知所云。这时，又有一名金发碧眼的西方记者前来采访，张寄霞就像觅到救星、知音般，与其滔滔不绝地谈论起来。答毕，竟与洋记者伏地叩首称谢，请其代为缉凶，以报父仇。一时间，围观者对其如此不成体统的反常行为深感诧异，群相讪笑以去。

张敬尧因事泄而命毙，所拟“创一新局面”之“宏图”，也应随身携往阴曹地府，与阎罗君开诚谈判，可与诸叛逆同于十八层内共盛襄举了。安葬了张敬尧后，张寄霞复在报端登载启事，代已死之张敬尧声辩，力求挽洗其汉奸之恶名，并呈请当局依法惩凶。其文曰：“窃先父敬尧，年来息影津门，潜心佛学，与人无忤，与世无争。因于上月在连接恐吓信两封，先父为息事宁人起见，经家人等劝，至北平暂住。至于更易姓名，亦完全为避人耳目之故。不意于本月七日仍遭人暗杀于六国饭店内，全家老幼痛不欲生。荷蒙钧座秦镜高悬，恩赐办理丧事，深仁厚德，感激靡涯伏恳。钧恩饬令缉凶归案，以塞悠悠之口。是则死者感恩，生者戴德，衔环结草，永矢弗忘。”

有史料记载，刺杀张敬尧的行动是由时任国民党复兴社特务处处长戴笠策划，特务处副处长兼华北特区区长郑介民、华北特区北平站特务王天木具体实施，开枪者为北平站行动员白世维。国民党方面当时不能公布真相，遂对外放风说是抗日锄奸团所为。

上海招商局总办赵铁桥遇刺真相

赵铁桥遗像

1930年7月24日，上海招商局总办赵铁桥遇刺后不治身亡，一时轰动全国。国民政府主席蒋介石致电行政院院长汪精卫“请予查案核办”，国民党中央常会议决“实行公葬”，吴稚晖、于右任、邵力子等亲往吊唁。对于刺杀原因，普遍认为是赵铁桥得罪了时任招商局董事长、李鸿章的孙子李国杰，李买通刺杀大王王亚樵将其杀害。事实果真如此吗？笔者查阅当年数十种报刊对该案的追踪报道，对于刺杀原因和凶手却有不一样的说法。1930年11月警方捕获两名嫌疑人，对刺杀赵铁桥供认不讳，法院判决无期徒刑宣告结案；但三年后警方又缉拿到四名嫌疑人，同样对刺杀赵铁桥供认不讳……

施救时间耽搁在路上

1930年7月24日晨，赵铁桥从吕班路39号寓所乘自备车赴招商局上班，其妻黄氏到新新公司购物一同随往。8时50分抵达上海外滩福州路招商局侧门，车停后，保镖刘华先行下车，赵随后下车，赵夫人仍坐车中。岂料，赵刚一进踏入招商局大门登上第二级石阶，突有两人从旁窜出，其中一人拔枪施射，赵当即中弹。他忍痛急步登楼，又听得一声枪响，随后警笛声四起。赵来到办公室外间，当时多数职员尚未到岗，张姓科长见状急将赵搀起缓行下楼扶到车上。赵夫人下车留局，保镖和司机将赵送往最近的宝隆医院。车行至西藏路，赵忽问，你们知道范争波先生之前在什么地方救治的？司机说：“我知道，是在红十字会总医院。”1929年冬，上海市党部常委范争波在霞飞路遇刺，身中三枪，经红十字会总医院救治，奇迹般生还。赵遂令司机转送红十字会总医院。但该院远在沪西海格路，路上耗费近一小时，且一路颠簸。

来到红十字会医院后，该院立辟26号、27号两间病房，赵在26号，护理亲友在27号。赵因失血过多，已经昏厥。为明了伤势、止血和清除淤血，11时，美国医生白良知实施手术。开刀后发现，子弹先后穿过肝脏、大肠，肝部有一洞，大如铜元。医生止血、去除淤血后随即缝合。赵渐渐苏醒，医生对随后赶来的赵夫人说，如赵在12小时内无甚变化，一星期左右或可出院。但延至下午5时许，赵体温升高，再次陷入昏迷。白良知征求赵夫人意见，病人需立即施行输血。赵夫人表示对其极端信任，并愿以自己的血供给丈夫。经检验10余名自愿献血的招商局员工，只有王福生血型相配。赵输血后略见起色，脉搏、呼吸转佳，语言亦颇清朗，医生遂物色第二名献血者。8时许，赵突然呼吸急促，脉搏达每分钟160余次，体温继续升高，医生注射强心针无效，于晚9时许溘然长逝。临终前并无遗言，易箦之时仅赵夫人和数名友好在侧。赵夫人痛哭失声，旋由友人扶归本宅。

据1930年9月23日《新闻报》中《赵铁桥之死与白药》一文称，事后，赵之家人不无遗憾地说，赵之体质强健，中弹后尚可急步登楼，倘能立即就近抢救，而不是一路颠簸地耽搁近一小时，或不至于撒手人寰。犹有一事，亲友更是引为遗憾，即未能给赵及时施用云南苗人的白药止血。1945年第15卷第1期《杂志》中白虹的《赵铁桥与招商局》也称："假如身体不强健者，中弹倒地，必可立即送至附近医院，不致延时太久，致流血过多，也许可以不死。"

验尸调查

案发后，招商局立即成立"招商局代行专员职权赵铁桥先生治丧处"，于25日起在该局楼下开始办公，推定王子骞为治丧处主任，公设总务、文书、交际、会计四组。将赵之遗体从医院领出，先送至万国殡仪馆，复循例舁往斐伦路验尸所。

上海航業公會執行委員主席團

趙鐵橋

虞洽卿

袁履登

1930 年第 1 卷第 2 期《航业月刊》中上海航业公会执行委员主席团赵铁桥

1930 年 11 月 17 日《时报》中《夏少恩确为正凶》一文

25日晨9时半，上海特区法院委派郭怀璞检察官率同书记官、法医、司法警察等来到验尸所。法医验明尸体后，检察官升座展开调查。先由招商局辖区中、西两名探长先后陈述赵氏遇刺情形。继保镖刘华供称：“年25岁，山东人，为总办之保镖。昨晨坐汽车至四马路招商局，我先下车，赵随之下，时有一人向我开枪，我卧于地，并鸣警笛，其人乃向赵开枪，赵中弹而逃至局中。”司机沈阿三供称：“受赵总办雇用有年，住西门路西门里168号，昨晨驾车至招商局，车止，有一人穿印白罗纺短衫、玄色裤子，衫颇长，故裤带间可插手枪。赵氏下车，彼即开枪。”赵夫人称：“年37岁，我与亡夫铁桥在车中，见一人上前，腹部隆然，隐如手枪之状，我知系刺客，方欲止夫下车，而夫已下车，致遭非命。现要求令捕房缉凶雪冤。”言时以巾掩面，呜呜而泣。末由招商局暗捕称：“我在招商局守门，尚有一同事因接血予赵氏，身体尚未复原，今日不能到案作证。是日闻枪声，初犹以为汽车轮胎爆裂，后又闻鸣笛声，方知有变，时赵氏已入局，我等出外，凶手已坐人力车逃走。”

调查完毕，检察官谕称：“验得死者委系生前被人枪伤身死，仰捕房严缉凶手，归案讯办。遗体交赵妻赵黄氏具结领回棺殓。”

死后哀荣

赵案发生后，一时轰动全国。国民政府主席蒋介石致电行政院院汪精卫“请予查案核办”，国民党中央常会议决对其实行公葬，国民政府令：“着交行政院从优议恤，并由该饬令地方军警长官严缉凶犯究办，以彰劳勋，而惩凶暴。”财政部拨发1000元丧葬费，恤金一次性拨付3000元，此后每年另拨960元。招商局发布通告：“如有人将凶手拿获送官者，赏洋3000元；知风报信因而缉获者，赏洋1000元。”

1930年10月12日为赵铁桥的设奠送葬日，招商局治丧处特假宁波同乡会举行仪式。上午8时，先由家庭成员致祭，9时后上海航业公会上海党部三区十八分部四川旅沪同乡会和招商局全部职员先后公祭，来宾有吴稚晖、于右任、邵力子等，上海市市长张群派秘书长俞鸿钧代表。于右任挽联云：“以奋斗殉其志，为建设惜此人。”

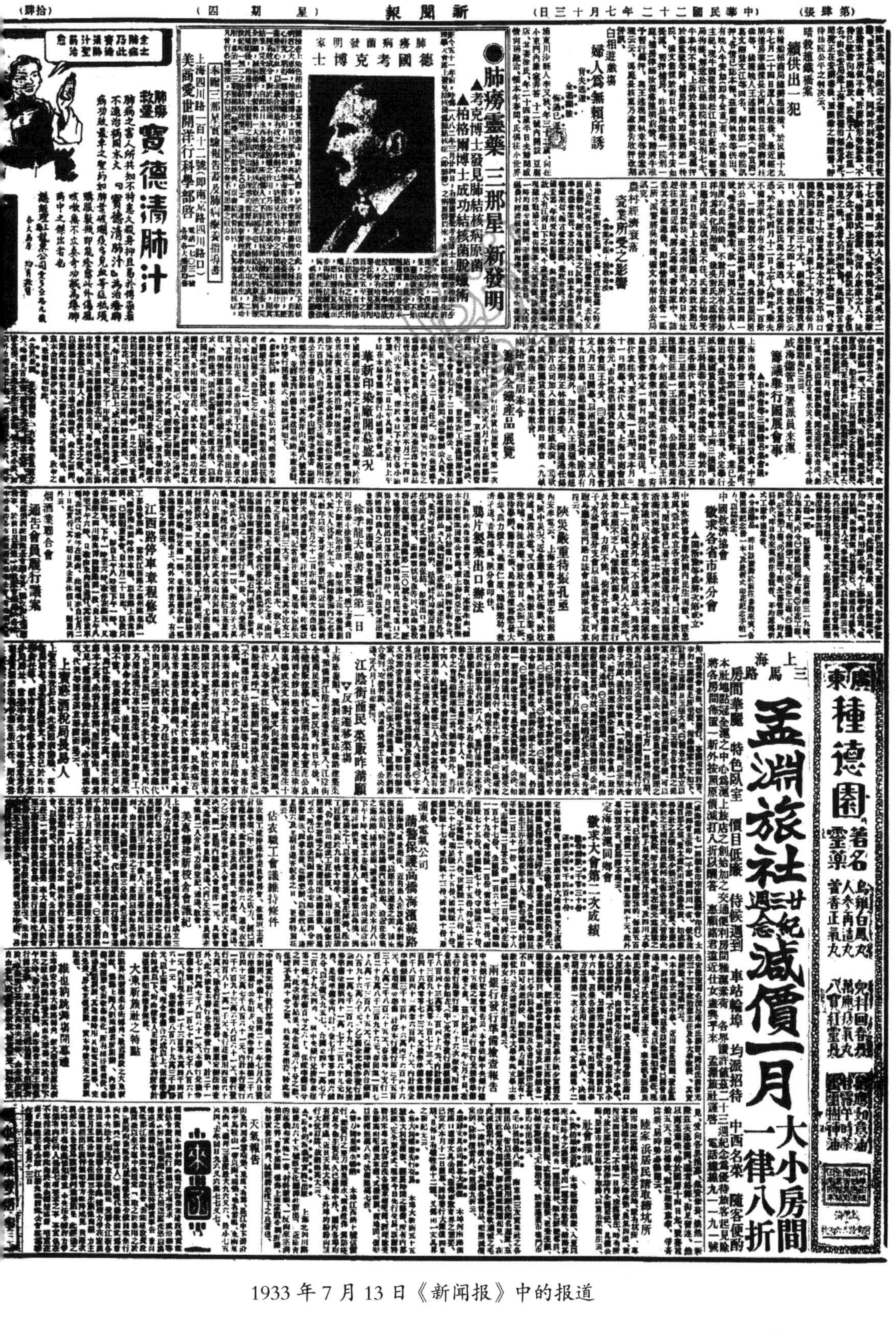

1933 年 7 月 13 日《新闻报》中的报道

在征求赵铁桥家属意见后，1930 年 12 月 10 日，行政院训令浙江省政府“中央议决公葬赵铁桥于浙江西湖”。但因杭州葬地浙江省政府一时未及勘定，故暂将赵之遗骸厝于万国公墓。后因烽火频年，局势动荡，公葬之事未再提及。

招商局全体集资 2000 元制成赵铁桥铜像，出自雕刻家江小鹣之手，为半身像，高一尺五英寸，上书“已故专员赵铁桥氏，以身殉事，来者勿忘”16 字。1931 年 7 月 24 日，在赵铁桥遇害一周年之际，招商局假黄浦路七号半前航业公会召开纪念大会，举行铜像揭幕仪式。铜像安放在杨家渡码头，并竖纪念碑。

缉捕两名嫌疑犯

案发后，上海市公安局侦缉队设法购线，多方侦查。1930 年 11 月 20 日，侦缉队缉获嫌疑犯王近善（又名王干廷，绰号王老三）。王供称，某日，在某某的指使下，刘安如召集我、夏少恩（又名夏光耀）、费祥云等 4 人，在法租界大陆旅馆二楼开房密谋暗杀赵， 发给匣子枪和六轮手枪。24 日，我等 4 人同至招商局门口，赵坐车到来，夏少恩及刘安如同时开枪，击中赵致死。事后给洋 1000 元，由我分各人，并将枪支收回。依据王近善提供的线索，上海县公安局立即赶赴安徽合肥，将夏少恩捕获解回上海市公安局，与王近善当庭对质。夏供称，受王近善邀至法租界某处密谋暗杀，届时王发给六轮手枪一支，王亦自带手枪骑脚踏车前行导引，我与刘安如等 4 人，同至招商局门口，在赵下车时开枪暗杀。事后，王分给我 100 元，并将手枪收回。据查，夏在 1928 年曾充六区公安局警察，1929 年改充招商局游巡队士，同年 10 月间因事开除，故而认识赵铁桥。查阅招商局游巡名册，尚有夏之姓名。警方遂携带夏之照片赴吕班路赵邸，经赵夫人辨认确系正凶。夏自称手持六轮手枪，核与医院检查赵系受铅弹击中，均属相符。其余在逃共犯刘安如、费祥云，侦缉队继续加紧缉拿归案。

上海侦缉队侦查完毕后，遂将王近善、夏少恩解送上海地方法院。1931 年 1 月 23 日，该院检察处对其二人提起公诉。该院先后三次开庭审理此案，夏少恩供称：“我家住浦东杨家渡吴华里，与王老三因同乡相识。

趙梁及梅母之喪禮

DEATHS

梁忠甲司令出殯時沿途維持秩序之警察

Policemen at the funeral of Liang Chung-chia

趙鐵橋（招商局總辦）被刺逝世後之殯禮

The funeral of Chao-Tuh-chih, general director of China Merchants Steam Navigation Co.

防俄戰時積勞致死之勇將梁忠甲在哈爾濱發引之隆重殯儀（延年攝）

Funeral of Liang Chung-chia who gave his life in the defence of his country during Sino Russian Controversy

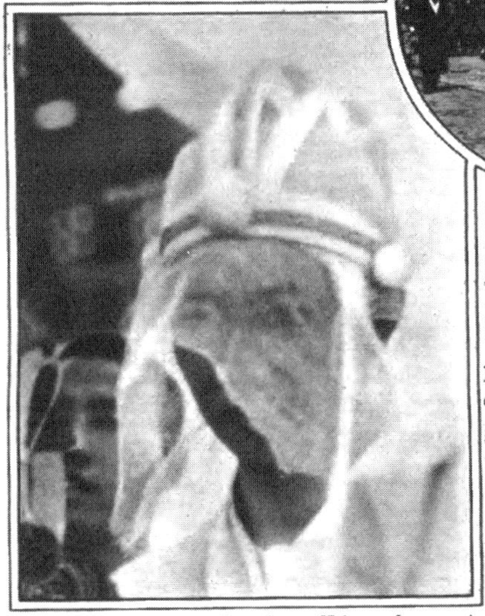

梅蘭芳喪母出殯時適宣爾哭之情形（國振裕攝）

The mourning of Mei Lan-fang, Chinese foremost actor, at his mother's funeral

送殯家屬中趙鐵橋之孤兒（申報攝）

The fatherless Children at the funeral

時事述要

——七月二十六日起至八月卅一日止——

■共匪擾湘劫奪長沙　湖南共產黨於七月二十七日攻陷長沙。焚燒劫殺。慘不忍聞。匪衆勢甚浩大。入數在三萬左右。入城後首先縱火焚燬省政府。次卽警備司令部，公安局，法院及各機關。教堂，洋行，堆棧，日領署亦均被燬。繁盛街市付之一炬。慘殺官吏五百餘名。湖南省政府主席何鍵一面向中央告急。一面督師剿匪。中央得訊後令海部調勇勝砲艇咸甯軍艦，向上游出動。會同四路軍向共匪水陸夾攻。至八月五日始將長沙克復。匪竄瀏陽平江一帶潰退。

■中央克泰安濟南　上月間中央軍因變更戰略。暫時放棄濟南。其後張桂軍爲湘粵各軍擊潰。中央乃調集湘中凱旋各師到魯。協助反攻。津浦路以劉峙爲總指揮。膠濟路以韓復榘爲總指揮。津浦路右翼軍於八月一日攻擊前進。七日佔領泰安。晉軍向北潰退。後又佔領東阿平陰肥城等地。渡過汶河。十五日克復濟南。

■一月來之外交近況　外長王正廷八月廿九日在京接見報界。報告最近外交情狀。一，法權問題。積極進行。英藍使定下月八日到京。繼續討論中英法權。法使韋禮敦亦已促其早日來京。二，國際聯合會行政院理事改選問題。我國希望當選行政院非常任理事。由伍公使與各國接洽。已有相當把握。三，使館南遷問題。美使已正式呈請政府。準備遷移。日使常在南方辦事。不成問題。挪威，古巴，芬蘭，波蘭，土耳其，捷克等使館均設於首都。英，德，法等國，對使館問題，尚無明白表示。四，懲辦辛博森事件。向英嚴重駁復。

■湘鄂贛開靖綏會議　湘，鄂，贛三省靖綏會議。自八月二十七日開幕至十九日閉幕。會期共三日。議決要案多起。第一日開會。僅由何應欽主任報告召集會議之意義。及各省代表報告匪情。第二日通過湘鄂贛三省剿匪大綱。第三日通過清鄉剿共大綱。政治方面之議決案。爲愼重縣長人選。整頓地方團體。軍事方面之議決案。爲分配剿匪部隊。預剿匪出發途徑。

■北甯路與遼西水患　八月初。北甯路各段均發生水患。山海關迤東電報線電話線。均被水衝壞。巨流饒陽女兒等河洪水氾濫。自四月起。西行車僅通至白旗堡。秦皇島迤西路軌。亦被水衝毀數十公尺。五日東行車祇售呂黎票，又遼甯省西境各縣。山洪暴發。河流泛溢。堤防多告潰決。西起綏中錦縣義縣北鎮盤山黑山彰武。東迄新民遼中台安。長六七百里。寬二三百里。一片汪洋，盡成澤國。淹斃人民萬餘口。冲倒房屋數萬間。被水圍困無衣無食之難民。不下四五十萬。災情奇重。

1930 年第 50 期《良友》报道葬礼情况

他那天来我家里，约我同去上海玩玩。我说我要卖菜为生活，没得闲暇工夫，他就给我两元钱买米。次日，他又来我家邀我同去上海打人。及到上海后，先给我盒子枪，我说不能使，后来换了一支六轮手枪，装好子弹。我说打死人要偿命，他说不打不行，如不去，要将我一家人打死，就强迫我同他去打。事后，王老三给过我 100 元，将手枪收回去了。”又称：“我那天在上海一个人家里，与王老三、刘安如、费祥云等 4 人会合的时候，王老三将赵（铁桥）四寸照片一张拿出来，交给刘安如。刘安如即当天开枪的人，费祥云仅在旁观见，未曾动手。我不特未将照片着手，并未在旁看清。迨将相片看毕，我同王老三、刘安如、费祥云等 4 人一道先到饭馆吃稀饭，由王老三交给我 1 元饭费。吃了同向外滩招商局门口前进，王、刘、费三人疾走，先到目的地，即由预定之刘安如开枪，将赵打死。我因足疾后行，虽未看见枪系何人在何地所开，但事后曾听王老三向我说过，赵实系刘安如开枪所杀的。”

经三审终结，上海地方法院以蓄谋杀人罪，判决夏少恩、王近善无期徒刑。此后，夏、王多次翻供，不服判决，先后上诉至江苏高等法院和南京最高法院，但经刑事庭法官审核供词，以原判并无不合，驳回上诉，维持原判，高院并命将夏、王两犯移送江苏监狱执行，不再发回上海。刺杀赵铁桥一案就此结案。

再缉获另外一伙嫌疑犯

1933 年 7 月 1 日，上海公共租界老闸捕房中、西干探在先施乐园游艺场拘获王述樵、周执章、洪耀斗、龚文江 4 名盗案犯，解送淞沪警备司令部羁押。在审讯中，他们自认为刺杀赵铁桥的凶犯，遂转送至上海第一特区法院（简称特一院）讯押。周执章供称，皖人刘安如也属该案主犯，当时刘因犯抢劫松江银行巨款，经警局拘获，解送松江法院判处徒刑 7 年，刘不服，上诉于江苏高等法院，时羁押于江苏监狱。捕房经禀请特一院，亦将刘提至上海。而龚文江不久即获释放。在巡捕房的审讯中，周执章供称：“我前在浙军第四师第八旅任输送队队长，洪耀斗则任军法官，故而相识。1930 年 6 月来沪，再与洪相遇，由洪约至法租界菜市路祥顺里

13号。经洪之介绍，与王亚樵（王述樵之兄）认识。不久王亚樵创办安徽学会，自充会长，其弟王述樵任教练，我与洪耀斗亦在内担任工作。某次，王亚樵宴我等于洪之家内，刘安如、夏少恩等均在席。席间王亚樵演说，谓为皖人谋利益计，故创办安徽学会，但经费困难，拟在招商局内谋办法，然因赵铁桥之把持无法可想，故欲设法对付。众皆赞同，后王又召集会议一次，指派王述樵探听赵行动。至7月23日，王称赵之行动业已探明，明日即须动手，由我等六人担任动手。是日晨，我与洪耀斗一组，王述樵与夏少恩、刘安如等一组，怀枪五六支，前往招商局门口附近守候，以王述樵举手为号，即开枪向赵打击。当时我开第一枪，事后由洪拿洋600元，我拿100元。”其余三人也逐一供认了刺杀赵铁桥经过，内容大致相同。因赵铁桥之家属、司机、保镖时已不知何往，故不能到案指认案犯。

此后，三名嫌疑犯在特一院羁押四年之久，直到1937年4月才开庭审理此案。周执章供认如前，继由公共租界西探长惠脱称，本案被告王述樵、洪耀斗、刘安如被捕后，均先后由周执章指认无误，并陪同巡捕房人员至出事地点表演当时刺杀情形。法庭继提刘安如上庭，刘则对于捕房所供各节完全推翻。又提王述樵，也完全否认所供，并称：“王亚樵虽系胞兄，然并不来往，彼之住处亦不知悉。1931年，我在安徽学会任常务委员，彼则允顾问，但极少往来，至周执章则因向我借款不遂，曾欲将我绑架。此次，实被诬攀。”再提洪耀斗供称：“我前在庞炳勋部为军法处长，旋任方振武之参谋，及浙军第四师八旅军法官。赵被杀时，为方部解散之时，我正在北平居住，对于赵被杀事完全不知。”

1937年4月中旬，因上海市警察局须对四名嫌疑人另案侦查，申请移提。在市警察局羁押期间，刘安如竟然脱逃。4月28日晨，第一特院续审此案。分别提审周执章、王述樵、洪耀斗三名被告，周对在此前口供完全否认，并称“当时虽系我供，但实出于不得已，并无此种事实”。王、洪二人亦一致否认。法庭乃提之前已判无期徒刑之王近善、夏绍恩到庭对质，王、夏二人均称与三被告并不相识，周执章亦称不认识王、夏二人。继之，王、夏二人也连连喊冤，声称最初供述乃屈打成招。

在法庭辩论环节，王述樵的辩护人潘莹律师声称，王为安徽合肥人，曾在法科大学法学毕业，向司法行政部领得律师证书，加入上海律师公会为会员，在沪执行律师业务。于1933年7月间，因乃兄王亚樵有谋刺宋子文、赵铁桥等两案牵涉，由淞沪警备司令部令饬特一法院出票协同捕房，将王述樵逮捕到案，移送市公安局，转解警备司令部收押候讯。王乃合肥世家，环境颇好，读者时有优越成绩，总从事执行律务，与赵素无仇隙，至王在捕房与其他被告所自白者，均与事实不符，自不能采为判令被告王述樵负刑事罪之基础。

1937年5月5日，特一院刑一庭开庭宣告判决结果："王述樵、周执章、洪耀斗均无罪。"公共租界巡捕房律师闻判，声明对于王述樵、洪耀斗无罪部分舍弃上诉权，周执章部分即保留上诉，在上诉期内请仍羁押。因周于1929年10月15日下午6时在外滩6号大英银行抢劫银1092两、洋8600。法庭遂谕令周执章还押再讯，王述樵、洪耀斗则当庭开释。

1937年5月14日，特一院再次开庭审理周执章案，公共租界巡捕房报告调查结果，周执章抢劫大英银行一案证据不足，放弃起诉权，对赵铁桥一案亦决定不再上诉，并向特一院声请开释周执章。经庭长照准，将周执章押案撤销，当庭开释。

刺杀原因

从以上两批嫌疑人的审理结果可以看出，当年仍认定夏少恩、王近善为刺杀赵铁桥的凶手，而宣告王述樵、洪耀斗、周执章与此案无关，但现在大家公认的是赵铁桥为王亚樵雇凶所杀，而幕后指使者则为招商局董事长李国杰。那么，究竟是谁刺杀了赵铁桥，刺杀的原因又是什么呢？

1930年7月25日《时报》分析称："至于赵此次被刺原因，传说有二：一是政治关系，因中央军此次一切运输，深得赵氏之力，故反动派见而衔恨，下此毒手；二是招商局关系，因赵氏自奉命整理改组该局以来，深为反动派所不满，或竟因此而指使凶手暗杀。"同年7月27日《金钢钻》中《赵铁桥被刺之意味》一文则称："赵铁桥之死，以一般人目光视之，多认为社会上普通暗杀事件。唯在具有政治眼光者观之，则多少有几分政治意味

趙鐵橋與招商局

白虹

招商局之改爲國營，在中國近代交通史上，在中國國民黨政策上，都是一件值得記載的大事，而總辦趙鐵橋的殉職，便是造成這件事所付的代價。

招商局是中國航業的基石，與漢冶萍同爲國內僅有的兩大現代企業，創始於前清同治十一年（民國紀元前三十九年）十一月，在李鴻章任直隸總督時奏請設立，動機在裝運漕糧，兼作運輸，並以抵制洋商航業。性質係官商合辦，故名輪船招商局，由官派總辦五人，商股推選商董三人組織之。其後李在政治上失勢，局務由盛宣懷主持，五總辦三商董之舊制，漸以變更，商股地位逐爲提高，及宣統元年（民國前三年）添設郵傳部，盛任尚書（相當現制部長），將該局歸郵傳部管轄，並確定爲股份公司，另頒商辦隸部章程，在名稱上再加「商辦」二字，變爲商辦而又招商，牽強而又累墜的「商辦輪船招商局」。

當第一次歐戰時，因外商航業停頓，招商局獲利甚厚，民國四年至八年間，盈餘近千萬兩，但主持的董事們，對于航業本身不求發展，竟另以節外生枝辦法，成立「積餘產業公司」，大置房地產，預備萬一招商局董事落選，還可坐吃房產，不致脫空。以後則歷年負債度日，甚至有借債發職員紅利的荒乎其唐之事，截至民國十六年，總負債竟達一千數百餘萬兩之鉅。

在昔袁世凱時代，曾派楊士琦爲督理，其後徐世昌，曹錕主政，（曹政府之交通部長，爲不久前故世之高恩洪。）亦選派大員來滬查辦，但均足未履局門，先已懷金而去。國民革命軍抵到武漢，總司令部即派楊銓（杏佛）辦理招商局事宜，楊因故未就，及國民政府奠都南京，乃復派張人傑，楊銓，虞洽卿，蔣尊簋，宋漢章，陳光甫，錢新之，郭泰祺，楊端六，李孤帆，潘宜之等十一人爲委員，組織清查整理招商局委員會，而以張人傑任委員長（時約爲十六年五月），曾編印清查整理報告書上下兩册，這才把這謎一樣的招商局，一切公開了出來。

當時任交通部長的爲王伯羣，交通部主管是郵、電、路、航，關於航政，自應由交部管轄，但那時交通部正爲無綫電報事，建設委員會（委員長爲張人傑）對

趙鐵橋

1945 年第 15 卷第 1 期《杂志》中《赵铁桥与招商局》一文

存在……赵任招商局总办二年有余，平日舆论毁誉参半，唯对于政府颇能鞠躬尽瘁，每遇战事发生，运输方面调度有方，此番南北大战，赵又在后方负运输重责，遂致对方忌嫉，而遭杀身之害。”

1945 年第 15 卷第 1 期《杂志》中白虹在《赵铁桥与招商局》一文中，则全面回顾了赵铁桥就任招商局总办 2 年 5 个月中经历的内忧外患：对内，招商局董事长李国杰自始至终不能合作；外则，先有以虞洽卿、施省之为中心的股东协济会、股东维持会，继有另一部分持有盛氏股票的董康、蒋尊簋、汪有龄等人纷如雪片的攻击呈电、传单，再有汇丰、花旗等外商银行处分押产之议，更有不幸的是接连发生的“新华”“新济”“新康”等轮的肇祸，致出现伤亡事件。但重重困难均被赵铁桥逐一解决，化险为夷。特别是 1930 年 2 月，因为积余公司的权属之争，李国杰与赵铁桥涉讼于特区法院，结果赵铁桥胜诉。“弄得李国杰不但无还手之力，连招架之功都不成了，但图穷匕见，赵之死因，即伏于是。”此文更明确指出：“赵之被暗杀，李实有重大之指使嫌疑，在当时已成公开之秘密……行凶的当时一行四人，均系专作暗杀买卖有‘人屠户’之誉的王亚樵所雇之临时行动员，施狙击后逃逸无踪。以后由市县两公安局觅得线索，卒拿获两人，据供词尚有陈某、尤某两人，无从缉获。”

对于刺杀赵铁桥的原因当时有三种说法：一是政治原因，赵极为忠实于蒋介石，承担起了蒋所有的航运运输业务，故而衔恨于政敌。二是招商局业务原因：一为招商局内部矛盾激化，董事长李国杰雇凶杀人，但由于李有背景，官方不便透露；二为招商局业务屡屡出现问题，使得众多财团遭受损失，更因船只撞击而伤及人命，一些受害者暗藏杀机。三是周执章所供，王亚樵创办安徽学会，为筹措经费找到招商局想办法，赵铁桥没有答应，遂起杀机。

对于刺杀赵铁桥的真凶，当时法院判定为夏少恩、王近善。但仍有四处疑点：一是他二人也曾多次翻供，称最初供词实属屈打成招，但法院并未像对待王述樵等四人一样展开进一步调查；二是夏少恩的供述前后矛盾、漏洞百出，尤其称刺赵为某某指使，但指使人到底是谁始终未予披露，对外公布的庭审记录也从未提及李国杰和王亚樵，反倒是随后缉捕的周执章供认为王亚樵指使，嫌疑人王述樵更是王亚樵的胞弟；三是赵夫人的指认也值得商榷，因为赵在招商局内遇刺，赵夫人当时则坐在局外的车内，她不可能看到是谁开枪刺杀了丈夫，当时她向警方描述的“我与亡夫铁桥在车中，见一人上前，腹部隆然，隐如手枪之状，我知系刺客，方欲止夫下车，而夫已下车，致遭非命”，显然也有事后诸葛亮的意味；四是王述樵等三人在特一院羁押长达四年之久，从未开庭审理此案，而 1937 年 4 月开庭审理，5 月即全部无罪释放。在这四年羁押期间究竟发生了什么，不得而知。

因此，到底是谁刺杀了赵铁桥，刺杀原因是什么，还有待于新资料、新证据的支持。

轰动北平的刘景桂枪杀情敌案

1935 年 3 月 16 日上午 10 时许，河北省北华美术专门学校学生刘景桂在北平私立志成中学宿舍内，向该校女体育教员滕爽连开数枪。滕爽当即毙命，刘景桂遂向警察交枪自首。据刘景桂称，1933 年 4 月 11 日，师大体育系助教逯明在河北宣化与自己订婚。岂料，此后逯明又与滕爽发生恋情，并于同年 11 月 1 日在北平与滕爽结婚。刘景桂认为滕爽横刀夺爱，遂于洋车夫手中以洋 84 元购得手枪一支，来到滕爽宿舍除掉情敌。因该案为三角恋情的桃色案件，遂成为人们茶余饭后、街谈巷议的热门话题，北平各大小新闻报刊更是推波助澜，不断炒作。此案在当年到底有多火，读者从《北洋画报》里的图文报道中或可略见一斑。

惨遭枪杀的滕爽

1935年3月23日《北洋画报》署名“大白”的《论杀人的女子》一文称，“女子谋害亲夫另结新欢之事早已见怪不怪，但是谋杀情敌的事却是前所未闻。谋害亲夫的行为古往今来都是卑鄙可憎的，而谋杀情敌的勇气倒觉光明磊落，足以表现出匹“妇”不可夺志的精神。此案告诉世人一个道理：‘娘儿们武装起来，确给了男人一个教训。’”剑罗则《挽滕爽女士》中充满对死者的同情和对男主角的谴责：“女儿身世，原等微尘，无端弹血横飞，到死模糊难瞑目；男子恩情，胥同流水，底事茧丝自缚，在生消受更伤心。”

4月18日的《兀坐三小时等审记》一文，记叙了高等法院第一分院因旁听者人满为患而被迫延期开庭的经过。轰动一时的刘景桂桃色凶杀案，原定于4月11日上午10时开审。记者有一个外国友人对此案很感兴趣，坚邀同往。经记者于前一日向法院探听，必于是日早8时到法院，方有得一席之望。他二人特于7时半离家，抵法院时尚不足8时。但法院审理该案的刑一庭业将告满，急驰而入，始得两座。四望厅内大半为志成中学及各大学法律系男女学生，间有一些衣饰摩登的女士。刑庭内如同电影院早场开幕前的场景，唧唧喳喳，谈话声中夹杂女生娇笑声，嘈杂一片。北京大学皇后徐芳也来了，遂有幸挤入，但因未能获得座位只得伫立引颈，足下的一双新绣花鞋不知被多少人践踏而面目皆非。至9时，赶来旁听的人更多了，除座满外，四周也已站满了人。法院不得已打开楼门，请站立者上楼找座，但不到三分钟，楼上百余座位即被填满，法警只得下令关闭大门。将近10时许，法院某负责人因厅内太过嘈杂，乃高呼：“这是国家法庭，不许乱喊，否则将认为妨害公务！”警察也开始四面张罗，勒令站上窗台的人下来，请已将审判台挤压倾斜者向后退。但众人摩肩接踵，无法动弹，根本无人执行。于是，法院只得宣布改期再审。但在场的人根本无人相信。法警原本想打开大门放人外出，结果反将门外久候者放了进来。这样一来，厅内的人就更多了。楼上因拥挤过甚，栏杆也有摇摇欲坠之虞，有一名妇女因不堪忍受，大呼“警察救命”！法院见喊话无济于事，遂写一张“改期开庭”的条幅贴在墙壁上，但人仍不散，且有一名四川口音的学生高呼“请厅长宣布改期理由”！直至11时半，众人见果真开庭无望，才悻悻退场。几个女生连连叹息道：“今日白白请了四小时假，太不值得了！”

1935 年 8 月 29 日二审该案，上图为高等法院一分院院前场景，下图为刘景桂下囚车时留影

5月9日的《记刘景桂案判决书刊布经过》一文，介绍了新闻媒体对此案报道的火炽。刘景桂、滕爽惨案极为社会各界关注，北平各报纸对此案报道的竞争亦极剧烈，各报记者八仙过海，各显其能，几成斗法局面。如该案检察官起诉书刊登最早的某日报，它之所以能独得此稿的原因，系因该报记者与法院看守所中某职员相熟。刘景桂、逯明当时同时羁押于该看守所，按例起诉书应当送达当事人各一份，故起诉书一到看守所，即为某日报记者抄得全文而捷足先登了。其他各报探得内情，吸取吃亏的教训，于是将力量集中到了抢先刊登该案的判决书全文上，以期获得竞争胜利。与法院有关联的某小报记者在判决书尚在印刷之际就已获得底稿，认为奇货可居，于是分头向各报接洽，凡欲抄此稿者，大报索8元，小报索6元。各报为竞争计，乃各派专人与此人接洽。于是各报分别以6元、5元、2元成交。更有报纸互相联合，由甲报出面购买，然后甲、乙两报公用，共同担负费用。该记者发售此稿，一个晚间得洋20元以上。翌日一早此稿刊于各报，而本案的所有关系人尚未收到法院判决书呢！

8月31日的《再审刘景桂记》一文，报道了20多名记者被拒之外门的情景。8月29日是刘景桂、逯明案上诉后在高等法院第一分院公开审判的日子。鉴于前次公审时有人未能挤进的教训，许多人都是天刚亮就到法院排队登记了。6时许，法院门前已是人满为患。7时许，大门开启向里放人。第一批进去的是几位法院工作人员，带进去了数名特约的女客。众人不禁叹道“朝中有人好做官”啊！随后，大家一拥而上，一片混乱。20多位新闻记者夹杂在人群中也试图挤进去，被一位自称法院胡书记官的人拦下。他说，此次公审法庭专设记者席，记者不必去挤，稍后我负责带你们进去。但不一会儿，该管区署长出来了，怒容满面地称，厅内已满，任何人不得入内，遂将铁栅栏关上。记者上前交涉，他说不论是谁也不能进去了！再找胡书记官，已是不见了踪影。有人说，该署长昨天晚上看杨小楼和三大名旦合演的义务戏，凌晨3点多才散场，今早6点又被法院叫起来维持秩序，心里老大地不痛快，所以才大发脾气。被拦在外面的记者们连呼上当受骗了！

1937年5月11日的《关于刘景桂案》一文，介绍了该案的判决结果和

「天之風月，地之花柳，人之歌舞，無此不成三才。」——陳眉公語

▷青島文德女中舉行春季運動會師生全體在體育塲留影◁ 。趙鑫分攝。

兀坐三小時等審記

缺人（自平寄）

轟動一時之劉景桂桃色兇殺案，定於本月十一日早十時開審。記者有一外國友人對此案甚感興趣，堅邀同往。經記者向法院探聽，知必於早八時到法院，方能有得一席之望，故是早特於七時半離家赴法院，抵門詢法警，始知法院之大禮堂（刑一庭）業將告滿，馳入始得兩座。四望廳內大半爲志成中學及各大學法律系男女學生。間亦有衣飾摩登者，大約爲法院職員眷屬。蓋其餘摩登不能起得如是之早也。開庭時間，既遠在兩小時之後，於是廳中如各電影塲之早塲未開前情況。唧唧喳喳，談話中時加以女性嬌笑。至九時，以來者益衆，除座滿外，四周且已站滿。法院不得已始開樓門，請上樓找座。樓上座約百餘，不三分鐘又滿。法院下令關門，致法院院長亦不能入院。而被屏門外之摩登，更不可數。北大皇后徐芳亦來，幸得擠入，但亦只得佇立。其緬花鞋恐且不知挨踩幾多次也！法院職員以廳中嘈雜過甚，乃出，高呼「這是國家法廳，不許亂喊，否則將被認爲妨害公務。」警察則四面張羅，請站上窗口者下來，請擠得審判台唧唧作響者當心擠倒。有一法院職員曾事前派人爲一老太太佔座，至九時領老太太入座，亦曾被「通」。所謂妨害公務警告，並無人注意。故最後只得宣布不開。但任警察宣布，無人相信。且以開門思放人外出，結果，反將被屏門外者放入。於是人愈衆，而樓上以擁擠過甚，有婦女大喊警察，樓欄杆亦有將倒危險，警察無法，乃寫一「改期開庭」紙條黏壁上，但人仍不散。且有一四川口音學生請廳長宣布改期理由。直遲至十一時半，見眞無望，始散。散後女生多嘆息，謂今日白請了四小時假，太不値得。是日原欲承辦此案之某某女律師亦來，以劉景桂已請劉煌任辯護，伊乃欲活動法庭指定之辯護律師。據聞卽此法庭指定之律師，亦難如願。

鄭孟霞女士之舞姿（今晚在北平六國飯店表演）。天津同生攝。

青島文德女中春運會二百與四百公尺接力第一之四女將：仲平眞，戴定月，方佩秋，仲貴珍。鑫分。

北平翊教女中學生寧伯林女士近影 宋心燈攝。

北平西單拆房報告

無聊

北平因爲西單大街南北兩拐角處與電車道逼近，故北平市工務局日前勒令拆讓。被拆者共計商店九家。雖市府係照最高價値給價，但商家仍甚苦也。九家中受損失最重者，爲南角之聚賢居飯舖，與北角之大興隆餛飩舖。兩舖被拆後非存地無多，卽寸地不存。聚賢居歷史已有五十年，以早間生意最佳，炒肝包子與灌腸爲大宗據開去年該舖淨餘洋五千元，爲西單一帶之冠。該舖舖東因拆後全舖所餘無幾，不能再建屋開市，曾一日未餐，翌日卽患神經病！至大興隆餛飩舖，則已寸地不餘。此舖專賣消夜食物，爲西單關門最晚者，舖底與土地房屋共屬四人，共得洋千餘元。除此二者外，和蘭糖果舖與天福醬肘舖，損失亦不少。

被拆除後之北平西單南街拐角爲和蘭號糖果店，聚賢居飯舖，西點陽莊故址。無寄。

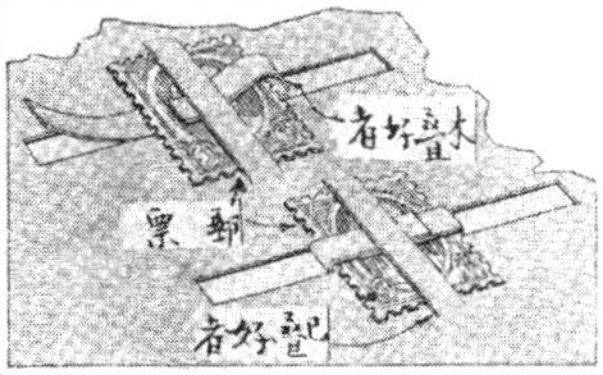

信內附寄郵票之裝疊式 聖時寄。

信內附寄郵票裝疊法

聖時

函內附寄郵票，如黏於信紙上，則不易揭下，如夾於信紙內，折時每有失落之虞。最爲簡易安全之法，莫如在信紙上，按郵票大小，由上至下，割開兩條平行線道，將郵票由割開處穿過，壓於紙帶下。再左右各切開成一帶狀之紙條，帶之一端仍連於紙上，其切開處以至郵票之邊緣爲宜。然後將此兩紙帶由郵票邊緣處摺疊之，使此兩帶均由郵票上繞過，帶端則壓於由上至下之紙帶下。則折信時郵票不致失落，亦不致黏而不易揭也。

▷紅杏隔牆◁ 董漪珊作。

▷我國新設備之防空機車◁ 。艾因寄贈。

我國鑒於防空之重要，近有防空機車之設備。車上裝有可以任意旋轉燈頭之探照燈及測方向機等。爲供給探照燈之用電及推動各種機件之電力，故亦裝有發電機。如敵機在甚遠之處，卽可探知其機之方向，及距離之遠近。此種機車所用之車架，卽美國之載重汽車也。

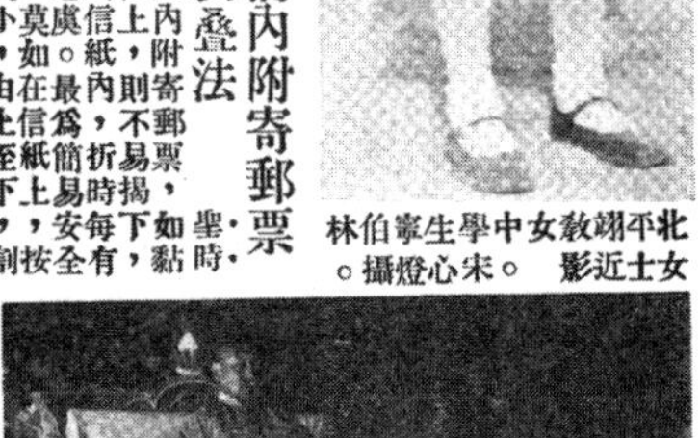

西陲宣化使班禪大師赴內蒙宣慰在延福寺爲各地蒙人祈求祝福之情形 。國際社攝。

1935年4月18日《北洋画报》对该案的报道

九月十二日在大光明開演之環球影片公司名片「烏鴉劫」之一幕
（鏡中黑衣者為曾飾「科學怪人」主角之卡洛夫，女星為羅伽錫）

科學珍聞

△汽車中放出的無用的氣，是無毒的，除非它同外界的空氣混合在一起時，才有毒。

△用一個普通器具，便可以試驗出天氣的好壞。用一個敞口的玻璃瓶，裏面放上水，再放一個蝦蟆在裏面。假若牠伏在水底時，天氣一定要不好，如果牠爬上瓶口來的時候，一定便是好天氣。

△奧國之香餌虫有十二尺長；奧國的蚯蚓之長度，由三尺到十二尺，當牠在泥裏出來的時候，還作一種怪叫聲。

△印度上年之虎，幾乎完全肅清了。人與虎雙方俱有損失。虎傷害了一零三三個人，人打死了一零六八隻虎。

八月廿九日北平桃色慘案第二次開審，上為高一分院門前爭看殺人小姐劉景桂之擁擠情形，下為劉景桂下囚車時留影。　楊語村攝。

△佳謎錄▽

半牆斜日映荒村。（射一字）

再審劉景桂記

缺　自平寄

八月廿九日是劉景桂逯明案子上訴後公開審判的日子。鑒於前一次此案公開審判的擠不進法院，許多人都早早的到法院登記。六點鐘已有滿院的情勢，法院的門可是還沒有開，大家都在院外等候。七時才開門向裏放人，第一批進去的是一二位在法院有工作的人，帶進去他們特約的女客。「朝中有人好作官」，我們就不必說了。以後大家看見可以進去，於是一擁而上。這時在院中等候的廿多位新聞記者也要去擠，當時有一位法院胡書記官說，有記者席，記者不必擠，可以進去，他可以負責。但是等人擠的差不多時，該管區署長官出來，謂裏面已滿，誰也不能進去了。他兩手將鐵柵欄關上，怒容滿面，頭上直出汗。記者上前交涉，他說不論誰也不能進去，再找胡書記官，已無影無踪。有人說某某長曾經在前一天晚上去看好義務戲（前一日有三大名旦及楊小樓之夜戲），三點多才散，今早六點法院已擠滿，被叫起來維持秩序，心裏不大痛快，所以才大發脾氣。但是否如此，則不得而知矣。記者進不去，職務有關，乃去找法院當局，據說記者席只有八席，可放八人入內，當然不行。又說開放樓上旁聽席，可是某署長不肯，以致記者無法。再去找公安局長，及法院院長，雖然得到道歉，結果新聞已不能訪了。幸而有一兩個記者先擠進去，平津記者能未交白卷。據進去的記者報告，劉景桂在劉煌律師為辯護時曾流淚不巳，劉煌說她今年廿幾，判十二年說重，可是出來已卅多了。她父母現在不管她，十二年後她出獄已很慘。至逯明，面色不壞，載一巴拿馬草帽，老低着頭。法官對他問訊後，面色不佳。據云恐凶多吉少，劉案每開庭必出亂子，與一兇案也。

參加本年全運會之南京市網球選手中央大學學生陳清女士擊球之姿態。盧攝。

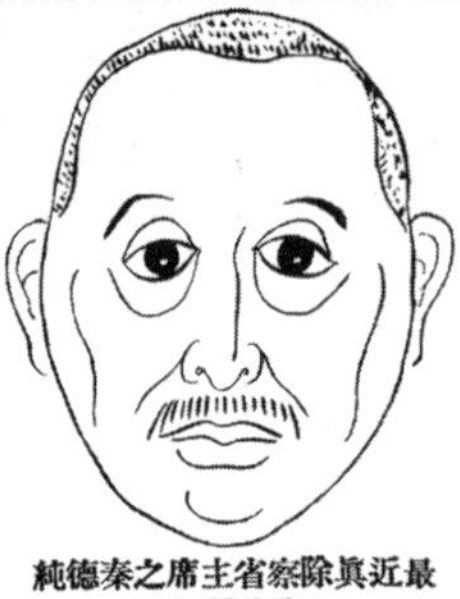

最近真除察省主席之秦德純
。董濤珊作。

首都名閨李英女士暑期遊平頤和園留影。宋心燈攝。

曲線新聞

（平訊）前南開女中之吳合暉女士，近與其家人來平小遊。日前南敏隊與平聯隊比賽時，女士曾到塢與其校友助興。後見南敏敗北，大為慨爽。

（本市）北寧鐵路管理局賑災遊藝會，定於八月卅一日及九月一日兩天，在寧園開遊藝會。遊藝節目計有球賽，國術，國劇，電影等項。

健美運動

圖解

第三類，第三圖與第四圖：兩腿合攏坐於地下，膝須堅持，不可彎曲，兩手相握置於背後。以右股與兩手着力支持身體，並保持體重之平衡。（第四圖）然後肩與股再轉一方向，即以左股着力，一切動作皆與第四圖相同。如此左右兩側，轉換行之。每側四次或五次即可。

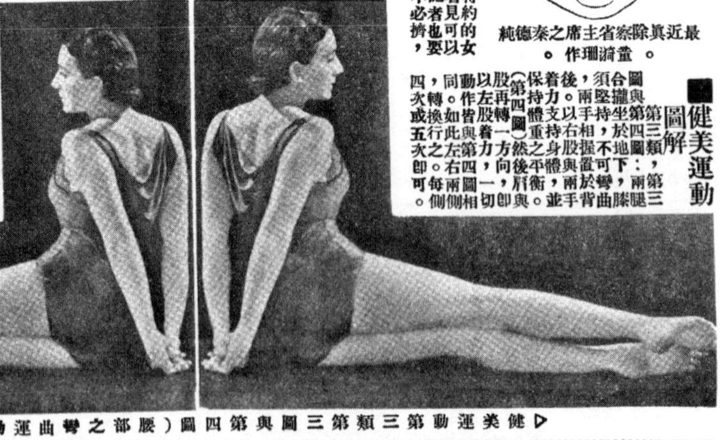

▷健美運動第三類第三圖與第四圖（腰部之彎曲運動）之姿式◁

1935年8月31日《北洋画报》中的《再审刘景桂记》一文

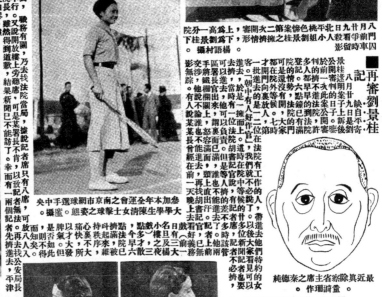

众人对该案两种迥然不同的看法。桃色惨案主角逯明宣告无罪，刘景桂被判无期徒刑，经上诉三审后，已经最高法院将上诉驳回，维持原判。消息传出后，社会上有两种看法。一种人以“淫妇”的眼光注视刘景桂，认为一个女人为了争风吃醋而杀人，是狠毒、无耻。听说刘景桂仅被处以无期徒刑，仍觉得不满，更因不曾看到“骑木驴”“游四门”之类的惩罚而感到遗憾，觉得未能“大快人心”。另一种人认为爱情是神圣的，把是非、罪恶都用爱情消释了，认为刘景桂“既失童贞，又被夺爱”，虽然杀人，也是情有可恕。因为同情刘景桂，竟将案情幻想成一部有着圆满结局的电影，期待着将来有朝一日遇有政府大赦，刘景桂必能减刑而重获自由。出狱后，刘景桂与逯明相见时，二人拥抱着接一个热吻，手牵手，夫妻双双把家还。

据史料记载：1944 年，因国民政府颁布特赦令，刘景桂被开释而重获自由，7 月 9 日下午 5 时出狱。但此时的刘景桂已经淡出了世人的视线而无人问津，她与逯明是否有着圆满的结局更是不得而知。

闻一多遇难前后

1946 年 7 月 15 日上午，在李公朴追悼大会上，闻一多慷慨激昂地发表了《最后一次演讲》。下午的记者招待会结束后，他与大儿子闻立鹤一同回家，当走到西南联大职员宿舍时，身后一声枪响，闻一多应声倒地。立鹤立刻扑在父亲身上大喊“爸爸”！四个身穿蓝色中山装的大汉从前后扑来，向立鹤连开三枪，将其从父亲身上拉起摔在一旁。立鹤还想挣扎着起来，再中两枪后躺倒在血泊中。四个大汉集中火力射击闻一多头部，闻一多当即脑浆迸流，气厥身亡。

家人追忆

事发地距闻家很近，闻夫人高孝贞和孩子们听到枪声便往外跑，抱起躺在血泊中的父子俩连呼“救命”！同院的邻居送来一张帆布床，又叫了

聞一多先生遺像及其手蹟：

一二、一運動始末記

民國三十五年二月聞一多撰

自從民國三十三年双十節昆明各界舉行紀念大會，發表國是宣言，提出積極的政治主張，昆明的學生，配合着文化界、婦女界、職業界的青年，便開始團結起來，展開熱烈的民主運動，不斷地喊出全國人民迫切的要求。各種關於民主政治的演講會、討論會，文藝活動的集會，各界人士許多次對時局的宣言，以及三十四年護國紀念，三十四年五四紀念的兩次大遊行，……多大城市的沉默，恰好形成一個鮮

闻一多先生遗像和手迹

洋车，立刻送到云南大学附属医院。外科主任刘崇智确定闻一多已经死亡，闻立鹤伤势很重，检查后送入 34 号病房，他的两个妹妹守护一旁。闻夫人因心脏病复发昏厥三次，也住进该院 16 号病房。

五日内接连两名爱国人士被刺杀，一时震惊全国，舆论哗然。延安《解放日报》直指国民党政府是“杀人犯的政府”，而《中央日报》却极力转移视线。为了解惨案经过，各报记者纷纷到医院采访闻家人。

情绪稍有稳定的闻夫人回忆说，闻先生遇刺前，曾有一名四十左右的女人到我家来了三次。第一次她一进门，就问姓闻的在不在。因为费孝通先生前几日就告诉我们有这样一个怪女人，我就说姓闻的不在这里。她不肯走，坐下来拿出一本《圣经》跟老大（指闻立鹤）说，上面有“易多”两字，多是两个“夕”字，夕是太阳快落山了。过了几天，她又来，老大说闻先生已经走了。她说，真可惜，给了老大一封信就走了。信上说，如果听我的话，世界三天就和平。过了三天，她第三次又来了。孩子们害怕，把门关起来，她在门外吵闹。此后，她又到潘光旦先生家里去了三次。14 号那天，这女人在路上碰见老大，又给了他一封信，说知道你们明天接待记者，如不听话，你父亲就会在那时结束性命！

此外，李公朴先生被刺后，曾有一个人在联大宿舍附近问学校的一个小工：“闻先生住在哪里，他穿什么衣服，什么样子？”那小工说不知道。

说到此，闻夫人已没有了气力，15 岁的女儿接着回忆了父亲、大哥遇刺时的情形。大哥接到这些信后，心里总不踏实，总觉得有什么事。15 日招待记者时，大哥曾三次去看爸爸，都没有什么事。只是最后一次去时见有三个戴礼帽的大汉在《民主周刊》社门前走来走去。大哥瞪了他们一眼，他们就走开了。后来，大哥见楚图南先生出来了，紧跟着爸爸也出来了。大哥陪着爸爸回家，路上还买了两张晚报看着。快到家门口时，枪声响了。

闻一多二儿子闻立雕曾在《人物杂志》中《我是闻一多的孩子》一文中，回忆了他与父亲的生活细节。

生活担子使你的脾气躁了，你曾因为大哥做了一篇不好的文章痛骂他，他三天没出屋子，没吃饭，一家人都不快活。我为大哥抱不平和你争辩，最后你对我们认错说：“这是我父亲从前所受的教育，而我也施之于你们身上，到今天我才发现这种教育法错了。我很了解你们，而且希望你们将来待你们的孩子们不要再用我这法子。”一家人都笑了。此时一家人正在吃饭，我的泪落在了碗里。我有胃病，你担心我，强迫我在学校吃药。有一次，我没吃，你就骂我，当着很多同学的面骂我。我哭了，我知道你是因为爱我。我在家里穿不着新袜子时，还是埋怨你，甚至背地里骂你不中用，不会挣钱。近来，不知是我懂事了，还是你给我新袜子穿了，总是觉得你很好，很苦，很值得佩服、尊敬。

你不愿别人说你老，是的，你的确是年青，一股青年人的热火在你身体里燃烧着，有时青年人和你站在一起，就很惭愧地自觉自己比你老了。你永远是年青，演讲也年青，走路也年青，思想也年青，精神更是永远的年青！看，你演讲像一团烧得正狂的火、一阵狂风，引起听众的海啸……游行时，你总走在最前头，口号你总是第一喊！

面对国民党特务的威胁，你说过：“为了人民，我什么都不怕！”但我们都很担心，每次你出门时，都要嘱咐你当心。你就扬一扬手中的拐杖说：“谁要来碰我，我就用这个给他一下！”说罢笑着走了。但我们都知道，一旦有事，一根还不到半斤重的藤拐杖怎能抵挡得住啊！

刺杀原因

当时的《联合画报》《民主周刊》《读书与出版》《自由文丛》等报刊，从闻一多近三年来的行动轨迹，解读其被刺原因。

西南联大校舍在滇缅公路旁边，1943 年后，开到缅甸去的军队都要从校门口过。一天，闻一多和一名学生回昆华中学宿舍，走过昆明西站，一队士兵向前方开拔，一个瘦弱的士兵走不动了，官长用鞭子抽他，但跟了几步还是倒下了。于是，长官叫人把他的衣服剥了，将他踢在路旁。闻一多见此情景，呆了几分钟说不出话来，最后像疯子一样咆哮起来：“我从来没想到世界上有这种事，怎么就没人管、没人喊？我一定要喊！”

1944 年 5 月 3 日，在西南联大举办的历史晚会上，闻一多和吴晗、张奚若、周炳琳等向腐烂残酷的统治者开了第一炮，像一声声春雷，唤醒了大地底层潜在的活力，同学们爆发出一阵阵热烈的掌声，许久被压抑的西南联大，

萬人流淚哭李聞

記重慶各界追悼李公樸聞一多

本報駐渝記者 廖毓泉

如果李公樸聞一多平平地死了，哀悼他們的人和哭他們的眼淚，必定不會像七月二十八日重慶青年館內那樣的多，他們不死於疾病，不死於飢餓，而死於民主的爭取，死於廣大人民的事業，正如周炳琳先生在追悼會中所說：「在人道上，在是非上，都說不過去。」

李先生是七月十一日夜裏遇刺於昆明，聞先生則是在七月十五日下午五點多鐘在昆明府甬道民主週刊社門出來為暴徒開槍狙擊殞命。聞氏長子立鶴（義和）同行，亦身中五槍，現腿骨已斷，成了殘廢。當聞先生中槍倒地時，立鶴尚以為乃父未死，雖已身已中數槍，仍以身護其父，大呼：「我願意替爸爸死。」暴徒逸去前，曾對立鶴說：「好，留你做個種，以後好報仇。」這一代的文學大師，就此斷送了生命。

噩耗傳至重慶，引起各方極大的憤慨。七月廿八日，渝市各界在陪都青年館舉行最悲愴，最盛大的追悼。會場內外，堆滿了花圈，掛滿了輓聯，連地上也舖滿掛不完的素絹白紙。一萬多人擠滿館內館外，千萬人的眼淚向着「民主之魂」的巨幅橫額在流，來痛悼兩人之死，「民主之魂」，召喚來千萬人的敬慕與良心。

史良報告李公樸生平，未曾先哭。主祭的張羣主任說，「兩位學者，遭暴徒狙擊，萬分痛心。」他由此而担心社會風氣的日趨敗壞。重慶市參議會議長胡子昂聲淚俱下地疾呼：「今天我們第一個要求是和平，第二個仍是和平，第三個還是和平！」哀痛中也有歡呼，聲浪掌聲繼呼聲而起，這是人民在悲痛裏得到的一分慰藉。

中共代表吳玉章說：「書生論政，也遭殺害，不能默默無言。和平，民主，獨立的要求，不會因二人之死而終止。」他倔強地吐出他的悼詞：「民不畏死，奈何以死懼之？」

民盟代表鄧初民涕淚縱橫的演說，已經不是激昂的控訴，滿腔的悲憤，化作孤憤的忠言。他像一位正直的老人在哀悼他的手足，他泣諫，他哀求。他不是追悼詩人，汪精衛，周作人也會做詩；不是追悼教育家，教育家也會在敵偽政府裏大談其樹人大計的；更不是追悼社會地位，那是欺世盜名的頭銜。他是在痛哭人民的朋友和人民的司令的死去！

「李先生一生為人民的事業奔走呼號，坐過牢，挨過打，終年席不暇暖地忙碌於人民的事。聞先生是教授，學者，對中國文學造詣極深，純粹是書房學者，無私心，無偏見，一腔愛國熱忱。近年因看到國家危機日深，才走出書房，經常發表一些對政治的意見。書生論政，是祇講是非而無偏見的。因此，為了全中國的人民，他便在街頭流完了他的熱血……

「李聞二人是民主主義者，愛國主義者，人道主義者，和平主義者。他們主張國權不可喪失，是民族主義者，他們主張人人有自由，個個担負國家興亡的責任，是民權主義者，他們要求不打內戰，團結建設，國富民強，老百姓有飯吃衣穿，是民生主義者。為三民主義而奮鬥的人，在三民主義當政的今天，會遭受到殘殺……起碼，他們也不該受到打擊與摧殘……」鄧老先生講不下去了，多少人無論如也止不住那欲抑還流的眼淚。

張羣低頭沉思，張篤倫用手帕拭眼睛。一片人海的會場內，雖然悶熱，流汗，然而你可以聽得清清楚楚四方八面的哭聲。鄧初民頓足搥胸地長嘆：「從前的民牧政治，是把人民當齊牛馬看，當作私產看，但他們要給牛以水喝，給馬以草吃。假如今天有一位先生能夠做到『民牧』，我就願跪在他的面前，不要希望什麼民主了。」最後，他正告大家：「殺雞取蛋的皇帝是做不久的。專制時代尚且不能忽視人民的力量。『民猶水也，水能載舟，亦能覆舟。』誰戕害了人民，誰也就殺了自己。人民是多數，人民是最大的多數！」

聞氏公子立鵬哭訴答辭，這位十四歲的孩子，蒼白的臉，說出純真的忠言：「爸爸給殺死了，他們還造謠嫁禍。為什麼不乾脆說是我哥哥拿手槍打死我爸爸的呢？」

他說：「今年一二一昆明慘案的追悼會上，也有今天這麼多的花圈和輓聯，記得當時爸爸對我說：好慘呀，孩子們永遠記住！想不到今天也在這裏同樣地追悼我的爸爸……。」

他最後一句話，是要求「取消特務機關！」

重慶各界於七月廿八日假青年館追悼李公樸聞一多二先生，到數千人，情緒至為悲痛。（舒少南攝）

四川省主席張羣報告。（舒少南攝）

掛滿青年館內外之輓聯一角。（舒少南攝）

聞一多遺孤立鶴立鵬二人，曾在重慶候機北飛，彼等原在渝候聞一多氏夫婦，結果父死兄傷，不及一見。（廖毓泉攝）

1946 年第 183–184 期《联合画报》报道了重庆李公朴、闻一多追悼会情况

「我是聞一多的孩子」

想起爸爸在昆明幾年中的一些小事

·聞立鵰·

爸爸，你曾經說過「爲了人民，我什麼都不怕」，可是每當的確該小心的時候，媽和你的孩子們，就都不允許你什麼都不怕；每次你出門就只仗着手上的一根拐杖，在門口說「誰要來碰我，我就用這個給他一下」，以後笑着走了。一根黃色而還不到半斤重的籐拐杖就被你那麼看重嗎？其實你何嘗不知道那是被人們稱之爲手杖的籐根，然而由於你的身份和地位，你和我們都相當的放心。可是當外面風聲緊的時候，我們也還是不免爲你担心，尤其是媽，都快急病了，還常在你面前說，要是你有個什麼不好，我們這一大家人該怎麼辦呢？這當然不足以打動你的心，工作者是不能忘記工作的，而且你還告訴我們說，『你們該鎮靜些…………』然而如今你未免太鎮靜了些吧！是的，還時候，我們卻也希望你能很鎮靜的睡在土裏，免得見了這醜惡的世界而…………

七，七，那年，碰巧媽帶了哥哥和我先回武昌去了，後來你只帶了兩個妹妹和一個弟弟，還有你兩本最寶貴的書，連過冬的衣裳都沒帶就離開了你再也不能見的北平了，當時你心裏想着，中日的戰事總是兩三個月就會了事的，可是八年的日子不算短了，你眼看着中國戰事結束了卻死在復員的前夕。聽說，你臨死前還到清華大學辦事處問飛機準備回北平呢？至於那兩本書，在昆明時爲了窮得沒飯吃也忍痛賣給清華大學圖書館了，你還說，將來回北平再買回來…………

長沙臨大搬家時，你參加了學生步行團，爬山涉水，一日百里。後來，每次提起這事來，你總驕傲的搖搖腿說，「我還要走回去呢？」今天，這是永不可能的事了。

聯大中文系在蒙自那年，你像個未出閣的女孩子似的，總是埋頭在書本上不出來。有一次偶而走出散步，被旁的先生們看見了，一時傳爲奇蹟：「聞一多今天出來了。」

在晉寧，咱們家很窮困，你就開始戒烟，結果你眞能每天只抽一根了。有一天半夜，你忽然爬起來，說是夢見一首很好的詩，怕忘了要記下來，結果還是忘了兩句。

到了陳家營的時候咱們家更窮了，甚至連挑水都是父子三個輪流着，每天吃的是醃菜、滷腐、豆渣、鹽，可是不但你從不叫苦，還告訴我們：吃豆渣是有養料的呢！

爲了窮，把你一件穿了多少年的大衣也拿去拍賣了，害得你凍得生一場病，幸好衣裳掛在拍賣行沒人過問又拿了回來。

記得那一年大哥和我考取了聯大附中，喜得全家吃一頓有肉的菜，並且傾家蕩產爲我們買了兩套上學穿的新衣裳，你鼓勵我們，要好好的讀書。可是，我從沒用功過，今天我後悔了，以後一定要用功。

後來家搬到龍頭村，又搬進城，就住在我們學校隔壁，我的脾氣多壞呀！竟不顧住在家裏，這時想起來，眞覺得我和你太不夠親熱了。是我一向有胃病，你也一向爲我的胃病担心。在學校強迫

學習。』先生之虛心敬謙又如此！

同年五月十九日魯迅先生忌辰，由昆明文協分會和聯大雲大兩校學生自治會合辦魯迅逝世八週年紀念晚會，在雲大至公堂舉行，出席講演的有十位之多，但給我印象最深的還是先生的講詞，他說：『時間愈久，越覺得魯迅先生偉大，今天我代表自英美回國的大學教授，至少我個人，向魯迅先生深深地懺悔！』語意沉重，每個字吐得勻慢而清楚，聲音裏充滿了戀戀的熱情，略微停頓一下又繼續說下去「日本在政治上是封建的，經濟上是資本主義，然而在文學思潮上始終是進步的，因爲在明治維新前後，日本也受歐美帝國主義的欺負，他們也是多介紹被壓迫的弱小民族的文學，魯迅先生除介紹這些到中國來之外，還特別注意東歐和北歐作品的翻譯，於是奠定了今天中國的文藝道路，然後再看看從英美回來的貢獻些什麼成績呢？我眞慚愧！』這段話使我深深的受了感動，魯迅先生生前曾駡過新月社諸君子，而聞先生正是新月社派領導人之一，先生竟能在幾千大學生面前這樣公開懺悔，（其實先生的剛介和徐志摩的綺靡自不可同日而語）二人眞是同其偉大，先後輝映！先生能抖落那些稀黏性的知識份子的劣根性！『文人相輕，自古而然，』只是個人主義的小家子氣！

同年十二月五日爲護國紀念日，在雲大操場開會，並且還有雲南耆宿和當年追隨唐繼堯和蔡松坡北征的將軍都出席講演，唐繼堯的長公子報告當時的經過，聞先生當然是這會上的主角，大講護國偉大的歷史意義，假如今天還有誰強姦民意竊盜國器，一定得到和袁世凱同一的下場，會後遊行，先生和雲南的耆紳宿將都在大隊的最前面作先鋒。

翌年，一九四五年，國內民主運動蓬勃澎湃，作爲領導中心的聯大，更是如火如荼，舉行五四紀念週，這一下可把那些吃混飯的傢伙們驚慌了，有文獻爲證。五月二日，昆明市每一個學校都

闻立雕发表在《人物杂志》中的《我是闻一多的孩子》一文

着我吃藥，我沒吃，你就罵我，當着很多同學的面罵我，我哭了。後來你回去，還和媽說，眞後悔，剛才那麼罵我。如今我想起來還彷彿看見你把手杖用力的在地上敲着，一臉爲我而生氣的樣子。又有一次，你聽說我病了，叫媽把你早上吃的一碗牛奶，拿到學校來給我吃……雖是這樣，我在爲家裏窮而穿不着新襪子時，還是埋怨你，甚至背地裏罵你不中用，不會掙錢。近來，不知是我懂事了，還是你給我新襪子穿了，總是覺得你很好，很苦，很值得佩服，尊敬。你早上晚上弓着背坐在書桌上刻圖章，手發抖了，還是刻，是爲了誰？記得有一次大哥和你爭辯，說你刻圖章那麼貴還不是發國難財，你聽了並不生氣，只說一聲：「立鶴，你這話我將一輩子記着。」

每天的生活担子，使得你的脾氣燥了，你因爲大哥作了一篇不好的文章，痛罵他，使得他三天沒出屋子，沒吃飯，使一家人不快活。我爲大哥抱不平，和你爭辯，最後你對我們認錯了，說「這是我父親從前所受的教育，而我也施之於你們身上，到今天我才發現這種教育法錯了，我很了解你們，而且希望你們將來待你們的孩子們不要再用我這法子」。一家人，在這時都笑了，此時正在吃飯，我的淚落在飯碗裏了……我放下碗走出去了，一個人在翠湖堤上散步，心裏想，爸爸這麼苦，我們不能因此原諒他嗎？他這麼大年紀，還在向我們學習！

又有一次，我爲了想幫助一個朋友到北平去，竟和你爭個不休，你說『不是我不肯，實在是我不能答應……。』我馬上就說這一切我完全了解，我根本就沒有權利答應。這一句話使你非常不滿，但仍沒生氣，反而說有話好好談，爲什麼生氣呢？我走了，爲的是冷靜自己的頭腦，但你以爲我生氣了，我很想向着你解釋，一直沒機會，如今機會永遠不會再有了。

你不願意我們說你老，你總是說：「我一點也不老，外國人在我這麼大年紀正是年青力壯的時候呢？」我們笑你如此的愛國，儘連自己是中國人都忘了。是的，你的確是年青，一股青年人的熱火在你身體裏燃燒着，有時青年人和你站在一起，就很愧慚的自覺已比你老了，你永遠是年青，演講也年青，走路也年青，思想也年青，精神更是永遠的年青。看！你演講像一團燒得正狂的火，擴音器在你手裏已變成了武器，你的演講是一陣狂風，聽衆就是一陣風而引起的海嘯。看！你走路像一頭雄獅，又穩重，又威風。你的思想是年青人的思想。不，比他們更年青，遊行時你會走在最前頭，口號你總是第一個喊。……

你不孝的孩子，活着未能和你多親熱些，就是死也不能在你身邊，這是多大的創痕，遺憾。孩子們是多情的父親的孩子，是聞一多的孩子，是會走你的路的，放心吧！安眠吧！爸爸。（第一年第八期）

得到一個密令，血口噴人，官腔十足，原文是：『查昆明奸黨及民主政團同盟將於五月一日起至七日止發動西南聯大等校學生，舉行五四週，並於五月三日作大規模學生運動，擴大所謂民主座談會，五月四日舉行火炬競走，作變相示威遊行其餘各日皆有不軌言行發生可能，業經連同文件簽奉主任委員龍批示「速與治安機關嚴密防止」正辦理間後奉電飭嚴密防範西南聯大等校學生發動遊行各等因，除遵辦外相應函請查照，轉飭市私立中等學校，於五月三日起務須嚴密防止學生參加非法活動如遊行等，勿使發生意外有礙社會秩序，並冀見覆爲荷等由，准此，除函覆外，合行令仰該校嚴密防止爲要，此令。』此外還嚴令報館不准登載聯大消息，並且異想天開，由南屏，大光明，昆明三家電影院贈聯大學生二千八百張影票，時間都是在上午和中午，這種分化陰謀馬上便被揭穿，同學們都把票領出來分別贈給士兵，工友，窮人去看。這一切都是心勞計拙，全不中用！科學晚會，音樂晚會。詩歌朗誦晚會，五四以來的青年運動總檢討會，文藝晚會等，都熱烈而順利的逐日舉行，這些晚會，先生差不多都到場講演，而最熱烈的要算五四下午在雲大操場由聯大，雲大，中法，英專四校自治會舉辦的五四紀念會，會開始不久，大雨如注，有些同學都紛紛離開會場去躲雨，秩序稍形紊亂，先生在台上高呼：『熱血的青年們站過來！繼承五四精神的青年站過來！怕雨嗎？』在先生有力的號召下，大家霎時都向台前擠攏來，忘記了雨的威脅，都被先生奮詞性的講話吸住了；『今天是雨洗兵！武王伐紂那天，陳師牧野的時候也是同今天一樣下着大雨。』會後遊行，羣衆舉着手高呼：『立即停止一黨專政！』『組織聯合政府！』『取消××組織！』…………我可以說這一次紀念五四的熱烈情況是空前的，它在民主運動史上是一座紀程碑，而先生正是這碑文的撰寫人。

闻立雕发表在《人物杂志》中的《我是闻一多的孩子》一文（续）

像经过了崎岖的峡谷，瀑布般地倾泄着民主运动的奔流。闻一多说："我们不怕幼稚，不怕过火，别人说，不要矫枉过正，我说非过正不足以矫枉，要矫枉就一定先过正！"五三晚会对当局是一个强烈的震动，因而五四文艺晚会遂被勒令停办。为了答复这个破坏，闻一多做主席，召开了一个更大的晚会，这就是轰动大后方的 5 月 8 日联大草坪露天晚会，8000 人静静地坐在草地上，闻一多再次发出吼声："五四运动提倡民主与科学，要打倒封建文化，我们现在还要里应外合，打倒封建文化！"

7 月 7 日，在云南大学的至公堂，昆明四所大学合办了一场时事晚会。会中，云南大学的熊庆来校长翻来覆去地说，应该站在学术的岗位，不要过问政治等等。听众嘘了几次，他才坐下。闻一多立刻站起来说，"刚才熊校长说得很对，这几天，我们联大不也有人在说，学生们近来太浮动了。不错，浮动了！可是，为什么？刚才主席说，今天是学术性晚会，难道今天是谈学术的时候吗？研究，难道我不喜欢研究？我若能好好地看几天书，都是莫大的幸福！可是饭都吃不饱，研究什么？别人不叫我们闹，我们就是要闹，我们不怕幼稚。国家到了这步田地，我们不管，还有谁管？五四是我们学生闹起来的，一二·九也是我们学生闹起来，现在我们还是要闹！"

8 月初，在昆明北部北较场第五军军部有一场晚会，请了联大、云大的 11 位教授座谈，有茶点和丰盛的晚餐。军长、参谋长、师长、政治部主任接连发言后，闻一多站起来说："以前我们看到各方面没办法，还以为军事上有办法，刚才听了各位长官的话，方才知道军事上也毫无办法！现在只有一条路——革命！"从此以后，大家都称他"闻疯子"！

1945 年 12 月 1 日，昆明发生国民党当局镇压学生爱国运动的"一二·一"惨案。闻一多为死难烈士书写挽词"民不畏死，奈何以死惧之"，发表《一二·一运动始末记》一文，揭露惨案真相，号召"未死的战士们，踏着四烈士的血迹"继续战斗。出殡时，他拄着手杖走在游行队伍最前列。

1946 年 7 月 11 日，救国会七君子之一的李公朴被国民党特务暗杀。闻一多当即通电全国，控诉反动派的罪行。他在《李公朴先生死难专号》上写道："反动派！你看见一个倒下去，可也看得见千百个继起来！"7 月 15

日的李公朴追悼大会上，他在《最后一次演讲》中，痛斥国民党特务："我们有这个信心：人民的力量是要胜利的，真理是永远存在的……我们不怕死，我们有牺牲精神，我们随时准备像李先生一样，前脚跨出大门，后脚就不准备再跨进大门！"

闻一多呐喊出的正是人民积压已久的心声，他把自己的生命当作人民的火山口，至于是否会烧毁自己，他从不计较，正如他自己说的"生死早已置之度外"，他甚至伸着脖子说："我早预备好了，要砍你就来吧！"

社会追悼

闻一多遇难后，清华大学马上成立了"闻教授丧葬抚恤委员会"，由黄子坚、雷海宗、李良钊、贺麟等教授组成，殓葬由昆明佛教会负责。遗体原定 7 月 18 日正午 12 时在云南大学附属医院前空场火化，因昆明佛教会要求提前至上午 10 时举行，丧葬委员会又没有及时发布消息，致使大批学生、市民来到时遗体已经火化完毕了。众人深感遗憾。入殓时，大家想给他换一身干净衣服，女仆翻遍了衣箱，竟找不出一件没有补丁的衣服。只好由学校买了白布裤褂、蓝布大褂和布袜布鞋，闻一多穿上了他八年来的第一身新衣服。

7 月 28 日，在重庆青年馆内举行了最悲怆、最盛大的李公朴、闻一多追悼会。会场内外堆满了花圈，挂满了挽联，地上布着挂不下的素绢。一万余人挤着馆内馆外，一万余人的眼泪向着"民主之魂"巨幅横额流淌。行政院长张群任主祭，民盟中央常务委员史良报告李公朴、闻一多的生平。张群只是轻描淡写地说"两位学者遭暴徒狙击，万分痛心"，并担心社会风气会由此日趋败坏。重庆市参议会议长胡子昂则声泪俱下地疾呼："今天我们第一个要求是和平，第二个要求仍是和平，第三个要求还是和平！"话音未落，先是雷鸣般的掌声，继而呼声四起，这是人们在悲痛后的爆发。中共代表吴玉章说："书生论政，也遭杀害，不能默默无言。和平、民主、独立的要求，不会因二人之死而终止……民不畏死，奈何以死惧之！"

民盟代表邓初民涕泪纵横地演说，已经不是激昂的控诉，而是将他满腔的悲恸化作孤愤的忠言。这位老人在哀悼他的手足，在泣谏，在哀求。他说，我们今天不是追悼一位诗人，因为汪精卫、周作人也会作诗；不是追悼教育家，教育家也会在敌伪政府里大谈其树人大计；更不是追悼逝者的社会地位，因为那些只是欺世盗名的头衔。今天，我们痛悼的是一位人民的朋友、人民的同志的死去！说到这里，他哽咽着讲不下去了。重庆市长张笃伦用手帕拭着眼睛，在场的人也都抑制不住呜咽着哭出声来，张群在一片哭声中默默地低着头。邓初民顿足捶胸地呼吁："从前的'民牧'政治，是把人民当着牛马看，当作私产看，但他们要给牛以水喝，给马以草吃。假如今天有一位先生能够做到'民牧'，我就愿跪在他的面前，不要希望什么民主了。"最后，他正告当权者："杀鸡取卵的皇帝是做不久的，专制时尚且不能忽视人民的力量。民犹水也，水能载舟，亦能覆舟。谁戕害了人民，谁也就杀了自己。人民是多数之多数，人民是最大的多数！"

闻一多的儿子立鹏哭诉着致谢词，这个年仅 14 岁的孩子的语言却是掷地有声："爸爸给杀死了，他们却一定说是共产党杀的，一定又说是云南地方人杀的。我觉得奇怪，为什么不干脆说是我哥哥拿手枪打死我爸爸的呢？今年'一二·一'昆明惨案的追悼会上，也有今天这么多的花圈和挽联，记得当时爸爸对我说，好惨呀！孩子们要永远记住！想不到今天也在这里同样地追悼我的爸爸……"他最后喊道："取消特务机关！"

闻夫人一向身体不好，惨案发生后，精神受刺激数次昏厥，联大学生去慰问她的时候，她说："先生死了也没有办法了，但愿他的死和'一二·一'四烈士一样，能有同样的感召和影响。"她坚持要为闻先生立一个衣冠冢。虽然学校初时并不愿意，但最后还是答应了她的请求，在昆明大学新校舍四烈士墓前增加了一个墓穴。闻一多的骨灰一半撒入滇池，一半由其家人带回北平，同年 10 月 24 日安葬于香山万安公墓。1948 年 3 月，在中共地下党组织的安排下，闻夫人偕子女奔赴冀鲁豫解放区。

辑五

生命无常 意外罹难

音乐家聂耳溺亡之谜

潘小萼遭遇灭门之灾

凄绝曲终人不见 金山寺里失青蛇——一代名伶李世芳之死

一代名导方沛霖空中罹难

音乐家聂耳溺亡之谜

1935年7月17日，中华人民共和国国歌《义勇军进行曲》的曲作者聂耳，在日本鹄沼海水浴场游泳时意外身亡，年仅24岁。消息传至国内，电影、音乐、文化等各界人士无不震惊、痛悼。由于在将遗体打捞上来后，其头部和鼻孔均有出血，因此，社会各界对于他的死因曾有质疑。从1935年至1948年的《新音乐月刊》《电声》《星华》《电影新闻》等报刊，详细记叙了聂耳的死因。今年是新中国成立70周年，在国歌再次奏响的时刻，让我们共同缅怀这位伟大的人民音乐家。

“中国新音乐”的开路先锋

聂耳（1912—1935），原名聂守信，字紫艺，云南玉溪人，生于昆明。有三兄一姐，4岁时父亲去世，在艰苦生活中长大。他天资聪颖，从小学时代即已对音乐、舞蹈产生深厚兴趣。1927年考入云南省立第一师范学校，开始学习小提琴和钢琴。1928年加入中国共产主义青年团，同年底参加滇军朱培德所招的“学生军”，经广东、湖北、湖南到上海，吃尽了苦头，也锻炼了意志、丰富了阅历。1929年4月部队遣散，正巧欧阳予倩主办的广东戏剧学校招生，他虽然顺利考取，但因该校研究的尽为广东旧剧，所以不到三周，他就离校回昆明。重入昆明省立第一师范原班学习，他曾组织剧团，上演《女店员》《罗密欧与朱丽叶》等剧。他的哥哥在上海做生意，需要一个转运事务所，他遂于1930年7月抵达上海，在云丰申庄做职员。

1931年3月云丰申庄倒闭，聂守信随即失业。4月，《新闻报》广告栏中刊出黎锦晖主办的明月歌舞团招生，限额三人，待遇很好，除膳宿外每月还给三元津贴，于是他报了名，并在130多名考生中脱颖而出，被独具慧眼的黎锦晖看中。得以与薛玲仙、王人美、黎莉莉、胡笳等明星同班学习。当时他的名字叫聂紫艺。他生性活泼开朗，学习之余常以大家玩笑，

故名作曲家聶耳先生
電通
半月畫報
第七期
中華民國廿四年八月十六日出版
Late Mr. George Njal, well Known Chinese Music Composer.

1935 年第 7 期《电通》封面人物聂耳

大家初称他为“孽子”，后因他的耳朵非常灵，听音准，故而大家都叫他“耳朵先生”。

联华影业公司总经理罗明佑过生日，也是演艺界的一个同乐会。当晚，明月歌舞团推举聂紫艺上台祝词。他自编的祝词，甚为风趣幽默，还运用了云南、广州、湖南、北平、江苏等多地区特有的俚语方言，兼而穿插模仿猫狗猪鸭等动物声音，以他那丰富的表情表现出来，让在场的观众无不捧腹。他的表演成了当晚最出彩的节目。第二天，明日歌舞团收到了一篮鲜花和几样珍贵的小礼物，题款为：“聂耳博士惠存　罗明佑敬赠。”聂紫艺说：“我本来已有三只耳朵了，大家硬要再送我一只，我只好收下了。”于是，从此，他便更名为聂耳。

聂耳极具音乐天才，在明月歌舞团进步神速，开始尝试自己创作歌曲。1932 年 4 月，聂耳加入左翼剧联及其剧评小组。一・二八的炮火更是惊醒了他，加深他对“妹妹爱哥哥”“哥哥爱妹妹”软性音乐的不满。于是，常以“黑天使”的笔名在《时报》上撰写评论，批评黎锦晖音乐的创作方向。黎锦晖得知写文章的就是聂耳后，很严肃地找他谈了一次话，警告说：“你既要吃我的饭，就不该写文章骂我。”聂耳说：“我何尝是在骂你，我不过是希望你改变改变作风罢了。难道你丝毫没有感觉到时代已经不同，靡靡之音已经没有生命了吗？”聂耳对他毫无恶意，不过希望把自己的聪明才智拿去创作一些对国家社会有益的东西罢了。黎锦晖的不谅解，也让聂耳无法继续待下去了，于是，他脱离了明月歌舞团。

1933 年，经田汉介绍，聂耳加入了中国共产党。1934 年 8 月，他来到北平，曾投考北平艺术学院，未获考取，遂改师从俄国音乐家托洛夫学习。三个月后，经影星金焰的介绍，聂耳进入联华公司一厂工作。他注重收集现实生活中的创作素材，打桩工人、码头工人的号子，时常萦绕在他的耳畔，自然地迸发出来。于是《打桩歌》《码头工人歌》就这样诞生了。这两首歌得到百代公司音乐主任任光的赏识，迅速出版了唱片。这是聂耳成功的第一步，也是中国新音乐的第一声。唐纳评价他：“在极短的时间里他会写成一支新曲，但是他也会费掉整夜的工夫考虑着已谱成的每段音阶、每一个音符。”

藝壇又一損失

「大路」等電影歌曲作曲家

聶耳在日本海浴場溺斃

電影音樂兩界籌備追悼

今年殆爲電影界不吉之年，阮玲玉自殺事件震憾未已，電影界元老鄭正秋遽歸道山，關念先生者之哭聲未衰，而噩耗傳來，著名電影歌曲作曲家聶耳又於日本海浴場溺斃。國產影業，猶未抵繁榮之境，而噩耗頻傳，巨柱屢折，使電影界愈呈風雨飄搖之象。我不僅爲阮，鄭，聶三藝人哀，且將爲整個中國影壇悲矣。

聶耳遺影

聶氏履歷 聶耳，字守信，湖南人，孑身未婚。幼時，穎慧異常，卒業北平中學。小學時代，對音樂，卽發生興趣。出校後，矢身研究音樂。八年前學拉梵華玲，五年前開始彈奏鋼琴。因其具有音樂天才，故進步極神速，後又搜集世界名曲，孜孜研究不倦。曾隨黎錦暉從事音樂運動，旋以意見不合，脫離歌舞團組織，埋頭從事製譜作曲。數年前應友人邀入聯華影片公司第一廠，負責劇務。後膺百代公司之聘，任音樂部副主任，並兼爲聯華第二廠及電通公司等担任製曲作歌之責。今年春，決心出洋從事深造，先抵日本，擬由日轉赴法德俄諸國研究音樂。七月中旬應友人邀赴京都參加「新協」音樂會，途過神奈川縣，赴藤澤町鵠沼海浴，致罹滅身之痛，享年僅二十有四悲矣！

作品一斑 聶氏作品，共有四十餘曲，其處女作爲「母性之光」中之開礦歌。旋爲「桃李刼」作「畢業歌」聲調甚佳風行一時，允爲電影歌曲中之優秀作。「大路中」之大路歌」「開路先鋒」並「新女性」片中各曲亦皆聶氏所作，「新女性」金城獻映之日聯華公司聲樂隊之學生登臺歌唱時，有一少年衣青布短褂袴，在台上領導唱歌者卽爲聶氏。藝華公司亦曾以作曲事相委作有「飛花歌」「牧羊女」二闋，亦稱佳搆。聶氏平日愛好戲劇，嘗編演「揚子江暴風雨」一劇，今者慘死東海，我人僅能於聶氏遺作之際，追慕其人而已。

遭難經過 聶氏出國，益欲再求深造，擬游歷歐洲大陸，並至法德俄等國研究音樂，預定七八年歸國，以期在我國音樂界中，得有更大貢獻。其兄僑商大阪，故先作日本之行。抵日後，僑居兄家潛心研究日本歌曲，並曾往日本各地遊歷。本月中旬作東京之行，十七日下午二時，在橫濱附近之神奈川縣藤澤町，鵠沼海浴場偕三友人同浴。因聶不諳游泳，偶一不愼，致爲巨浪所捲，爲伍波臣，逐流東去，不復歸來，遺屍失蹤，想已葬身魚腹。

籌備追悼 聶氏溺斃之不幸消息傳至國內，電影音樂兩界無不同聲惋惜。聶氏生前知友，刻正爲其籌備追悼，並搜集遺作舉行遺作展覽以資紀念。

聶氏評價 阮鄭聶三人之死，均爲中國影壇重大損失。或謂阮雖可惜但遡糾紛來源，似亦失於自檢。鄭年高體重，前途亦已有限。若聶氏則年事方輕，來日方長，錦片前程未可限量。遽爾夭折，乃倍覺可惜耳。

1935 年第 4 卷第 31 期《电声》画报报道聂耳溺亡的消息

伴随着帝国主义侵华的炮火，聂耳又创作出一系列极具时代特色的作品。《大路歌》《开路先锋歌》第一次唱出了中国工人阶级不怕困难勇敢向前的斗争精神，《义勇军进行曲》第一次发出了中国人民反抗帝国主义侵略的吼声。他的歌曲像钢铁一样发出铿锵的音调，带着强烈的爱国热情和对侵略者的无比愤怒，刺激了国人沉闷的内心，变成了惊天动地的呐喊，迅速唱遍全国。聂耳的名字前遂被冠以“前进作曲家”“时代的歌手”“中国新音乐的奠基人”。

溺亡于日本海滨

1934 年，随着上海政治局势的日益恶化，热血沸腾的艺人们也只好像当年影片《逃亡》一样四处逃亡。为继续深造，也为躲避严酷的随时可能发生的危险，聂耳决定先去日本，然后再赴法、德、俄等国研究音乐，预定七八年后归国，以期在中国音乐界做出更大贡献。

因其兄侨商在日本大阪，聂耳故于 1935 年 4 月 15 日先做日本之行。抵日后，寄居兄家潜心研究日本歌曲，并曾往日本各地游历。同年 7 月中旬，应友人之邀赴东京都参加“新协”音乐会。17 日，聂耳做公开演奏，颇受欢迎，并应邀参加主办方宴会，食酒不少。午后宴毕，偕滨田宏子、李相南等友人同往横滨之神奈川县藤泽町鹄沼海滨浴场，因聂耳不谙游泳，入水后，“偶一不慎，致为巨浪所卷，逐流东去，不复归来”。据同游者称“聂自入水后未曾浮起”，在海边寻找约三小时无果，随即报警。18 日上午，接到日本警察通知，聂守信（聂耳在日本仍用此名）已被打捞上来，经法医检验，系溺水身亡。

日本各大报均报道了聂耳逝世的消息，时在东京的一些留学生和进步华侨立即召开紧急会议，商议对聂耳的善后事宜，公推聂耳生前好友张天虚赴现场收领遗体，在日本火化后带回中国。运回国后，暂时寄存在上海，并通知聂耳的哥哥前来。后由聂叙伦将骨灰带回昆明，安葬于西山。

因聂耳的遗体打捞上来时，有“七窍流血，厥状可怖”的现象。因此，中国留学生方面对聂耳之死是否溺毙曾产生质疑。剧作家郑伯奇曾在《悼

聶耳氏的藝術生涯

樂壇生活

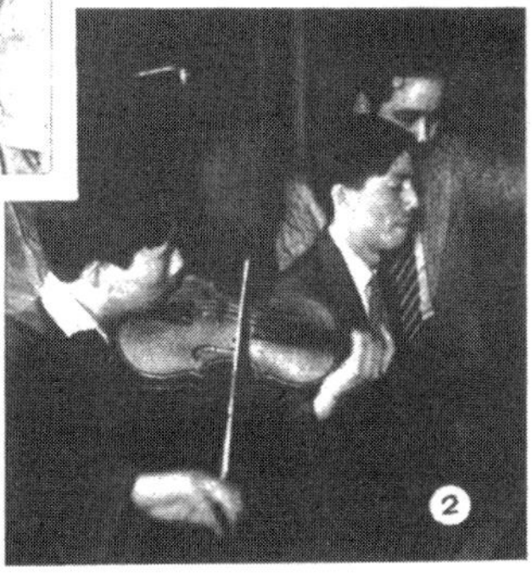

1 聯華聲樂團之成立
2 與任光合作之演奏
3 新女性歌舞台表演之指揮

舞台生活

4 歌劇揚子江暴風雨之主演
5 飾演劇中老王之化裝
6 劇中老王抱着他的孫兒的一景

銀幕生活

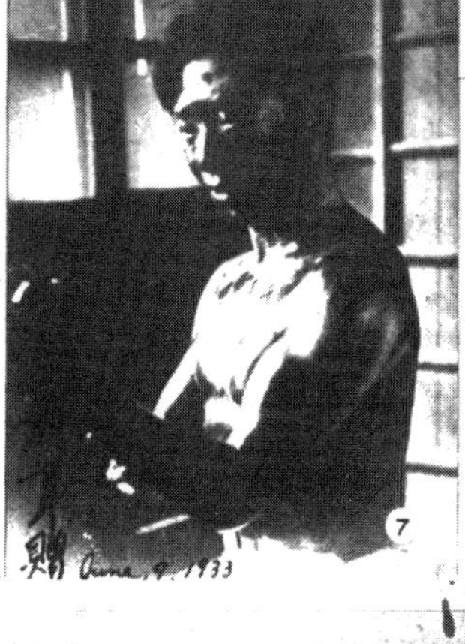

7 飾演礦工之化裝
8 與陳燕燕之握手

聶耳作曲作品目錄

1. 飢寒交迫之歌（未發表）2.開礦歌（影片"母性之光"中）3.雪花飛（唱片）4.賣報歌（„）5.賣報之聲（„）6.傷兵歌（未表發 7.小野貓（唱片）8.靜夜（未發表）9.雪（„）10.打磚歌（舞台劇"揚子江暴風雨"中）11.打樁歌（„）12.苦力歌（„）13.碼頭工人歌（„）14.畢業歌（影片"桃李劫"中）15.開路先鋒（影片„大路"中）16.大路歌（„）17.飛花歌（影片"飛花村"中）18.牧羊女（„）19.打長江（未發表）20.採菱歌（„）21.逃亡曲（影片„逃亡"中）22.塞外曲（„）23.春回來了（舞台劇„回春之曲"中）24.慰勞歌（„）25.再會吧南洋（„）26.梅娘曲（„）27.回鄉歌（影片„新女性"中）28.天天歌（„）29.一天十二點鐘（„、30.四不歌（„）31.奴隸的起來（„）32.新的女性（„）33.鐵蹄下的歌女（影片"風雲兒女"中）34.義勇軍進行曲（„）

上列聶氏作曲作品，係匆促間所搜集；其隨身攜帶原稿篇內，尚有數種，一時不能儘舉其名。俟在日遺物寄到後，當再爲之作詳細之整理也。——師毅記

《电通》画报中的聂耳艺术成就回顾

故聶耳先生未經發表之遺作

打長江

聶耳遺作

聶耳先生追悼大會籌備處結束來函

逕啓者：本籌備處業已於會後辦理結束，惟尙有數事，應予公告。茲特臚舉如后，務煩貴報代爲刊布爲荷。此致

電通畫報社

（一）發起人所應分担之籌備費用一元，尙有一部份未荷交到，請各於九月五日以前惠交爲盼。

（二）大會費用收支賬目，謹當於九月八日函送各發起人査照。其收支不抵之數，原則上已決定由一部份自願之發起人隨意補助。如其他發起人中另有在應繳一元之外，亦願加入補助者，函示當可遵辦。

（三）各界來函建議刊行聶耳先生遺作或紀念專集者甚多，此事當留待聶氏友人私人爲其舉辦，追悼會籌備處不另負担任何責任。

（四）關於聶耳先生在滬寄存器物，暨版稅作曲配音等項收入欠款，應由聶氏留滬同鄉或其親屬査明直接洽辦，追悼會籌備同人，不欲參加任何意見。

（五）追悼會籌備處同人藉此機會並補申謝意於協助進行之各方：

(1)公共租界捕房當局予以便利；
(2)金城大戲院借給會場；
(3)百代，勝利二公司供給唱片；
(4)炳勛速記社出席紀錄；
(5)電通公司給以種種協助；
(6)電通畫報社加印畫報免費分送。

統此誌謝

聶耳先生追悼大會籌備處同人
八月二十日

069087

聂耳的未发表遗作《打长江》

聂耳先生》一文提出疑问："虽说是在太平洋的边上，鹄沼去江之岛并不远，交通又很便利，平常去游览的人就不少，况且现在正当炎暑，海浴的人一定更多，难道大浪涌来的时候，他就不避？他回避不及也就没有人救吗？道路传闻，说他的尸身留有血迹，因此，便有人推想到谋害，谋害在警察制度严密的日本，事件似乎不是这样容易完结的。这大约是痛悼之余的一种空想吧！那么，也许水中有什么毒虫，他不幸而做了无名的牺牲了吗？"郭沫若先生为聂耳撰写碑文时也曾两句："不幸而死于敌国，为憾无极。其何以致溺之由，至今犹未能明焉！"

张玮先生于2018年出版的《历史的温度二》一书中《聂耳是否死于日本暗杀》一文，有理有据地否定了"暗杀"的猜测。

精神不死　歌声永驻

聂耳意外逝世的消息传至国内，电影、音乐两界人士无不同声惋惜，郭沫若、田汉、冼星海、夏衍、赵丹、蔡楚生、沈西苓、陈波儿、黎锦晖等近百位文艺界人士在报刊发表追思文章、诗歌，近百位社会名流发起组织聂耳追悼会，1935年8月16日，电通公司率先在上海金城大戏院举行了第一场追悼会。

是日上午8时许，金城大戏院楼上楼下1600余个座位即告客满，不得入门在门口翘首以待者、在戏院外逡巡者亦达数百人。金城声明在先，不得悬挂挽联等物，故追悼会现场布置甚为简单：台上在那棕色的丝绒幕前，高高地悬挂着聂耳的遗像，他的脸上"流露着丰富神情感的青年，奕奕的目光，扫射着在场数千的来宾"。遗像上方是一幅竹布横额，上书"上海各界追悼时代乐曲作者聂耳先生"。下面堆满了花圈，四缘缀以鲜花，此外即无他物。

除天一电影公司外，其余全国各大电影公司均派代表参加，追悼会筹委会公推明星公司周剑云为主席。他在报告中称，今年三大艺人之死（阮玲玉、郑正秋和聂耳），实在让中国电影界遭受重大打击。我们民族前途的危险是一个困苦艰难的时代，"我们都是负担这样重大责任的人"。著名演员施超宣读祭文后，沉痛的哀乐响起，与会人员全体起立，向聂耳遗

聶耳先生追悼會一瞥

聶耳先生追悼大會主席周劍雲致詞

各位女士，各位先生，今天我們為青年作曲家聶耳先生開追悼會。開會的意義，剛才已由孫師毅先生報告過。

今年是電影界最不幸的年頭，損失了三個重要人物。不可缺的人才。一個是阮玲玉女士，一個是鄭正秋先生，一個是聶耳先生，關於阮玲玉女士和鄭正秋先生的事情，我且丟開不講，就拿聶耳先生來說，他做人的誠懇，為學的刻苦，我雖和他沒有深交，但自從見過一面之後，留下了深刻的影像，使我不會忘記。在這國步艱難的時期，正需要有為的青年為國效力。聶先生不過是二十開外的人，有希望的青年，而枉死於水，實在令人悲痛。我們今天追悼聶耳先生有這許多聶耳先生的知音參加，聶先生感人之深，於此可見。同時我們要體念到國勢的艱難，時代使命的重大，要大家拿出力量來為民族前途打開一條出路，這才不失今天追悼這個為國民大眾吶喊的作曲家的意義。

可歌可泣的哀音↓

觀衆沉默着靜聽演說↑

→聶耳之後繼者呂驥報告聶耳創作生活

九點三十分開會
八點鐘已經滿座↓

合唱着聶耳輓歌↓

追悼會門前的擁擠↑

樓上下擠滿了他的羣衆↓

←在鐵欄外的羣衆

演唱遺作的小明星←陳娟娟

←主席周劍雲與大會籌備人孫師毅

←胡萍王明霞合唱飛花歌

←施超讀祭文

電通攝影師的活躍

VIEW OF MEMORIAL SERVICE FOR LATE COMPOSER MR. G. NJAL

金城大戏院聂耳追悼会场景

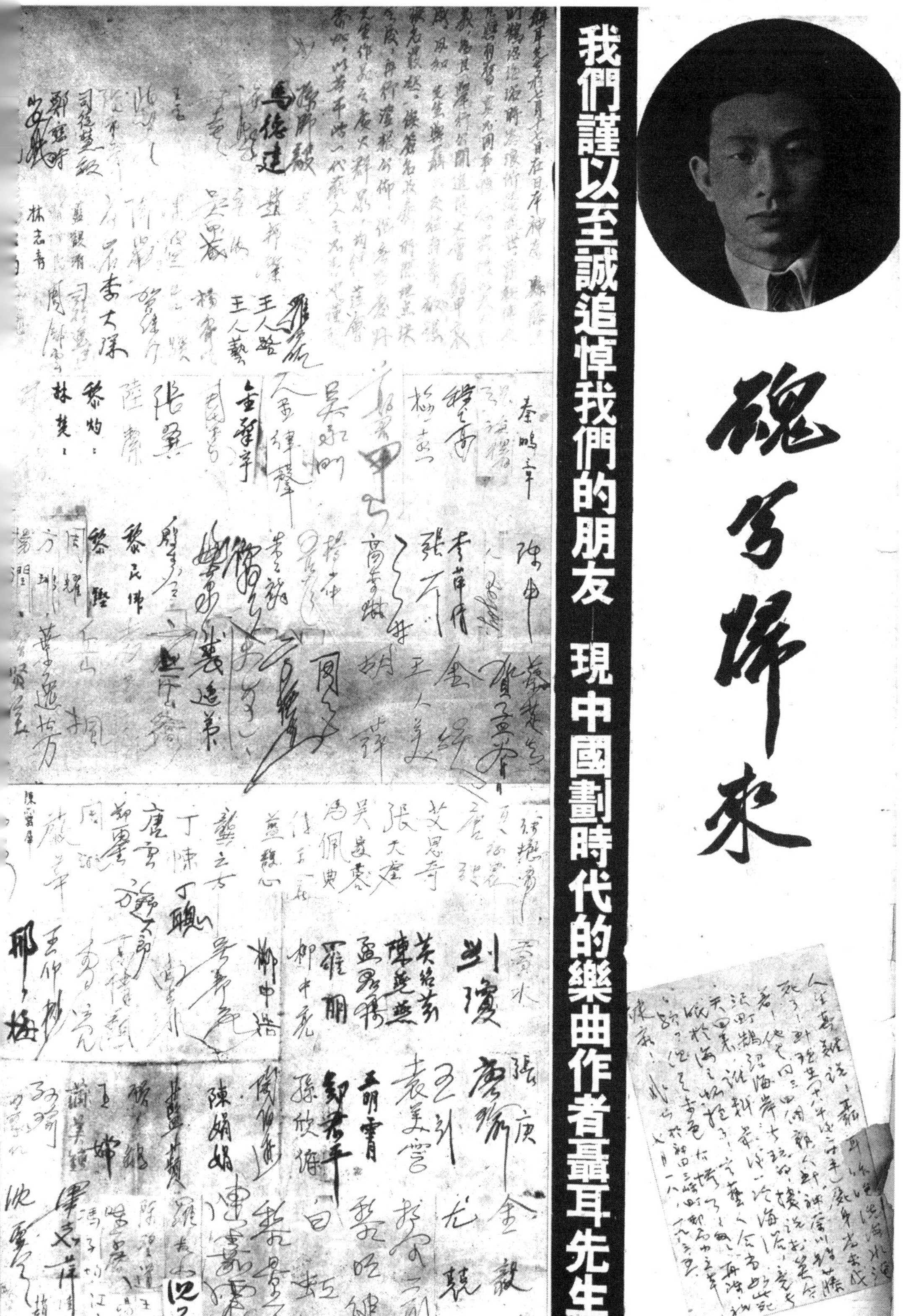

聂耳追悼会上的来宾签名

留日子茣縣北條町藝術聚餐會主催聶耳先生追悼大會（上）及聶耳先生遭難地點之鵠沼海岸（下一，二，及三）

江之島漁民

鵠沼海岸

鵠沼海浴場

SURPLUS ENERGY 餘力

——編後記，半月一題。

（編輯室）

從初夏到深秋

本報創刊快到半年了，雖然許多預期的計劃上，多少能實現了，但是由於愛護本報讀者諸君的投函，和我們自己的檢討，覺得在內容上，及編制上還有不少的缺憾。以這樣一個刊物出到十多期並不怎樣的希奇，我們認爲今後能夠把內容一期比一期充實才可寶貴的。因此希望畫報的讀者今後能夠給我們更多的指示，同時我們在這第十一期出版之後，將重新把內容和編制再加革新一下，至於革新的具體計劃如何，在最近我們將請讀者自己在每期中去發現。現在我不過在這裏報告一個消息而已。

廣告刊例： 特等（影寫版）每方吋洋五元 優等（影寫版）每方吋洋三元半 普通（報紙版）每方吋洋二元半

電通半月畫報第十一期

編輯者： 電通畫報社
發行者： 電通股份有限公司
上海公共租界荊州路四〇五號
電話：五〇〇三二·三 電報：二七一九
電通公司香港分辦事處
香港大道中二百十八號二樓，
電話二一九二六 電報HONK DENTON
印刷者： 上海干涼路口時代印刷廠
總售者： 上海福州路生活書店

Denton Gazette No.11
Sime-monthly Pictorial
Edited by: The Board of Editors of Denton Gazette
Published by: Denton Company, Ltd.
405 Kinchow Road
SHANGHAI, CHINA.
Tel: 50032-3 Code: 2719
Hong Kong Branch office
218 Queen's Road C.
Tel. 21926 Cable, HONK DENTON
Printed by: Modern Photogravure Co.
Sole Agents: Life Publishing Co., Shanghai, China.
中華民國二十四年十月十六日出版
Oct. 16th., 1935.

電通畫報編輯部名單
常務編輯： 孫師毅 袁牧之 許幸之 司徒慧敏
理事編輯： 周伯勳
特約編輯： 趙邦鑅 唐納
美術編輯： 張雲喬 蔡若虹
特約記者： 方岩 鄧鴻民 白克
攝影記者： 吳印咸 傅壽明 馮四知

定閱價目： 中國境內及港澳日本 全年二十四冊 連寄費 大洋一元二角 歐美各國及南洋羣島 全年二十四冊 連寄費 大洋……六角

聂耳追悼会部分来宾合影

漁光曲版稅

漁光曲唱片，銷路不惡，王人美賴該片所收得之收入已近千元。

周璇無戲可做

周璇加入藝華後，各方皆有藝華因與袁美雲不和，擬以周璇爲代之論調，可見周璇受人重視之一斑。惟以計劃中之新片「博士夫人」因種種關係停拍，故周璇一時尚無戲可演。

影片商赴日

華威貿易公司（專理明星影片發行事宜）經理卞毓英，天一營業部主任李鶴，近因日本電影事業，日益繁榮，同於前日乘柯立遜總統號巨輪赴日攷察，對於日本之製片情形，上映現狀均擬作一澈底的調查。

國聯教電協會編電影百科全書

我選「漁光曲」等片應徵

國際教育電影協會編電影百科全書，擬在年底出版托我國教電協會徵集電影出品，選定寄往者有「漁光曲」，「大路」「野玫瑰」「女人」

精神不死

金城客滿悼聶耳

女明星到者不多　吃豆腐大失所望

聶耳既死，電通公司先首發起假座金城大戲院舉行追悼會，時間爲八月十六日上午十時。

金城上下，共有座位一千六百餘，八時餘，即告客滿，鐵門緊拉，巡捕立滿，不得其門而入者數百人。金城戲院會言明在先，不得懸掛輓聯等物，故佈置甚簡，台上置花圈，正中安聶遺像。四緣綴以鮮花，此外即無他物。

追悼聶耳之發起人列名者百餘，各公司均有，惟天一獨付闕如。明星公司周劍雲被推爲主席，施超讀祭文，繼全體向聶耳遺像行三鞠躬禮，並獻花圈。各公司花圈均由各公司主祭人獻奉，聯華閾伯遜未至，衆推蔡楚生代表，蔡未敢當此重任，終由他人代獻了事，追悼如儀，繼以多人之演說，惟來賓多數震於電影明星奏唱遺曲而來。以瞻仰明星丰彩爲目的，非真對聶表示悼忱也，因之對於長時間之煩瑣演說，深感不耐，於聶氏遺像前，竟大喝其倒彩，殊覺失儀，主持者對於紊亂之秩序，亦無法糾正也，是會原定節目，關於聶氏生前所作各曲，均覓原來歌唱之人唱出，以存真相，如新女性歌，則以原唱者阮玲玉已死不得已而倩他人代之。結果僅由龔秋霞唱「賣報歌」，陳娟娟唱「小小貓」王瑩唱「凱歌」胡萍唱「牧羊女」，餘如金燄之大路歌與開路先鋒，陳波兒之畢業歌，王人美之「鐵蹄下的歌女」均蜚聲一時者，但均因缺席而未登台，而代以唱片。是日電影明星到者甚少，吃豆腐者大失所望，物以稀爲貴，於是黎莉莉高占非高倩蘋夫婦大受影迷包圍，要求簽名，參加追悼會之目的，真相畢露。胡萍亦到雙目通紅，對於聶耳之死若不勝惋惜。王瑩爲聶耳生前好友，追悼會中有真情流露，聞聶與歌星白虹亦甚友善，發起人中列白名而未見參加追悼。

演講者多人除述及聶耳生平略歷外，最令人注意者厥爲某君之聶耳遺產報告。據謂百代勝利兩公司聶耳均有版稅可收，又藝華尚欠其作曲費百餘元云。

前藝華演員馬鳳樓死

「女人」中飾王引舅父之前藝華演員馬鳳樓，於「女人」公映後，即離藝華，自後出路無着，貧而再病，終至於死。聯華死阮玲玉，明星死鄭正秋，新華死王虎辰，天一死馬東武，電通死聶耳，而藝華亦死馬氏。如是平均分配，閻羅王亦可謂有眼睛矣，

廣州影片檢查處

拒絕檢查派拉蒙影片

美國影片商因在廣州拒絕繳付檢查費與檢查機關發生糾葛事，曾誌本刊，外片商一度曾以停止供給影片與各戲院爲要挾，各影院亦曾擬拒絕開映外國片以爲抵制，而外片商中派拉蒙公司之態度尤爲強硬頑變，廣州影片檢查處乃議決以後不再檢查派拉蒙公司之影片，如是則該公司出品將不能在廣州一帶開映，但派拉蒙對於拒繳檢查費，亦持相當理由，其言曰，本公司新片已在南京納費，故廣州之檢查費每套三元，應由電影院繳付之云。

馬東武之喪

天一撥助五百金

馬東武死後，天一公司撥五百金爲之治喪，並撫恤其遺族。

1935 年第 4 卷第 34 期《电声》记录追悼会经过

像行三鞠躬礼。各公司所送花圈均由其主祭人献奉。继由数人先后登台演说，多以介绍聂耳生平略历和作曲成就。孙师毅还宣读了聂耳的遗产报告，报告称聂耳在百代、胜利两家唱片公司均有未收版权，艺华也尚欠其作曲费。

演说毕，开始演奏聂耳遗作，为以存真，均觅原唱人演唱：龚秋霞唱《卖报歌》，陈娟娟唱《小小猫》，王莹唱《凯歌》，胡萍唱《牧羊女》。《新女性》主题歌原为阮玲玉演唱，但因其同年自杀而只得请他人代唱。也有一些明星因故未到，于是，金焰的《大路歌》《开路先锋》，陈波儿的《毕业歌》，王人美的《铁蹄下的歌女》等蜚声一时之歌，均以唱片代唱。胡萍、王莹为聂耳生前好友，当场哭得双目通红，实为真情流露。

追悼会接近尾声时，一些影迷和歌迷竞相追逐明星签名留念。大腕黎莉莉和高占非、高倩苹夫妇大受追捧，被粉丝们围得水泄不通，连呼“不得了了”！陈嘉震、孙瑜、史超、周伯勋、郑应时等也是一时应接不暇。

1936 年，上海电影、音乐、文艺各界人士，筹备在聂耳逝世一周年再次召开追悼会，并演唱他的遗作，以示纪念。因共舞台主人张善琨是新华影片公司的老板，与电影界颇有渊源，遂定在共舞台召开。但到了那天，法租界巡捕房却突然给共舞台送信称，在 15 个发起团体中，有一个团体曾在公共体育场举行过民众歌咏大会，而受到华界警务当局禁止。于是，追悼会未能如期举行。7 月 26 日，聂耳追悼会终于在上海环龙路中华职业教育社举行，各社会团体 400 余人出席。主席宣布开会后，默哀三分钟，继由生前友人报告聂耳生平，并有数人做激昂演说，歌唱由聂耳生前挚友吕骥作曲《聂耳挽歌》和聂耳遗作等数十首歌曲。最后还演唱了《救亡进行曲》《打回老家去》等其他作曲家所作的前进歌曲。歌声雄壮，响彻云霄，歌唱者精神激动，许多人不禁潸然泪下。法租界大批探捕一直在会场严密监视，但终于没有干涉。

1937 年 7 月 18 日，聂耳逝世两周年、七七事变爆发后不久，上海歌曲作者协会、艺社等团体，在上海大戏院举行了一场追悼会，参加者 1000 余人。主席周钢鸣致辞，蔡楚生随后演讲，主席团提议：将聂耳逝世日作为中国音乐节，当时全体举手通过。仪式后，演唱了聂耳遗作，最后台上台下一起合唱《义勇军进行曲》，一连唱了三遍，雄壮激昂，惊天动地，在场监视的特务们听后无不胆战心惊。

此后，每年的聂耳祭日前后，总有各界人士发表文章，追悼这位“不是关闭在艺术之宫、而是活在人民大众心坎里的歌手”。他的精神不死，歌声永存。

潘小萼遭遇灭门之灾

1946 年 3 月 19 日，由重庆飞往上海的中航 159 号飞机，因气候恶劣，在湘汉交界处失事，坠入江中，机上所有乘客和机组人员全部遇难，其中最为惨烈的就是国民政府善后救济总署厅长潘小萼一家三代 6 口人惨遭灭门。当年各家报刊在报道这一惨案的同时，竟然又爆料出十几年前潘小萼与南京著名歌姬曹俊佩的一段感情纠葛，一时炒得沸沸扬扬。

医学博士 赈恤厅长

潘小萼，名骥，1904 年出生，江苏吴县人，早年毕业于上海同济大学，后留学美国，为哈佛大学医学博士。学成归国后从事医务行政多年，曾为多所大学的兼职教授。熊式辉任江西省主席时，委任潘小萼为江西省卫生处长。此后又相继担任中国红十字秘书长、新运总会和卫生组长兼警务委员会执行委员，在滇西各地带领着新运医疗队为军人和百姓诊疗疾病。1945 年 1 月 1 日，国民政府成立行政院善后救济总署，宋美龄将潘推荐给了署长蒋廷黻，潘遂担任赈恤厅长一职。

潘小萼做事认真，待人诚恳，说话时带着浓浓的江苏老家乡音，鼻子上架着一副近视眼镜，一身文人气质。由于他的腰不好，手中常持一根拐杖，走起路来一摇一摆的。

抗战胜利后，从四川等地涌进重庆大量的难民，每位难民都急需找到归宿，或遣送回老家或就地安置。由于当时严重缺乏交通工具，许多难民无法处置。于是，潘小萼的办公地经常被成百上千的难民包围着。他们见潘厅长没有船只送他们回家，于是就毫不客气地占据了他的办公处。潘一

PICTORIAL SHANGHAI

民國十九年六月十二日

上海畫報

中華郵政特准掛號立券之報紙
每三日出一張售大洋四分

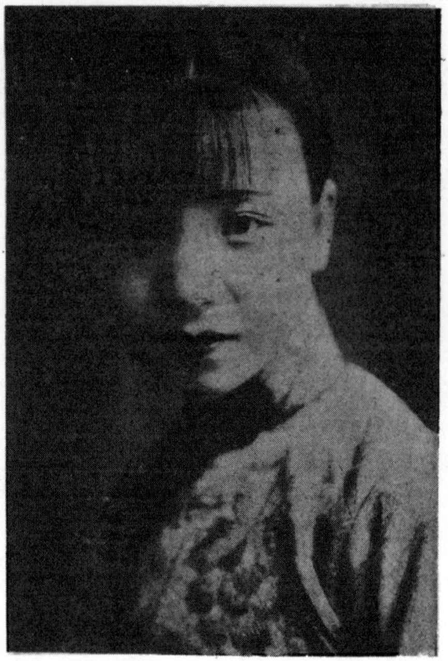

首都名歌女曹俊佩

（南京中華攝）

▲廣告刊例

新聞欄中（兩欄）中縫欄內（分四格）每格每次八元，半格起碼。封面廣告（每格）每次六元，計十五字高十九字，以半格起碼。

第五九五期

本報價目

本埠 每月大洋四角，三個月大洋一元一角，半年二元二角，每年四元四角。外埠 連郵費每月大洋一四角五分，三個月大洋一元二角五分，半年二元五角，全年大洋五元。郵票以一分二分為限，以上不收，九五折算。館址上海望平街第七號門牌。

德國醫學博士廖虎生最新發明

Dr. LAHUSEN, M. D.

安康益嗣丸

OKASA

德國政府註册

在巴黎展覽會榮獲頭等獎證金大獎章

德國出品

二十世紀最完美最有効力之新補劑

女用金色安康益嗣丸　久不生育　神經衰弱　飲食無味　夜眠不安

耑治　氣虛血虧　子宮寒冷　容顏晦暗　頭暈目眩　絕少情慾　腰痛背痠　經水不調　耳鳴目眩

補腦補血　強身健體　返老還少　求嗣聖劑

男用銀色安康益嗣丸　精神衰弱　性慾不振　飲食無味　夜眠不安

耑治　記憶薄弱　腎虧遺精　容顏晦暗　陽萎早洩　腰痛背痠　老年服之　耳鳴目眩　恢復康健

本埠中外各大藥房先施永安新新均有出售中西文說明書及保證謝函分寄與中國境內之中西名醫購者可先於相識之醫師前詢問功効何若必使君安心樂服也說明書及醫師之證明書承索即奉

上海博物院路卄號　電話一六六三六

中國獨家經理　德商高吉洋行

大光明大戲院

靜安寺路四十五號　電話三三六三七號

今日三時　五時半　九時一刻開映

美國電影界空前之五彩歌舞對白有聲巨片

異軍突起之雷電華公司最新最偉大之出品

海上繁華夢

本片為雷電華公司以數百萬資本與一年餘心力造成之有聲電影結晶品

本片之導演即轟動世界之歌舞巨片「麗娃栗姐」之名導演李德氏其導演手腕較前更進一步

本片係根據著名舞台劇而攝成電影與「麗娃栗姐」有同等之價值負同樣之盛名」

本片之演員有歌舞大家電影明星舞台名丑美貌女郎與黑種歌伶計共一千餘人之多

本片中之大軍艦係特別造成上有大砲四尊上坐絕色歌舞女郎六十人式歌且舞異常熱鬧

本片中有偉大之背景曲折之情節曼妙之歌舞華美之衣服一半染以彩色絢爛奪目

本片中有名曲九種或二人合唱或三人合唱或百餘人合唱或如黃鶯之嬌囀或如海濤之澒湃聽之心曠神怡手舞足蹈

凡着有聲電影而不看此片等于平生未嘗看過有聲電影

預定佳座以免臨時擁擠

洋洋大觀　春明外史　全書到滬

張恨水先生之小說，久經名重藝林，融新舊於一爐；極描寫之能事；此書三大厚冊，一百餘萬言，千五百餘頁，細膩風光有若紅樓，粗豪俊爽又類水滸，讀之令人愛不忍釋，前在北平刊行，業經三版，價值可知，茲應滬上愛讀者之要求，轉運到滬，每部連運費實售大洋貳元四角，不折不扣。外埠每部另加郵費一角四分

經售處上海畫報館。

《上海画报》的封面女郎曹俊佩

面无可奈何地笑着摇头，一面不断地搬家躲避难民潮。先是从中三路迁至上清寺，再搬到嘉陵新村，之后是学田湾，最后干脆迁到了南京。1946 年 2 月间，奉蒋介石之令，曾赴东北各地视察赈恤业务。在他出事前时常往返南京、重庆、上海之间。

与名妓、校花的感情纠葛

潘小萼任江西全省卫生处长时，年方三十，一表人才，举止儒雅，尚未婚娶。当时他曾追求过两位女性，一位是当年金陵大学的校花周铭，另一位就是当年秦淮河畔最著名的红歌妓曹俊佩。

周铭出身名门，大家闺秀，美貌出众，气质非凡，故而在金陵大学时赢得众多男生的追求。潘在一次慈善活动中与周相遇，遂生怜爱，公开追求。周已答应，但相处一段时间后，被周的家人闻知，其父坚决反对，二人只得含泪作别。正在失恋之时，潘又遇到了曹俊佩。

曹俊佩是艺名，本姓林，芳名蕴华，原为浙江永嘉县的宦门之女，后因家道中落，生活无着。遂拜师曹三红学艺，专工须生。时在江淮一带颇负盛誉，与陆艳秋、陈怡红、王熙春，并称“秦淮四小名妓”“秦淮四大金刚”。而曹俊佩的声势最隆，艳名在其余三人之上，更深得张素心、张秋柳、郭东史、杨无境等附庸文雅的文人们欣赏，揄扬之作散见于南京、上海各报。

曹俊佩色艺俱佳，性情孤傲，冷若冰霜，虽处风尘之中，却能出淤泥而不染，守身如玉，绝无艳迹可寻。据报界称，好色的陈公博在任实业部长时，曾在南京征歌选色，曹在纳入其视线后遂成猎取目标，展开疯狂攻势。但曹个性强烈，尤厌官场之徒，对陈更无任何好感，身处歌场，只得虚与委蛇，逢场作戏。后来，此事被小报记者获悉，将陈与曹的艳屑公之于报端，陈遂做老羞之怒，几与记者涉讼，一时落下笑柄。

曹在南京天韵楼茶社时，潘因公来京半载，工作之余来茶社消遣。曹对潘一见钟情，愿以终身相许。潘在彼时，正因追求周铭而情场失意，得曹热烈追求，内心甚得抚慰和满足，数月后潘曹即订婚约，时为 1935 年春。双方约定是年夏日同往庐山完婚，之后潘即返回江西。

Vol. 1 No. 27 Sunday November 19 1930 5 Cents.

天津商報圖畫半周刊

Tientsin Commercial Daily News Pictorial Review

第一卷第廿七期
民國十九年十一月廿三日(星期日)每份售洋五分

○溫文贈刊。

□新都名歌女曹俊佩倩影

《天津商报图画半周刊》中的曹俊佩倩影

曹因心中有爱，遂摒弃铅华，告别歌坛，投考上海私立上海女足读书，一边读书一边专候婚期。当婚期临近时，潘忽致信与曹，伪称目前事务繁巨，望将喜期改至10月。曹并不疑有变而爽快应允。迨至10月间，潘复来信，推诿身体有恙，须休养一段时期，欲将婚期改至次年春举行。至此，曹渐起疑窦，乃只身赴江西一探究竟。至则先于暗中见潘工作应酬如常，并无病容，继而亲眼所见潘与周重修旧好，亲密无间，一时泪如泉涌，悲愤交加，遂不别而归。在南京延请律师刘哲，代表其登报催告潘履行当年婚约。这场风流债事曾在全国轰动一时。此举虽曝光了潘的移情别恋，但真正受伤的还是曹俊佩。她的心灵遭此打击几近崩溃，竟然一病不起，青灯古佛伴其余生。俟至第三年，即1940年6月20日，终至过度抑郁，香销玉殒，含恨长逝，葬于苏州七子山上。

机毁人亡　遗骸无寻

1935年秋，曹与周即在重庆成婚，相亲相爱，感情甚笃，生有两子。周与宋美龄曾为同学，且关系友善，在陪都重庆时，二人常相叙首，为此宋对潘格外关照。在宋的介绍下，潘与宋的秘书长黄仁霖关系甚好，两家更有通家之谊。此次潘家由渝飞沪，黄仁霖也是亲至机场相送。

潘母时已70多岁，俗话说叶落归根，她时时念着要回上海老家。潘遂设法搞到数张机票，携全家飞沪。潘母原本不肯乘坐飞机，经潘周反复劝说，才勉强允许一试。同行的还有潘的两个公子和潘的一个未婚姐姐。据说，潘家曾有一位女仆，在他家服务已经十年有余，此次女仆一定要跟随主人一同飞往上海，继续服侍潘母。但潘老太太以机票不易弄得为由，婉言相绝。女仆竟因此而幸免于难。

飞机失事后，南京某报曾刊登消息称，潘小萼与其妻曹俊佩同机身亡，这才引起社会对曹俊佩的关注，引出潘与曹、周的感情纠葛。后经调查核实，曹已去世6年，与潘同机实为周铭。

潘小萼举家罹难后，潘周两家的数名亲友屡次找到中航公司，询问亲人下落，探求调查结果。但因机身坠入江中，最终连逝者的遗骸都没有找到。

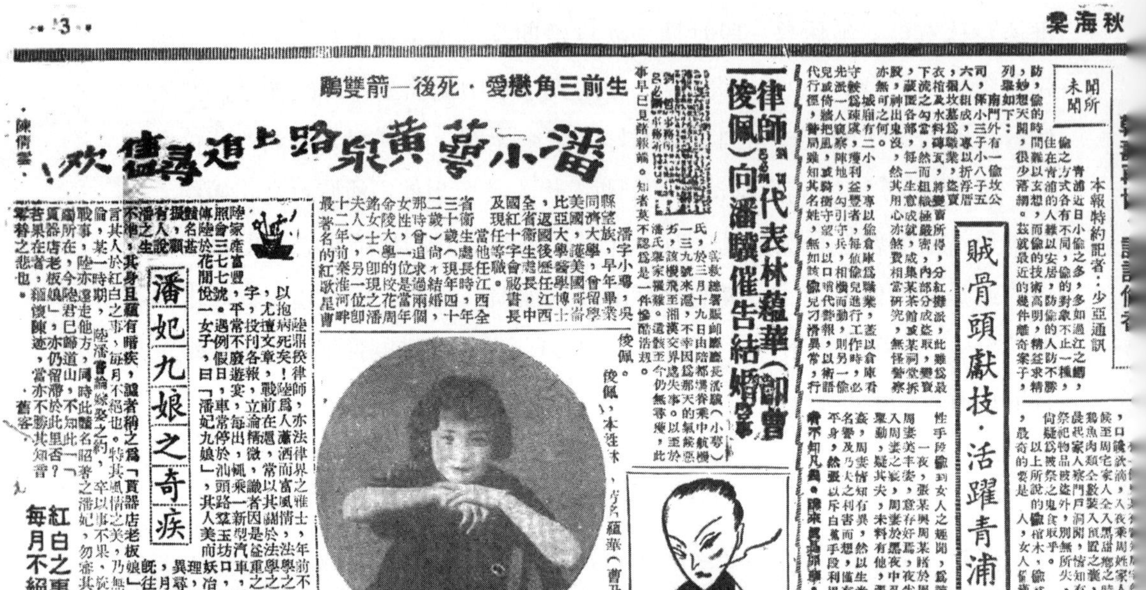
秋海棠 · 3 ·

潘小萼黄泉路上追寻欢！

生前三角恋爱·死后一箭双鵰

律师代表林蕴华（即曹俊佩）向潘骥催告结婚

贼骨头献技·活跃青浦

潘妃九娘之奇疾

红白之事每月不绝

春光明媚

自我宣传

1946 年第 1 期《秋海棠》记录了潘、曹、周之间的三角恋情

潘小萼全家罹難

潘夫人是金陵大學校花

·秋雲·

蘇州人潘小萼，年四十二歲，同他的老母年六十三歲，愛妻周銘年三十七歲，兩孩子一七歲，一六歲，又二十六歲的一位大姐，統共全家六人，於上月十九日，由陪都重慶，乘中航機一五九號飛滬，在湘漢交界處遇難。遺骸直至今日仍未發現。也許業已沉入大江，無從尋覓。目下他們的親屬，正在四處探訪中，這眞是一件慘酷的浩刦！

潘小萼的殞命，是中國社會的大損失！小萼原為留美學生，得醫學博士，衛生博士學位。前任中國紅十會字祕書長，現任善後救濟總署廳長，頗有才具，自能耐勞苦，任事以來，深得政府信任，倚畀很殷。潘妻周銘，有艷名，在金陵大學讀書時，稱為校花。嫁小萼行將十年，伉儷很相得，已生下兩孩，周銘與蔣夫人宋美齡女士同學，且很友善。在陪都時，常相敘首。宋美齡之祕書長黃仁霖氏，亦與潘小萼夫婦佣契。不時在一起宴會，有通家之誼。此次全家飛滬，黃仁霖氏曾送至機場。潘與中國銀行副經理等同搭一五九號機啟飛，不意給因氣候惡劣，中途失事。潘小萼與海上名律師陳霆銳有葭莩之親，右列照片，非常名貴，即向陳律師假得製版者。上為潘妻周銘遺像。下為潘之七歲子。

砰的一聲，把獄門鬧上。他的兒子站在獄門外流淚。這是獄中一位禁卒傳出的話。大概是將死前的慨……哀鳴。

……出他的抱……兒子，……

……連嚷「別說了，我請客。」

圖：青慧珠

1946 年第 1 期《万象》画报中的金陵大学校花周铭

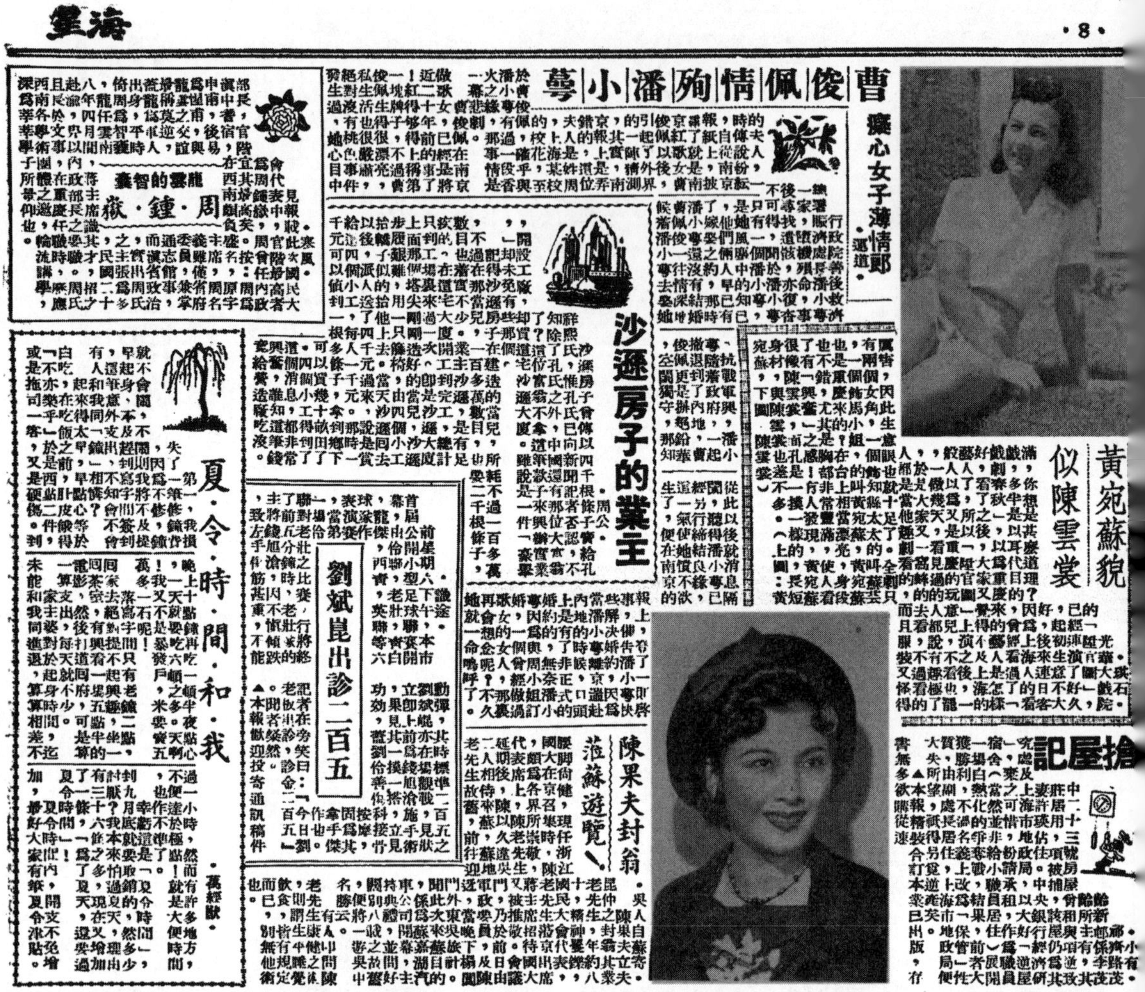
海星 ·8·

周·鍾·嶽

龍雲的智囊

曹俊佩情殉潘小萼

癡心女子薄情郎

沙遜房子的業主

劉斌昆出診二百五

陳果夫封翁

范蘇遊覽

黃宛蘇貌似陳雲裳

搶屋記

夏·令·時·間·和·我

萬經歟

永興製造車廠

修理部

各式卡車翻新機件零件等添修噴漆汽車配理零件工精廉價

榮譽出品

試騎三脚踏跑車送各式貨車必輪

專家主持·經驗豐富·交貨迅速

上海中正中路六四五號 電話：七八三八〇

1946年第17期《海星》画报报道了曹俊佩与潘小萼的感情纠葛

凄绝曲终人不见 金山寺里失青蛇
——一代名伶李世芳之死

1947 年 1 月 5 日，从上海飞往北平的中国航空公司 121 号航班，飞抵青岛上空时，因遇大雾，触桃源山，失事坠毁，机上 38 人无一生还，遗骸血肉模糊，面目皆非，惨不忍睹。其中就有年仅 26 岁的京剧名伶李世芳，其师梅兰芳甚为悲恸，含泪赋诗：“漫天浓雾一机斜，山触半村落李花；凄绝曲终人不见，金山寺里失青蛇！”

“四小名旦”之首

李世芳（1921—1947），名福禄，祖籍山西太谷，生于内蒙古包头，出身戏曲世家。父李子健、母王翠芬皆为山西梆子花旦，当年北方颇负盛名的小牡丹花，即为李子健艺名。李世芳自幼受艺术熏陶，10 岁经张丹亭之荐进富连成科班习艺，插入世字科，班主见其相貌姣好，令学青衣花旦。初时师从萧莲芳，后拜尚小云，得尚小云亲授《黄河阵》《昆仑侠剑传》诸剧。1936 年，梅兰芳自沪返平，经齐如山函介，李世芳遂列缀玉轩门墙。梅兰芳除令大弟子魏莲芳授以《太真外传》《西施》等梅派代表戏外，更亲自为其指导。李世芳技艺突飞猛进，于规矩中发挥天才，其身段、扮相及唱腔，无不肖梅，一时有“小梅兰芳”之誉。1937 年北平《立言报》有“伶童主席”之选，李世芳以一万八千四百十四票当选主席，后与毛世来、宋德珠、张君秋并称“四小名旦”，居于首席。

此后，李世芳因值倒仓之期，潜心学习、勤奋苦练三载。嗓音恢复后组班承芳社，与名净袁世海合作《霸王别姬》《宇宙锋》，排练《西施》《生死恨》《木兰从军》等剧，公演于京津沪等地，名声大噪，红极一时。

1943 年，王少卿做媒，李世芳迎娶著名青衣姚玉芙之女姚宝琏，婚后生活甚为幸福美满。姚宝琏温柔贤惠，善于辅助丈夫事业，专门聘请老师为其补习国学，一起观看文明戏。李世芳的文学素养得以迅速提升，承芳社排演的《天国女儿》深得观众赞许。李世芳为人谦和，赋性忠厚，与经励科等把头式人物合作中，时常受到挟持。1946年，李世芳在排演《明末三奇女》时，竟然遭到梨园公会的封杀，只得解散承芳社。李世芳深受打击，同年夏天只身来到上海，投奔梅兰芳。在上海，李世芳重整旗鼓，自挑大梁，组织“十大头牌”公演于天蟾舞台。但因其嗓音未得完全恢复，成绩不佳。然而，时乖运蹇的李世芳并没有就此结束霉运，此后他又加盟宋美龄资助的中华音乐剧团，排练《孟姜女》准备到美国公演，但不久行程竟莫名其妙地被取消了。李世芳的人生一时陷入低谷。

为了安慰李世芳，梅兰芳干脆让他搬到思南路自己的私邸，除每晚让他来中国大戏院观摩自己的演出外，平时更是私传亲授。故而在梅邸的半年中，经过老师的悉心指点和自己的刻苦努力，李世芳进步一日千里。梅兰芳曾骄傲对外界称，目前唯一能够继承其衣钵者只有李世芳。此后，与梅兰芳在中国大戏院合演《金山寺》，李世芳配演小青，大获成功。李世芳时对媒体说，这次能与梅师配演《金山寺》中的小青，可谓心满意足，死而无憾了！岂料一语成谶，竟然果真成了绝演。

青岛罹难

眼见旧历春节临近，远在北平的父亲几次来函催儿子回北平过年，李世芳也曾几次打算回家。第一次是1946年12月9日，事先预定了飞机座位，但因梅兰芳当日有演出，李世芳还想多一次机会观摩老师的舞台表演，遂退票改期。第二次是12月26日，已经买好机票，又因元旦那天杨虎在上海做寿，朋友们盛情邀请，他遂留下并在堂会中演出《廉锦枫》。第三次是1947年1月4日，中国大戏院经理孙兰亭代他买好了机票，但因天气原因飞机未能起飞。1月5日，本已无票，“幸得”杨宝森夫人所让，李世芳终于乘上中航121号飞机。与李世芳相依相随十几年的大师兄张盛利到机场为他送行，连连招手道：“再会，再会！”谁又能料到，踏上飞机的那一刻，李世芳便走上了有去无回的不归路！

得到飞机失事的消息后，上海方面，孙兰亭翌日一早就坐了汽车到飞机场去调查，终于证实了噩耗，因为当天只有一架飞机起飞，而李世芳确

李世芳之死 —青島通訊—

陳紹文自青島寄

李世芳乘飛機從上海回北平經過青島時，飛機失事，觸於桃源山明，全體乘客殉難，世芳也罹難，乘客卅八人無一倖免，焦頭爛耳，血肉模糊，慘不忍睹。

李世芳舊歷夏日去上海 就專心在梅公館請藝，雖然出演了幾次，成績很好，祇是他心太高，一度加入蔣夫人主辦之出國劇團，後來中止出國他也就退出，從此他非常消極。

可是梅先生很想讓他多學些，以繼傳衣缽，並且有幾次梅先生演金山寺，讓世芳配青蛇，前後曾合演過四次，可見梅先生對世芳器重情形。

在上海梅宅住了將近半載，他的父親因為陰歷年日近，所以寫信讓他回北平，他也幾次寫信告訴說回去。

第一次，十二月九日，定好飛機座位，因為梅先生有戲，他還想多看些梅先生舞台上的唱做，就改期了。第二次，十二月廿六日已經買好了飛機票，因為元旦是楊虎在上海做壽，朋友們留他，并且他還演了一齣，廉錦楓（在興中學會）第三次，元月四日孫蘭亭代他買好了票，因為天氣不好，又沒走，第四次就是元月五日，終於乘上了一二一號飛機。

和世芳相依相隨十多年的大師兄張盛利也到機場去送行，他眼含着淚說：回北平以後，要到沒有人的地方去！張盛利很勸了他一番，發動機滑開的時候，他在機窗裏向送行者擺着手，再會，再會了!!

一二一機五日失事消息和人名單發表以後，筆者曾打電報給梅先生問世芳回北平，所乘飛機號碼一二一確實不？同日北平方面，世芳太太姚寶璉也來電報問我，世芳所乘飛機失事確實不？第二天給北平回電（打到椿樹上二條，結果退回來，原來他們已經遷到和平門裏）正在等上海回電的時候世芳令尊李子健抵青，到停屍場巡視了兩週沒有發現，所以他很放心的，以為世芳這次又是被朋友留住，沒有乘上?!

上午，張盛利也從上海趕到，巡視了好幾週，才從燒餘衣履中發現了，藍貢緞袍(上海雲裳做)淺咖啡色毛衣（寶璉手織）這樣才辨出世芳遺物而證明世芳的遺體。

事前中航公司預備的棺木相當不錯，經過選擇，採用了一柏木材具，壽衣也差強人意，在一個雨天的早晨謹慎的為世芳入了殮，下午就移靈在呂祖廟暫為寄靈，第二天青島梨園公會由楊會長壽山領導百多會員備弔公祭，正在青島演唱的大概都到了，周金蓮，解宗奎，陳富瑞，周麟崑，郭少衡，董玉琴，毛劍秋，王椿柏……等，大家都在嘆惜着，梨園界的一個大損失。

三十六年元月十二日記於青島

哭李世芳

報載三十六年元月五日世芳自申搭機赴青島飛機失事遇險

海陽李浴星三次稿

1947 年第 9 卷 第 9 期《一四七画报》记叙了李世芳罹难前后

上海游藝

譚雪萊主編

上海游藝出版社

第七期　(三十六年六月份出版)

★★★

已故四小名旦之一李世芳天國女兒遺影

李世芳君天國女兒遺影

·翁偶虹·

關於李世芳君生前演天國女兒的話，曾在本刊談過許多。今承雪萊先生爭命再談，因為這戲是我寫的，多談似乎自我宣傳了。不過天國女兒，對於李世芳，確有一點紀念價值。這並不只李世芳最後新劇是這一部為然。這戲，最初定名為「梨花伴」。世芳上演時，堅決要改名為「天國女兒」。天國兩字，固然指着「太平天國」而言。然世芳不時遊戲着說：「這個名字，我很愛。生為女兒身，得入天國遊戲，有多幸福！」他雖不是女兒身，而在戲臺上，是演女兒的。眷眷不忘於天國，豈非不祥之兆？巧合的，他演罷這部新劇之後，就與人間永別了！難道他真入天國，遂其宿志？口占四絕，以誌叢感。

女兒生不伴梨花，數盡梨花日已斜。漫道前程無限好，白雲不戀赤城霞。

幽蘭一息有孤芳，摹到蘭亭意不揚！十二年來王者相，李家天下竟辭王！

猶記童年霞舉時，望梅梅竟玉成之。亂離前後梅無恙，反折梅園李一枝。

果然小戲遊天國？壯志無忘夢泰州！大渡河邊殘月冷，可能人月再春秋？

通訊處：上海河南路一七六號戲學書局內

每冊國幣肆千元整

內政部雜誌登記證京警滬字第三四四號

1947年第7期《上海游艺》中的李世芳在《天国女儿》中的剧照

小梅倚老梅

李世芳……(右上)三歲時攝影(右中)五歲時小像(下)九歲時豐姿(中)在富連成坐科時之頑皮小影(左)出科後自張一單時之便照

(右)老梅蘭芳(左)小梅蘭芳(李世芳)

△民國十年北平舉行童伶選舉李世芳與主席等之攝影▽

(劉)元彤 (于)世文 (詹)世輔 (艾)世菊 (毛)世來 (李)世芳 (葉)世長 (裘)世戎 (沈)世啓 (遲)世恭 (黃)元慶

1942年第4期出版的《李世芳专集》记录了李世芳的成长历程

↑梅博士與其徒張世孝，李世芳，毛世來，劉元彤。

悼李世芳

·本頁之照片均係梅蘭芳博士珍藏·

↑名伶李世芳之廬山真面目。

平劇界的青年藝人李世芳，於一月五日由上海搭客機飛返北平，在青島附近失事罹難。這是中國劇壇的重大損失。

梅蘭芳博士的藝術，在今日的平劇界，可算得唯我獨尊了，他擁有絕對多數的觀衆，被一致公認為伶界大王，甚至窮鄉僻壤，也沒有不曉得「梅蘭芳」三個字的。

習青衣花衫的伶人或票友，多以「梅派」為標榜，但真能傳梅博士衣鉢的，到現在還可以說是沒有。因為梅氏的唱、念、做、身段、表情、武工、扮相，都已臻於盡善盡美，無一不佳。許多梅派青衣，有的善唱不善做，有的善做不善唱，至於身段、表情、武工等，更難望梅氏的項背了。

號稱「小梅蘭芳」的李世芳，在北平「富連成」科班時代，已經是一個了不起的青衣人才。當時北平報界曾舉辦童伶主席選舉大會，世芳在全體童伶中獨佔鰲頭，被公認為平劇界的一顆明亮的星。倒嗆後，他的嗓子雖然始終沒有恢復原狀，但在表情上、身段上、做工上，他的造詣都已超過了與他同稱為後起之秀的許多旦角，所以在「四小名旦」中仍然佔了首席，正像他的師傅——梅博士，在「四大名旦」中始終雄踞首席一樣。

世芳是去年八月來上海的，在天蟾舞臺唱了一個多月之後，鬱鬱不得志，便毅然把家眷送回北平，自己搬到梅博士的寓邸裏，痛下一番苦功。他除了每晚到中國大戲院觀摩梅氏的演技外，平時更不斷的向梅氏就教，這半年來，經過梅氏的悉心指點，和他自己的刻苦努力，他的進步確有一日千里之勢，連梅博士自己也承認他是目前唯一的傳鉢人物了。

誰想到他在學成之後，竟把梅博士傳授給他的絕藝帶到另一個世界去了！

我們悼惜這個平劇界明星的殞落，更同情着他一家老幼的不幸遭遇，現在將他的家世簡述如

↑李世芳姚寶瑔婚後之儷影。

→李世芳、姚寶瑔與梅博士夫人福芝芳女士合影。

←李世芳、姚寶瑔之結婚照片，卅二年在北平攝。

1947 年第 1 卷第 8 期《艺文画报》定格了李世芳生前美好时刻 1

↑李世芳、袁世海合演之「霸王別姬」。

↑李世芳、毛世來拜梅博士為師：係齊如山介紹，上為四人在故都合影，廿四年攝。

↑李世芳之「百花公主」；上有其簽名式。

下：

李世芳，山西人，現年二十六歲，他的父母都在世，父親李子建是秦腔的老伶工，妻子姚寶璉又是名伶姚玉芙的女兒，所以可說是伶官世家。世芳和寶璉是民國卅二年在北平結的婚，現已育有三個女孩，最小的才在去年十一月出世，和世芳還沒有見過面。他的家庭全賴他一人來維持，身後蕭條，可以想像。現在，他的靈櫬已由青島運抵北平，暫停法源寺，準備擇地安葬。姚玉芙已飛平主持。平津兩市的國劇公會都已先後開過追悼會。

梅博士及「富連成」科班的在滬同學袁世海，閻世善，裘盛戎等，現正發起公演義務戲兩天，以售票所得捐助世芳的家屬，日期約在二月下旬左右，地點在中國大戲院。演出者除梅博士及「富連成」科班同學外，程硯秋，李少春，言慧珠，李玉茹，魏蓮芳等都自動參加。還有梅博士的女公子葆玥，公子葆玖，屆時也將粉墨登場。這個空前完整的陣容，正可說明世芳生前的人緣是怎樣的良好。

・綠雲・

◇ ◇ ◇

↑——卅六年一月二日，梅蘭芳博士在上海中國大戲院上演「全部金山寺」。梅飾全部之白娘娘，李世芳配演全部之小青兒，珠聯璧合，轟動劇壇。此為世芳最後一場之上演，演畢即於一月五日由滬飛平，途中失事罹難。上圖為二日在台上所攝，左為梅博士之白娘娘，右為世芳之小青兒。

→梅博士教授身段。

→李世芳之分身照。

←本報編者與梅博士、李世芳、姚玉芙在梅宅合影。

1947 年第 1 卷第 8 期《艺文画报》定格了李世芳生前美好时刻 2

在其内。姚玉芙痛失爱婿，老泪纵横。梅兰芳也称，如非自己挽留，世芳不致适逢其会，言及此，不禁内疚得顿足捶胸。梅兰芳还回忆说，在世芳离开上海的前一日，在梅府与葆玖在一起，葆玖叠了一只纸飞机，上面写着“李世芳”三个字，把它吊在空中，不料一忽儿，这只纸飞机竟线断坠地。现在想来，正是一种不祥的征兆。梅兰芳连哭两天，眼睛也哭肿了，最后一天的《凤还巢》几乎唱不成，在后台，他一面扮戏一面落泪。

北平方面，李子健第二天就赶到青岛飞机坠落现场，找了两圈也没有找到李世芳。当时他很放心，以为儿子这次又被朋友留住了。随后，张盛利也从上海赶到现场，巡视了几遭，才从烧余的衣履中辨认出李世芳的遗体。那件在上海云裳订制的蓝驼绒袍和姚宝琏亲手编织的浅咖啡色毛衣，正是李世芳登机时所着！李世芳遗体的头部粉碎，只余左半部分，其状甚惨。

姚宝琏闻听噩耗，犹如晴天霹雳，昏厥三次。醒来后一时难以接受事实：“世芳没死！有人和我开玩笑呀，世芳决不会死的！”她目光呆滞地不停对人重复着这样的话。

三地追悼

飞机失事后，中航公司为遇难者准备了棺木和寿衣，李子健为儿子选了一口柏木棺和差强人意的寿衣，在一个雨天的清晨举行了简单的入殓仪式。下午移灵柩至吕祖庙，第二天青岛梨园公会由会长杨寿山领导百余名会员举行凭吊公祭仪式，时在青岛的周金莲、解宗葵、陈富瑞、周麟昆、郭少衡、董玉琴、毛剑秋等悉数到场。

1947 年 1 月 18 日，李世芳的灵柩从青岛海运至天津招商局码头，时至傍晚，冰天雪地，冷风刺骨，惨淡的余晖照射在黑漆漆的棺木上，上面的“李世芳之灵”几个大字格外悲怆，从此经过的人们叹惋不已，感慨李世芳的英年早逝。当日即以载重汽车将灵柩运抵北平，暂厝法源寺，择期开吊。

1 月 21 日开始，平津一带下起大雪，一连四日未停，雪片大如鹅毛，厚盈半尺。老人们都说，这是一场 20 年来罕见的大雪。22 日的旧历春节

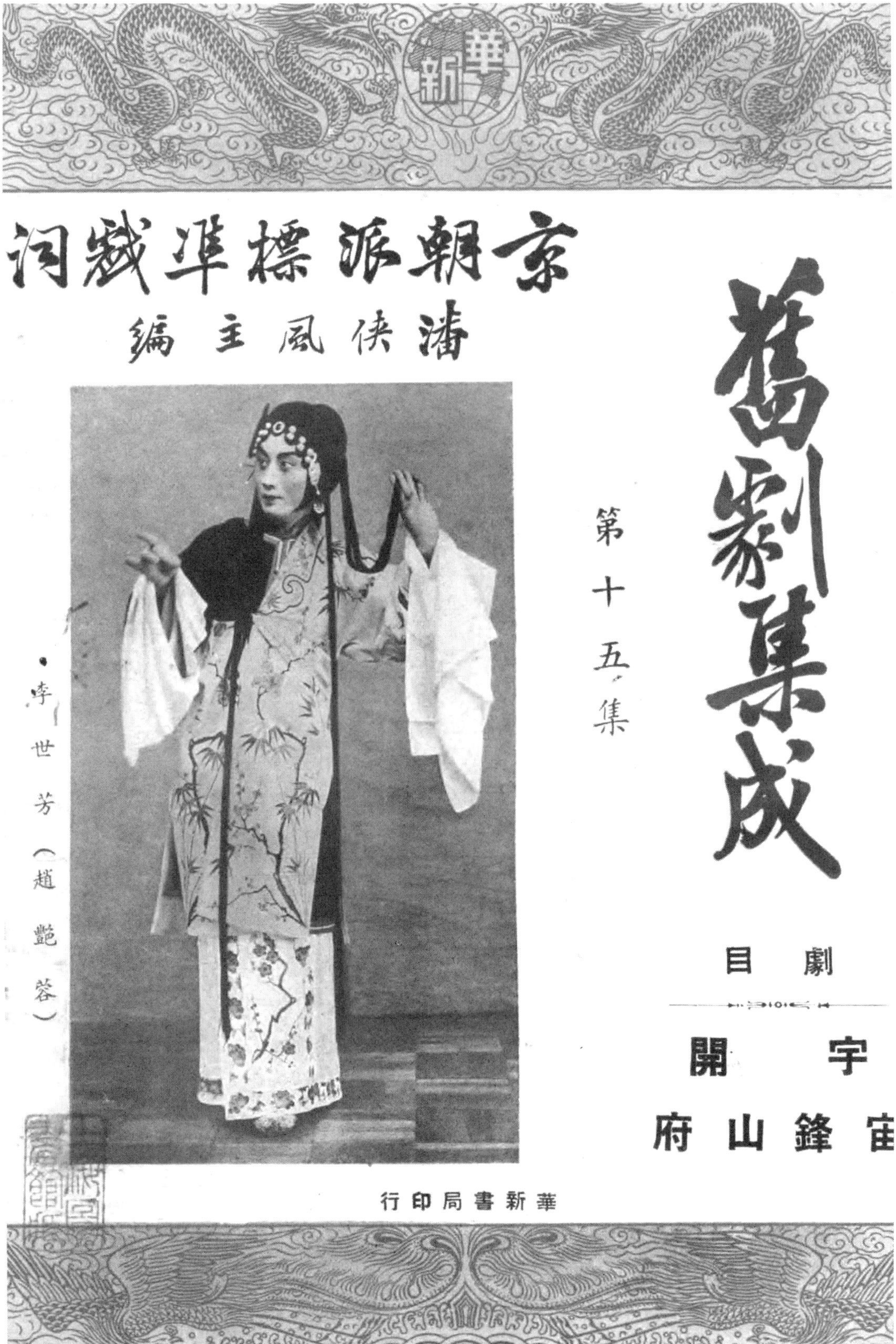

1943 年第 15 期《旧剧集成》中的李世芳遗影

就是在这场大雪中度过的。因天气和春节原因，平津两地的李世芳追悼会均延至2月初。天津方面数百名梨园界参加追悼会，叶盛章主持并宣读祭文，津门名票青云馆主司仪，李世芳的师兄江世玉介绍死者生平，坤伶李蓉芳代表死者家属致谢，近云馆主、金友琴、前朝遗老金息侯、著名翻译家李木等先后演讲。李木与李世芳最称莫逆，特为李世芳编印一本纪念专集，天津剧评家张聊公、吴云心、王伯龙，北平的剧评家凌霄泽阁主、齐如山等，均在赞助之列。天津名士吴云心当年最为看好李世芳，当时正在为其编写剧本，尚未完稿却闻李世芳离世消息。吴云心痛心疾首，表示从此以后不再为任何伶人编写剧本。

2月7日，北平梨园业同业公会在中山公园稷园举行了李世芳追悼会。在这个天寒地冻、冷风袭人的下午，中山公园平添了许多游人，他们中有的是怀着悲伤的心，有的是抱着好奇的心，也有些是专为一睹名伶真面目的戏迷。昔日寂静的稷园一下子围满了人，门前有人指点着每个到场的名伶：这是尚小云，那是张君秋，后面的是王玉蓉……

来宾中多为京剧界人士，贯盛习、李宗义、李盛藻准时到场，万子和稍晚，叶世长东跑西奔地忙个不休。姚宝琏身着孝衣垂首而立，李子健夫妇双目哭得又红又肿。尚小云是主祭，四大名旦也只有他一人出席，梅兰芳、程砚秋在上海，荀慧生则未露面。

李世芳遗像前堆满了花圈，两边挂满了挽联，相声艺人常连安自提自写的“万没想到”四个大字，最为引人注目，也代表了大家的心情。《一四七画报》与《戏世界》共赠挽联曰：“本必不应死，必不可死，必不能死，一旦云摧，方冀传临颖芬芳，北枝香雪繁，岂期梅尚程荀未缺，李张毛宋难全，惨甚为乌江遽分首；将何以偿之，何以恤之，何以悼之，百身莫赎，堪悲失河汾箫鼓，南车妖雾里，乃至父母妻女俱抛，师友戚娅永诀，胜封凤冢与招魂。”吴幻荪、老舍、哈杀黄等六人合作撰联：“忆当年主席荣封，才几时乎？法婴不再，痛碎云容，遽赋葬花生死恨；溯此界乘机浩劫，第一人也，明僮迹陈，真成雾鬒（冉换丐），便当奔月斗牛宫。”

不知何故，原定午后两点举行的追悼会，延至三点十分才在尚小云的主祭下开始。尚小云宣读祭文时，李子健夫妇已是泣不成声，尚小云也几度哽咽背过身去抹泪。随后多名来宾致词，白云生在惋惜这位青年艺人的同时，倡议发起死者遗老弃幼善后办法，尤其说到他们的将来生活时，在场的人无不潸然泪下。《戏世界》评价这三场追悼会时称："以青岛方面有魄力，北平方面最有声势，天津方面最有成绩。"

三地义演

北平梨园界在追悼之余组成后援会，向中国航空公司提出交涉，赔偿李氏家属生活费用。李世芳罹难后，撇下父母孀妻和三个女儿，最小的刚出满月。李世芳生前曾在北平西草厂买了一处房产，代价为 1200 万元，但尚还欠房主 500 万元。为此，天津、北平和上海先后举办义演，为死者善后。

古道热肠的天津人打响了义演的第一炮，由叶盛章主办，江世玉奔走，名坤票近云馆主帮忙，向外界联络派票，1947 年 2 月 16 日夜场在天津中国大戏院举办一场义务戏，极为圆满，票款共得 600 余万，除各项开销外悉数交由在津的李子健照收。中国大戏院园主极为慷慨，租金分文未取。

法源寺凭吊那天，天津相声界小蘑菇的兄弟剧团同人，就表示要对死者的善后做点贡献。为慎重起见，小蘑菇亲往北平国剧公会拜见理事长尚小云，说明自己与李世芳生前感情甚厚，此次义演完全出于义举，因演出将借用北平的华乐戏园，遂不敢漫过北平剧界，特此报告。尚小云慷慨应允。义演于 25 日举办日夜两场，由王久善联络华乐经理，华乐一向热心公益，只因当天为张君秋的场子，遂由萧盛萱向张君秋商借，张君秋毫不犹豫，立刻承让。

1947 年 3 月，梅兰芳和富连成科班的在沪同学袁世海、阎世善、裘世戎等，在中国大戏院演出两场义务戏，以售票所得捐助李世芳家属。参加义演者除富连成科班同学外，程砚秋、李少春、言慧珠、李玉茹、魏连芳等均自告奋勇，梅兰芳的女儿葆玥、公子葆玖也粉墨登场。这两场空前强大的演出阵容，为李世芳家属筹得 1200 万元，暂时解决了他们的生活窘境。

4 月 24 日，李子健夫妇偕同姚宝琏到北平松柏庵义地，选取一块墓地，将李世芳的灵柩由法源寺迁葬该处。据李子健称，此后还要择期将其归葬于西直门外李家祖茔。

戲世界 ·二·

天津追悼李世芳大會：拾零

李世芳善後籌款義務戲

中國戲院不收園租

淨賸三百五十萬元

兄弟劇團離平前在華樂演兩場

在滬京角為李世芳演戲

預定兩場 · 榮譽券售五萬元

梅葆玥等演唱探母

天津聖心醫院修士會公鑒

1947 年第 266 期《戏世界》图文报道了李世芳天津追悼会场景

一代名导方沛霖空中罹难

1948年12月21日，由上海飞往香港的中国航空公司的“空中霸王”XT104号客机，因大雾原因，下午3时许在距离香港30里处的毕沙岛触火石洲山坠毁，机上所有乘客和机组人员全部罹难，著名电影导演方沛霖就在其中。

从美工师到导演

方沛霖，浙江宁波人，1908年出生。幼时即为影迷，拍摄电影是他早年的梦想。为此，他来到上海，先在顺昌路美术专科学校学习，毕业后，考入杜美路50号的明星影片公司，参加洪深、郑鹧鸪等主办的演员训练班。1926年，袁美云的继父袁树德等集资创办电影公司，他有幸加盟，从此开始了他的电影事业。但正当他干得起劲时，江浙之战爆发，公司被迫关闭。

1928年，任矜苹等组创了新人影片公司，方沛霖得以担任该公司的布景师。不久，大中华百合公司宣告成立，他又转入该公司。一次又一次的实践体验，让他得到了许多宝贵的经验和磨砺。他聪明绝顶，对工作更是追求完美。机会总是给有准备的人，当联合影片公司成立后，已在业界小有名气的他便与好友周克一同投奔过去。虽仍做布景工作，但却让他开阔了眼界，增长了见识。在严春堂的艺华影片公司创立后，他便再次跳槽，并得到了第一次担任导演的机会。初时，他本想拍摄《明末遗恨》一片，但有人警告他说，眼下艺华在经济上遇到困难，老板不会欢迎拍摄这样有意识、有刺激的古装片，怕是吃力不讨好。

民国的导演大多是迁就公司的经济，先是讨好老间，后被观众绑架。于是，方沛霖决定先创造业绩，在奠定公司的经济基础后再谋拍片。1936年，他拍摄了自己的处女作《化身姑娘》，袁美云主演。影片公映后，一鸣惊人，由此得到艺华的器重。此后又连拍四部影片，卖座率都很高，为艺华赚得是盆满钵满，老间笑了，方沛霖火了。《武则天》一片是业内人士公认的

方沛霖导演的影片《武则天》剧照

佳作，该片最大的成功还是布景，华丽庄严的宫殿，让人观后惊艳。该剧在卡尔登上演，让这家戏院利市十倍。《武则天》一片奠定了他在电影界的地位，成为当年歌舞片的权威导演。

方沛霖为人宽厚，从不轻易开罪朋友，大家都叫他“阿方哥”。他一口的宁波腔，对人不分三六九等，一视同仁，从不摆大导演的架子。他在哪一个摄影场，哪一个摄影场就格外地欢快热闹。他生活节俭，一年中难得有一两次请客吃饭，所以，每当天气晴好时，总有朋友开玩笑说，阿方哥，可以把钞票拿出来晒晒了，免得发霉啊！

精益求精的方沛霖却对自己要求极为苛刻，他认为自己之前拍的片子过于平庸，遂酝酿着大手笔。果不其然，他拍摄的由周璇主演、第一部歌唱片《三星伴月》引起轰动，尤以插曲《何日君再来》红极一时。1937 年抗战爆发后，这首歌竟曾被日寇忌恨，认为此歌影射“何日重庆再回来”之意。此后，他又将曹禺的名剧《雷雨》首次搬上银幕，而《霓虹关》《凤凰于飞》《鸾凤和鸣》等剧中的插曲多成盛极一时的名曲，无论街头巷尾，还是茶余饭后，男女老幼均能哼唱几句。

抗战胜利后，他先后在国泰影片公司和中电一、二厂导演了《假面女郎》《青青河边草》《再相逢》。而《青青河边草》一剧恰如著名影片《一江春水向东流》一样风靡一时，张治中在新疆招待外宾时，就曾放映此片。1947 年，他得到与香港大中华公司合作的机会，导演了《歌女之歌》《花外流莺》等片。在一片赞誉声中，他冷静而客观地评价自己说，希望自己导演的片子能够逐渐跟着时代走，既不希望走上时代的前哨，也不想跟在时代的背后，只求能站在时代的水准上精益求精。

赴香港途中罹难

方沛霖在电影界以导演歌舞片著称，他更注重美术设计的先进器材。他经常因自己的创作受国产电影器材的局限而苦恼，当听说香港永华电影公司有世界上最先进的器材后，为实现自己的美丽理想，拍摄出让观众耳目一新、世界一流的影片，他便在上海与香港之间奔波多次，商洽与该公司合作拍摄影片《仙乐风飘处处闻》。

紀念方沛霖義演平劇

天蟾舞台的空前盛況

男女明星·準時雲集·鬢光釵影·熱鬧一時

·可成·

劇場巡禮

上海影劇界方面爲紀念已故名導演方沛霖及補助遺族生活起見，特集合在滬男女明星，於一月廿日假座天蟾舞台義演平劇，是日所到影劇界人計有，王引、袁美雲、袁靈雲、屠光啓、岳楓、上官雲珠、沙莉、汪漪、林彬、言慧珠、焦鴻英、藍馬、趙丹、張伐、喬奇、韓非、白穆、闞宏達、殷秀岑、韓蘭根、章志直、裴沖、黃河、穆宏、徐琴芳、周璇、白光、嚴俊、方伯、唐紹華、洪謨、吳鐵翼等數十人。因明星會串平劇，號召之强，無可與比，所以賣座瘋狂的情況，打破一切，邇今罕有了。

轟動影迷鵠立守候

是日的天蟾，成爲影星之都，上海的每一個影迷，都想像着這天蟾的後台，一定是明星雲集，所以自中午十二時起，天蟾五馬路的後門口，早有大批人在皓守了，爲了要一覩影星本來面目，不惜寶貴時光，在人羣中擁擠，有的且在交頭接耳，指手劃脚地嘰嘰的說這個是誰？那個是誰？一種表情，令人可笑。

這天天蟾的觀客，均爲提早就座，未至一時半，全場早已擠滿了，萬頭攢動，齊待這幕簾的展啓。

白光登台全場喧譁

一點三刻「拾黃金」開始，影壇的四大滑稽，首先魚貫出場，總然他們是滑稽家，在反演平劇，也少不了滑稽一番，引得觀衆們大爲捧腹不止。

這時素被譽爲妖艷明星的白光，翩然光臨台前，爲了妖氣逼人，被管台的從人羣中發現，拖上戲台。她穿的是紅色旗袍，豹皮大衣，相襯的非常漂亮，在台上飛步的一刹，姿態頗動人，這樣便引起了全場觀衆的譁嘲，噓聲，接連是要求唱歌的呼號。管理人員爲維持場面起見，不得不請出白光，於是她就拉開了喉嚨，環視四週，說了幾句，向全場打招呼，才算了事。

說明：右上：袁美雲袁靈雲的大登殿　左上：法門寺飾劉媒婆的言慧珠　右下：法門寺中的焦鴻英　左下：爲白光登台時一瞥……超焦攝

爲義務戲周璇盡職

「黃鶴樓」一戲，因爲飾周瑜的石揮及飾趙雲的史原沒有出場，遭全場觀衆的反響，一時秩序大亂，退票之聲，不絕於耳，更有一批三樓的觀衆紛紛以橘皮擲下台去，這樣局面，頓時，雖堪急壞了後台諸公，後由應雲衛請出殷秀岑，向觀衆說明原因，局面才告緩和，可是戲却偷工減料了。

「大登殿」，袁漢雲因父喪，未能登台，美雲靈雲，却如期演出，畢竟袁氏姊妹的平劇，造詣極深，所以扮相、台步、唱工，均極老練，博得全場的喝彩聲，更是忙煞了攝影記者，連連拍攝鏡頭。

檢台的周璇，身小玲瓏，川流在人羣之間，一忽兒向觀衆致詞，一忽兒爲演員送茶，極盡義務之責，一片溫情，令人欽佩。

法門寺焦鴻英獻技

「大登殿」落場後，即是「法門寺」，觀衆們伸了頭頸抹了眼睛，待這偉大麗的場面，果然，龍套出來，龍女也來了。這全是大導演和大明星所飾的，不懂平劇，走來七亂八岔，引人發笑之至。

飾宋巧姣的焦鴻英，畢竟是名不虛傳的女梅蘭芳，她的做工，唱腔，出於一批名伶之上，尤其在訴狀一段唱工，和胡琴的湊合，眞是出神入化，全場掌聲不絕。

徐琴芳的趙廉，角色甚爲吃重，演來維妙維俏，足見平劇早有根底。

騷人的劉媒婆，是言慧珠所飾，她是名伶當然別有生色，一雙迷人的秋波，頻頻馳轉，引得觀衆們心盪不已，眞是害人不淺。

1949 年第 23 期《电影话剧》记录了天蟾舞台义演的盛况

1948年11月，为筹拍《仙乐风飘处处闻》，方沛霖曾赴香港，接洽开拍的具体事宜。因该片主演周璇时在上海，工作一时不及展开，同时他在上海为嘉年公司导演的《同心结》尚未完工，便匆匆返沪。12月18日《同心结》杀青，他遂预定于21日动身再赴香港。

方沛霖的机票是在永华公司所购，19日，航空公司曾通知他说，20日有一张机票，如果希望提前一日动身亦可。但他因上海尚有事务缠身，20日不能成行，乃照原定计划仍购21日机票，终未逃过此劫。

然而也有幸运之人，当日乘客中还有昆仑公司总经理夏云瑚、名编剧家陶秦和名交际花殷四贞等人，他们原订20日机票，但因气候不佳而停飞，亦改为21日的航班，只是他们乘坐的103号和106号优先起飞，而方沛霖乘坐的是之后一班的104号。

21日的早晨，整个香港已被密雾笼罩，天空是灰黄的，虽然时而太阳也会露出脸来，但转瞬间便如怕羞的姑娘一般躲到云层中去了。远远的海面上一片模糊，往来的船只也被密雾掩映，更不必说九龙了。到了中午，天空中淅淅沥沥地下起了小雨，过高的湿度使人憋闷得透不过气来，在灰色晦暗的天空上时而有飞机低空掠过。从下午2时至4时，香港启德机场准备接机的人焦急地等待104号飞机降落的消息，因为他们已经等了几个小时。突然有消息称，飞机在火石洲山触山坠毁了！

香港记者张九龙在飞机失事的第三天，与一群寻尸的人一同登上了火石洲山。只见岛上的飞机残骸四散星落，地上躺着一具具被烧成焦炭无法辨认的尸体，据说一些可以辩认的尸体已被家属认领。据方沛霖的家属称，他死得很惨，肚子破裂，腹中的脏器流到外面，面目皆非，血肉模糊，难以辨认，经过很长时间，才由他的女儿方霞亭认出。

亲友哀悼　撰文追思

方沛霖罹难后，电影界一片惋惜之声，这样一位事业蒸蒸日上的著名导演就此夭折，实为中国电影事业的一大损失。

《电影话剧》出版了追悼方沛霖专版，他的生前亲友纷纷撰写追思文章，表达深深的怀念之情。星谷在《痛方沛霖先生之丧》一文中追述了他的敬业和

一代名導演 方沛霖先生罹難

十二月二十一日中國航空公司「空中霸王」一〇四號客機一架，飛往香港，在距香港東北四十哩之貝索島失事。乘客及機師全部慘死。其中名導演方沛霖亦罹難。

享年四十一，留子女五人 三部劇本同歸於盡

方沛霖浙江鄞縣人，今年四十一歲，有子女五人，均未成年，他在電影界自美術師而導演，服務二十餘年，此次赴港，係膺「永華」之請，拍攝歌舞片「仙樂風飄處處聞」一片，故機票爲「永華」所購，共計三張，除方外，一爲「永華」職員，另一爲編劇家唐紹華，唐因在滬所導演之「再生年華」尚未結束，臨時不克成行。尚有一幸運者爲王丹鳳，原定也乘此機同行，因王去港人地生疏，擬跟方同行，但因「夜來風雨聲」未結束，可算是死裏逃生。

方沛霖此行帶有三個劇本，一爲「天外天」，一爲「虎雛」，一爲「仙樂風飄處處聞」，此三劇本亦同歸於盡。據唐紹華謂：「其中除「虎雛」外，均係方之作品，皆無底稿。

阿方哥所賺的錢 全部給他帶了去

方沛霖此次去港，以受聘爲永華公司基本導演，乃有將家眷全部還港計劃，故此次去港，他將上海家中所有之全部財產，細軟貴重衣服，完全隨身帶去，預備抵港後尋得房屋，再行來滬將全家搬去。所以他這次離滬前，祇留下家用一千元白米一担，誰知一去不返，方夫人說：「阿方哥一生所賺的錢，全數給他帶去了。」

方沛霖先生遺影

處女作三星伴月 最後遺作同心結

方沛霖自任導演以來，拍片達數十部，處女作周璇之「三星伴月」，最後作品爲書慧珠主演之「同心結」，最後一鏡頭是，十二月十四日在上海實驗電影工場拍攝「同心結」。

現電影界中方之生前友好，均異常痛悼，除發起追悼會外，並擬大規模義演一次，凡與合作過之人員均參加，現在分頭進行中，通訊處爲「上實」，「中電」，「國泰」三處，接洽一切云。

電影界同聲哀悼 籌款辦理善後事宜

導演方沛霖死難證實後，電影界中人士莫不驚悼，擬於最近發起大規模追悼會，並設法籌款爲其辦理善後事宜，現由徐蘇靈、吳永剛，嚴俊等十五人担任籌備工作，通知各方有關人員，已於上月二十六日下午二時在華山路製片業公會商討一切，發出之原函錄下：「方沛霖先生於十二月二十一日搭機赴港，途中失事罹難，噩耗傳來，同人等同深驚悼。方先生從事電影事業逾二十年，平時負担極重，身後清寒，遺有子女五人，撫養教育，宜有善策。同人等敬邀方先生生前友好，集商辦法，擬請台端共同參加發起，以襄義舉。茲定於本月二十六日下午二時假華山路四五四號（中電總管理處內）製片業公會商議一切辦法，請撥冗參加……。」

生前人緣好 惡耗傳來友朋悲痛

方沛霖在港遇難消息傳抵上海之日，喬奇在「中

1949 年第 17 卷 第 1 期《青青电影》报道了一代名导演方沛霖罹难的消息

中航公司TX—104空中霸王機生前雄姿。

空中霸王墮港記

The Wreckage of the TX--104 Near Hongkong

墮港後僅餘殘骸之一部。

火石洲山上，尋獲之尸體，面目焦糊不辨誰何。

二十一日的早晨，天空不是平時晴朗溫和的天氣了，地板上潑了的水，不易即時乾燥，陰面的水泥行人道上顯得像下過雨似的，仰起了頭望望天，今天的天，罩在頭上灰黃黃地，雖然有時太陽也會從雲隙裏露一兩下臉，但是不久怕羞似的躲到雲層中去了。海面上模糊的看不清一隻船，更不必說九龍了。

中午稀疏地落過幾點雨，濕度更顯得叫人沉悶，天上除了灰色晦暗以外，隱隱地飛機聲忽遠忽近地在頭上盤旋，來了又去，去了又來，有時在頭頂上掠過，有時又飄然遠去，引擎的爆烈聲，把人們心絃震動得恐怖非常，這樣疲勞地經過了好幾個小時，心裏也就習慣了，有許多人，心裏恐怖得好似香港遭遇到空襲；這也難怪，這幾天來，島上政治空氣鬧得烏煙瘴氣，謠言攻勢又甚囂塵上，誰曾料到平時高視闊步的空中霸王，會觸山墮毀呢！

這消息四點多鐘才到香港，我曾經渡海到啓德機場去探視，但是隨你怎麼盤根究底去打聽，中航公司的人，都給你一個不能令人滿意的答覆是：『我們還沒有聽說這消息』，和『也許』之類，在汽車回到九龍航空公司集中地的半島酒店時，許多人已在中航公司門前探問，形色是那麼慌張，誰的面色都顯得陰森灰墦，無疑地悲慘已臨到了這些接客者的頭上，最後才由公司方面宣佈一〇四號霸王機在火石洲山頭毀了。天啊，火石洲山在那裏呢！我在香港確已住了三四個年頭，平時曾經登過有名的扯旗山頂，却不知道這火石洲山在什麼方向，直到飛機失事的第三天，才和一羣火石山尋屍隊渡海去實地看了一次，所可惜的一部分尸首已被搜尋了去，剩下的盡是焦炭一般連上下都分不出，還從什麼方法去辨別誰是誰，我們除了臨風洒淚，有什麼方法使這些罹難者生還呢？

張九龍寄自香港——一九四八聖誕

乘機罹難之中央政委彭學沛與上海中央日報社長馮有眞。

乘機遇難之名導演方沛霖。
與其最後遺作「同心結」。

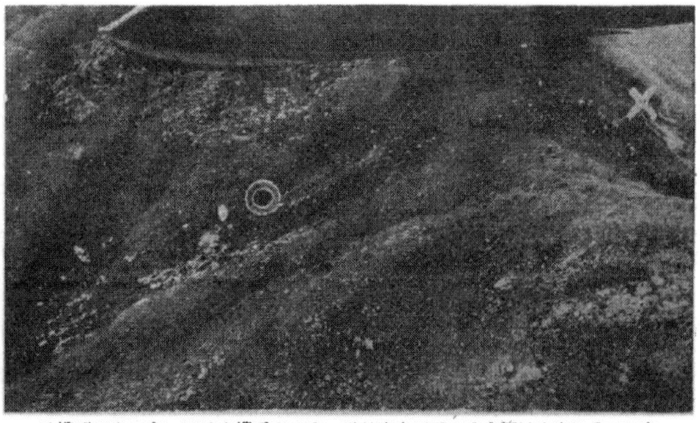

自四百公尺高空拍攝之空中霸王失事地點，有〇處爲機身殘骸，有×處係飛機擋山失事之火石山腰。
（本圖由新聞報供給，香港星島日報攝寄）

1949 年第 6 期《今日画报》图文报道了坠机经过

助人。拍《风月恩仇》的时候，为了布景版墙壁上花纹有点斜，他吩咐布景人员重行粉刷。当时，工作人员虽然很辛苦，但都钦佩他的严谨追求艺术的精神。他有着丰富的电影棚的经验，同场的导演常常向他请教。诱掖后进是他的美德，吴惊鸿就是他引入电影圈并一手提携起来的。《关于方沛霖》一文称，方沛霖生平除咖啡外，别无其他嗜好，既不喝酒，也不吸烟，更不喜欢玩女人，是电影界的模范人物。他一回家就抱小孩，与孩子们一起玩。此次去香港，行前他曾对朋友说，前两年我都没有在家里过年，今年无论如何也要回上海与家人一起团聚。遗憾的是，这个愿望永远无法实现了。因儿女多，他很努力工作，但积蓄无几，这次行前，只留在家里 1000 元钱及白米一石余。据编剧唐绍华称，方沛霖此次去港，随身携带《天外天》《虎雏》《仙乐风飘处处闻》三部剧本，除《虎雏》外其余两部均为唐的作品，亦与方同归于尽了。让唐可惜的是，这两部剧本均无底稿留存，而更让他痛心的是，失去了一位志同道合的朋友！

乔奇是方沛霖最后遗作《同心结》的主角，闻听噩耗时他正在拍摄《美艳亲王》，按照剧情，他应该表现得异常高兴，但连拍三次，他怎么也高兴不起来。他对导演说，此刻倘若要我表演痛哭流涕的镜头，我一定可以演得逼真。导演徐维邦闻听此言，也是眼圈发红，只得提前收工。

《青青电影》中的《一代名导演方沛霖先生罹难》则称，机票为永华公司所购，共计三张，一为永华职员，另一为编剧唐绍华，唐因在上海导演《再生年华》尚未完竣，临时不克成行，因此逃过一劫。幸运的还有演员王丹凤，原定她与方沛霖同行，亦因拍摄《夜来风雨声》未如期完成而未能成行。因此行前，他已与永华商谈好聘请事宜，遂有携同家眷全部迁港的计划，故此次去港，他将上海家中所有财产、细软贵重物品，悉数随身携带，预备在香港寻得房屋，再行来沪举家搬迁。而遗憾的是，他一生的积蓄也随着这场空难而化为乌有。

业界追悼　义演捐资

1948 年 12 月 25 日晨，方沛霖的遗体自香港九龙殓房中移至香港上环东华医院。香港治丧委员会于下午 2 时，在东华医院殓房举行大殓，4 时出殡，灵柩暂时安葬于玛丽医院坟场。几乎所有在港影星均不辞跋涉，从九龙渡海前来

大批電影從業員 追悼

追悼[illegible]堂的[illegible]，[illegible]吳[illegible]聯[illegible]漢臣[illegible]導佈置，

追悼會大[illegible]幟掛[illegible]同鄉會門前的石柱上，路[illegible]走

追悼 方沛霖先生

方沛霖先生治喪委員會啓

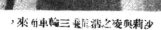

周璇到得最早 嚴俊担任報告，沙莉凌之浩同來 費穆做臨時主席

三十八年一月十日下午二時，本埠西藏路寧波旅滬同鄉會門前影迷如山如海，是日也，是電影界全人[illegible]追悼故名導演方沛霖先生的追悼會期。

寧波同鄉會的門外石柱上，掛了一幅長約丈餘的白布，上書方沛霖先生追悼會。

追悼的會場，佈置很簡單，台上懸以黑布，中間放着巨幅的方沛霖遺像，這是樂苗的手筆。兩傍是他兄弟與子女的輓聯，台上放着大花圈。

方沛霖的高足中電佈景師張漢臣在場，忙於佈置一切。

[illegible]麥沖費穆與承鏞[illegible]到得最早。

女明星中以周璇到得最早，周小姐穿黑大衣黑皮鞋，全身黑色，與女秘書朱小姐同來。

沙莉與凌之浩[illegible]三輪車前來，

張婉前來[illegible]弔

導演唐紹華[illegible]阿方[illegible]近的[illegible]絡朋友，

本刊編者嚴次平在[illegible]前招待周伯勳，

方沛霖追悼会在上海宁波同乡会召开 1

故名導演方沛霖

周璇和□的秘書朱小姐到場□早

方夫人含淚攜子女前來參加，

一點三刻，方夫人帶了五個子女，都穿了孝服乘了二輛三輪車而來，雙眼通紅，這種景象使在場的人看了都有些心酸。

凌之浩伴着沙莉，也乘一輛三輪車而來，這景象可就不同了，喜氣洋洋的。

那天到的除了□公司主□人外，導演到的特別多，徐欣邦，楊小仲諸人都很早就來」，女明星有杜驪珠，言慧珠，陳娟娟，吳鶯鳴，白虹，龔秋霞，衣雪豔，張帆，張婉等十餘人，男明星有韋伐，喬奇，嚴俊，殷秀岑，關宏□，沈□倫，譚光友等數十人。

準三時，開追悼會，方沛霖夫人雙手掩目哀泣。

嚴俊担任報告，全體向方沛霖遺像鞠躬致敬，又靜默一分鐘。接着周璇捧了一束白花獻□前，她端端正正鞠了三個躬，□她□子的時候，□忍不住□流淚了。追悼會的主席是費穆，演說很沉痛，他說：「一人在活着的時候，他的價值是別人不知道的，直等到死後才發現。他在香港間奔波，一年要拍五六部戲，爲什□工作如此繁忙，還不是爲了生活！」接着，由電影界的元老任矜蘋報告方沛霖的生平，他們在大中華百合公司之前就合作，所以報告得很詳細。其後有顧學濂，周伯勳等分別致□，周伯勳更是大□疾呼。最後，由嚴俊報告，治喪委員會正在設法□方君子女募□教育基金，□□結果的是：（一）某學校願負責方□的五位子女免費教讀至初中畢業。（二）電影明星話劇演員□演平劇，定本月十五日下午在「□蟾」舉行。（三）周璇，白光，陳娟娟，龔秋霞，張帆，白虹等歌唱明星在「蘭心」舉行歌唱會。（四）將他在勝利後拍的八部遺作同時放映等。當天□□的賻儀，共計六萬左右，交□□人暫作日常另用。至於幾資□□歌頁，每□會決定如何

阿□生前人□好□周□□長

殷秀岑到場，路人爭看大明星，

銀幕上的壞蛋譚光友與沈□倫來，與紹□詳□阿方哥生前，

嚴俊騎了自由車匆匆趕到，

方沛霖追悼会在上海宁波同乡会召开2

致祭。包括影星李丽华、孙景路、童月娟、徐立、尤光照等在内，共有100余人。

其时，天色黯淡，浓云密布，东华医院殓房里充斥着悲哀的情绪，方沛霖的生前友好向逝者做最后的道别。殓房内临时布置了灵堂，正中摆放方沛霖的遗像，上书“音容犹在”四个大字。灵堂上方悬挂着挽联，灵前摆放着花圈，大都是永华制版公司同仁所送。台上香烛缭绕，来宾依次向死者行鞠躬礼，一旁的死者家属向致祭者逐一还礼。

仪式由张善琨主持，他最为欣赏方沛霖的导演天才。永华公司老板李祖永亲往吊唁，蛰居香港的老牌明星张织云前来执绋，著名导演史东山、剧作家洪深也到场瞻仰遗容。仪式后，起灵至香港大学堂前，来宾由此辞灵，但仍有很多人亲自送至坟场。方太太称，棺木系暂厝，俟半年后再运回上海安葬。

1949年1月10日下午，电影界同仁在上海西藏路上的宁波同乡会召开了方沛霖追悼会，同年第22期《电影话剧》详细地报道了大会始末。

当日午后2时一过，来宾陆续到场。只见宁波同乡会门外石柱上高悬一幅长约丈余的白布，上书“方沛霖先生追悼大会”。由于战事在即，局势动荡，人心慌慌，军政、文化各界均未有人参加，到会者仅有百余人，会场内显得甚是萧条冷落。但在沪的电影人除当时尚在摄影场工作的人未到外，圈内人几乎都来了，有周璇、陈娟娟、杜丽珠、张伐、严俊、乔奇、言慧珠、吴惊鸿、陈松筠、凌之浩、龚秋霞、衣雪艳、沙莉、白穆等。为此，引来许多一睹明星真面目的旁观者。当然，其中也有仰慕方导演而来者。

追悼会会场布置极为简单，台上悬以黑布，中间是方沛霖的巨幅遗像，这是叶苗在两天中赶制出来的。两旁是死者兄弟与子女的挽联，台上放着几只大花圈。电影圈人参加活动时一向是嘻嘻哈哈，但在那天的场合中，大家都没有再扮起笑脸的勇气了。

3时整，追悼会准时开始。双手掩面不住哀泣的方太太由其姊妹相伴至台前第一排，死者的子女们着孝服肃立旁边，在场的人都忍不住心酸而垂泪神伤。严俊担任大会主持，全体来宾向方沛霖遗像致敬，静默一分钟。接着，与方导演合作多年的周璇，捧了一束白花献于灵前，端端正正地鞠了三个躬，当她回转身时，已是泪流满面，终至哇地一声哭了出来。追悼会主席是费穆，他的演讲词甚为沉痛。他说，一个在活着的时候，他的价值是别人不知道的，直等到死后才会发现。方先生为了实现他的艺术理想，为了更加完美的电影器材，他与香港永华公司合作，谁知壮志未酬身先死，竟会遭此残酷的不幸。方先生在沪港间奔波，一年要拍五六部戏，为什么工作如此繁忙，还不是为了生活。继之，电影界的元老任矜苹报告了死者的生平，因为他们在大中华百合公司之前就已开始合作，所以报告得非常详细。其后，罗学濂、周伯勋分别致辞。周伯勋情绪激动地说，为什么一个人要等到死后方知他的价值？方先生在世的时候，还有人在背后骂他，等他死了，便来纪念他。不要在人死了就来安慰死者的家属，应该在平时就得关心大家。我们要纪念死者，更要珍惜生者，希望大家共同负担起对方夫人及子女的善后。严俊随后报告说，目前正在洽商义演捐资，设法为方先生的子女筹募教养基金。最后，死者的胞弟向记者讲述了事故的经过，呼吁大家主持正义，给予援助。当场到会者纷纷出资捐助，共收到赙仪 6 万元左右，交给方夫人暂作日常零用。

方沛霖去世后，留下遗孀和四子一女，大的 14 岁，小的只有 3 岁，全家没有任何生活来源。当时香港永华公司表态说，方导演此次是为本公司拍戏而罹难，我们一定做好善后。张善琨也曾告知方太太，请她放心，他们除负责抚恤外，还拟合摄一部新片捐赠方氏家属。

上海的义演由徐苏灵、吴永刚、严俊等 15 人担任筹备工作，凡与方沛霖合作过的演员悉数参加。1949 年 1 月 20 日下午一点半，群星云集天蟾舞台义演京剧。是日到场影剧界人士有周璇、王引、袁美云、上官去珠、赵丹、韩非、白穆、白光、殷秀岑等数十人，导演徐维邦、杨小仲等来得最早。海报发出后，因明星会串京剧《法门寺》《黄鹤楼》《大登殿》等剧，号召力极强，卖座空前。周璇负责检台，身小玲珑，穿梭于人群之间，一会儿向观众致辞，一会儿为演员送茶，一会儿登台献歌，极尽义务，一片温情，令人钦佩。

影星舒适等也在香港发起义演，他寻求李丽的帮助。在李丽剧团演期中，抽出四天时间，两天上演话剧，两天上演京剧，剧团全班人马得半价酬劳，半价捐赠方家。王元龙、李丽华、王熙春、舒适、童月娟、洪波等数十人参加义演。

这两场义演的收入悉数交给方太太，暂时解决了他们一家的燃眉之急。

辑六 法无可赦 公开判决

洪述祖：民国第一个被绞杀的人

1917 年 4 月，刺杀宋教仁的幕后指使人洪述祖，因与德国人在上海会审公廨涉讼，被宋教仁之子宋振昌访知，诉由上海地方检察厅向该公廨交涉引渡。经京师警察厅派员赴沪，将洪解至北京，转送北京高等检察厅起诉。1919 年 4 月，北京高等审判厅判处其死刑，5 日在西交民巷京师分监执行绞刑，成为民国第一个被绞杀的人。

劣迹斑斑

1919 年第 5 卷第 6 期《小说新报》与 1944 年第 130 期《中国周报》，记叙了洪述祖的生平及其与袁世凯的密切关系。

洪述祖（1859—1919），字荫之，别号念难老人，江苏省武进县人，出身官宦，幼读诗书，博闻强记，医卜星相，周易经学，无所不通。科举即废，投笔从戎，效力军政。基隆之役，因军功而举知县，分发台湾。被台湾总督刘铭传委为文牍，当差数载，颇承器重。适中法战后，清廷元气受创，兵舰伤失惨重。台湾地处海隅，遇有急事，非兵舰不可应战。刘遂命洪购买军舰。接委之下，洪闻知法国人曾有一艘“斯美”号旧兵轮，正欲求售，定价颇廉。遂经与中介讨价，出银 6 万购得其轮。开回台湾，搪塞总督，缮具报销，加价 30 万。不料，事机不密，后被刘侦知，乃以诈欺罪将其捆绑辕门。行将问斩之时，幸有台湾道台为其求情，念其先人乃系名士，免其一死，方蒙督宪俯准，监禁数载。后值慈禧太后圣寿，蒙同乡刘伟臣等竭力运动，始革去功名，赦放回籍。

此后，他在家乡小住数年，甚觉无味，正思出外谋职，适值中日甲午海战爆发。复设法运动，应募于魏汝桂帐下，从事文牒。后魏军被日军战败，仓皇而逃。事后，清廷严旨拿办，洪多方夤缘，始蒙开脱。嗣后，在上海谋得某律师事务所书记一职，数年后再捐得江西道台。岂料，尚未到省，即被直隶总督荣禄电招至天津，委以重任，购办军火。因洪不谙洋务，

雜談

鴉片戰爭秘話

公冶

凡是稍以讀過近代歷史的人們，總都知道前清道光季年的鴉片戰爭一役，有關於我國的國運極巨。因爲自這一次戰爭失敗之後，西洋列强看出了我們的弱點，便接連地故意尋釁與我們開了許多次戰爭，逼迫我們簽訂了多種不平等條約，束縛得我們透不過氣來。直待前年十二月八日，太平洋戰事發生，盟邦日本把英美帝國主義在遠東的侵略勢力，一舉廓清，使我們百年來的恥辱，也從此滌蕩淨了。

可是，鴉片之戰我們爲什麼會告失敗？這個，從根本上講，當然是由於我國幾百年來的積弱：然而一半，卻也是因爲出了幾個該死的虎倀，自外生成，引導外人以禍國族。這裏就把那些虎倀禍國的事實寫些出來，讓目下正在高喊「親英」的人們看看。

清代當嘉慶末葉，勘定川楚教匪之後，天下太平，營務廢弛，兵不習武，將不知兵。道光十九年，清廷下禁止鴉片之令，林文忠公則徐以欽差大臣參兩廣總督。知英人必不肯俯首聽命，要與我國尋釁，即練軍十萬，親自教以攻守進退之法，沿海布置，自虎門至澳門，節節築有砲台，堅不可破。同時，並咨照浙，閩，蘇等省督撫，請爲共同小心防守。其後，英人以鴉片貿易獲利甚豐，心有未甘，於是遂開戰，擊沉英國大兵艦數艘，殺戮及俘擄英兵數千人。英人吃了這次苦頭，害怕起來，情願獻出鴉片二萬箱在海上燒燬，說是此後不再販運鴉片入中國，要求訂立議書，以息事通商。可是條約裏有「如經查出，貨盡充公，人盡正法」等字，英國人對於這一點，卻不肯答應，說是一國中難保沒有歹人，倘有一人私帶，便要連累同船的人，未免不合情理：至於查出後「貨物充公，帶者正法」則可以。然而林文忠一定不允，定要堅持原議，由此交涉就弄成僵局。這時就有一批虎倀，教英人跑到天津去賄賂琦善，參林則徐革職治罪，又教英國人去擾亂浙江江南，恐嚇大吏，要挾皇上。英國果眞照這計策去做，結果林文忠果眞革職遣戍，一戰果眞把中國戰敗，而我第一張的不平等條約，也就此訂立了。——上面所說，乃是鴉片戰爭的大概情形，交待明白，就要舉發虎倀的罪惡。

先說廣東方面，「教猱升木」的虎倀，爲首的叫做伍惟和，此人爲洋商頭腦，積資千萬金，而英國人蹂躪中國之術，大半出於他的嗾使。就是鴉片販賣，亦皆由彼一手包辦。文忠蒞任之初，訪知伍之劣跡，便把他捉來，想立刻正法，這時就有另一虎倀，廣州知府余某，（這余某向受伍惟和的豐厚孝敬）跑到文忠處，叩頭流血，力諫：「中堂誤聽人言，此人實爲愛國份子，殺之恐兵民解體，卑職願以一家人口保之。」林文忠聽了這話，心爲一動，遂赦而不殺。誰知後來壞事的，就正是這個虎倀。

卻說英國人聽了伍惟和的計策，跑到天津，這是當國者爲穆彰阿，而琦善則爲直隸總督，內外結黨，大肆貪婪。英國人就送琦善三百萬兩銀子，要他把林則徐殺掉。琦善受了賄賂，就參了林則徐一本，說他「辦理不善，致成國家大禍，非正法不足以謝天下」，而穆彰阿則從中竭力攛成，宣宗（道光）聽了這話，不覺大爲憤怒，就把林則徐拿來，預備處以大辟，後來還是王文恪公（鼎）痛哭極諫，始得免去死罪，發遣新疆。其後琦善調任兩廣總督，英國人又送了一百萬賄銀給他，於是琦善一反林則徐所爲，拆去沿海砲台，虎門本爲入廣州要口，所築砲台亦堅固，至此亦俱拆毀，於是「開門揖盜」之勢造成，而中國的事情也更不堪設想了。而最奇怪的是：琦善這東西後來兩次被參擬斬，結果也都靠了厚賄買得性命，則「有錢能使鬼推磨」，固然古今同轍，而在國運長短的時候，「銀彈」的力量，尤易顯示它的宏大。

記內山完造氏（下）

……中國之禮讚者

有一天，他與三四日本友人談話，大家談起了中國人喝的水不清潔，不衞生，內山笑着說：：

「你們不知道！每一個中國人家裏，都有一個自來水公司的，怎麼會飲不清潔的水呢？」

大家聽了，當然不解，他就解釋道：

「你們要明白！中國人家裏，必定有一只水缸，這水缸中，無論放了怎麼髒的水下去，只消用一把礬，一根竹竿，將礬放入水中，用竿掏了一回，到明天，缸中之水，上清下濁，上面的水，就非常清潔，與自來水公司的水，沒有什麼兩樣，大可以用得了，這不是一個簡易的自來水公司麼？但日本人見了，一定不懂，就不定再要把水竿去掏他幾掏，於是越掏越濁，不成樣子了。」

他看見馬路上乞丐們搶挑回去的包飯担，他又大感興趣，以爲用這辦法非常合理，他對人說：

「花錢吃包飯的人，他不能把飯桶裏的飯吃光，而會餘下來，這是他自己放棄的，至於那包飯作裏的人，對於吃剩的包飯，自然不應該再挑回去，人家已經付了錢，這飯是人家的了，包飯作沒有權利了，所以拿來施給乞丐，代替吃包飯的人做好事，眞再好也沒有。那些乞丐們，不到飯攤上去搶出賣的飯，而搶已有人花錢而吃剩的飯，似乎也不好說他犯法。實在三方面都說得過去，這是中國社會上的趣事。」

記得前年夏季，虹口的青年會館中，邀了仙霓社的班子，去演崑劇給一班日本僑民看。日僑在上海，本來有一個支那劇研究會，該會會員，當然對中國戲劇，都很有些研究，有的還會唱幾句二黃西皮；但是他們對於崑曲，一向毫無認識，於是託一位我們的朋友，來邀請去演講「崑劇的由來」，我到了那邊一看，那些聽講的會員，個個都是一本正經，而且年齡都在四十歲以上了，我眞有些窘，我的崑劇知識，既有限得很；而日本話又說得並不高明，實在很難爲情。這一天，內山也是會員之一，他身穿着一套拷香雲紗的短衫褲子，老早到了，正對着一班朋友們，大講其拷香雲紗的好處，他一見了我，很高興的說：

「呀！原來今天來演講崑劇的，是你麼？想不到！想不到！」

內山除了寫文章和演講外，他還有一種重要的工作，就是領事館方面，有許多關於中國人的事，不明白的地方，往往要去請問他的。從日本到上海來的各方面的人物，十之八九都要去拜訪他一次，有什麼問題，往往要請他解決的。

一二八的時候，他代中國友人在戰區內搬了許多東西出來，歐陽予倩的劇團，地點就在戰線的背後，一切器物，都是內山去搬運出來的；但是內山爲了代替中國人搬運東西，他曾經受當局的嚴厲斥責。

總而言之：像內山完造這樣的人，才是眞的中國的友人。（柏岱）

洪述祖與袁項城

時爲癸丑三月，宋遯初既被刺於本市北站，不久，其兇手應夔丞，武士英爲滬軍都督所弋獲，於是項城之陰謀，始暴露於天下，而洪述祖三字，亦遂震於吾人之耳際，顧洪之所以甘心爲虎作倀，作項城唯一的心腹者，其中實有微妙之關係，故其奉袁命南下而爲主使，刺宋之正兇也。

時當清末，項城方以北洋大臣練兵小站需採購大批軍裝器械，洪知此奇貨可居，運動得津海關道與某之書，介之於袁，且願廉其值以承辦，袁允之，洪索機警，遇事輒能先意承旨，善而且諛，由是漸爲袁所信，以已方訓練新軍，亟需人才，知洪索與外人習，若羅致之爲己用，大可指收臂之助，袁思既定，乃向洪徵露己旨，洪喜出望外，唯唯聽命，由是洪遂爲袁用，其僚佣妒洪之寵，思中傷之，而洪亦知非出奇制勝，不足以長保祿位，因乘間獻其妹爲袁氏第八妾。

其時洪妹年方二九，貌極美豔，又工口給，善媚術，事袁能眉視目聽，故袁極寵之，而愛屋及烏，對洪自持垂青眼，非他人所能及。迨入民國，袁氏有意稱帝，知此事必爲黨人所反對，以宋氏有雄才，負重名，衆望所歸，恐號召爲敵，乃集其部下爪牙，謀所以除宋之策，洪時亦在座，因奮然自告，謂願某荷我公殊恩，雖赴湯蹈火，亦所不避云云，袁大喜，立畀十萬金，令閣下作運動費，月餘，此多才雄辯之哲人，遂殞命於車站矣。（梅）

1944 年第 130 期《中国周报》介绍了洪述祖与袁世凯的关系

又被日本人欺骗，所购枪支子弹俱为旧式，甚不合用。因有前科，荣禄遂疑其旧病复发，欲革职重办。幸其闻知风声，连夜逃出津城，避祸他乡。

1895年，袁世凯以北洋大臣在小站练兵，需要采购大批军用物资，洪述祖知此奇货可居，遂运动津海关道盛宣怀写信举荐于袁，袁乃允其承办。洪不负重望，高效、价廉购得袁之所需，愈为袁所信，更为袁所用。但同僚嫉洪之宠，预谋中伤，洪乃出奇制胜，献其年方十八的妹妹，做了袁之第八妾，其地位遂告稳固。时在天津河北宿纬购得房产，将一妻四妾接来同住，过着奢华糜烂的生活。

迨入民国，袁世凯有意称帝。宋教仁雄才大略，身负重名，众望所归。1913年2月，袁恐宋号召为敌，乃召集亲信密谋除宋之道。洪时亦在座，奋然而起称："某荷我公殊恩，虽赴汤蹈火，亦所不避。"袁大喜，立畀十万大洋，令其南下行动。同年3月20日夜，宋教仁遂毙命于上海火车站。

多方追捕

1913年第3期《震旦》中刊登的《京师警务厅报告派员踩缉洪述祖情形原呈》，记录了警方在北京、天津、济南、青岛等地对洪述祖的追捕过程。

刺杀宋教仁案发生后，洪述祖因迹涉嫌疑，潜逃出京。京师警务厅即派秘书潘毓桂、侦缉队长李寿金等组成行动组，跟踪踩缉洪述祖。3月28日，侦缉队分队长侯德山带同副分队长于松林、张文锦，侦探王锡珍、王宝亭、张斌、齐占元等赴津，设法羁绊洪述祖，不令他往。是日11时抵津后，即派侦探在宿纬路洪述祖住所前后暗为侦查监视，但未见有人出入，其究否在津，仍为疑问。为观察洪宅动向，潘毓桂当致洪述祖一函，送信人投函时，暗人（指洪述祖豢养的杀手）坚不开门，唯言老爷不在家。送信人详细说明来意，言称："潘先生与洪老为至友，今为洪老爷事，有要函送来，洪老爷如不在家，可亲手交给太太。"彼等始开门，勉强收信，称老爷已于28日赴医院治病。询以医院在何处，系何医院，均称不知。潘毓桂认为，此次行动应以探清洪述祖行踪，确定其是否匿居天津抑或逃往他处，为第一要义。行动组遂一面设法向附近住户查询线索，一面留侦探在洪宅四周梭巡。

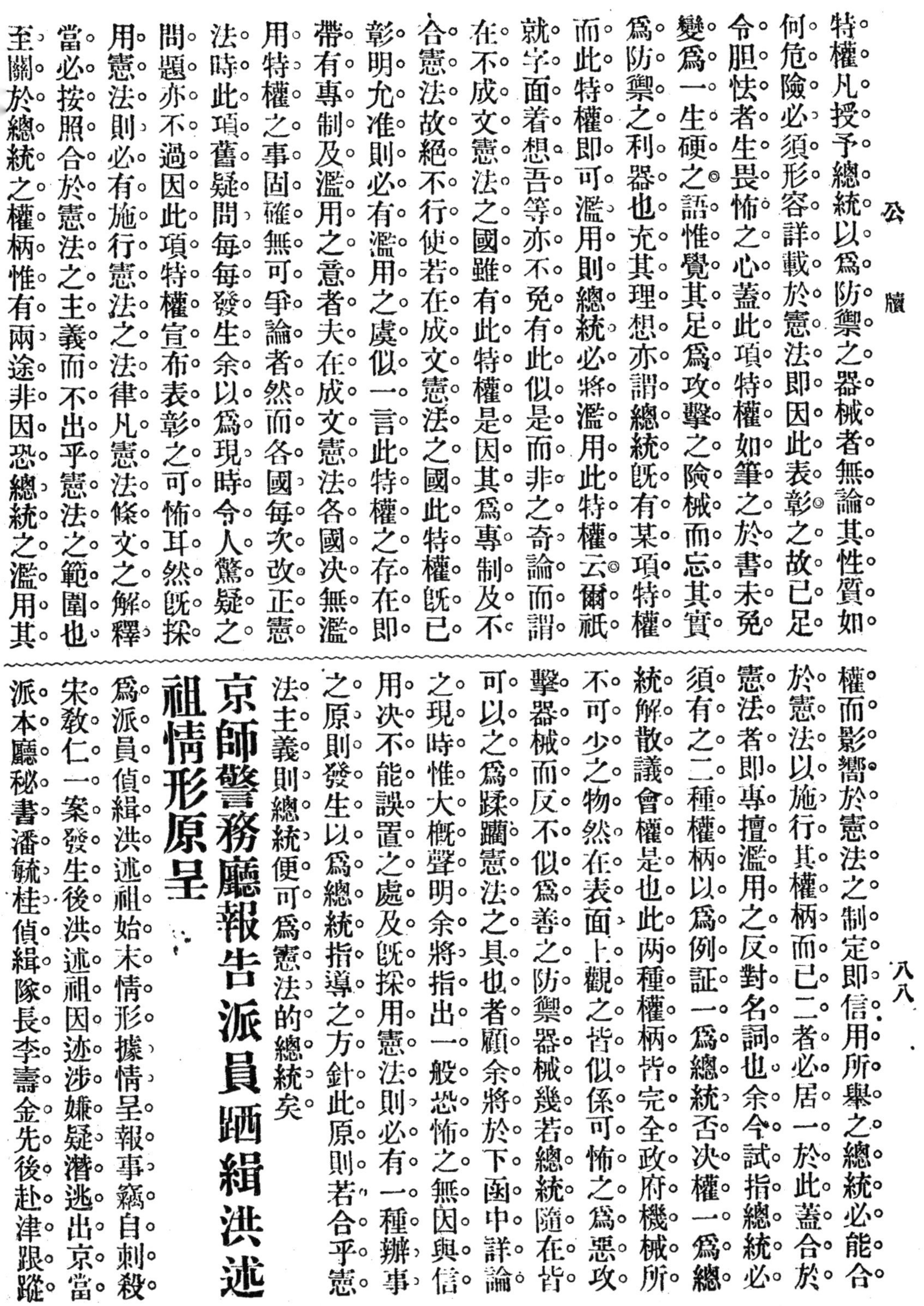

特權。凡授予總統以爲防禦之器械者。無論其性質如何危險。必須形容詳載於憲法。即因此表彰之故。已足令胆怯者生畏怖之心。蓋此項特權。如筆之於書。未免變爲一生硬之語。惟覺其足爲攻擊之險械。而忘其實爲防禦之利器也。充其理想。亦謂總統既有某項特權而此特權即可濫用。則總統必將濫用此特權云爾。祇就字面着想。吾等亦不免有此似是而非之奇論。而謂在不成文憲法之國。雖有此特權。是因其爲專制。及不合憲法。故絕不行使。若在成文憲法之國。此特權既已彰明允准。則必有濫用之虞。似一言此特權之存在。即帶有專制及濫用之意者。夫在成文憲法各國。決無濫用特權之事。固確無可爭論者。然而各國每次改正憲法時。此項舊疑問。每每發生。余以爲現時令人驚疑之問題。亦不過因此項特權宣布表彰之可怖耳。然既採用憲法。則必有施行憲法之法律。凡憲法條文之解釋當必按照合於憲法之主義。而不出乎憲法之範圍也至關於總統之權柄。惟有兩途。非因恐總統之濫用其權。而影響於憲法之制定。即信用所舉之總統。必能合於憲法。以施行其權柄而已。二者必居一於此。蓋合於憲法者。即專擅濫用之反對名詞也。余今試指總統必須有之二種權柄以爲例証。一爲總統否決權。一爲總統解散議會權是也。此兩種權柄。皆完全政府機械所不可少之物。然在表面上觀之。皆似係可怖之爲惡攻擊器械。而反不似爲善之防禦器械。幾若總統隨在皆可以之爲蹂躪憲法之具也者。顧余將於下函中詳論之。現時惟大概聲明。余將指出一般恐怖之無因。與信用決不能誤置之處。及既採用憲法。則必有一種辦事之原則發生。以爲總統指導之方針。此原則若合乎憲法主義。則總統便可爲憲法的總統矣

京師警務廳報告派員踩緝洪述祖情形原呈

爲派員偵緝洪述祖始末情形。據情呈報事。竊自刺殺宋教仁一案發生後。洪述祖因迹涉嫌疑。潛逃出京。當派本廳秘書潘毓桂。偵緝隊長李壽金。先後赴津跟蹤

1913 年 第 3 期《震旦》中的《京师警务厅报告派员踩缉洪述祖情形原呈》

踩緝之後茲據該員等回廳報告三月二十八號奉令派偵緝隊分隊長侯德山帶同副分隊長于松林張文錦偵探王錫珍王寶亭張斌齊占元赴津設法羈絆洪述祖不令他往又於是日派毓桂持函到津面令洪述祖返京到津後即與侯分隊長接洽先行詢問侯分隊長洪述祖已否晤面據云自十一鐘到津後即派探在宿緯路洪述祖住所前後一帶暗爲偵查迄無一人出入究否在津無從知其底蘊毓桂當致洪述祖一函以察其動靜送信人投信時閽人堅不開門但言老爺不在家各語詳細向彼說明言係與洪老爺至友之潘先生爲洪老爺之事有要函送來老爺如不在家可交太太彼等始開門將入雖強勉將信收下始終言老爺已於二十八號赴醫院治病等情詢以醫院在何處係何醫院均稱不知刺探不得要領覆稱前來毓桂以爲不論如何辦理總以探洪之行止是否匿居天津抑或逃往他處爲入手第一要義一面設法探詢一面派探梭巡並另派人向該處住戶探查此當日晚間偵查之情形也二十九號壽金乘早車到津與毓桂暗商毓桂持總監函逕赴洪述祖家拜客閽人仍言赴醫院治病如故當向該閽人云既不在家須到客廳寫一字留下蓋藉以察厥動作也在彼客廳與閽人細詢仍無破綻最後告知彼閽人等如有囘信兩個鐘頭內送至連陞棧在彼等候蓋彼如在天津定有覆函也迨時期已過並無覆音又派人往取囘信該閽人當面將二十八號晚間毓桂所投之函及總監致彼之函暨在彼客廳所留之字均交出絲毫未動亦無拆視痕迹是洪述祖確已離津毫無疑義一面知照天津警察廳轉知該管分署一面赴洪述祖家搜查有無重要証據及嚴訊該閽人等洪述祖之行踪再三推鞫始則共同閃爍繼則言語各異斯時即據探得洪係於二十八號九鐘半乘津浦早車南下同行者伊之夫人並一女孩二男僕行李約五六件各等情當將此節向該閽人按訊彼等因無可抵賴供亦大概相符當電稟詳情奉令將其男僕一二人帶京訊問並奉令派毓桂壽金跟踪探緝除飭分隊

1913 年 第 3 期《震旦》中的《京师警务厅报告派员踩缉洪述祖情形原呈》（续）

(星期日) 中華民國八年四月六日 (第三版)

與本報發表其同行之蔣百里張君勱徐振飛諸君均又隨時寄稿要讀諸公必以先睹為快社址在北京宣武門外大街電話南局五百九十三號預定本報全年大洋六元每月大洋六角外埠另加郵費中交京鈔票按市價折算特此通告

宣武門外丞相胡同

驗兩俱淵富頃以公暇著為斯書攷証詳明闡理精透研究刑法或刑事政策者不可不手置一編現已出版每部大洋五角北京商務印書館及私立朝陽大學代售特此廣告

！你不看見鍾大奶奶、他也是二十多歲的人、前兩年他把鍾大爺死掉了。可憐一心一意的守著、今年春天、也得了癆病、一時的人、誰不稱贊他呀。」

蕙兒「噯喲！你提起鍾大奶奶來了、他也是苦惱著像什麼似的啊。姑娘到這裏來的那一天、他不也到我們家裏來的嗎？他對我說、『可憐、你姑娘這麼個好模樣兒人、也遇了這件事、真是不幸哪。我的罪是受彀了、天天不曉得要怎麼樣纔好。』他一面說、一面就哭著、好不傷心、你講、…他是同鍾大爺好好結的婚、過了一年多、鍾大爺纔死、還有一個兒子、他說來仍是這般苦。像我們姑娘、和還沒姑爺、連一個照面也沒有打過、他死了、老爺就平白地、把姑娘送了來受罪、孤另另的一個人、更是苦惱了。我不知道、聖人傳下來的禮數…名節、怎麼這般慘酷！…這般慘酷！…」

奶媽「慘酷？…你不要瞎說…」

蕙兒「我瞎說？…鍾大奶奶還對我說、『別的罪受著、還可呼冤呼痛、這種罪叫人受著、是不准你響一響兒的呀、』這不是慘酷是什麼？」

奶媽「他總得著個貞節的好名聲啦。」

蕙兒「你還說好名聲、…你講…人生在世、是求自己的生活要緊、還是要那好名聲要緊呢？人是為了名聲纔投胎的嗎？人在世間、做事都是要去圖取聲名的嗎？依我想人生在世、無論做什麼事、總要一方面求自己的快樂、一方面叫人家看著也快樂。決不能使自己受了痛苦、叫別人看著也痛苦…受苦受罪的、或是假做作、要去圖那個名聲、我看也沒有什麼大意思、…若果自己願意、想得個名聲哩、那自然沒得說了。怎麼能彀逼著人、都要學著去圖取名聲咧。」

奶媽「照你的話、人生在世、是別要名聲的、那人都可以做壞事去了。」

蕙兒「媽媽、事的好壞、也很難分別哩、有好多事是好的、人偏把他當作壞的、有好多事是壞的、人反要把他認作是好的哩…然而我的話、不是這樣講的、我以為人在世上、是他自己應當作的他就不應當去做。自己做自己應當作的事、還有什麼名聲可要呢！為了名聲、纔去做他自己應當作的事、豈不可笑嗎？倘若是為了名聲、竟去做那非人作的事、那更是無聊了啊。」

奶媽「事─什麼是自己應當作的、什麼是非人做的呢？我倒要聽聽。」

蕙兒「什麼是自己應當做的事嗎？譬如我替姑娘做鞋、是我分內的事、是自己應當做的。我的針指、做得非常的好、姑娘看了歡喜、我自己也歡喜。但是我并不是想得姑娘的誇獎、別人的稱贊、我纔去做的喲。若是想得姑娘誇獎、別人稱贊、我纔去做那好針指、那還成個什麼心眼兒哩。至於什麼是非人做的事嗎？媽媽…我可大膽說一句、─我姑娘是好生生的一個人、他自己一生應當做的事、通全個沒得去做。現在…你看…却要做個死人的樣子、去圖那塊名聲。─人的意思、他是一點兒都沒有了。─他們不得他是未亡人嗎？這是人做的事嗎？唉！老爺說不久就去替姑娘請旌表、豎牌坊、我恐怕那旌表、─也表不盡他的冤苦、那牌坊、─也壓不住那的悲傷哪！」

奶媽、「唉！你這個姐兒、越說越離了經了、你好生著、老爺要知道了、不敲掉你的牙啊…你的嘴、真像鋼針是的、我不同你辯了。」

蕙兒「媽媽…我并是同你老人抬嘴、是我替姑娘悶不過、要說說的喲！你想─姑娘以前在家裏、心內懷著多少的希望、打算將來怎樣的過活、怎樣的快樂。到現在…那些想頭、是全行的毀滅了、同個死人一般。人家有歡喜的事、他是不能上前、好花是不能戴、顏色衣是不能穿。獨自一個人、白天裏守著一間空屋子、夜裏對著一盞孤燈、有誰去憐惜他…一生一世、永遠不能有將喜兒樂趣。─出頭的日子…」說到這裏、蕙兒喉嚨便哽住了、抵著連一個字也說不出來、眼淚直往下落、他娘姑聽更是哭了、姑娘又忙拿手絹、去替他姑娘拭淚。那一對淚人、相看著真個可憐。」

奶媽眼眶他紅了「蕙姐…我們不要講嘛、這些話、姑娘聽著是更加要煩惱了。」「姑娘、這兩日天[illegible]吃、好不好呢？」姑娘睜開眼看著他、只搖搖頭兒、也不作聲、

蕙兒「媽媽、我在這兒陪著姑娘、你去把那西洋參再熬一碗子來嚐」。老奶媽點著頭應著、便出去了。

姑娘這個時候、他肚中發疼、忽把蕙兒的手緊緊握住、有聲無氣的、「蕙兒─妹妹…我此刻肚裏…疼得慌…噯喲…噯喲…」

蕙兒「姑娘您兩日天一點東西都沒有吃不是餓了？…」姑娘「不…不是…妹妹…你服侍我有六七年了、陪著我讀書、學針線、我的話什麼不和你講、我的性情、你是知道的。…我那裏曉得、我竟然如此、…如此…」他臉上顏色、漸漸的改變、腹中更是一陣緊似一陣的疼。「噯喲…妹妹…我是不能彀活著。…」蕙兒看見他姑娘、這樣苦楚。說的話、聽著直教人腸斷、也找不出別的話、可以來安慰他、禁不住便也哭了。姑娘又欠了欠身、好像要坐起來。

蕙兒「姑娘、您要坐起來嚜？」姑娘點一點頭兒、他便把姑娘扶起、又拿個軟枕放在後面靠住。

姑娘「親娘─我的娘、我是不能彀再看見你的了。…」

蕙兒「姑娘、這是什麼話呢？待一兩天、太太把家裏事料理清楚了、他自然要來看你的。」

姑娘「妹妹─你那裏明白、…我前天晚上、到靈面去燒香、這邊太太（他的婆）也在那裏哭、…我聽見他哭的意思、是訴說我的命不好…帶累了姑爺的哩。…你想我這苦命、…苦命…活著也沒有什麼意味、…我已經把…」他急喘了一陣、肚裏疼得更加利害。「…把那副金戒兒吞下…噯喲…」又是一陣急疼「…噯喲…痛死我了…」他便往後一倒、暈在枕上。

蕙兒看著幾乎也駭昏去了。哭喊「噯喲 姑娘…你吞下去了？…」又忙叫著老奶媽、「媽媽…姑娘不好了…快來…」

奶媽正在外房收拾火水、忽聽蕙兒喊叫、不知什麼、趕了進來、只見蕙兒哭著拉住姑娘手、「媽媽…不好了…姑娘吞了金…」奶媽「怎麼說？吞金…噯喲！姑娘…姑娘…」

隨感錄

▲宛哉洪述祖 洪述祖害了宋教仁、固然是罪有應得。但是那教唆洪述祖去謀殺宋教仁的袁世凱、乃是真正首犯、雖然死了不能加刑、何以政府裏人人都還尊敬他了不得呢？（隻眼）

▲南北一致 人人都說南北意見不能一致、其實不然。請看陳樹藩在陝西提倡種烟、唐克明也在鄂西照辦。北方派軍在京的機關、和某旅長某司令部、都為包販鴉片發了橫財、雲貴軍隊也全靠這宗生意才有兵餉。這豈不是南北一致嗎？再看護法軍不提護法的事、國防軍不肯担任國防的事、這不又是南北一致嗎？（隻眼）

▲綱常名教 歐洲各國社會主義的學說、已經大大的流行了。俄德和匈牙利、並且成了共產黨的世界。這種風氣、恐怕馬上就要來到東方。日本人害怕得很、因此想用普通選舉、優待勞工、補助農民、尊重女權等等方法、來消弭社會不平之氣。但是這種希奇古怪的外國事、比共和民權更加悖謬、自古以來不曾有過、一定傳不到我們中國來。即便來了、就可以用「綱常名教」四個字、輕輕將他擋住。日本人膽兒太小、我們中國人不怕！不怕！（隻眼）

▲中國和平的障礙 吳佩孚聽了趙恒惕「這回南北戰爭、不是北軍攻打南軍、簡直是日本攻打中國」的話、才主張停戰。當時有人說趙恒惕這話、是故意造謠、離間北洋團體的。前幾天日本前外相加藤、在憲政會議員總會的演說、也說「彼參戰借款、軍事協約、兵器供給等、為中國和平之障礙者、多為前內閣之失策所遺留」。大家應該相信趙恒惕的話、不是故意造謠了罷。（隻眼）

▲太監與纏足 世間事理、固然沒有絕對一定的是非。但是太監和纏足這兩件事、總算得非多面是少罷。不料廣州有一位新聞記者、居然稱贊纏足、說是有關風化。北京某大學有一位教員、在講堂上說宦官是中國特有的好制度。中國人復古思想、竟然到了這步田地、只有令人嘆氣罷了！（隻眼）

1919 年 第 16 期《每周评论》指出宋教仁案的幕后指使人为袁世凯

29日，李寿金乘早车抵达天津，与潘毓桂等晤商。潘遂持总监函径赴洪宅拜客，暗人仍言老爷赴医院治病未归。潘当向暗人称，洪既不在家，须到客厅留下一封书信，实则借以观察洪是否有所动作。在客厅，潘向暗人仔细询问，仍无破绽可寻，只得起身告辞。行前告知暗人，如有回信，可在两小时内送至连升栈，潘在此等候。潘认为，如洪果在津，定有复函。但两小时已过，并无回音。潘遂又派人往取回信。暗人遂将投函、总监函和留在客厅的书信，一并交出。行动组一面知照天津警察厅转知该管分署，一面再赴洪述祖家进一步搜查，并严讯暗人。暗人等先是再三推鞫，闪烁其词，最后供称，28日9时半，洪述祖乘坐津浦早车南下，同行者有其夫人、一个女儿和两个男仆，行李约五六件。

行动组当即向京师警务厅电禀详情，该厅令侯德山、齐占元、张斌将洪家男仆刘、朱二人解京，潘毓桂、李寿金等继续追踪。潘毓桂、李寿金即于30日带同副分队长于松林、张文锦，侦探王锡珍、王宝亭等，乘坐津浦早车跟踪南下。一路探询人数、相貌、行李与暗人所述相似者。因初时洪家一行座位不在一处，故而一时没有找到，嗣后过了平原，中途火车故障，换车后他们移至一处。行动组始探得洪述祖一行将同赴济南。晚8时，行动组跟踪到了济南逐处暗访栈房，假称有一友人因妻妾不和，自行带同一妇人、女孩、仆人等从家中出走，尚弃有小孩及姨太太，因受其家中嘱托，故跟至济南，设法将其劝回。至长发栈，发现有与洪一行相似者，只是没有男仆，店簿上书名为“杨伯方”，复探得二男仆另居一栈。

29日早7时，洪一行复乘胶州火车东下，惟不知究赴何处。而此刻又有消息称，确有情形相同人于29日乘津浦路车南下或未离济南。于是，行动组兵分两路，一路由潘毓桂带领乘坐胶济车访查，一路赴浦口侦查。潘毓桂等即于31日晚车到青岛，沿途探询。到青岛后，行动组即住在连升栈，因此处非同天津租界，暗探林立，洋捕梭巡。凡来人稍有差别，即以形迹可疑论，轻则派探跟踪，重则拘传讯问。外来之人，先须被当地暗探侦查，遑言侦探他人。此时，潘毓桂等人自津至济南再到青岛，连续作战，寝食俱废，疲劳不支。当晚遂修整一夜，翌日再觅当地熟悉情况者设法调查。

4月1日，据线人报称，29日由济南开来的列车上曾有颇为相似的一行人，来青岛后即住在亨利饭店，其中一位自称王姓者，面貌与洪述祖甚为相似。唯该饭店甚大，旅客多为外国人，任何人无故不得入内。据查，有一个自称王兰亭者，住四号房，妇人及小孩住九号房。行动组遂联系当地巡警总办，派侦探长安得阿随同李寿金往饭店辨认。到了门口，不许李寿金等入内，唯安得阿一人进入。他出来称，该人正在吃饭，饭后将欲睡觉，不能看视，并未言明此人是否洪述祖。潘毓桂闻言觉得可疑，坚称要与王兰亭晤面。后经辨认，王兰亭确系洪述祖，只是将须发剃去。遂一面致电京师警厅转电大总统、国务院，一面将侦查结果通报德国巡警衙门。2日，德国巡警衙门即将洪述祖传至警署问话。3日，京师警务厅派洋员司得赐抵达青岛，向胶督交涉并探询讯问情形。据德国巡警称，洪述祖自称与宋案毫无关系。讯以何故更名、何故到青时，洪称宋案发生后，社会各界均称与其有关，恐有人暗杀，遂更名潜逃青岛。当日下午，德方即将洪释出，仍住亨利饭店。唯令其不得他往，并派有暗探监视保护。

此后，袁世凯遂令外交总长陆征祥会同山东都督与德国驻青岛大使豪森交涉引渡洪述祖，但德使坚称需要中方提供可靠证据始能交出。此后，洪述祖曾致电各省都督称，他以国务院名义令应桂馨毁宋，并未得到国务院的命令。他也只想毁坏宋教仁的名誉，并无暗杀之意。数日后，据德国巡警通报外交部，洪述祖已逃离青岛，不知去向。

狱中生活

逃离青岛后，洪述祖遂销声匿迹。1916年初，他秘密潜入上海，避居租界。但宋教仁之子宋振昌却始终没有忘记替父报仇，更没有忘记寻找仇人。1917年4月，洪述祖因与德国人在上海会审公廨涉讼，宋振昌遂告诉至上海地方检察厅。经外交手段将洪述祖引渡，京师警察厅派员将其提解至北京，移送北京高等检察厅起诉。至1919年4月判处死刑，洪述祖一直在京羁押。这期间，经过北京地方法院、高等法院的多次民事、刑事判决。洪述祖均表示不服判决，屡次上诉。延至1919年3月，北京高等法院判处其无期徒刑。但洪述祖仍不服判决提起上诉，宋振昌也不服判决而上诉至大理院。经大理院复审，改判洪述祖死刑。

1919年5月15日的《新中国》刊登的著名报人邵飘萍的《洪述祖临刑前之秘笈》一文，披露了洪述祖人生最后8天的日记：

（1919年）3月29日，旧二月二十八日，庚辰晴。未刻，忽传有移狱之命。幸书籍两大包，早于先两日检包完善，濒行尚无匆遽之举。同室张长子，字师公，依依不忍舍，余以佛学勉之。张笙陔（名维镛、殖边银行协理）、何仲纯（名锡康，殖边银行监事）皆道珍重而别，何（仲纯）新从余问佛学，颇有悟人。过堂，执行官为粤人，彼党也，有揶揄之色，余一笑置之。雇骡车二乘，先在候审室稍息。有二位谈相者，略指示之。申刻，至京师分监，在西交民巷。狱吏杨姓，直隶人；又一副官姜姓，京都人。皆蒙其优待。拨入10号，铺盖、衣服均蒙准带入，书籍之外又准购纸笔，从此著书，可以终老矣。6时卧（按洪此时尚不知判决死刑）。

3月30日，星期日，旧二十九日，辛巳晴。卯正起，诵常课（洪以诵经为常课）。巳初，以开水冲鸡卵数枚，泡面包少许，以作早餐。申初亦如之。酉正卧。

3月31日，星期一，旧三十日，壬午晴。居室向北，开窗寒甚。卯正起，大便一次。午正，购物都到。媛姬（洪之妾徐佩梅）送裤褂围腰来，系昨日送者，并送《楞严正脉》14本、《俱舍论》6本。《维摩诘经》2本、《妙法莲华经》3本，此二种，系张师公托购者，惜不能交伊矣。申刻，高等厅提审私诉，判偿一万元，声明上诉。是日，开始纂《宗教大同录》、摘《易》两经毕，发蓉信（蓉为其表兄洪蓉生）。

4月1号，星期二，旧三月初一，癸未晴。卯正起，常课。巳初，食早餐后，摘《宗教大同录》《诗礼》两经毕，致郑象山律师函。午刻，徐姬（即徐佩梅）来接见，交来伦孙（洪之孙）照片，将纲蓝书信及衣包、毡子均带回。蓉生亦到，略谈而去。晚，判词送到，即寄郑律师。

2号，星期三，旧初二日，甲申阴。卯正大便一次。常经毕，摘《同善录十九氏》毕，集经联一、撰联一：

从事西方生极乐国土（《弥陀经》）；所为佛法作忍辱仙人

（《金刚经》）。

入地狱乃佛语；知天命是圣言。

服官政祸及于身自觉问心无愧（怕昨二字分取左右），当乱世生不如死本来何处着尘埃。

狱官杨仲山送大理院判词来，处死刑，即寄徐姬收阅。午后，写遗嘱四纸，附交于湖信一纸、海樵昆仲信一纸（此二人均为洪之知友）。杨君（狱官）又来出示《九相观》，此人道德深厚，可感可敬。昨开书单，计104本，共一大包，交林姓（狱中看守主任）收。今日开出三纸，计共101本，此系现在房内者。八斤（洪之子）上年照片一纸、伦孙今年照片一纸，均夹此本内，按蓉生信复之。

3号，星期四，初三日，乙酉晴。卯正起，大便一次。常课毕，论耶稣降生之理，以中国诗书所载可证。不必以无父为奇（《宗教大同录》起首），编西人亚当至耶稣世系表。到今日至多不过5000余年，似□□（两字不清楚）之世太近。午刻，阿媛来告非常上诉。剪发。购物到。

4号，星期五，初四日，丙戌阴，旋晴。卯正起，常课毕。午刻，蓉来，开书单三纸，物件单一纸，交林姓，今日结账，洋36元。申刻，傅律师柏山来，即签委任状，及空白上诉状与之。作《宗教大同论》一首。

5号，星期六，初五日，丁亥晴。卯正起，诵常课。杨君来，告知一切事毕。修书三封，一寄表弟史容生，一寄徐姬阿媛，一寄小儿八斤。念难绝笔。

执行绞刑

1919年4月5日是洪述祖执行绞刑的日子。一大早，高等检察官张汝霖即至西交民巷京师分监监刑。刑前照例讯问有何所言，洪称：“自知因渠一案之故，致使南北不能调和。吾年已老，亦可一死，以赎前愆。”言罢，甚为从容地写下了五封遗书。

每石平均七元。計一萬四千萬元。天津等處。近亦以南米阻運。改食西貢米。而長江各省米穀擁滯。以阻禁不能外運。至有腐朽於倉者。是一方既失土貨增產之利。一方又受外貨浸灌之害。失策之甚。無逾於此。亟應由政府通令全國。米穀自由流通。不得阻禁。外國米穀輸入。關章向不收稅。不啻與洋商以專利。亦應設法以防止之。如此、則本國各地盡食本國之米。可挽已失之利權矣。第二步。本國米穀除足供本國民食尚有剩餘時。准其運出各國銷售。邇年我國國際貿易。輸出日少。輸入日多。出入相差過甚遂致國內金融緊迫。商業凋敝。有岌岌可危之象。苟米穀得以輸出。則工商業國必競相爭購。需過於求。獲利必豐其額數繼續增多。久之亦得藉以抵補。而農業國與工商業國常相依爲命。於外交上亦不無利益。觀於歐洲土耳其之故事。可恍然矣。

總之主米禁者。爲游民計。圖所以維持現狀。俾不滋生事端。此目前補救之術也。主弛禁者。爲良民計。圖所以獎進農業。謀富庶之道。以廣人民生計之途。使游民胥化爲良民。此長治久安之策也。以保護游民爲務者。對游民言之。實類於慈善事業。捐多數農民所應得之錢財。以供無業游民之利益。使此種獎惰政策。果得長久。固無不可。所恐此類捐錢之慈善家。財源日涸。亦將自入於仰給慈善民計。而使國內之游民日多。何如弛禁以促農業之進步。俾游民知夫利之所在。翻然變計。從事正業。而良民游民。均可以相安。此中得失。甚望我政府及有地方之責者一爲詳察焉。至本篇宗旨。在採漸進主義。使農民獲遂自然之生機。游民亦不至受過分之迫促。譬之溫帶人民。不若寒帶之生機艱絕。力無所施。亦不似熱帶之發萌過速。轉滋怠。而折衷定制。或亦可收效於來茲也。（東方雜誌）

洪述祖臨刑前之秘笈

飄萍

洪述祖宣告死刑一案。雖洪之個人無甚重大價值可紀。但案中情節。實含政治與社會兩方面之反映。故國人每注意及之。其宣告死刑之判決書。各報既皆披露之矣。惟判決而入京師分監以後。種種趣聞。皆在洪氏所遺秘笈之中。監獄森嚴之地。除家屬外。不能與之接見。洪氏伏誅。其所遺秘笈。亦卽由獄官親交與其家屬領去。外間偶有傳述。而未能窺其全豹。愚以搜羅新聞之方法。輾轉獲得其原稿。卽以實吾通信。在新聞學上言之。實一種有趣而不易求之材料也。

(一)洪氏八日間之獄中日記

戊午三月。由上海至京。十五月至警察廳住。其四月八日而至地方廳。遂輟日記。己未二月二十八日入第一分監。請得筆墨。重立此記。己未二月三十日。念難老人識。(按

1919 年第 1 卷 第 1 期《新中国》中披露了洪述祖最后八天的日记

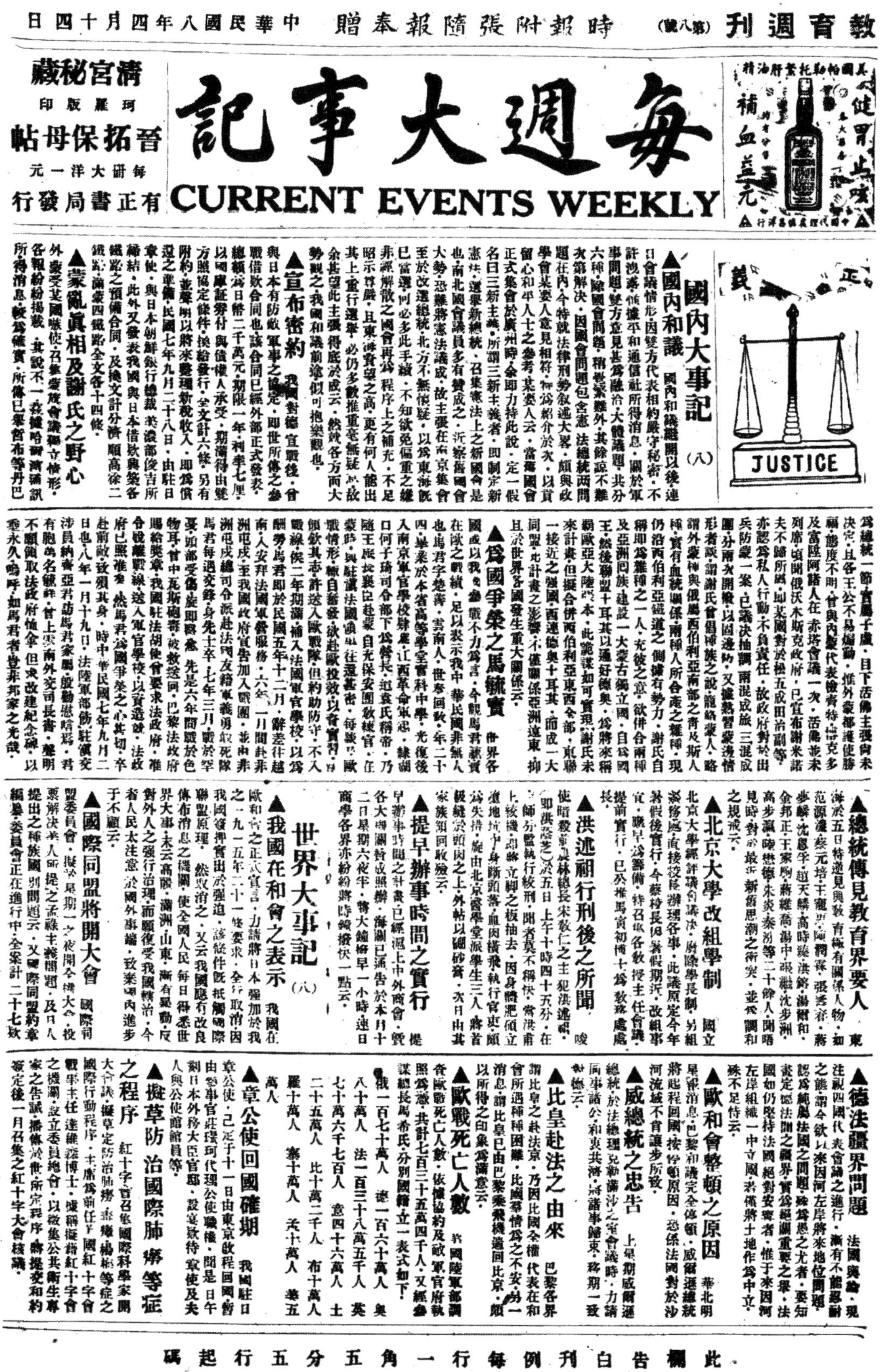

教育週刊（第八號）
時報附張隨報奉贈
中華民國八年四月十四日
每週大事記
CURRENT EVENTS WEEKLY
清宮秘藏
珂羅版印
晉拓保母帖
每册大洋一元
有正書局發行
JUSTICE
國內大事記（八）
國內和議
宣布密約
蒙亂眞相及謝氏之野心
爲國爭榮之馬毓寶
總統傳見教育界要人
北京大學改組學制
洪述祖行刑後之所聞
提早辦事時間之實行
世界大事記（八）
我國在和會之表示
國際同盟將開大會
德法疆界問題
歐和會整頓之原因
威總統之忠告
比皇赴法之由來
歐戰死亡人數
章公使回國確期
擬草防治國際肺癆等症之程序
此欄告白刊例每行一角五分五行起碼

1919 年第 8 期《每周大事记》记叙了洪述祖被执行绞刑时的情景

一致正妻张玉芙（时年63岁）书：

玉芙如面：

汝我相处30余年，草草也算一世。比之寻常人家，似觉优胜。然汝一进门，即侍奉老太太之病，贫苦万分，亏汝支持。嗣后并无五年之好境，连连节节，忽平忽波，并无一日享福。虽是汝命中注定，亦我之累汝也。幸而皇天不负苦心人，汝之一子一女都已成立，可以慰汝暮年。此乃汝之福，比我好的地方。我死之后，汝切勿过于哀痛成病，要知人谁不死，况我年逾六十，又为国家而死，于心毫无愧怍，比之寻常病死，已是不同。汝若悲伤成病，此刻无人照料倒反更苦。此是我第一件嘱咐之事。

八斤（时留学美国）心地笃实，不愧你我之子。（我）死后，务嘱不必废学，仍到毕业方回。此是我第二件嘱咐之事。

五宝（洪之女）只好全托海樵、玉涛二人，我并另留一字，汝即挂号寄去。此第三件嘱咐之事。

七虎（洪之子）读书及五团等事，只有靠托八斤，将来酌量办理。八斤极顾大局，汝再以我言告之而已。此第四件嘱咐之事。

五奎桥茔地葬法，我前已画有图式。我身后棺材，已嘱阿媛，尽百元为度，用麻辫扎好，由转运局从火车一直运到常州车站，即由车站抬上五奎桥。不必寄庙再停，总以速行入土为是。僧衣、殓衣本现成的，大概阿媛总能送我回常。此次，阿媛吃苦出力非寻常人格所能，倘有何主见，不必阻她。（她）也以同我同居为归束，将来共三人一墩，与前图稍不同。此是我第五件嘱咐之事。

我死后，汝等仍居海上，一切照常，暂不必动，等后年房客搬出后再回。又可等待八斤回来，那时取回冯昆甫家祠内寄存之物。我入土时，汝不必自回，或仍请余亲家及沙伯度一办。总之，越省越快越好。入土之后，在天宁寺礼忏三日，并将我所有佛像铜的、画的，一起施舍到天宁寺供养保存。此是我第六件嘱咐之事。

阿逸能同承鸿设法早早依傍汝过日，一则慰汝寂寞，二则一切有汝指点，较为稳妥。侣芙年老多病，憔悴一生，想也是前生因果，到头来总可明白。意儿男女虽多，将来全看教育如何，方能指望。他也是三十多岁的人，我只能嘱托其自身要好，教子有方而已。仍望汝随时劝说他为要。伦官（洪之孙）双目有神，将来加以良好教育，少奶奶大有后福。惟注意卫生及家政，最是要紧。大凡人家只要守定勤俭二个字，无有不兴的。从前老太太二十岁抚孤，三十年中，勤到极点，俭到极点，奇苦万分，此刻家庭都是老太太之积累留贻。做人只要振起脊梁，打起精神，虽要成佛成圣，亦不难也。

外致（李）于湖一函，或汝或阿逸当面交去勿误。此信到常，交侣芙一阅，再留与八斤存之。

己未三月三日。念难老人京师狱中书

二与徐媛姬函：

阿媛知悉。大理判决书已到，果然定死刑，不出所料。兹将原书寄汝，可送黄华一阅。所用棺木不得过百元，用麻辫捆好，即日由火车送常州，速放五奎桥。至殓服，用我带来之僧服，汝总等送我回南之后再说。此为国事而死，于心无愧，古人如此者甚多。汝等不必慌急，家中各人，不及写信，汝即以此信示之可也。汝能随时来接见更好，不必拘十五天。已蒙允准。己未三月初二日。念难老人狱中书。

三致友人李于湖书：

于湖先生尊鉴：

相知三十余年，种承大德，不敢不以一言告别。佛说三生，倘此去尚未脱轮回，则后有之生，皆报德之年耳。方寸无愧，公当知之，无须赘白。小儿回国，须壬戌年。其未回之先，沪上细弱，托无可托。，惟以累公。人之相知，贵相知心，当不我却也，留颂起居万福。己未三月初二日，述祖京师狱中绝笔。

四与洪崇义书：

海樵、玉涛两弟手足：

兄为国事而死，死亦无恨。惟纯儿（洪之子）奉托教养，不得不再一言加嘱。以后此子若能成人，兄在九泉衔感两弟之德，必矢衔环结草之报；倘不能成人，两弟切勿姑息，稍存客气，宜严训之。五少奶奶之病体已愈否，弟妹夫人并此道辞。堂上叱名请安，手此，留颂侍福。小兄述祖书于京师狱中，己未三月初二日绝笔。

再，岛产售价后，除还债外，分做四份，以三份交上海内子张玉芙收留，一份归五少奶奶收存。

五致史蓉生书：

蓉弟如面：

接来书，悉一切。大理判词已送来，今早已寄阿媛矣，不必再抄，请告律师省此手续。现蒙此间说可，随时接见，不必拘十五天之限。望告知阿媛，叫她明后天来此一行为要。余事不另。小兄念难老人泐，初三。

邵飘萍读罢遗书不禁感慨道："洪氏在法律上之罪名，为另一问题。但其临死从容，尚能安排家庭琐细，皆有条理，亦人生大不易事也。至其遗嘱中所言，每多可取之语。所谓人之将死，其言也善。"

5日上午10时45分，对洪述祖执行绞刑。洪登上绞刑机，行刑人即将立脚板抽去，因洪之身体肥硕，立坠地坑中，颈断头落，血肉横飞。执行官吏颇为失措，立即请示司法部，旋派北京医学堂三位学生，将洪之首级用针线缝诸颈上，外贴硼砂膏，次日由家属领回收殓。

随着洪述祖的死，宋教仁案似乎画上了"圆满"的句号。但1919年第16期《每周评论》中的《冤哉洪述祖》一文，却又提出宋案真正的幕后人实为袁世凯："洪述祖判了死刑，固然是罪有应得。但是那教唆洪述祖去谋杀宋教仁的袁世凯，乃是真正首犯。虽然（他已经）死了，不能加刑。何以政府里人人都还尊敬他了不得呢？”

宋案至今仍然还有诸多未解之谜，读者通过此文或许能够找到答案。

叢　古　的　山　勞

宅　故　祖　述　洪　的　山　勞

1926 年第 13 卷第 5 期《学生杂志》中的洪述祖故居

海军上校刘乃沂贪污案始末

旧中国，国民党的贪污腐败举世闻名，迫于社会压力政府也曾几次力图惩治腐败，但终究是虎头蛇尾，其中，蒋介石曾亲自下令将一位海军上校在北平执行枪决，一时之间轰动全国，他就是当时天津的接收大员刘乃沂！更令人瞠目的是，此案始终都与一个女人有关。

五子登科

抗战胜利了，面对全国不下 4 万亿元的敌伪产业，国民党政府完全采取挖肉补疮的办法，以敌伪产业充裕国库，卖光吃光为止。于是，国民党政府派出大批军政官员到各收复区接收敌伪财产，各种接收机关林立，仅平、津、沪、杭四地就有接收机关 175 个。中央大员由天而降，地下人员到处蜂起，互相争夺，乱作一团。

一些接收大员和地方军政官员则趁混乱之机大肆营私舞弊，贪污盗窃，弄得民怨沸腾，百姓发指，人民将接收称为“劫搜”，称接收大员们为“五子登科”（即占房子、抢车子、夺金子、捞票子、玩婊子），并失望地说：“想中央，盼中央，中央来了更遭殃”。一时间，全国各报纸及一些知名人士纷纷发表言论，公开指责国民党政府的贪污腐败。蒋介石也发现接收工作有“严重错误”，指出接收工作的混乱黑暗已经贻笑中外，成为“政府最大之耻辱”。

为了挽回一点面子，收买民心，缓和舆论批评，国民党政府被迫决定对收复区接收处理敌伪物资工作进行了一次“全面清查”。于是，1946 年 7 月底，成立了“接收处理敌伪物资清查团”，清查团分七区十八组，于 8 月份赴各地。冀察热绥区接收处理工作清查团于同年 8 月 18 日下午 6 时抵津，以团长李嗣聪为首的一行 8 人，在津开始了为期两周的清查工作。这期间，该团共查获 3 起大案，其中数额最大、在全国最有影响的就是“刘乃沂贪污案”。

捕刘乃沂

清查团在北平时，就屡次接到有关刘乃沂舞弊的密告信，来津又有十余封检举信，信中称：“刘乃沂趁接收之机，扣留天津日人小莳洋行及协盛贸易公司巨量物资，匿不呈报；且盗卖钢铁 50 余吨、白糖数十吨，价值

天軍接收辦事處主任劉乃沂因接收舞弊嫌疑，爲北平行轅拘押，於十一月九日在懷仁
審，上右爲公審情況，第二人起補給司令部何副司令，行轅廿參謀長佩澤，軍法處長
黃敬修。上左爲劉乃沂。（朱榮彬攝）

在怀仁堂公审刘乃沂时的情景

在数千元，均饱私囊。”

清查团抵津后，即分头暗中调查，经过近10天的缜密暗查，终于查出刘乃沂确有贪污巨额敌产的嫌疑。该团遂函请北平行辕转令天津军事机关协助办理。26日，北平行辕乃令行辕驻津高级参谋卢济清，会同九十四军军长、警备司令部牟兼司令，宪兵第二十团团长曾家琳协助缉拿刘乃沂。27日下午，卢济清亲自给刘乃沂打电话，约请刘到兴安路临时参议会议事。放下电话，卢济清又调动兵力，在临时参议会院内布置20人，专门对付刘的卫兵及司机；客厅埋伏5名干练的士兵，任务是活捉刘乃沂。网已全面张开，只等刘乃沂这条大鱼了。

下午4时许，刘乃沂的汽车缓缓驶入临时参议会院内，宪兵第二十团团长曾家琳迎上前来，与刚下汽车的刘乃沂热烈握手，略加寒暄后，二人携手走进会议厅，而刘的3名卫兵却被客气地挡在门外。

穿过会议厅往左一拐，就来到了客厅门前，曾家琳往前跨一步推开大门，伸右手说：“刘上校，您请！”刘乃沂刚一迈进大门，两只胳膊即被门两边埋伏的卫兵“嘎吱”一声扭到背后，一名士兵飞快地缴获了他腰间的手枪，此刻刘乃沂并没有挣扎，只是问曾家琳：“你们准备把我怎样”？曾家琳答道：“你在接收敌伪产业中有贪污嫌疑，我们只是把你请来调查调查，希望你能配合。至于怎样处置，还要看调查的结果。”

等士兵将刘乃沂押回大院时，院内也已结束战斗，3名卫兵及1名司机均被缴械押上了车。曾家琳将刘乃沂送上车后，遂令士兵分乘3辆吉普车，连同刘所乘的汽车，一并押回宪兵第二十团团本部看管。

祸起金红

刘乃沂，年43岁，葫芦岛海军学校毕业后，便在海军任上尉连长，后来东北系的海军投效中央，他便一帆风顺，做了海军教导总队的大队长。在此期间，他曾兼任选雷业务，为此，他赚了一大笔钱。

嗣后，因为人事摩擦，1944年初，曾被调往军政部。1945年8月，抗战胜利后，又调回海军服务，以华北区海军专员办公处平津分处主任的身份，进驻天津，担任接收海军敌伪产业的工作。他的脾气极为暴躁，而且好女色，他与原配刘氏在辽阳结婚，感情不和，续娶尚氏（名尚树贤），原配气得发疯了，不久便秘密地失踪了，他遂将尚氏扶正。第三个太太葛氏（名葛树英）是杭州人，在南京成婚。刘乃沂来津后时常出入舞厅、旅馆、酒吧，所以，在不到两个月的时间，就与凤凰舞厅的舞女金红（本名陆红英）相识，金红是当时津门红极一时的名舞星，是有名的交际花，与许多政界、军界的要人都有来往。

刘乃沂来之前，她一直与一个姓苏的议员来往密切，刘一出现，水性杨花的金红，便马上又投入到他的怀抱，因刘每次请她跳舞都是一掷千金，而且刘身为接收大员，握有生杀予夺的大权，刘曾向金红夸下海口："你如果跟了我，天津的、塘沽的任何东西，你只要想要，那它就是你的了，我封你为接收夫人"！刘乃沂遂以二十万元纳金红为小妾，并赠以一盒金银首饰，金红也改名为吴新芝，金红选第一区上海路临河里10号的一幢小楼为他们的新房。

婚后，金红与刘乃沂形影不离，不论是政事、家事她都要横加干预。在接收时，金红是见汽车要汽车，见房子要房子，见金子要金子；她还不断地挑拨刘乃沂与尚氏的关系，一次竟扣了刘乃沂一星期，不让其回家见尚氏，直至尚氏找上门来，并与金红大打出手。

此外，她还依仗着刘的势力，在政界、军界的要员们面前态度傲慢异常，把他们统统没有放在眼里，动辄大声喝斥，大发接收夫人的脾气。

一次，在公开场合，她竟指着曾将其捧红的苏议员的鼻子说："我这朵鲜花险些插在你这堆狗粪上！"气得苏议员浑身发抖，心脏病发作，当时就昏死过去。后虽经抢救及时而保住性命，但也只能卧床休养，因无颜见人而闭门谢客，但他嘴里总是念叨着：“我一定要出这口恶气！我一定要亲手杀了这个小贱人！”

机会终于来了！当听说清查团抵达北平后，苏议员一轱辘就从床上下了地，吩咐人赶快请几位知交过来吃饭。

席间，几个朋友见苏议员频频举杯，开怀畅饮，而且不时地放声大笑，不禁惊奇地问：“前些时候苏兄病体欠安，我等前来探访，均被拒之门外。今日，不仅将我等请来盛情款待，而且苏兄也是红光满面，豪饮不尽，莫非是有什么喜事从天而降？”苏议员听罢放下酒杯沉吟片刻说道：“诸位都知道我为了一个小贱人大病一场，无非是因为窝了一口气。今日我闻听清查团已抵北平，不日即可来津，我出这口气的日子到了！”

他顿了顿，扫视了一下桌前的各位接着说：“明人不做暗事，我今天将诸位请来，就是想告诉大家，我要检举刘乃沂的贪污行为！一来我是为国、为民除害，二来我要让他因为这个小贱人上断头台！”当听明其意后，在座的各位齐声喊好，因为他们也早为刘乃沂将大量的敌产据为己有而耿耿于怀，同时他们也曾屡次遭受金红的侮辱。苏议员又说道：“刘乃沂贪污是人人皆知的事情，但清查团要的是详尽的事实与铁一般的证据。各位都知道我已卧床半载有余，孤陋寡闻，搜集事实与证据的事，还得仰仗诸位呀！”话音未落，其中的一个说道：“我也是接收委员，这里的内幕我清楚！”另一个说道：“我手里这方面的材料有的是！”其他的人也一致表示：“这个忙我们一定要帮，因为这不仅是你的事，也是我们的事！”说罢席间各位共同举杯：“干！”

两日后，刘乃沂的贪污事实与证据均已搜集齐备，经苏议员整理，每人起草了一封检举信，分别署名为“知情人”“效忠党国的战士”“为民请命者”等，共计 6 封检举信，一并存于苏议员处。

一切准备就绪，专等清查团来津。但两天后，苏议员就耐不住性子了，他拿出两封证据最为翔实的检举信交给自己的儿子，令他乘快车火速赶往北平投递。清查团抵津后，苏议员又令其子将所余信件投进检举箱。

随后，苏议员咬牙切齿地说：“我要用这 6 颗重型炸弹将刘乃沂送上天！”

封门抄家

清查团将刘乃沂诱捕后，又以迅雷不及掩耳之势率同军、警、宪，处理局及海关等 40 余人分四组，分赴第一区北平道海军专员办公处及刘乃沂的 3 处寓所清查。

第一组清查的是第一区迪化道 118 号，这是刘乃沂的公馆，住着刘的夫人尚氏及二姨太葛氏。清查组在此发现保险柜一个，但因不知密码无法开启，遂打电话通知将刘乃沂押来。刘一进门，尚氏、葛氏及孩子就哭着扑了过来，均被宪兵挡回。清查组指着尚氏问："她是你的夫人吗？"刘答道："是。"清查组又指着葛氏问："她是谁？"刘答道："是小姨子，不，是朋友的妻子，她是客人。"这时一个 10 来岁的女孩一边搂着葛氏大腿一边问："妈妈，爸爸怎么啦？"清查组听后问："这个孩子不是喊你爸爸吗？"刘答："这孩子小，见人就喊爸爸！"刘说完也觉得不对劲，额头上已沁出汗来，昔日的八面威风已荡然无存。刘乃沂打开保险柜，经清查组查点内有：金镯 7 只、美金 1000 元、赤金 17 两，养珠一袋重 4 斤余。问及东西来源时，刘说："系日常生活积累。"

第二组清查的是第六区琼州道 11 号，也是刘乃沂的寓所，该处住有刘的侄子及侄媳。在大保险柜中查获：金条 8 根（每根重 10 两）、养珠两包（一包重约 40 两，一包重二斤八两）、珊瑚寿星一座（约高 1 尺余）、美金 9000 元、西口皮筒 86 件。

第三组清查的是四平道海军办公处，是刘乃沂的办公地点。为检查方便起见，又将刘乃沂押至该处，当令打开各室大门及箱柜等。清查组当即查获：保险柜一个，内有养珠一大包均拇指大，均重 4 斤余，并有皮筒 50 余件。查阅文件时，发现有日人小莳洋行、太田洋行、中户川孝造（中裕洋行）等房地契多份，刘乃沂购置两辆新汽车的单据。此外，还发现河北堤头辛庄公义欣煤厂于本年 6 月 6 日致刘乃沂的公函中称，在刘乃沂处存有三角铁、元铁等共计 55 吨。又查阅刘的日记本，内载有 6 个保险柜的密码，现已查出 3 个，尚有 3 个没有查获。清查组遂讯问其他保险柜的下落，刘乃沂坚称只有 3 个保险柜。但经清查人员仔细搜查，发现刘的办公室后面有一间密室，刘诡称："这间密室是别人的，我没有钥匙。"当由清查人员将密室撬开，遂发现一个保险柜，并按日记本上所载密码顺利开启，证明这就是刘的第四个保险柜！内藏新皮筒50余件。刘推说这是朋友寄存此处的，但问及朋友姓名时，他却支吾着答不上来。

第四组清查的是第一区上海路临河里10号，这里住的就是刘的小妾金红。清查组在该处查获东西最多，有汽车两辆，后院仓库里满满一仓库的东西，一时难以清点清楚，大致有钢铁、白糖及部分军用物资。并在金红的卧房中起获保险柜一只，经刘确认，这就是第五只保险柜，其中仅养珠一项计有1万余粒，价值在3000万元以上。此刻，刘乃沂表现得仍十分狡猾，诡称金红与他仅为同居关系。当从保险柜中取出其二人的婚书时，刘又说："这证书不过是骗骗她而已，我怎么能娶一个婊子做老婆呢？"金红闻听此言登时暴跳如雷："我要是婊子，你就是婊子养的！语已至此，明天我就找别的男人去！"临行时刘对管家说："我此一去凶多吉少，她疯了，你们要看住她！"岂料，胆大包天的金红竟令人在次日凌晨4时将仓库的物资偷偷运出，竟欲盗卖，当场被宪兵扣留。

次日清晨，清查团又清查了东光大楼海军军官宿舍，并起获大量物资。清查团从27日下午6时至晚12时，28日晨9时至下午2时，在各处共查获，刘公馆3处、汽车两辆、黄金2000余两、美金1万元、养珠1万余粒、皮筒150余件、赤金镯12只、金表3只，其他笨重物资如洋灰、白糖、钢铁等。经查其接收日人小莳洋行、太田洋行及中裕洋行也未呈报。刘乃沂藏匿物资总价值在10亿元以上。

舞女金红

28日晚，清查团及各到场机关人员，共同将物资清点后，由津海关加贴封条，仍置放原处，并由警察局派警驻守。清查团对刘乃沂贪污舞弊一案，业已证据确凿，并将清查经过呈报国防部查照。

解送北平

29日，清查团奉命将刘乃沂押赴北平行辕。闻知此消息后，刘乃沂脸色一片黯淡，在征得清查团长李嗣聪的同意后，他给其直接上司海军总部教导总队长唐静海打了一个电话，其内容大致为：今天因有要事，须随清查团赴北平行辕，请速派员接替天津的工作。最后，他用哀伤语调说："非常感谢您对我多年的栽培与提携，学生如有辜负，请您海涵。"随后，他又要求再见一见夫人尚氏，在遭到拒绝后，他又提出写一封信，得到允许。信的内容为嘱咐妻子他不在的时候要保重身体，要担起支撑家庭的重任。在得暇时可以赴北平一行，一来探视他，二来顺便探望一下唐静海总队长及在北平的各位故交。其用意无非要唐静海及尚氏在北平多方疏通活动，为其开脱罪责。

正午12时，宪兵将刘乃沂从第二十团团部中押出，乘吉普车至火车站，转乘特快专列，于下午2时半抵达北平火车站，下车后，即改乘汽车径自押往北平行辕以待审讯。

28日、29日、30日的《大公报》等全国各报刊纷纷连续报道了这一事件，在全国引起了轰动。30日晚，在苏议员的客厅里，一人大声地朗读着刘乃沂被解往北平行辕的消息，客厅里不时发出朗朗的笑声。他们并不是为揪出一个贪污犯而高兴，而只是为了出了一口恶气而兴奋。一人说："刘乃沂去时容易，回来可就难喽！真想看看小金红此刻是个什么样儿！"一人接着说："她呀，就等着收尸吧！"一人插话说："她才不会收刘乃沂的尸呢，此刻不知道又钻在谁的怀里啦！你没听说，连刘乃沂都叫她婊子吗？"苏议员说："是啊，我昨天派人去收拾她，找遍了整个天津卫也不见她的人影！这个小婊子，别让我找到，找到她我扒了她的皮！"

刘乃沂被押赴北平后，即由北平行辕军法处承审，审判长是甘沛泽。经讯后，刘乃沂供出了其日记本上记载的第六只保险箱。9月2日晚6时半，清查团荣照委员由平返津，3日晨会同行辕联络参谋张振彝、宪兵二十团团长曾家琳及警察局长李汉元，再次前往四平道刘的办公处。走进密室，取下悬挂于墙上的一面大镜子，6个红色数字按钮立刻呈现在眼前。按照密码，曾家琳按动按钮，墙面立刻出现一道缝隙，而且缝隙在不断地向两边扩展，最后形成一个高 1.5 米、宽近 1 米的大门，曾家琳等鱼贯而入。打开电灯，人们都被惊呆了，这第 6 只保险柜原来是一个近 10 平方米的仓库！里面藏有 500 箱鸦片、300 箱西药及大量的黄金和美金。清查人员经清点后加封。翌日，由荣照等全部解送北平。

刘乃沂被押往北平的第二天即 31 日，尚氏即携带长子刘佩赴平打探消息。当找到唐静海家时，即见唐家门口停了两辆吉普车，尚氏刚要上前探问，却见十几个宪兵押着唐静海出来，推上车，两辆吉普车飞驶而去。第二天据报载唐静海涉嫌刘乃沂案已被拘捕。尚氏在北平四处活动用钱无数，但均被告知此案毫无希望，甚至连想见一面刘乃沂的请求也被驳回。有关系亲密的人告诉尚氏："你不要再浪费金钱和时间了，这案子由蒋主席亲自审理，谁也说不上话的，你就听天由命吧！"

1947 年 1 月 12 日，蒋介石接到关于刘乃沂案的报告，当即如见担任军事委员会调查统计局副局长代理局务毛人凤，毛向蒋介石报告该案情况，并说这是 7 个清查团中办的最大一案。为了改变国民党政府"只拍苍蝇不打老虎"的形象，也为了削弱东北系的势力，蒋介石当即做出"刘乃沂处死刑，唐静海督导不利，令其引咎辞职"的批示。

命丧天桥

刘乃沂虽经几次审讯，但均未使用任何刑具，也未上绑。在军法处的看守所内，他仍身着皮袍，足蹬皮靴，且饮食上享受特殊待遇。1 月 16 日晨 9 时半，军法处法官突然来到看守所，大声宣读刘乃沂贪污案的判决主文：刘乃沂侵占接收平津敌伪海军物资鸦片、药品、黄金、房屋等物属实，依《惩治贪污条例》第二条第二款，《禁烟禁毒治罪条例》第十条第一项，处死刑，剥夺公权终身。

因事先毫无征兆，刘乃沂听后神色突变，手扶看守所的铁栏发疯似的高声叫道："我冤枉，我不服，我要上告，我要向最高军事法庭上告，我要向蒋委员长上告！"

军法处梁法官说道："你不用告了，你的案子是委员长亲笔签批的，而且让我们现在就执行！”

话音未落，宪兵已将刘乃沂上了绑，而且在其背后插上了招牌。此刻的刘乃沂已颤栗不止，体似筛糠，“扑通”一声跪倒在地。宪兵将其拖起往外拉。刘乃沂声嘶力竭地喊道：“我要见见家人！我要给家里写信！”

但没有人再理会他，径自将其押上大卡车押赴北平天桥刑场。

10 时整，刘乃沂已跪在刑场。此时，他反而镇定下来，双目紧闭，只等着最后时刻的到来。不知是执行宪兵有点紧张，还是什么原因，第一枪只击中了左臂，子弹自左臂击入，在颈侧飞出。刘乃沂大叫一声，右手去捂左臂。此时，第二枪又响了，正中后脑，刘乃沂当即前扑毙命，时年 44 岁。

第二天，全国各报纷纷报道了刘乃沂的死讯，均称“贪污之海军上校刘乃沂，乃为胜利后枪决贪官开一新纪录”。

当日，刘乃沂之妻尚氏及姨太太葛氏闻讯赶来北平收尸，运回天津安葬。刘乃沂之宠妾金红并未露面。

刘乃沂被枪决的同时，唐静海也被释出。三天后，唐静海引咎辞职的消息见诸报端。海军东北系的势力遂被削弱。

至此，该案似应告结，但谁想，一年后又因金红的马甲垫肩藏宝案再起波澜，并以此案为导火索，引发出刘乃沂遗产纠纷，法院推事与金红非法同居及北平行辕在发还刘乃沂家属财产中的舞弊案。

马甲藏宝

1948 年 5 月 25 日上午 10 时，河北天津地方法院刑庭审理了一起不平常的盗窃案。被告是本市一区滨江道中美洗染公司经理王定发和洗染工人严志高、李振钊，原告是地院刑庭推事黄哲的太太吴新及其母吴徐氏。

经法院调查后，基本掌握了案情的经过。

同年 4 月 5 日，黄哲、吴新及吴徐氏共同将一件马甲送到中美洗染公司洗涤，因一时仓促，忘记取出缝藏于垫肩中的金锭一枚、手镯一只、钻戒一个及美金 50 元。至同月 16 日，吴新在家中猛然想起，火速偕黄哲前来领取。

当将衣服拿到手时，即发现两个垫肩均不知去向！遂将该店经理王定发叫来询问。王称，此类衣服在洗染时均将垫肩取下单独清洗。

遂令店员将垫肩找来，但店员寻找后称，垫肩可能还在洗染工厂。黄哲夫妇当即和店员一起来到工厂，垫肩果然在工厂，打开一看，其中仅有金锭和手镯，钻戒和美金却不见了！黄哲对王经理说：“东西肯定是你们店员拿的，只要他将东西交出来，我们就不再追究了。”王经理遂令将洗涤该衣服的工人李振钊叫来质询，李坚称并未发现钻戒和美金，更没有私自拆取。

黄哲又说：“我不管东西是谁拿的，也不管他承认与否，反正是在你店里丢的，你们就该照价赔偿！”王经理说：“你的这些东西当初并未在我公司登记，怎见得就是在我店里丢失的呢？我公司没有赔偿义务！”双方随即争吵起来。

黄哲推事一气之下抄起电话就向警局报案。放下电话，他又指着王经理的鼻子吼道：“你们把我惹怒了，我立即叫人逮你们进局子，3 天枪毙你们，7 天封中美的门！”

正说着，警局的人已经赶到，在黄哲的指引下，将王定发、严志高和李振钊等 3 人绑赴警局，经讯后移送法院。

法庭之上，原告、被告及双方辩护人唇枪舌剑，互不相让。

正在这时，忽然有一名新闻记者给审判推事杜文元递上一张字条，上写：今日之原告黄哲推事之夫人吴新，就是昔日贪官刘乃沂之小妾金红！面对眼前这一新线索，审判推事遂宣告法庭辩论终结，该法庭调查后再行开庭。

黄哲夫人

随后，法院对吴新进行了单独传讯。

问：垫肩内物品来源？

吴新答：是黄哲推事多年的薪俸积蓄，藏在垫肩里是因为多年流离失所而养成的习惯。

问：与黄哲推事在什么时候结婚，是否有婚书？

答：结婚已有 3 年，领有婚书，现已遗失。

问：去年处决的贪官刘乃沂你可认识？

答：不认识，听说过此人。

问：苏议员你可认识？

答：不认识。

问：苏议员今天也来了，你要不要见见？

这时，苏议员已推门进来，吴新回头一看，正撞上苏议员的目光，四目相视，吴新立即低下了头。她不得不承认，她就是当年的“金红”！

刘乃沂被押往北平后，金红也曾想到北平活动，但当找到尚氏和葛氏时，她二人即令人将其逐出，并声言：“他今天落得这样下场，就是因为你这个‘扫帚星’，你滚得越远越好！”无奈，金红只好作罢。后又听说苏议员等人到处找她算账，而且金红已身怀有孕，只得回江苏老家躲避。同年 12 月，金红产下一子。

次年 2 月，得知刘乃沂被处决并发还了一部分财产，金红便怀抱幼子来津，找尚氏索要财产。尚氏以发还的财物均为料理刘乃沂后事所用，拒绝了金红。金红遂于 2 月 14 日告于河北天津地方法院，在将自己的身体献给该案审判推事黄哲后，金红打赢了这场官司，法院判处由尚氏付给金红美金 1500 元，金红遂与刘家脱离关系，只是因无处栖身，法院令其暂住刘乃沂之兄刘敏中的房屋。刘敏中几次令金红腾房均遭拒绝，后诉诸法庭。

审理此案的主审官仍是黄哲，无疑又是金红胜诉。其二人关系更加密切。3 月，黄哲奉令调往保定，但他还愿留津，遂到南京活动，金红则助其川资。4 月，黄哲果然又调回天津地院，与金红再次在津相聚，小别后的二人难分难舍，没有经过任何手续就在津同居，金红复更名为吴新，其二人双栖双宿，双出双入，俨然一对美满夫妻。随后，又将金红之母吴徐氏由江苏接至天津，以照顾金红的孩子。

因对黄哲并不十分放心，金红遂将刘乃沂生前赠予她的金首饰等物缝藏于马甲垫肩中，以备不测。

时日一久，竟将此事淡忘，遂将马甲送至中美洗染公司洗涤，即发生了马甲垫肩藏宝案。

再起波澜

同年5月29日下午3时半，河北天津地方法院对此案作出了判决：王定发、李振钊、严志高均无罪。其理由是：《刑事诉讼法》上所谓认定犯罪事实之证据，须系合法之积极证据，且以能具体说明其犯罪事实存在者为限。本案经过核实虽属不无可疑，但经审讯被告等对于窃取垫肩内钻戒、美钞即极端否认，且吴新交洗马甲时，其垫肩内是否藏有钻戒、美钞，毕竟无确切证据可以证明，则被告等之犯罪行为尚属不能证明，自应谕知无罪。

此案及吴新的身世一经新闻界披露，立即引起人们的普遍关注。人们倒不是关心钻戒、美金是否被中美公司窃取，关心的却是地院推事黄哲利用职务之便霸占金红、恐吓中美公司，应如何处治？金红手里的金钱是不是刘乃沂的贪污所得？刘乃沂贪污的敌伪产业是如何处置的？

苏议员因是该案证明金红身份的人证而参与了此案，从而结识了中美公司经理王定发。此案审结后，苏议员又找到王定发："王经理你白白被押半月之余，难道就这样算了吗？"王定发不解地问："那又能怎样呢？"

苏议员故意卖关子，沉吟了半晌才说："我听说上面正要追查黄哲的风纪问题，趁此机会，你应该控告他依势诈财、诬告、恐吓，控告金红隐匿贪官刘乃沂之赃款。他们不是扬言'三天枪毙你们，七天封中美的门'吗，就凭这句话他们就该进监狱！"

随后，苏议员亲自找律师为王定发撰写了诉状，分别呈递至监察院、司法行政部和河北省监察使署。

河北高等法院院长邓哲熙对该案极为关注，于6月1日下午急令天津高等法院院长李祖庆迅速彻查，详细具报。

河北监察使署监察使李嗣聪对此案也极为重视，6月2日致电津办事处主任刘润田，就近查明真相，以凭核办。

6月2日，津高分院院长李祖庆亲往中美洗染公司调查。该公司因近日以来，连续遭受不明身份的人前往滋扰，影响业务进行，遂暂告歇业。李院长又到王经理的家，并见到了王经理。李院长调查的重点是黄哲推事是否说了“三天枪毙你们，七天封中美的门”。王经理坚称黄哲说过此话。

当李院长要找黄哲及金红调查时，他二人已不知去向，有人说他们去北平了。

3 日后，金红返津，李院长遂召其讯问。据她说，她是刘乃沂之遗妾，刘死后与黄同居，并没有正式结婚，马甲垫肩中的东西都是她自己买的，不是黄推事的，黄哲并没有恐吓之词。

6 月 14 日，津高分院院长李祖庆复文河北高等法院院长邓哲熙。其要点是：

1. 黄哲警告中美洗染公司的话，吴新不承认，黄哲未返，无从证实。

2. 黄哲之妻吴新，确系被枪毙贪犯刘乃沂之妾。

3. 吴新与刘乃沂之兄刘敏中争产，由黄哲承审。黄哲赴京，曾受吴新所赠之川资，黄返津即与吴同居。

4. 马甲藏宝系 1946 年 4 月刘乃沂自津劝业场购得赠予吴新的，美钞则为吴之女友陈剑清偿还者。

经司法行政部核准后，河北高等法院遂即将黄哲撤职，其余部分将黄哲缉获后另行处置。

一篇烂账

与此同时，冀监察使署两次行文北平行辕军法处，质询刘乃沂赃款下落，并请其宣布处置办法。

刘乃沂之妻尚氏、葛氏闻听发还财产现已下落不明的消息也急了，派人到北平打探消息，到南京花巨资疏通渠道，最终还是冲破层层关卡，由李宗仁副总统亲自批准：立即发还。

6 月 10 日，北平行辕军法处通知尚氏前来具领发还家属之财物。但当军法处会同天津警察局、警备司令部、宪兵二十团等机关到中央银行共同提取时，却发现原判决书中写的黄金 17 两、美钞 1 万元，只剩下了美钞 9000 元！再查底账，就更让人吃惊了，账上只有美钞 9000 元！那么究竟黄金 17 两、美钞 1000 元何处去了呢？

6 月 18 日，北平行辕军法处某主管科长在北平报纸发表谈话，作为给冀监察使署的答复。略称：赃物中有黄金 17 两、美钞 1 万元，刘乃沂供称系私产，调阅各种卷宗，亦找不出贪污痕迹，故当时判决将此部财物发还刘之家属，此判决业经蒋总统核准。在谈到黄金及美钞丢失的原因时，他说，原因为刘乃沂伏法前，刘妻曾请求暂时还美金千元、黄金 17 两，军法处在取得津邮政局某股长的具保后，即将该款交给了尚氏，并令其当场签收，以为凭证。

此后，有关方面针对此问题询问了尚氏，尚氏称，确实曾领出美金千元，黄金 17 两，均作为棺殓刘乃沂所用了。因该款系发还之物，故有关方面未加深究，遂将美钞 9000 元发还尚氏。尚氏复提出要求归还第一区迪化道 118 号的房产，军法处也已答应，后因该房契并无刘乃沂或其家属姓名，而遭到处理局拒绝而未能成交。

6 月 19 日，冀监察使署负责人在《大公报》发表言论，公开批评了北平行辕军法处：

1. 应发还之 186 种物品，何故仅发还美钞千元，黄金 17 两，似像私人借贷。

2. 保管启封均由处理局会同办理，为何发还时仅会同津警局、警备部、宪兵二十团监视办理，并未邀同保管机关处理局？此点外人有所不解。

3. 房契一包并无刘乃沂或其家属之字样，以何为根据，判决无贪污痕迹，而强行提取发还，嗣遭处理局拒绝，现该房契仍存行辕军法处，不知将做如何处置！

该负责人最后说：“刘案必追查到合法结局为止。”

次日，北平行辕军法处也发表言论，自认依法发还，且经蒋主席批准，手续正当。关于刘乃沂之财产处置，第一次来津即邀请处理局参加，但处理局及监察使署均应邀不到。

就这样，冀监察使署及北平行辕军法处在报端舌剑唇枪，你来我往，拉开激烈的战场，大有愈演愈烈之势。各报纸也纷纷指责“惩治贪污者贪污”，“刘乃沂贪污案余波荡漾，有人想从死人身上揩油”等等。

但谁料想，至 6 月 22 日以后，此案却戛然而止，杳无声息。据消息灵通人士称，此事被南京政府获悉后，蒋介石也很是挠头。还是毛人凤出来打圆场，对蒋介石进言道："此时大敌当前，还是以精诚团结为重。此举我们原打算是安抚民心的，他们这样一闹，岂不是适得其反吗？事已至此，还得委员长出来说句话。"

蒋介石挥了一下手："一篇烂账，不理也罢！"至此，刘乃沂贪污案及其余波，在蒋介石的挥手中彻底平息了。

烟消云散

马甲垫肩藏宝案审结后，接着河北天津地方法院受理了刘敏中与金红的房地产纠纷案。同年 5 月 20 日，该院判决限令金红 3 日内腾房搬家，金红只得携老母幼子借租了南市丹桂后的一间平房。为了生活，金红想仍操舞女旧业，但因其声名狼藉而被各舞厅拒之门外。后国民党政府又命令取缔舞女。走投无路的她，只有走上出卖自己肉体之路，在世界饭店充当一名游娼。但又正值天津市政府取缔惠中、国民、世界等 6 家饭店的妓女，金红遂沦落为落马湖一带的暗娼（人称"半掩门"，又叫"鲇鱼窝"）。

一天，一位头戴礼帽，身着西装的老者，走过一条狭窄弯曲的小巷，来到一个排着鸽子笼子式的小房子的胡同，道旁是几家纸烟小店，小玻璃窗上贴着"代售卫生套"的纸条，半掩的小木门上贴满了"福"字。老者知道这就是他要找的地方。走着走着，只见一个妖艳女子正斜倚着门框冲他喊："这位爷，进来坐坐吧！ 3000 元关门！"老者遂拉低了帽檐走了进去。

进屋后，只见这是一间约 10 平方米的小房子。摆设极为简单，只有一张床和一个方桌，小木板床占了整个房间的一半多，方桌上摆着一壶茶和两个碗。老者坐在床上四处打量着。那女子凑上来搂住他说："您来这地方不是观西洋景的吧！"说着摘掉了老者的礼帽，那女子一下子怔住了，脱口而出："您是……苏议员！"

苏议员站起身来两眼直勾勾瞪着那女子："你果然是金红！"

金红慌了，"扑通"一声跪倒在地："苏大人，我现在一无所有了，只剩下我的身子了，要杀要剐随您便吧！"

苏议员掏出 3000 法币丢在桌上，跨前一步将金红从地上抱起来："我今天就要你的身子！”说完，转身将金红放在床上……

三个月后，金红与苏议员均因染上花柳病先后不治而死。一场冤怨，烟消云散。

川岛芳子最后的日子

川岛芳子作为中国历史上的一个传奇人物，一直是文史界研究的对象，有关她的文章更是很多，但有些或演绎或戏说，与史实颇有出入。笔者收藏民国老画报200余种、20余万页，其中有50余种、800余篇文章，记录了川岛芳子的人物传记、轶闻趣事、被捕经过、监狱生涯、多次庭审、执行枪决，以及后来的生死之谜。笔者撷取从川岛芳子被捕到枪决这三年中的内容，再现川岛芳子在历史舞台上的最后时刻。

里应外合

抗战胜利后，在社会各界“严惩汉奸、快惩汉奸”的强烈呼声下，民国政府顺应民意，1945年9月27日公布《处置汉奸案件草案》，开始抓捕、审判汉奸，川岛芳子便是最早一批被捕的汉奸之一。

1947年第1期《美光》杂志中的《川岛芳子的一生》记述了川岛芳子被捕的过程：抗战胜利前夕，经日本人金井的介绍，国民党特工王云潜伏到东四牌楼23号川岛芳子家中充当仆役。川岛芳子始终信任日本人，她认为义父之国的人不会伤害自己。在接下来的日子里，王云探知了住宅内遍设的所有巧妙机关，掌握了破解的方法。住宅中的每间卧室均设有不同的报警装置，大门口另有一个特制的情报箱，来自各方的情报均在此传递，开关有固定的神秘方法，不知道的人开启时便会起火焚毁。大门有两道密锁，必须由其秘书小方八郎亲自打开。院内有多条警犬，猴子、白鹅各一对，都是经过特殊训练的助力和警卫。1945年10月9日，王云通过情报向两名专捕沈德柯、何焕章报告了川岛芳子的行踪。10日，在故宫举行了华北战区日军受降仪式，是日晚，抓捕川岛芳子的行动开始了。沈德柯、何焕

1946 年第 181−182 期《联合画报》封面上的川島芳子

章先后以伶人、日本人身份试图进入，均遭小方八郎的拒绝。最后，他们化装成卫生局的检查员，以检查卫生为名再次敲响了大门。经王云在内百般解释和劝说，小方八郎终于打开了两道密锁的大门，沈何二人迅速进入，沉着、微笑地掏出手枪，像瓮中之鳖似的立将小方八郎逮捕。在王云的带路下，以迅雷不及掩耳之势进入川岛芳子的密室，沈何二人在床上亲手捉获了川岛芳子和她的韩人助手沈丙涉。

1948 年第 197 期《电报》中的《川岛芳子未死吗？》一文中也提及了里应外合的情节："由几个男女特工化了装，辗转介绍到她那里做佣人，里应外合，这才手到擒来，把个罪大恶极的川岛芳子活生生地捉住了。"

而 2018 年 8 月 5 日历史新知网中《石青自述逮捕川岛芳子的经过》一文，则写道："我敲了好一会儿门环，里面才有人出来开门；门才开了一条缝，我们就一拥而入。"川岛芳子是著名的间谍特务，又处抗战胜利后国民政府惩治汉奸之时，她家的大门恐怕不是那么容易进入。里应外合应在情理之中。

《石青自述逮捕川岛芳子的经过》一文还写道，"川岛芳子用她那清脆而富有嗲味的声音问""连声地用一口地道的京片子问"。川岛芳子被捕后，曾有十几家报刊记者采访过她，描述她的声音时均以"嗓音若破竹""粗拉拉地像一个男人""带有旗人口音""生硬的北平腔"等词语。川岛芳子常以男人形象示人，令人难辨真伪，那么，她说话的声音也一定与男人相差无已。

监狱生活

川岛芳子被捕后，最初关押于第十一战区司令部，后转至北平第一监狱，期间曾短暂押赴南京以证人身份出庭。在监狱两年半的时间里，她从最初的信心满满，经随后的垂死挣扎，再到最后的痛苦绝望。

刚被关进来时，凭借对国民政府的了解，川岛芳子认为自己不久即会恢复自由，因此，耍弄牢头、调戏记者、挑战法官、装疯卖傻、丑态百出。《一四七画报》《上海滩》《新上海》《快活林》《东南风》《海潮周报》《海光》《海涛》《海星》等十几家报刊记者先后到监狱采访川岛芳子。

1946 年第 25 期《海潮周报》记录了川岛芳子初入监狱时的情景：她中等身材，留着男式的分头，长形的脸上配着一张大嘴，与人说话时两只手

名聞世界的女間諜

川島芳子秘史

她曾做過妓女·妃子·將軍·老闆

現在以漢奸身份移解北平法院

·本報特約記者張居生攝·

金璧輝（川島芳子）於民國三十二年廿九歲時所攝之女裝相片，下角爲其親筆簽名，尚有「大正四年四月十四日生」字樣。此照彌足珍貴。

「遼東[illegible]」川島芳子，是遜清肅王善耆的第七個女兒，小名叫做東珠，長大之後叫金璧輝，日本名字叫做川島芳子。她是日本黑龍會中一位會員川島浪速的義女，也是一個惡名昭彰的女間諜，全世界都熟悉她，她原是中國人，又是最大敵國日本侵華的名間諜，因此中國人更熟悉她。可是一提起她，人們把她當作一個可恨可怕的魔鬼，但可沒有一個人眞正瞭解她。

生長於豪華的家庭

金逆於一九〇七年四月十四日生於日本（見右上圖及其親筆簽名），長成於一個豪華的家庭，原是清室的一個美麗的公主。她的父親肅親王，是一個著名親日的死硬派。他妄想借日本人的助力，來恢復腐朽的清廷。在辛亥革命以前，他曾奉旨辦理警政學校，校中聘請日本的退伍軍官，做警察教官。他任命川島平次郎，做警校的監督。肅親王對川島非常信任。清亡以後，肅親王帶了家眷，住在大連，受日本人的保護，穿和服，講和語，成爲一個保皇黨的領袖。民國六年，張勳復辟，但曇花一現，一星期內，張勳就被段祺瑞趕走，他由是非常失望，帶着滿腔悲憤憂鬱的心情回到日本去，不久在旅順吞金自殺，留下了妻妾多人，和三十八個女兒。在這一羣女兒當中，他最喜歡那將近十歲的東珠。川島平次郎沒有兒女，肅親王就把她送給他爲義女。以後東珠的名字，便由金璧輝一變爲川島芳子。

敵僞時期金逆神出鬼沒，曾大顯身手。圖爲其化裝男裝從事間諜工作之照片。她曾在東北任教員多年。

受過武士道的訓練

芳子在日本中學教育，在女子中學讀了一年之後，就化裝男子，用男孩名字，進入男中。她喜歡穿着男裝，大概是在那個時候養成的。到了十七歲，她又被送進軍校，兩年後畢業。她對於軍事學及間諜術都極有心得。除了尋常教育之外，平次郎又教她怎樣養成「武士道」的精神，教她默坐養神，教她學柔術。平次郎對於這個義女如果做不適合「武士道」精神的事，非常痛恨。有一次芳子從學校回家，在路上拾到兩個銅子，很高興地給她義父看。平次郎一見之後，就皺起眉頭，忙叫她將銅子丟掉，因爲拾金是不合乎「武士道」精神的事。芳子不肯，於是平次郎大怒，就拿起一把劍來，在她手心上砍了一道傷痕，因此至今芳子的手上，尚留有劍痕。

送給蒙王當妃子

畢業出了軍校之門，芳子正在年青貌美的時節，如果照普通女孩子講起來，她很可以度她愉快的生活，但她並不如此。在這個期間，她曾三次企圖自殺，原因不大明白，有人說是她的義父對她有些行爲不端。但是，無論如何，從那時起，平次郎同芳子的義父女關係，就斷絕了。

黑龍會的政治目標，是夢想建立一個大陸帝國，和征服全世界。它要統治滿蒙，於是會中就決定把川島芳子獻給一個蒙古王公做了妃子。

逃出沙漠

那時川島芳子同王逆蔭泰，發生了戀愛關係，她過不慣沙漠的寂寞淒冷的生活，在一個夜晚，她披上了一件猩紅的大氅，跨上了一匹白馬，悄悄地逃出沙漠之都，最後又回到日本。黑龍會對她這一行動，當然不滿，可是又捨不得她的聰明伶俐，於是又派她混入關東軍去。

手下爪牙四百人

那時土肥原這位「遠東勞倫士」，就是關東軍間諜的頭子。土肥原是一個在中國時間最長而又最成功的大間諜，十年之內，由上尉升到中將。川島芳子逃到他幕下，自然是一幕很精彩的間諜大演出。土肥原賞識她，信任她，甚至有人說她是他的情婦。她隸屬關東軍後的第一件工作，喬裝女教員和旅行家，到東北探消息，混入官場探情報，替日本反宣傳，做「第五縱隊」的任務。她常化裝爲中韓妓女，在舞館咖啡館中向政府官員探消息，手下有間諜四百人。幫助土肥原策動九一八事變，後又跟土肥原到天津，弄溥儀去做傀儡。後又假裝中國學生，到海參威，刺探貝加爾湖以東的軍事秘密，曾得過日本政府獎章。

僞滿洲國時代，任充僞滿皇宮女官長及留日學生總裁。於僞皇帝宣統遊日時，領導學生提燈歡迎，開會慶祝。收編匪軍陳國瑞部，組織定國軍

金逆因扁挑腺發炎，頸部腫起，故穿帶領大衣，仍似昔日保守其神秘然。

自陸軍監獄走出時，步履匆忙，一如其昔日足跡遍亞洲之氣概。

1946 年第 181–182 期《联合画报》图文讲述了川島芳子的秘史

，擬將該僞帝接至熱河行宮。因未與日軍部連絡，被敵將多田司令誘在長春工作，未能成功。

舞女與王將軍

「一二八」事件，他曾到上海冒充舞女。滬戰告終，她又到熱河醞釀「十三人事變」，組織鐵血義勇團，以金璧輝總司令的姿態出現。她到天津蠱惑過石友三劉桂堂等失意軍人搗亂，在燈紅酒綠的舞場上，化名爲舞女萬仙白。後來又在天津開東興樓飯館，營業甚佳。她常穿了闊綽的制服，帶四五個衛隊，到東興樓坐第一號房間吃飯，人家呼她爲王將軍，舉止豪華，儼然一個軍閥，能說很流利的京腔和各地方言，並善日文英文。

建議拖汪精衛上台

「八一三」上海戰起，到上海喬裝過一個中國兵在北火車站活動，不久又到香港，住皇后酒店，化名李沉香，與汪逆的內弟陳耀祖，廝混甚熟。日本利用汪逆投機狡詐，擾亂我抗戰陣營，促汪逆背叛黨國，組織僞府，首先是川島芳子向敵軍大佐和知鷹二及大阪每日新聞記者立花建議的。

她常念口不忘興滿倒漢，使僞滿遷都北平。每到日本，常以中國爲專題在東京大阪等地廣播，並以文字登載於日本婦人公論雜誌，洩露我國一切秘密。由敵人村松所編「男裝麗人」小說，她對於小說內容所記的女主角，係指其本人，直認不諱。

口罩堅不肯脫，惟恐有人強制執行，用手緊護之。正對新聞記者之鏡頭發怔。

情人滿天下

芳子的平時生活放蕩，有過各式各樣的情人。其中有理髮館老闆，打拳的拳師，名伶和新聞記者。年青而有錢的名伶李萬春吃過她的虧，僞新民報主筆吳楚祺受她馴服過。她給吳的情書，被人偷看，她只寫「二哥：你變心了嗎？假使你這樣，別怪我不客氣。」這樣寥寥數語，嚇得吳逆天天到她家裏去侍奉她，滿足她。

日本人都怕她

芳子的雌威，比雄威更厲害。日本憲兵都怕她，她一句話可以置人死活。有一次她到北平頤和園玩，途中日憲兵司令的汽車夫冒犯了她的汽車夫，她大怒，立時叫憲兵司令去痛罵一頓，還要他親自駕車，送她回家，憲兵司令也只得唯唯遵命。

寓所是活堡壘

芳子的北平寓所，好似一座活堡壘，裏面暗裝各種機關。據說她養有二十九尾軍犬二隻白鵝和許多猴子。汪逆精衛會多方收集良種猴猻給她，牠們受過「特訓」和「集訓」，會替她守衛。去秋，日本投降，她的末日也跟着來了。自從民國卅四年春，就有兩位我方的特工，密切監視着她，並且其中一人跟進她家裏充任傭人，去年雙十節前一天，平津區[illegible]令簽投降書，我方偵知她將乘機潛逃，因此十月十一日即加以逮捕，當時住北平東四九條胡同卅四號。

好事觀衆，給以香烟一枝，川島始將口罩移於嘴邊，一露眞面目。

誰肯娶我呢？

本年七月二日川島芳子由北平某軍事機關移送河北高等法院檢察處偵訊。移送時衣灰色長外衣，灰西服褲，體矮而胖，徐娘半老，已不似一般人所想像的那麼婷婷玉立或婀娜多姿，她現年卅二歲天性小狡，審訊費力，比如問她已否結婚，她絕對遮掩與蒙王結婚的經過和其他假結婚的臭史，她反以一種自憐語氣說：「唉！誰會娶我呢？」

放浪半生，名傳全球的女特務漢奸，遠東的「媽妲哈麗」，畢竟落在中國人手上了，誰不對她咬牙切齒，任憑她有着怎樣奸詐善辯的天才，還會逃出國法的嚴峻制裁嗎？

（以上接第九頁「時事剖視」）

特港成爲獨立自由區域，永久國際管理，行政首長由安全理事會商同義南任命。這個問題的解決，算是比較得體的辦法，可是激起義南人士的騷動，有人把它看做「另一個但澤」，也是歐洲新火山。不過只要四强對這點有共同認識，隨便那一方，都不會興起大戰的波浪，是可斷言的。

歐洲和會日期經四日僵持後，已決定七月廿九舉行。會中中國的邀請國資格，被蘇聯否決了，原因是起草和約無中國的份。蘇聯此舉，現在違反了莫斯科與波茨坦協定，給分裂內爭的中國以很嚴重的打擊。後來決定法國爲主人翁，請柬由法國發出，中國可得輪値爲一份主席。對德問題，蘇聯態度是德應負戰爭責任，如喪失領土，德人民不應受懲處，德國須保統一，但須充分保障民治主義之實施，外國軍隊長期駐德，確保各國安全。莫洛托夫所提中央化之完整德國，英美却主建聯邦式的德政府，以阻止德國完全中央集權，法國則反對德有中央政府，至未來德國不包有來因薩爾及魯爾區，這個問題最後是擱淺下去，將待聯合國全體大會閉幕後，再召開外長會議的特別會議，專門討論德國問題。

外長會議內容雖多，分析歸納，則頗簡單。英國的地中海及中東帝國交通線的安全，和法蘇都不惜破面。美國無領土政治野心，但伸張貿易及民航，却堅持東歐門戶開放。法國卅五年內吃過兩次德國大虧，堅主萊因薩爾魯爾自德國脫出，國防至上的蘇聯，把首建安全圈，覓不凍港。因此他們在小問題讓步，大問題堅持。

瞻望兩週後的歐洲和會，成功與否，還是繫於四强的關係如何而定，而四强的關係不單牽動歐洲，並且及全世界。祝和會成功，尤願四強長期眞誠的合作。

猶太人回巴勒斯坦去

在九千方哩的一塊狹土上，巴勒斯坦回猶兩族的對立，是一個糾結的大難題。公元七十年猶民首從聖地耶路撒冷被驅。一五一六年回族佔巴勒斯坦，一八九八年猶太人有復國運動，一九二二國聯批准英委任統治該地後，猶民方得大批重返故土，可是多財善賈的猶太人，使回族大感生活緊迫。戰後回猶衝突更加尖銳。而這衝突的本身，英國的政策便犯了「教唆」的嫌疑，主張猶太移民的是英國；主張扶植阿拉伯運動，幫助建阿拉伯聯盟也是英國。英方想貫澈武裝移殖十萬猶太人的主張，既受蘇報指責，阿拉伯聯邦也不惜一戰。猶太人應該有所歸宿，同時猶回利益應該使之調和，民族應該自決自立了，且看狡滑聞名英外交家對此如何打如意算盤。

1946 年第 181–182 期《联合画报》图文讲述了川岛芳子的秘史（续）

川岛芳子在天津东兴楼留影

法律知識

第一卷 第十一期

法律知識社出版

發行人 李宜琛

主編人 李朋 丁作韶

國際知名間諜川島芳子之真面目

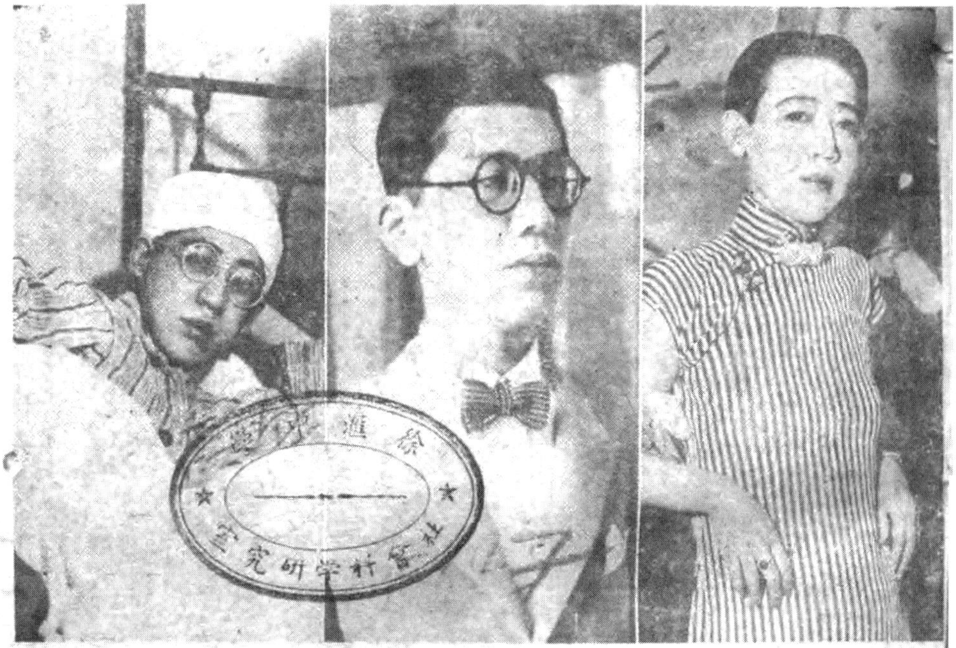

本期目次

法律時評
- 提倡崇法務實的政風
- 不要朝令夕改
- 漫談選舉

論著
- 泛論軍人婚姻的保障……劉軍冠
- 犯罪行為構成問題……丁作韶
- 提審制述要……張識非

法令
- 厲行節約消費辦法綱要
- 立法院立法委員選舉罷免法施行條例
- 中央銀行管理外匯辦法
- 進出口貿易辦法
- 國立編譯館組織條例
- 宣誓條例
- 財政部印花稅檢查規則
- 立法院立法委員選舉罷免法修正條文

法律問題解答

司法院解釋要旨（自三一九九號至三二一〇號）

訴訟實例（王揖唐漢奸更審案）

法界新聞

北平中國書店發行

中華民國三十六年九月一日出版

1947年第1卷第11期《法律知识》封面上的川岛芳子

常背在后面，声音粗拉拉地像一个男人。刚进监狱时，狱中的棒子面粥，她吃不来，在门口的小馆里赊欠了两万多，分文未给，最后还是同监难友尹梅伯代付。监狱方面时正代为呈请国民政府，建议在没收其财产中拨出一笔费用，以为她的伙食费。

1946 年冬的一天，《海光》记者在北平第一监狱拜访了川岛芳子。初进监狱时，川岛芳子与两名女犯共居一室。听到有记者来看她，她没有任何反应，钻在被窝里蒙头假装睡觉。她盖着一床粉红色绣花缎被的棉被，与其他两名狱友的土布被子形成鲜明对比，充分表露着她的豪华。床边放着一张小方桌，桌上摆放着一支秃铅笔和零乱的纸张。墙上贴着两幅她的铅笔自画像：一张是男装半身照，口衔烟斗，神采奕奕；一幅全身女装猎服照，立于一匹高大日本洋马前，手拿马鞭，眼戴墨镜，风姿绰约。以此回忆着自己当年的辉煌。

“金司令，有新闻记者拜访你来了，起来吧！”主管吆喝着。“不，我没有穿衣服，在产子。”川岛芳子答应着在窝里扭动了一下身子。“产子？”记者听罢吓了一跳。主管也不做解释，只是笑了笑。“你们要是不信，只管把被子揭开看看。”川岛芳子又在被窝里说道。众人一时无法，只得站着等待。就这样僵持了一分钟，“我还是起来吧！”说罢，她忽地掀开被子坐了起来，手里拿着一个纸盒，打开一看，十几只春蚕正在嫩绿的桑叶上蠕动着。原来她说的产子，是春蚕在产子！

她果然只穿了一件小白褂，脸上泛着红晕，娇羞忸怩的神态，好像一个年轻的小姑娘。她自称自己 31 岁，但有人说她其实已 41 岁。她的容颜与肤色，已然不再妩媚、嫩白，正如布满尘垢油腻的绸缎被面一样，失去了昔日的光彩。刚入狱时的短发已成长发，盖着蝤蛴的粉颈，背向来人，不肯见人。她知道，照例她是不能与新闻记者说话的，所谓的拜访，只是记者们像观赏动物园的猴子一样。因此，她只坐了一下，哧溜一下又钻回了被窝里，口中嘟囔着什么，表达着被人捉弄后的不满。

《新上海》记者在探视川岛芳子时，发现了她撰写的一个数万字的小册子，名为《狱中记》。记述了一个犯桃花案的女犯，在狱中的生活状况。其中一段写道：“这个女犯人，在狱中依然不忘修饰。没有镜子，在院里拾了块破玻璃，后面贴下黑纸来代替；没有脂粉，用牙粉来代替；以花生油来代替头发油；外面送来的稻香村糖果包纸代替口红。妖娆打扮地度着受罪的日子。”这或许正是她自己的真实写照吧！

川岛芳子在狱中由于“表现好”，与牢头、狱卒、狱友相处都很好，所以也就获得了一些优待。她时常旁若无人地引吭高歌，因擅长中英日三国语言，故其多为日本、中国、西洋三国歌曲轮流演唱。按例狱中禁歌，唯以她的歌喉悦耳，狱卒也便网开一面，任其高歌。她还以绘画、阅报、念经消磨时光。本来喜欢油画，但由于条件不允许，她只能捡一些秃笔烂纸，胡乱涂上几笔解闷。

当年风光之时，川岛芳子的私生活很是糜烂，同时拥有多个情人。据说她还有个怪癖，闲来无事时每天要沐浴三次，每次沐浴都要由一名精壮的汉子为她按摩，有时一个不行，还要让两三个一起。对这些壮汉，除每月发给薪金外，服务周到都还有特别津贴。有一次，她曾对探视的友人诉苦说：“坐牢我并不放在心上，只是无法解决生理问题，让我饥渴难耐啊！”于是，她常读些《红楼梦》《无边风月》等小说解闷，更会唱些“郎呀郎”“妹呀妹”的缠绵歌曲，宣泄自己的苦楚。她情愿花一笔数目不小的钱采办桑叶，每天小心翼翼地侍弄蚕宝宝，看着它们结茧，等待破茧而的蛾子。蛾子出来后，她便把雌蛾雄蛾配成对，观看它们交配。这些变态的举动，充分体现了她在漫漫长夜中的孤衾难耐。

此后，她的狱中生活条件有了改善，与南京伪政权中的特字号汉奸差不多的舒适，由三人一室改为独居一室。1947年初记者采访时，她已有了很大变化：面容较以前丰润了些，外穿灰大袄，内着灰色罩衣，咖啡色袜子、青布鞋，头发恢复了男士的两边分梳，眼睛也有神了。说话时带有旗人口音，嗓音若破竹，令人思及黑夜啼鸥。走路姿态活像日本人，口镶金牙，卷烟刻不离手。

记者问：“有没有正式结过婚吗？”答：“没有，不正式的亦没有！很多人说我曾嫁过蒙古王子，这完全是误会，这件事是张冠李戴的，那是我的姐姐图什业图，离婚后因病去世了。”问：“李万春你是不是认识？”答：“他的戏，我常看，但是不认识他本人。”问：“听说你还骗了很多钱？”答：

“是的，那是我哥哥的钱！”最后她说：“我知道外间对我造了不少的谣言，过去把我捧得很高，这次摔得亦够瞧的了。我希望你笔下留情啊！”

在河北高等法院宣判她死刑后，她的情绪一下子低落下来。《海潮周报》记者采访她时，她正患扁桃腺炎。操着生硬的北平话向记者诉苦，身无分文，无力求医，只有苦挨着。曾经共处一室的李明因生产出狱了，蓝仲雅也因生子宫瘤保释了，只有她还留在这里。“我是金枝玉叶，自小娇生惯养，真受不了这个苦。我父肃王是革命救国分子，我被捕入狱，有辱先辈，痛心万分，真是欲死不得啊！”语罢大哭。据看守人员讲，她时常装疯卖傻般地胡闹，不是打墙壁，便是敲窗户，当送给她窝窝头时，她说，这岂是肃王之女吃的？言时已将窝窝头掷入便桶，但一会儿又从便桶中捡出来大噬，有时更大骂法官“三民主义在哪里”。从她的言语和行动中可以看出，死到临头的她并无丝毫悔悟之意！

多次庭审

1947 年 11 月，河北高等法院对外宣布公审川岛芳子的消息后，因其为蜚声国际的著名女间谍，忽男忽女，忽东忽西，飘忽不定，众人皆欲一睹其庐山真面目。开审当天，因旁听人数过多，法庭内外挤得满坑满谷，开庭前竟将法院的公案挤倒，以致无法开审，临时宣布延期。

同年 11 月 6 日，河北高等法院以半公开的形式审判了川岛芳子。判决主文：“金璧辉通谋敌国，图谋反抗本国，处死刑，褫夺公权终身，全部财产除酌留家属必需之生活费外，没收。”

续列犯罪事实称：“因其父善耆图复清室未成，被告则谋借外力以继其父之志。日本政府以其可以利用，于九一八事变即命其返国，从事危害中国之秘密工作。民国二十年，被告至上海，借充舞女刺探军事政治情报，以助上海一·二八事变。嗣与其兄金璧东护送溥仪妻同往长春，充伪满皇宫女官长，在关东军参谋长多田骏戎幕，策划伪满建军及其他军事计划。组织定国军及奉天兴安游击队，收编陈国瑞等部队，由其统率。前往长白山，欢迎溥仪至热河行宫，组织伪政府。因未得日本军部同意，致被解散。复入多田骏戎幕，诱降苏炳文等未果。其后往来中日两国间，向日本国民发表中日亲善言论，

1946年第30期《海涛》记者在狱中采访了川岛芳子

Kiwishima singing a Mongolian song in Manchu language.

民國二十二年，八月五日，川島芳子在日比谷市政會館內以滿洲語唱蒙古歌，圖爲哥倫比亞灌片廠在灌音時戴瓜皮帽者卽爲川島芳子，時正自蒙古逃回。

日本爲實現吞併東亞之野心，日女米蓮紅與蒙古青年正珠爾扎布氏結婚，在新京（長春）舉行婚禮時左爲川島芳子與新郎新娘合影。

Kiwishima married to a young Mongolian.

女漢奸川島芳子

究竟是怎樣一件寶貝

KIWISHIMA, THE WOMAN TRAITOR

——本社搜輯——

關於女漢奸川島芳子本刊在一八一、二期上會詳細介紹過自被捕到被判死刑而不服上訴。二年來這個罪大滔天的「遠東瑪塔哈麗」，著名女間諜，還依舊過著她安靜的優待的牢獄生活，她應該稱是日本籍呢還是中國人？而治以間諜罪呢還是治以漢奸罪？這裏本社又搜獲得了一些珍貴的材料，看看究竟她是怎樣一件寶貝：川島芳子原名東珍，是遜清肅親王善耆的第七女，當清亡後跡東瀛時，會拜日人川島氏爲義父，受日本教育，因名川島芳子，肅王原爲清室貴族之尊號，意謂有志。宗社之念，時懸心目，在大連時，肅會詠「回首望烽火，中原落照紅」句，以寄懷抱，托弱息於異邦舊友，蠻亡命客也，肅王死，芳子年已及笄，會憤而斷髮改男裝，貌絕豔，名動三島，然良緣幾不獲綺，川島氏乃勸芳子歸國，復歸宗於愛新覺羅氏爲郡主，時芳子已軍校畢業，且深通軍事間諜學，且其義父常以「武士道」精神教育之，故後乃爲黑龍會效力，嫁蒙古王公做妃子後逃回。行蹤飄忽無定，時而日本，時而中國，時而男裝，時而女裝，和土肥原合作，混入東北，冒充學生、旅客、妓女、教員，到處神出鬼沒，會獲得日本獎章，僞滿時代充皇宮女官。於熱河作戰時以金璧輝名義充任熱河民團聯合軍總司令，同時長春天津北平上海一帶，幾爲其物色男伴之情場與破壞祖國效命敵寇之戰場，手段酷辣，罪惡滔天，勝利後被捕，現仍押於北平，不知此一代妖魔，究將如何下場。各圖爲川島芳子珍照片之一斑。

戎裝之川島芳子卽金璧輝將軍。

In military uniform.

川島芳子在北平公審時，觀衆人山人海

Kiwishima in the court for trial.

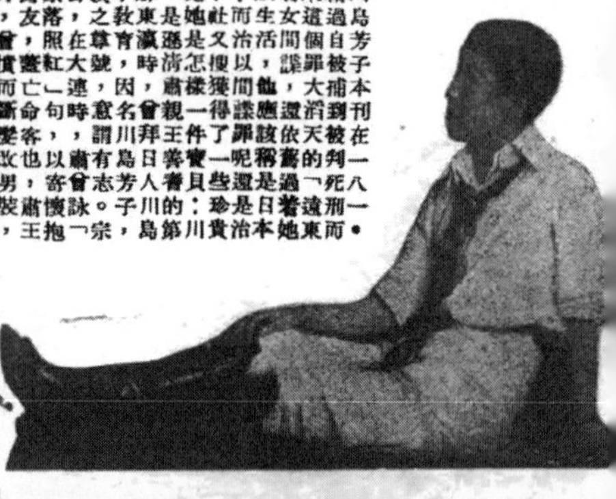

摩登男裝之女間諜在上海一二八時所攝。

Dressed like a gentleman.

川島芳子與其兄，時年方及笄。

In Manchu dress.

少女時代之川島芳子，猶待字閨中。

When Kiwishima was a maiden.

川島芳子嫁蒙古王時之婚禮裝束。

When she was married to a Mongolian chief.

肅親王死後憤世嫉俗之川島芳子男裝。

In Japanese dress

1948 年第 213 期《联合画报》中不同时期的川島芳子

东京放送局为之广播。七七变起，多田骏调任驻津军司令，和知鹰二充特务机关长，被告与之策划，主张利用汪精卫，并将溥仪迎至北平，企图恢复满清帝国。复往来与日本福冈、东京、京都、长野及北平、天津等地，为树立伪政权颠覆政府叛国行为。民国三十年六月，汪精卫访日，又向汪探知汪与蒋委员长有无秘密联络。嗣任伪华北自卫军人民总司令，以为日本军事上之协助。复任北京满洲同乡会总裁、中华采金公司董事长、留日学生总裁等伪职，以积极推行其叛国助敌之企图。民国三十四年十一月，经军事委员会委员长北平行营督察处逮捕，移送本院检察官侦查，提起公诉。”

判决理由中提及她与皇姑屯事件的关系称：“被告得与日本军政人员接纳，图薪外力恢复满清，日人久欲亡华，乐为利用。故皇姑屯事件系由何本大佐指挥。九一八事变，日本关东军司令本庄繁与其参谋长坂垣征四郎、石原莞尔及土肥原等策划，占领沈阳，其如何下令，被告均知之甚详，已据被告供述在卷。”最后写道：“其罪行或在国外助敌侵华，或在策划亡国，上而迄于总司令，下而至舞女，浸透社会，无往不入，凡属有利于敌而为害于国者，则无不可为。恶性重大，罪迹昭著，自古亡国贱臣，尚无如此卑下者。衡情论据，殊无可原，自应处以极刑，以昭炯戒。”

中电摄影公司北平第三厂拍摄了审判全程，把川岛芳子当时受审的问答情形逐一收入镜头，拍成有声新闻片，经“空中霸王”号飞机由北平运抵上海，在电影《更凤记》前附加放映，效果异常火爆。

川岛芳子不服判决，延请李宜琛、刘煌两位律师为其辩护，上诉至南京最高法院。辩护律师为其撰写了4000字的答辩书，一是强调川岛芳子为日本籍，不应以汉奸罪论处；二是称川岛芳子出生于1916年，时年31岁，按犯罪事实中所列罪行时间，犯罪时她才十五六岁，一个弱小女子不可能做到。

其实，川岛芳子虽为日人川岛浪速的养女，但过继后并未办理日籍手续。于是，她立即给养父写了一封信，请其出具一份伪证，证明她已拥有日籍。这是她的最后一根救命稻草。但随着养父回信的到来，她的美梦彻底破碎了。川岛浪速在信中称：华裔金璧辉，是肃亲王善琦的第十四个女儿，只因鄙人无子，1913年10月25日，从亲王室过继给我。当时芳子6岁，自幼认定芳子是日本国民，特此证明。这封信竟然一箭双雕地证明了川岛芳子的真实年龄和国籍，直接把她送上了断送台。

但川岛芳子仍不伏法，在法庭多次庭审讯中，她不仅生性机敏，善于言词，而且还以辩护、拖延、耍赖等手段与法院周旋，甚至节外生枝地诬告在监狱中曾遭强奸。在法官问及“为什么人们都叫你金司令时”，她竟然说：“是因为我在 4 岁时，父亲参加张勋复辟运动，常带着我。那时我喜欢穿男装，因此，当差的都喊我金司令。日本根本没有兵，一个外国女人更哪里会做他们的司令呢？”她还在狱中写了洋洋百言的《自白书》，当时各报均有刊登。她曾诡辩称，在抗战时期，她结识日本军政人员，均由其义父川岛浪速介绍，初时只是为了戏弄日寇宪兵，不知不觉中酿成今日之误会，竟背负着间谍的罪名。还恬不知耻地称自己是一个爱国者，从未担任过任何地方的伪职，不明白政府为什么要逮捕她，“我是个弱女子，能有多大魄力做国家工作，也笑死人了！”

1948 年 1 月 16 日，最高法院刑事第十一庭经过审慎研究，驳回川岛芳子的上诉，维持原判。随着死期日近，但她仍做最后的挣扎，一面由辩护律师提出抗告，一面亲自写信给北平行辕主任李宗仁、河北高等法院院长邓哲熙提出申诉。致李宗仁函称：

“李长官宗仁阁下钧鉴：国家多难的现下，你身体很好，我很高兴。上次你来到监狱，给我们豆腐吃，谢谢！那天，我没有看准是长官，后来听说是你，我们很后悔。长官这次判了我三次死刑，一点事实实在没有，使我太难过了！对法院，我是一点也没信任了，求长官给我想办法。虽然司法独立，长官是我们人民的，我是真没法子了！太冤，冤得没有边儿了！每次过堂，话也不太懂。法官只说我小说新闻作证，并这小说新闻也没有，只拿谣传判了我死刑，请求再审又不许。我一向没有反对过中国，为什么国家对我这个样子？我真难过而不清楚。求长官给主席打个电报，再求调查，成不成？或求长官自己给我设法救我，给国家做事，为人民有益而死。我决不是怕死，一个国家不能这个样子，太冤屈人民。不是小小的误解，都没法报告的错误。人家的印，偏说是我的等等……太难了。我又不会说中文，给长官写信的规矩又不懂，请多多原谅我，因为我这次急了！我的良心全明白，我要是不冤，我也是我父之儿，决不会这样子无礼地请求长官，也遜清肅親王善耆之女，經日本人川島浪速收爲養女……因其養父川島浪速爲清廷顧問，且與日本皇室誼屬姻娅，被告得與日本軍政人員接納，圖藉外力，恢復滿清。」肅親王善耆和日人川島浪速，一個是他的生身之父，一個是養父。這兩人，一般人對他們的認識當然不會多、所以我在此說一下。

肅親王的先人是清初八大「鐵帽子」王的後人。所謂「鐵帽子」王是世襲罔替之意。他在清季親貴中，有開明之稱。庚子事變後，清廷講求新政，善耆最爲努力。他接收日本人手上的警察權（詳後），管理工巡局，都提倡人材主義，凡有回國的留學生，他都加以網羅。汪精衛行刺攝政王失手被捕，不致於死，完全是他的斡旋力量。楊雲史詩人（三十年在香港逝世）和善耆有故，其序「蒙難實錄」有云；「肅親王善耆，字艾堂，好文學，工書，愛才下士，每休沐必招余往，作文酒之會。聞命絲竹，賓客滿座，午夜始散，數載以爲常。其世子憲章，與余約爲昆弟。丁未余隨使英國，將行，王爲餞別，從容曰：聞遜逸仙居英屬，孰與政府主刑戮弼革命，禁烟事將與英簽十年禁絕之約，逾期自認賠償，茲二事關繫謀國，幸君善佐令欽使，留意補救，誠益國家，不負此行矣。遂別。及辛亥變職歸，王已徙居大連，數年即薨，子孫衆多，流寓東京大連間，貧困不得歸。其府邸爲債家所據。東邊有亭曰偶遂亭，有池臺之勝，余稅居之至今。昔爲王文酒之場，今爲余燕私之所者數載矣。孤松片石，撫摩俯仰其中，追念燈火樓臺，投轄歡飲，輒興華屋山丘之嘆。因述往事，遂感陳迹，緬想夙徽，能無腹痛？」這篇序作于民國二十五年，述善耆之爲人，並及往昔雅故，不禁感慨系之。

善耆能書畫，偶有作，自署「偶遂亭主」，但以沉緬於戲劇，無暇及此，故成就亦不大。他的王府每月必演戲數次，每次他都粉墨登場，飾主要角色，雖在大寒暑中不以爲苦。他的兄弟善預（字仲謙，清季官京旗副都統）也嗜此道，往往兄弟合演一劇，互相諧謔以爲樂。至今北平老一輩的人常說，善耆演水簾洞一劇，不下於楊月樓。

辛亥清廷起用袁世凱，善耆以爲不可，政府不聽，遂居天津，復移居大連。當時一般日本浪人和胡匪，都冒稱他的名義組織宗社黨，企圖恢復滿清。善耆看到這情形索性自已起而領導，遂立機關部於旅順，捕政府偵探多人殺於市，日本官吏不問也。日人不特不干涉，而且借錢給他活動。因此宗社黨的勢力在旅大青島特盛，後來他發覺日本人的奸計，已經來不及了。袁世凱想代他償清日人債務，請他回國居住，他不肯接受。民國九年，善耆病歿大連，其上宣統遺摺云：「奏爲賫恨哀鳴叩謝天恩仰祈聖鑒事：竊臣幸託宗枝，長霑門蔭，拜爵之始，遭值拳禍，廬宇焚燬……辛亥兵變，各處響應，卒以召用非人，潛移國祚，疾首痛心，莫此爲甚，臣力爭不聽，挽救無術，更不能與朝廷泄沓，共戴三光，遁之旅順，偷延視息，潛抱堅貞之志，恨無開濟之才：每伺再造之機，終亡一成之寄。瞻望觚稜，瞬逾十稔。憔悴就死，臣罪當誅。伏望我皇上善衛養晦，祈天永命，重光郅治，比隆康武，微臣雖在泉壤，蒙祜含欣。……臣久覊覲闕，罪過實深，敢請納還爵士，少贖臣愆，以畢臣志。伏枕嗚咽，不知所云。」（此摺爲其友八旗才子樊良代草，見野棠軒文集。）這是善耆後半生的一段歷史。至於善耆爲甚麼會和川島浪速認識，這完全是他接收日本在北京的警察權時開始。原來北京之有警察，始於庚子亂之後。這一段中國警察掌故，我不妨說詳細一點。據貝勒毓朗（親貴中出洋留學第一人，由日本歸國後，歷官民政部侍郎，步軍統領。）之弟某，自署十丈巷城主人所著之「述德筆記」，記毓朗任工巡局時之事云：「初國家設八旗，分二十四固山，即兵籍之制滿蒙漢人皆入之。自康中後，旗餉日減，生齒日繁，率皆貧窶。庚子之變，餉斷者數月，幸川島招練巡警，多應之，故內城巡警多旗人，生計賴以少蘇……有勸肅邸添招客民以消畛域者，又有勸邸改用上海租界管理法者！」善耆當時任工巡局事，接收警權於川島浪速之手，委毓朗充工巡局總監，川島和中國有這一段歷史，可爲警政掌故的珍貴資料。而川島和善耆拉交情，也許就在此時期了。

人們會懷疑，川島芳子原本係滿洲親貴，她的中國名爲什麼不和其他旗人一樣，偏要取名金璧輝，（又號顯珍，這一名知道的人頗少，因她到滿洲國後才改名金璧輝。）原來愛新覺羅譯義本爲金姓，清人未入關最先國號金，清太宗始號清，僞滿一些親貴，如用假名，都以金爲姓名。例如溥儀的胞弟溥傑，去日本留學時，即假名「金秉藩」。溥儀的胞姪溥佳（載濤之子），也曾在日本士官學校讀書，滿洲國初成立時，他以金智元名義服官，後來要求更正，給國務院拒絕。明乎此，我們就知道川島芳子用金璧輝假名之來由了。

川島芳子
判決書全文

（北平航訊）巨奸金璧輝（即川島芳子）之死刑判決書，經河北高等法院於今日宣布，并送達被告，判決書文長達三千餘字，其主文爲「金璧輝通謀敵國，圖謀反抗本國，處死刑，褫奪公權終身，全部財產除酌留家屬必需之生活費外，沒收。」繼續列犯罪事實與判刑理由，就金逆出身，所受教育，與日人接納，及一二八滬變以來通敵叛國之種種罪行，詳加

1948 年复版 2 第 1 期《谿角月报》刊载了川岛芳子判决书

陳述，并根據我國血統主義之國籍法，說明金逆向爲中華民國人民，其犯罪行爲，應適用特種刑事案件訴訟條例之規定，予以審理，判決書末聲明「本判決送達十日內得向本院提出書狀，聲請覆判。」

事實

金璧輝爲遜清肅親王善耆之女，經日人川島浪速收爲養女，取名川島芳子，清世末季，善耆任民政部長，川島浪速爲清室顧問，均主張中日親善，金璧輝均受其養父教育，灌輸政治理想，教授各種技能，兼通中日法文字，善講騎射，工化裝，游泳，跳舞及駕駛飛機，汽車等技能，因其養母與日本皇后爲中表姊妹，川島浪速與頭山滿，近衞文麿，多田駿，松岡洋右，小磯國昭，東條英機，本莊繁，土肥原賢二，岡村寧次，和知鷹二，宇佐美小磯等，均有聯絡，被告遂得一一與之接納，耳濡目染，養成武士道思想，而有政治上軍事上之警覺性，故好男裝，喜交際生活浪漫，不拘禮法。因其父善耆圖復清室未成，被告則謀藉外力以繼其父之志，日本政府以其可以利用，於九一八事變，即命其返國，從事危害中國之秘密工作。民國二十年，被告至上海，藉充舞女，刺探軍事政治情報，以助上海一二八事變，嗣與其兄金璧東護送溥儀妻同往長春，充偽滿皇宮女官長，在關東軍參謀長多田駿幕，策劃偽滿建軍及其他軍事計劃，組織定國軍，及奉天興安游擊隊，收編陳國瑞等部隊，由其統率，前往長白山，擬迎溥儀至熱河行宮，組織偽政府，因未得日本軍部同意，致被解散。復入多田駿幕，誘降蘇炳文未果。其後往來中日兩國間，向日本國民發表中日親善言論，東京放送局爲之廣播。七七變起，多田駿調任駐津軍司令，和知鷹二充特務機關長，被告與之策劃，主張利用汪精衛，並將溥儀迎至北平，企圖恢復滿清帝國。復往來於日本福岡東京京都長野及北平天津等地，爲樹立偽政權顛覆政府叛國行爲。民國三十年六月，汪精衛訪日，又向汪探知汪與蔣委員長有無秘密聯絡。嗣任偽華北自衛軍人民總司令，以爲日本軍事上之協助，復任北京滿洲同鄉會總裁，中華採金公司董事長，留日學生總設等偽職，以積極推行其叛國助敵之企圖，民國三十四年十一月，經軍事委員會委員長北平行營督察處逮捕，移送本院檢察官偵查，提起公訴。

理由

被告金璧輝爲遜清肅親王善耆之女，經日本人川島浪速收爲養女，雖據陳稱於民國五年出生於日本東京，被收養後，取日本國籍。第查中國國籍法，採血統主義，出生時，父爲中國人者無論其出生地爲中國抑爲外國及是否依出生地法取得外國國籍，依國籍法第一條規定，應視爲中國人。被告之父善耆於清室遜位後，移居日本，並未喪失中國國籍，縱被告於川島浪速養後，依日本法取得本國國籍，而依前開法條規定，自仍爲中華民國人民，按其罪行，依特種刑事案件訴訟條例第一條第二項但書規定，應由本院審理，合先說明。本件被告金璧輝，又名川島芳子，幼受日本教育，有男子體魄，富武士道思想，性情豪放，生活浪漫，善交際，工技能，因其養父川島浪速爲清廷顧問，且與日本皇室親屬姻婭，被告得與日本軍政人員接納，圖藉外力，依復滿清，日人久欲亡華，樂爲利用，故皇姑屯事件，係由何本大佐指揮，九一八事變，日本關東軍司令本莊繁與其參謀長坂垣征四郎，石原莞爾及土肥原等策劃，佔領瀋陽，其如何下令，被告均知之甚詳，已據被告供述在卷，苟非與之通謀，豫聞戰端，以一弱質女子，何能知悉敵國軍事上之秘密，實屬毋庸諱言，九一八之後，被告又赴上海充當舞女，刺探中國軍事情報以助敵人，一二八之事變，被告對於此點，雖祇承認在滬出入舞場，係由他人接濟生活，而於藉充舞女刺探情報，則堅決否認：但查日本人松村梢風所著之「男裝的麗人」及日本報道部管理情報之中佐山依主使李香蘭就該小說爲主演「黎明之曉」，又名「滿洲建國的黎明」詢據被告秘書小方八郎供稱：「小說的內容，係描寫生於日本而至上海之中國女子樺島滿里子，因爲中國軍人所愛，得到中國的軍事消息，報告日本，最後並說樺島滿里子即川島芳子，聽說電影內幕也是描寫川島芳子作間諜的事。」被告亦稱：「男裝的麗人」是松村梢風編的，小說的主人叫滿里子，有好些人寫信問他，是否即川島芳子，所以松村，又寫後部，就說是王爺的小孩，以及形狀容貌，都以我爲標準，更明白是說我了。」（見軍委調查統計局三十五年六月五日筆錄）實足證明被告藉充舞女刺探中國軍情，以助敵人屬實。況被告身出貴胄，生計豪華，如無重大使命，豈能執此賤業，飾詞狡辯，自無足信。此後被告又與其兄偽長春市長金璧東往長春，晉謁溥儀，擕帶田中信件，交與關東軍參謀多田駿轉交司令本莊繁，因之在多田戎幕策劃偽滿建軍及其他軍事計劃，旋在北京組織偽定國軍，欲收編各地隊，充實武力組織偽奉天興安游擊隊，以和田爲顧問，收編陳國瑞等部隊，擬將溥儀接至熱河行宮，組織偽政府，改編侍衛軍，由被告帶至長白山，因多田駿召開軍事會議，並充接濟槍械，以未得軍部同意，遂經轟炸，強行解散，依田親往接回，復佐戎幕，此種事實，有被告「我由上海到長春，見了多田，很器重我，把我留任身邊工作，事事和我商量，例如中國情形如何，土匪如何收編。」又云：「蘇炳文等在滿洲里事變的時候，我去救了不少的日本人。」及「僞商蘇炳文同意後，我坐飛機到滿洲里，我跳傘下去，日軍在地面發動總攻擊，我就在蒙古人家躲起來，等到戰事終了回來」。

1948 年复版 2 第 1 期《谿角月报》刊载了川島芳子判决书（续）

不敢对长官说一切。长官，你问问我的大律师详细之后也能救我。写的不对，请多原谅。”

这封信虽在语言、文法上有所不通，但其急切求生的心情已经跃然纸上。在全国人民一片杀声下，谁也救不了她，谁也不敢救她！

执行枪决

1948 年 3 月 25 日清晨 6 时 40 分，川岛芳子在北平第一监狱内空场被秘密执行死刑。监狱内外均有宪兵布岗，双扉紧闭，不准任何人入场。高检处邀来参观的中外记者群均被挡于无情的铁门之外，同样遗憾还有中电摄影公司北平第三厂的导演，他们曾为川岛芳子做了一个专题纪录片，从川岛芳子出生开始讲起。他们很希望能够拍摄川岛芳子的最后时刻，怎样走到刑场，如何饮弹毙命，留下什么遗言和遗书，但他们落空了，要紧的镜头一个都没有捕捉到。

枪声响后，监方才允许记者进场，只见一具简单的棺木中躺着一具女尸，头南脚北，外穿灰色棉衣，内着红毛线衣，蓝毛线裤、青棉鞋、豆沙色毛袜。两眉中间留一小圆孔，冒出浓度的红血，左眼睁，右眼闭，头发蓬松，满面血污。

据狱卒称，在执行死刑前几日，川岛芳子终日以泪洗面。执行前，庭上问她有否遗言，她摇头说没有。行刑时，在场的除官方外，只有两位新闻记者。她淡定地走到刑场，拒绝狱警的搀扶。她穿着一件灰色棉袄跪在地上，很像一名中年的乡妇。执行人从脑后开枪，一弹毙命。

高检处在解释秘密枪决的原因时称，在行刑前，川岛芳子曾极力要求“为避免行刑的难过，请秘密执行，不要让外边人知道”。他们还公布了川岛芳子临刑前写下的两封遗书，原文是日文，后经翻译成中文。一封是给其生父的：

父亲大人：

终于 3 月 25 日的早晨被执行了。请告诉青年们，永远不止地祈祷着中国的将来，并请到亡父的幕前，告诉中国的事情，及我亦将于来世为中国而效力。芳子。

一封是给监狱方面的：

典狱长、科长、赵看守长、蔡先生、冯先生、其他先生：

谢谢生前的美意，临死也没有换换衣服，实在是想不到，大家对我这个样子，其他不必说了。金壁辉。

据1948年第2卷第7期《艺文画报》记载，川岛芳子在监狱中度过的两年半里岁月，“守规矩，有礼貌，适应环境，人缘极好，到处刻画出一个训练有素的大间谍生活轮廓。所以，许多犯人都被她感动，称她为‘傻哥哥’，为她一掬同情之泪，甚至在她死后为她烧纸”。

川岛芳子被枪决后，并没有亲属为她收尸。26日晨，监方依照日本的葬仪，将她在日本人遗留下的东郊火葬场火化，其骨灰葬于北平。她生前曾自比为“熊熊火焰旁的一滴雪”，当日，这一滴雪就这样彻底溶化了。不久，川岛浪速致电北平的日本和尚大谷，嘱其照料遗骸，准备运往日本。

生死之谜

枪决川岛芳子后，记者曾采访了川岛芳子的姐姐金幼贞。金幼贞称，被枪毙的那人，头发和面庞不大像她的十四妹妹（即川岛芳子）。

1948年第197期《电报》中的《川岛芳子未死吗？》一文披露，在1948年3月下旬，有个自称“刘凤贞”的人，突然给河北监察使署寄来一封密告信。大意称，川岛芳子实在已经逃了，死的是刘凤贞的姐姐刘凤玲。刘凤玲为了十条金子，所以愿作替死鬼。当时川岛芳子先付四条金子，但事后竟然食言，六条金子赖了不付了。所以刘凤贞气愤不过，才向监察使署告发。于是，“川岛芳子没有死，那天打的是替身”的传言一时甚嚣尘上。

《电报》杂志还称，抗战胜利后，汉奸捉了不少，正法的也不少，捉

東方瑪妲哈麗 川島芳子 在北平執行死刑

"Mata Hari of the Orient" Meets Death

華北淪陷時期的著名女間諜金璧輝（日本名：川島芳子）於卅四年十月被捕後，經過無數次的審訊，終於今年三月廿五日在北平執行死刑了。這個神秘人物，當時在平津及「滿洲國」活躍，她的大名真是何人不知，誰人不曉，新聞界甚至稱之為「東方瑪妲哈麗」。藝文畫報特將她的一生醜史及伏法經過，輯成專篇，以餉讀者。

↑「東方瑪妲哈麗」金璧輝（即川島芳子）的真面目。
Notorious woman spy Yoshiko Kawashima.

肅親王的女兒

金璧輝，今年三十四歲：熱河人，父親是前清肅親王善耆，母親是日本人。她誕生於日本東京，在四歲時，父親去世，母親殉節在靈前自殺，就由同住的日本人川島浪速收養，取名川島芳子。她自幼就喜男裝，頑皮淘氣，騎馬、打槍、游泳、件件皆能，很具有英雄主義的典型。據她的供述，在九歲時就被稱為少帥司令，報紙上常刊登她的新聞，日本牛奶糖的包紙也用她的照片做廣告，這大概是事實。至於她自稱是中國血統、日本國籍，以企圖逃避漢奸的罪名，那是不成理由的。善耆是生父，川島浪速是養父，她的國籍怎可不從生父而從養父呢？

↑前清肅親王善耆之妻，係日本籍，即金之生母。
Yoshiko's mother was of Japanese nationality.

中央電影攝影廠第三廠提供照片

赤裸裸的罪狀

這樣一個英雄典型、風頭主義的少女，既是前清皇帝宗室的後裔，又受了日本軍國民主義教育的薰陶，正合乎日本侵華戰事中女間諜的條件。經過川島浪速內弟松岡洋祐（當時任日本駐外使節）的力薦，日本政府認為大可利用，所以在「九一八」事變後，便命令她回國，從事危害中國的秘密工作。

「一二八」事變前後，她到了上海，和日本軍政要人往來很密，並出入各大舞場，結識中國的高中級軍官，刺探中國方面的軍事政治的情報，後來，便和她的哥哥金璧東同到了偽滿的首都——長春，她曾在偽滿皇宮充任女官長；參加關東軍參謀長多田駿的戎幕，策劃偽滿建軍及其他軍事計劃，組織定國軍及奉天興安游擊隊，收編陳國璐等部隊。

「七七」事變後，多田駿調任駐天津的日軍司令，和知鷹二充任特務機關長，她曾與多田、和知二人策劃恢復滿清帝國，樹立偽政權，並曾企圖組織華北人民自衛軍，自任總司令。

以上事實，根據金璧輝在北平行轅的口供（卅五年三月十二日），在第十一戰區長官司令部的自白書（卅五年三月廿日），在南京國防部戰犯法庭的口供（卅六年四月十二日），以及在河北第一監獄公審時的供述（卅六年十月十六日），已可赤裸裸地繪出這個女間諜的罪狀。此外，還可作為證據的是日本人松村精風所著的小說「男裝麗人」，及李香蘭所主演的影片「黎明之曉」（即「滿洲建國的小明」）。據另一日本戰犯小方八郎的口供：這部小說描寫的女間諜樺島滿里子，就是川島芳子，而且電影的內慕也是影射川島芳子做間諜的事。小方八郎是她奶媽的兒子，和她同年同月生，一向做她的秘書，所供的自然可以置信。

判決後的掙扎

金璧輝經河北高等法院卅六年十月廿二日判處死刑後，立即表示不服，向南京最高法院聲請覆判。最高法院今年一月十七日審慎研究，仍維持原判。金璧輝看到死期已近，仍作最後的掙扎，一面由她的辯護律師提出抗告，一面寫信向北平行轅主任李宗仁及河北高等法院院長鄧哲熙申訴。她寫給李宗仁的信，原文如左：

「李長官宗仁閣下鈞鑒：國家多難的現下，你身體很好，我很高興。上次你來到監獄，給我們豆腐吃，謝謝。那天我沒有看準是長官，後來聽說是你，我們很後悔。長官這次判了我三次死刑，一點事實實在沒有，使我太難過了！對法院，我是一點也沒信任了，求長官給我想辦法，雖然司法獨立，長官是我們人民的。我是真沒法子了！太寃，寃的沒有邊兒了！每次過堂，話也不太懂。法官只說我小說新聞作證，並這小說新聞也沒有，只拿謠傳判了我死刑，請求再審又不許，我一向沒有反對過中國，為什麼國家對我這個樣子？我真難過，而不清楚，求長官給主席打個電報，再求調查，成不成？或求長官自己給我設法救我，給國家作事：為人民有益而死。我決不是怕死。一個國家不能這個樣子，太寃屈人民，不是小小的誤解，都沒法報告的錯誤，人家的印，偏說是我的等等，太難了。我又不會說中文，給長官寫信的規矩又不懂，請多多原諒我，因為我這次急了，我的良心全明白，我要是不寃，我也是我父之兒，決不會這樣子無禮的請求長官，也不敢對長官說一切。長官，你問問我的大律師詳細之後，也能救我。寫的不對，請多原諒。」

她在監獄中，度過二年半的悠長歲月，守規矩，有禮貌，適應環境，人緣極好，到處刻劃出一個訓練有素的大間諜的生活輪廓。所以，許多犯人都被她感動，稱她為「傻哥哥」，為她一掬同情之淚。但她的抗告終

↑金璧輝和日本的兩個要員研究中國地圖，作侵略中國的計劃。
With a map of Chinese Republic, a secret scheme was under consideration of Yoshiko & others.

↑金璧輝和日本人很往返滿洲與日韓之間，協助「滿洲國」成立。
Yoshiko (*left first*) made many trips help the Japanese establishing "Manchoukuo."

1948 年第 2 卷 第 7 期《艺文画报》记录了川岛芳子的最后时刻

9 電報

秘密行刑啟人疑惑
川島芳子未死嗎？

有人這樣猜：是歪心人僞名控告，好讓河北法院的官老爺們得到一番瓜田李下之嫌的麻煩，以示「懲戒」。

向李宗仁要求赦命

芳子姐姐也說不像

突來控告 金條替死

1948 年第 197 期《电报》发出的《川島芳子未死吗？》的疑问

了又放的也不少。在这个不重视法纪的年代，“捉放曹”之类的事情实在太多了。如今，北平发生的“法场换子”一事——金条子换川岛芳子的命，已经轰动全国。1948 年 3 月 25 日，恶贯满盈的川岛芳子在谢绝一律中国记者参观的情况下被秘密执行枪决。行刑时，虽没有中国籍的记者在场，却有独一无二的美国美联社记者目击。在中国的领土上，中国法官处死一名中国犯人，中国记者不得参观，美国记者却可唯我独尊，这成什么话？监狱当局竟然大言不惭地称，秘密执行是应了川岛芳子的刑前要求。川岛芳子是什么东西，她有何理由要求“死要面子”？

同年 4 月 7 日第 232 期《一四七画报》刊载的《一生神秘之金璧辉》一文，除记述秘密枪决金璧辉时的情形，也对她的生死之谜提出疑问。金璧辉在第一监狱被神秘地枪决了，临刑时除法院的自家人以外，只有一位特准入内参观的美国记者。金璧辉是一个有名的国际女间谍，她的消息是被全北平，以至全中国及世界注意着，然而这样一个“主要人物”的处刑，只限一位美国记者参观，把本国记者反倒摒之门外！大概司法局认为美国人不惟可以代表中国人，而且是可以代表世界吧？好在金璧辉是被日本豢养的工具，而今日的日本也尚无“亲善”之必要。所以虽然神秘，也尚不至引起他人的过度猜想。倘然这事情发生在“七七”事变以前，则难免使人有戏法上的大变活人的猜想了。

在国人的一片质疑声中，河北监察使署开始“彻查此事”。其调查报告称，川岛芳子行刑时，身体健康，与患有软骨病垂死的刘凤玲相差悬殊，密告信控呈各点“显系虚构，另含意图”。川岛芳子的枪决虽未公开执行，但执法者必会循例做过“验明正身”的手续，断无 “冒名顶替”之理。且密告信因无明确地址，难以觅到告发人“刘凤贞”，更属无从对证。

当时也有文章称，或许是河北高等法院的官老爷们太过瞧不起中国的新闻记者，更太过尊重汉奸的意见了。于是，有人路见不平，替记者们出气，故意放出一阵烟幕，冒名控告，让法院办理此案的官老爷，惹得一番瓜李之嫌的麻烦，以示惩戒。这种也是不无道理。

至此，一出“法场换子”的大戏仿佛尘埃落定。但前几年又有消息称，长春市的“方姥”就是当年金蝉脱壳的川岛芳子，直到 1978 年才去世。笔者认为，无论是川岛芳子当年真的被处决，还是“法场换子”后逃脱成为“方姥”，川岛芳子这个历史人物，已经随着1948年3月25日的一声枪响彻底退出了历史舞台。

蒋经国“打虎”第一枪——枪毙王春哲

1948年8月，国民政府实行货币改革，以金圆券取代法币，禁止私人持有黄金、白银、外汇，限期兑换金圆券，严控市场物价，严惩囤积居奇商人。蒋经国以经济副督导员身份，带领一批少壮派骨干到上海实行经济管制，打击投机奸商，时称“打老虎”。为了杀一儆百，林王公司经理王春哲便成为第一个被正法的上海商人。

王春哲与林王公司

王春哲时年36岁，广东汕头人，曾受高等教育，毕业后来到上海。1937年初，他与林名坚合资，在上海北京路131号创办林王公司，在敌伪时期就已成为上海知名投机公司。王春哲家有老母和一个姐姐、一个弟弟，均随其迁居上海。他虽尚未娶妻，但因财大气粗而不乏追求者。随着生意越做越大，他开始沉湎于灯红酒绿的声色场中，结交众多舞姬、名媛、交际花等，出入公开场合时常携一位芳名“亚菱”的女友，还有一位红舞女与其过从甚密。

抗战胜利后，该公司改称林王商行，由王春哲独资经营，自任经理，聘其表弟郑嘉裕为副经理。与此同时，王春哲又与王声和、王树楠共同开设联盛商行，亦由王春哲任经理。这两家商行均以经营纱布、花边、橡胶进出口作掩护，实则大规模经营黄金、美钞、港币的黑市交易，并经营各种外汇业务，账册中以“米”“豆”“糖”“面粉”“油”等暗号代替黄金、美钞、港币等，以“担”代替“两”。

林王公司背景深厚。王春哲与郑嘉裕与国内外诸多政要均有往来，甚至与多名大使、公使关系密切。该公司与上海瑞康诚钱庄、大同银行、大

王春哲含笑赴刑场的镜头被定格在了《联合画报》的封面

通银行均有款项往来，在香港、汕头等地设多个分销处，交易地区远达纽约、旧金山、伦敦等地。

据上海警方掌握的资料，该公司自1948年1月23日起至3月10日止，买卖港币及私套港汇，计收入港币153.288207万元，付去港币198.461306万元，1948年1月至4月26日，私套港汇35.0303万元，又1948年3月9日至15日收入美钞计14.766626万元，1948年3月9日至5月6日付去美钞计15.339566万元，又1948年3月18日至4月26日买入黄金196.895两，卖出196.544两，内有美钞1754元，换得美金557元。

投案自首

在蒋经国到上海前，警方就曾收到多封对王林公司的检举信。经上海金融管理局查明，该公司确以熊记、春哲记、裕记、泰昆、同荣、联发等户头，大规模经营金钞、套汇。警局随即行动，查抄了该公司，在公司和王春哲私宅缴获多册账簿。遗憾的是，王春哲、郑嘉裕等人犯却漏网了。王春哲对外称其时在香港，实则匿居上海华懋大厦。此后，警方丝毫没有放松对其二人的追捕，日夜轮班对王林公司及其私人住所严密蹲守布控。王春哲自知躲避终究不是长久之计，于是他以攻为守，挺身向警局投案自首。他自认为，自己只是一个商人，追求利益是一个商人的本能，套汇、倒卖黄金者也不只其一人。因此，投案时，他态度从容，面无惧色。嗣后，郑嘉裕也效仿他到警局自首。

不出所料，被拘押于特刑庭的王春哲、郑嘉裕初时均被判无罪，郑嘉裕更被秘密释放。正当王春哲也盘算着如何回去与家人团聚时，风云突变，警局将盈尺的证据送到了蒋经国的办公桌上。阅罢，蒋经国拍案而起，立即派人将特刑庭法官请到督导员办公室，劈头便问："此案你是否收贿？"法官答："未曾。""没有最好，请你好自为之！"送客后，蒋经国遂携带该案卷宗送呈蒋介石核阅，并称，此案如不严办，今后工作便无从开展！在得到蒋介石"严办"的批示后，王春哲遂由无罪变为死刑。

判决书送达后，王春哲提出上诉。上诉书提出三点理由：一、《戡乱时期危害国家紧急治罪条例》本含有政治性质，其内容均以破坏国体颠覆政府为对象，王春哲即使负有黑市买卖黄金外汇之责，亦仅系单纯地扰乱金融行为，纵或影响戡乱工作，不能谓为目的在乎妨害戡乱。二、买卖金钞外汇行为，系郑嘉裕私人违法，王春哲不能代负其责。三、王春哲于1947年9月19日出国至1948年4月26日返抵上海，对于郑嘉裕之舞弊营私行为，更属无从过问。

1948年9月22日，中央特刑庭终审做出判决："王春哲共同连续意图妨害戡乱，扰乱金融，决死刑，褫夺公权终身。"判决理由是："《戡乱时期危害国家紧急治罪条例》固以妨害戡乱危害国家之犯罪为对象，但不以处罚政治性质之奸匪为限。凡行为合于该条例之规定，均应处罚。大规模之黑市买卖黄金外币外汇，足使金融紊乱，黑市猖獗，妨害戡乱工作，至深且巨，稍具经济常识者，类能知之。声请人曾受高等教育，经营进出口业务，更能深予认识。认识其为妨害戡乱，而仍容许为之，自属为预见其发生，而其发生不违反本意，自难谓无妨害戡乱之意图。又声请人为林王商行经理，郑嘉裕为副经理，则该行所有业务行为，声请人自应负其全责。另据记载买卖金钞、外汇账册，均系声请人私人私所搜出，更何得诿郑嘉裕个人之行为。再声请人自去年9月起至同年11月止，旅行国外，固有出国护照可证，但查其自同年12月起，即由香港返国，不特有林名坚致声请人之信件，并有该行逐日记付王经理春哲账目可考。况查该行经营黄金美钞外汇，直至本年5月6日为止，尤何得诿郑嘉裕营私舞弊，无从过问。空言饰卸，均无足采。"

处以极刑

同年9月24日清晨8时，判决书送达上海特刑法庭。在拘押王春哲的杨树浦隆昌路看守所内，法警们把戴有双重刑具的王春哲从牢中提出时，他还蒙在鼓里，反以幽默而镇定的口吻向法警道："各位何用这样紧张，开庭我知道，又不是把我执行枪毙！""正是枪毙！""什么？"王春哲不禁惊出了一身冷汗，在确认自己并未听错后，他自知死期就在眼前了，无奈地摇摇头。法警杨尧臣和班长黄兆中扶掖着他进入法庭，检察官告知他今日午后二时执行枪决，王春哲大声喊道："我死得冤枉，因为我

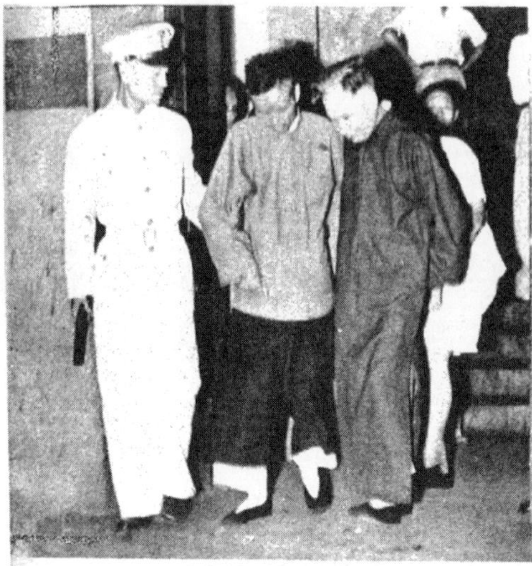

紙業工會理事長詹沛霖，永泰和煙公司總經理黃以聰，棉布業巨子吳錫麟（匿於黃之背後）以囤積物資罪嫌受偵審，由法庭押出特刑庭

Tsei Pei Ling, Hwahg in chung and Wu Shih Ling being accused for the crimes of hoarding large quantity of paper, cigarettes and cotton goods

倒鈔黑市犯韋伯祥，蘇聯人 梅吉，法國人愛斯爾（掩面者），於改幣後繼續經營巨額黑市金鈔買賣，遂遭逮捕

John Wei, G. Magit, M. T. Elzear, well-known local brokers on trial at the Special Criminal Tribunal for black market dealing in US currency

林王公司總經理王以哲，私營黑市外匯黃金買賣，被判死刑，已於九月廿四日在滬執行。王爲此次經濟緊急處分令發表後之第一個判處極刑者。

米市因有囤積居奇嫌疑，警局遂兩度傳訊米業公會理事長萬墨林，黃急即尤通當局命令照辦，具結而退。此後米价尚有劇烈波動，唯此人自問。

Van Mu Ling, the leader of shanghai rice mart.

↑王春哲臨刑前寫遺書

Wang chun-cheh being permitted to write a last letter to his m-

臨刑前的兩個貪官污吏：（右）淞滬警備司令部前經濟科長張亞民 （左）稽查大隊第八隊長戚再玉

These two officials paying for their crimes by facing a firing squad. Right: Chang Ah Ming; left Cheh Tsei Yu.

1948 年第 2 期《世界画报》中王春哲刑前从容写遗书

王春哲被執行死刑，從胸射入一槍，即告畢命。

Wang was executed in Shanghai gaol on Sept. 23rd with one shot. shows shot being fired into back of Wang's head.

國內時事

李福林將軍，息影家園之後，很少外出活動，最近兩廣監察委員鄒森洲去穗拜訪李將軍，互相暢談甚歡。圖示左立者鄒森洲，右立者李將軍。（本報記者魯森攝）

Control Yuan member of Kwangtung and Kwangsi, Ying Sham Chau (left), poses with General Li Fuk Lam, old Cantonese warrior (right) in Canton.

槍決！槍決

林王公司經理王春哲套滙鉅案，曾私套港美滙非法買賣，數目龐大，顯係故意違反法令，擾亂金融，妨害戡亂，經上海高等特刑庭判處死刑，經上訴駁回，首都中央特刑庭核准原判決執行令到滬，於日前在上海監獄刑場執行，一槍畢命。

王春哲被押赴刑場。

Wang Chun Chieh, Manager of Shanghai's Wang Co., is led to execution for foreign exchange deals.

韋伯祥的太太姚戴英，給押了數天，早已芳容顏喪，可是頑皮的記者還說她「梨花帶雨，婀娜多姿」，真是刻薄透了。（中國社）

Mrs. John Wei (Yao Chai Ying) also being tried. She cries every day that she is brought up.

金鈔大王，韋伯祥，妻姚戴英，猶太人梅吉，法國人愛爾齊前犯違反經濟管制條例被捕，送特刑庭審訊，最近由推事蔣普初公開調查審訊圖示批犯人在被告欄內錄口記者攝影情形。

Three accused (left to right) Magit, Elzear and John Wei in sensational Shanghai currency trial.

粵省府社會局長陶林英，日前逝世，在九月廿六日舉殯情形。

Funeral of Tao Lin Ying, Canton's Social Affairs Bureau chief. He died in Canton recently.

1948 年第 47 期《东风画报》图文报道了王春哲被执行死刑时的场景

王春哲不是主犯，主犯郑嘉裕他逃了，何必拿我开头刀！”法官道：“本法庭也只是奉命执行罢了。”遂问其可有遗书。王春哲干脆地回答一个字“有”！

王春哲镇定自若，执笔挥函。第一封遗书致其老母：母亲，你听到我执行极刑，用不着悲伤，人生几十年终须死，不过我的死是太冤枉，主犯实系表弟郑嘉裕，他带了我的现款逍遥法外，可教他早日自杀害罪，以免再害他人。至于我留沪的财物，可着恺侄及二兄清理，可全交给你老人家。大姊、群弟为我事来沪奔走，我衷心很甚感激，但命已如此，非人力所挽回。最后，劝告世人者：我死亦无惧，因为我没有对不起国家或个人，只有国家对不起我，我所努力的出口外汇兑给国家，却没有功劳，他人做的事、犯的罪，全嫁在我身上，充其量我不过用人不当吧。另请恺侄转慰诸女友，请勿悲伤，世上好男子多得很。祝你康强！你的不孝的儿子春哲。

另一封遗书致其侄儿，大意为：恺侄，你可把我的财物清理，送亚菱一万金圆，祝你学业猛进。初在遗书结尾处写了“再会”二字，旋即发觉不妥，面带苦笑地说：“永无再会之时了”，故将墨涂去，改成“绝笔”二字。

法庭上的众人皆惊异于他的从容淡定。行刑的时间到了，王春哲步出法庭，见到庭外两旁的记者时，他要求发表谈话。他说，我是怀着一颗坦诚的心到警局投案自首，岂料竟难脱身，落得如此下场。我的死，是代替别人受过，因为主犯是郑嘉裕，他是我的表弟，有人帮他的忙，已经逃到香港去，逍遥法外了！我身为经理，不能逃避责任。我虽死得冤枉，但能为国家换来物价稳定，商人知所警惕，也算值得了。至于控诉我的人，指摘我行踪不定，纯属一派胡言，我要说的是，我与共产党向无往来，倒有不少大使公使与我往来密切……说到这里，已被检察官强行制止。他未能说完的话只能连同代表法律尊严的子弹，一并吞了下去。

他要求喝送行酒，痛饮高粱酒既毕，一阵仰天长笑。他再要求注射麻醉剂针而死，未获准许。王春哲途经上海监狱时，那里的囚犯们均俯窗而望，发出“啊！啊！”的尖叫声为其送行。王春哲一路含笑，从容走向上海监狱刑场。庭长王震南、检察官李毓龙执行枪决。王春哲自己主动坐在柳木

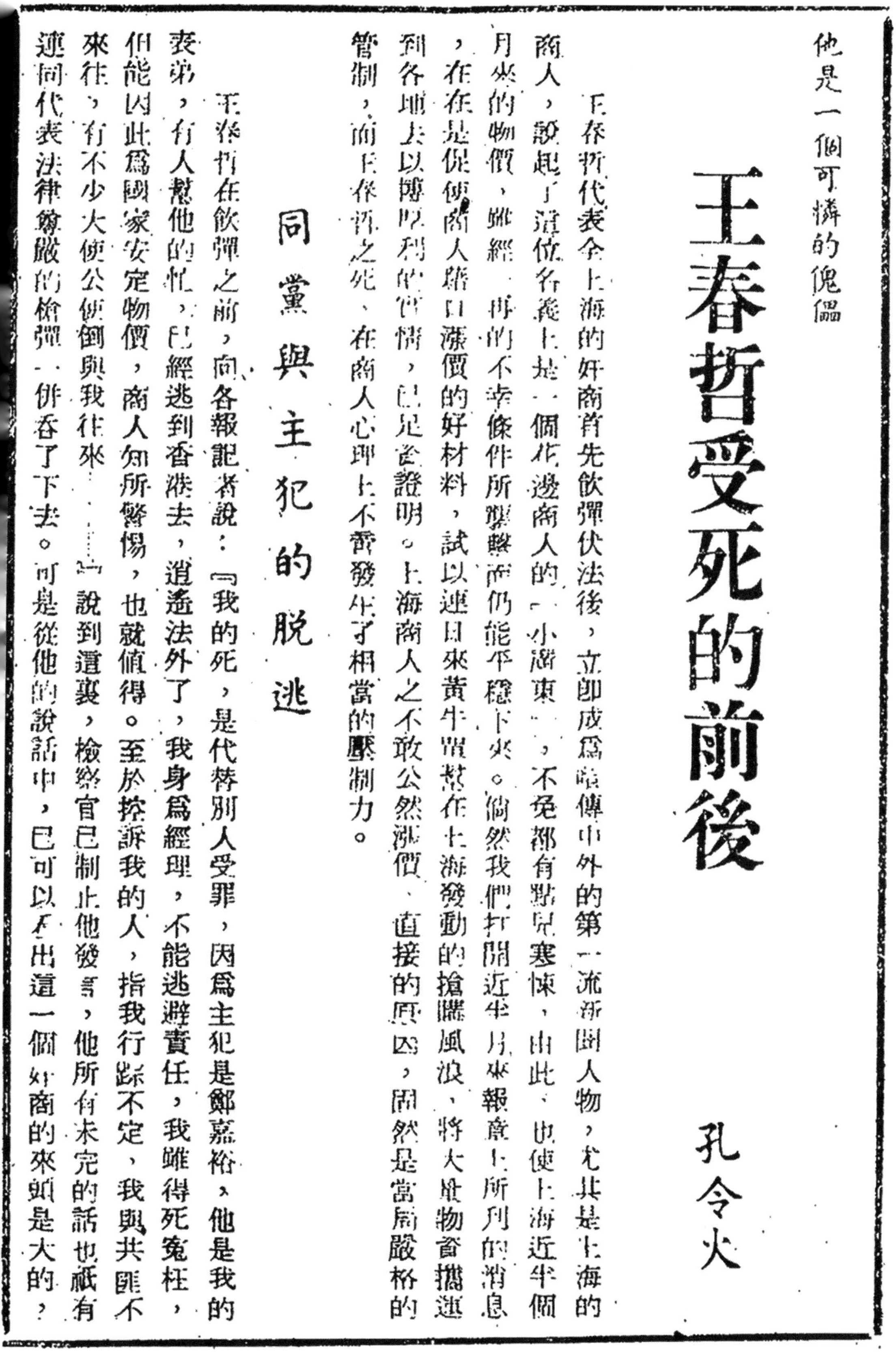

他是一個可憐的傀儡

王春哲受死的前後

孔令火

王春哲代表全上海的奸商首先飲彈伏法後，立即成爲哄傳中外的第一流新聞人物，尤其是上海的商人，說起了這位名義上是一個花邊商人的「小商東」，不免都有點兒寒悚，由此，也使上海近半個月來的物價，雖經一再的不幸條件所襲擊而仍能平穩下來。倘然我們打開近半月來報章上所刊的消息，在在是促使商人藉口漲價的好材料，試以連日來黃牛買辦在上海發動的搶購風浪，將大批物資攜運到各地去以博取利的事情，已足資證明。上海商人之不敢公然漲價、直接的原因，固然是當局嚴格的管制，而王春哲之死，在商人心理上不啻發生了相當的壓制力。

同黨與主犯的脫逃

王春哲在飲彈之前，向各報記者說：「我的死，是代替別人受罪，因爲主犯是鄭嘉裕，他是我的表弟，有人幫他的忙，已經逃到香港去，逍遙法外了，我身爲經理，不能逃避責任，我雖得死冤枉，但能因此爲國家安定物價，商人知所警惕，也就値得。至於控訴我的人，指我行踪不定，我與共匪不來往，有不少大使公使倒與我往來……」說到這裏，檢察官已制止他發言，他所有未完的話也祇有連同代表法律尊嚴的槍彈一併吞了下去。可是從他的說話中，已可以看出這一個奸商的來頭是大的，

1948 年第 1 期《秘闻》详细报道了《王春哲受死的前后》

椅上，对行刑者说："请帮帮忙，枪法打好一点！"话音未落，"砰"的一声，子弹从后脑进，自脸部出，血流如注，王春哲应声倒地，结束了生命。

无疾而终

临刑前，王春哲特意嘱咐其在上海商学院读书的侄子王忠恺，将一万元转交给其女友黄亚菱。据说还有一位名叫周叶秋的红舞女，也是他的恋人。此二女听到枪毙王春哲的消息后泪流满面，叹惋不已。周叶秋悲伤地说，她的前任恋人吴志刚是荣德生绑案中的要犯，案发后被枪毙，如今王春哲又踏上了这条不归路，慨叹自己的命苦，恐怕今后再没有男人敢与其谈恋爱了！

在蒋经国的铁腕和国民政府的重压下，上海的物价在一段时间内得到了抑制，社会各阶层人士也不得不将一生积蓄下来的黄金、白银和外币兑换成金圆券。至同年 10 月，上海共收兑黄金 114 万两，美金 3452 万元，港币 1100 万元，白银 96 万两，合计价值超过 2 亿美元。这也成为蒋家王朝对上海人民财产的一次大洗劫。但以强硬的行政手段冻结物价，却造成了市场上的有价无市。商人面对亏本的买卖，想尽方法保有货物，等待机会再图出售，市场上交易大幅减少，仅有的交易也都转入黑市。蒋经国最终更因触及了宋家的利益而受到宋美龄的掣肘，为时 70 天的"打老虎"行动草草收场。